商学院工商管理一流专业规划教材

企业法律环境（第二版）

邴红艳　张婧　编著

Enterprise Legal Environment

(2nd Edition)

经济管理出版社
ECONOMY & MANAGEMENT PUBLISHING HOUSE

图书在版编目（CIP）数据

企业法律环境 / 邴红艳，张婧编著. -- 2版. -- 北京 ：经济管理出版社，2024. 9
ISBN 978-7-5096-8912-7

Ⅰ. ①企… Ⅱ. ①邴… ②张… Ⅲ. ①企业法－基本知识－中国 Ⅳ. ①D922.291.91

中国版本图书馆 CIP 数据核字(2022)第 249870 号

责任编辑：梁植睿
助理编辑：杜羽茜　詹　静
责任印制：张莉琼
责任校对：陈　颖

出版发行：经济管理出版社
（北京市海淀区北蜂窝 8 号中雅大厦 A 座 11 层　100038）
网　　址：www. E-mp. com. cn
电　　话：（010）51915602
印　　刷：北京晨旭印刷厂
经　　销：新华书店
开　　本：720mm×1000mm/16
印　　张：23
字　　数：464 千字
版　　次：2024 年 9 月第 1 版　　2024 年 9 月第 1 次印刷
书　　号：ISBN 978-7-5096-8912-7
定　　价：68.00 元

前　　言

人与环境的关系始终是人类关注的问题。管理学、社会学、法学都曾对此进行研究，并形成了规制理论、权变理论、制度同构理论。在实践中，企业跨国经营的前置程序是对投资目的地法律风险的评估，其本质就是对法律环境的评价。企业自产生之日起，从未斩断与法律环境之间的“脐带”，企业经营者面对法律环境也是“爱恨交加”。

企业法律环境是环绕在企业周围的法律法规及其运行机制的综合。其中，静态的法律制度网络是狭义的法律环境概念，动态的运行机制属于广义的法律环境范畴。本书采用狭义的法律环境概念，依照先总后分的逻辑顺序，构建全书的结构和内容。首先，本书总体概述企业法律环境的基本理论；其次，结合企业与其利益相关者的关系，选取法律法规，再按照法律法规的不同作用归类；最后，形成企业组织法律制度、企业财产法律制度、企业交易规制法律制度、企业社会责任法律制度四篇分论。依据国际通用的市场主体分类方法，将个人独资企业法、合伙企业法、公司法、企业破产法纳入企业组织法律制度；将物权、债权、知识产权纳入企业财产法律制度；将合同法、票据法、证券法、反不正当竞争与反垄断法纳入企业交易规制法律制度；将产品质量与消费者权益保护法、劳动合同法、环境保护法纳入企业社会责任法律制度。每章章前列明“本章目标”，章后根据教学目标分别附有“复习与思考”“问题与案例”“阅读与解析”“研究与探索”栏目，供学习者复习基本原理，运用法律知识，培养批判性思维。企业法律制度网络内容众多，纷繁复杂。限于教材篇幅，本书只能择重而选。笔者也曾在全面浅显与重要深入之间犹豫，与其蜻蜓点水，不如重点突破，结果便是呈现在读者眼前的样貌。

本书立足于前人的思想与文献，结合自己的思考，以企业法律环境的基本理论为总纲，将不同门类、不同效力层次的法律规范整合成一个体系。犹如将一粒粒散落的珍珠缀连成一串项链，既具有结构的美感，又富于思考的价值。针对这一领域，笔者将继续探索，努力将企业法律环境的知识系统化。

目　录

第一篇　总　论

第二篇　企业组织法律制度

第三篇　企业财产法律制度

第四篇　企业交易规制法律制度

第五篇　企业社会责任法律制度

第一篇

总　论

第一章　企业法律环境概述

本章目标

学习过本章之后，你应能够：

1. 界定企业法律环境
2. 描述企业法律环境的构成要素
3. 阐释企业法律环境的评价标准
4. 讨论企业法律环境对企业的影响

第一节　企业法律环境基本界定

一、企业环境

（一）企业的特征与分类

1. 企业及其特征

企业是依法设立、具有民事权利能力和民事行为能力的营利性经济组织。企业具有以下法律特征：

（1）企业是依法设立的经济组织。依法设立是指企业要依据法律规定的实体条件与程序条件设立，才能成为合格的市场主体，企业权利才能受法律保护。否则，企业就是非法组织。不同企业在设立时需要满足不同的实体条件和程序条件。《中华人民共和国全民所有制工业企业法》《中华人民共和国乡村集体所有制企业条例》《中华人民共和国城镇集体所有制企业条例》《中华人民共和国公司法》《中华人民共和国合伙企业法》《中华人民共和国个人独资企业法》《中华人民共和国外商投资法》等，这些法律、法规是企业设立的法律依据。

（2）企业是具有民事权利能力和民事行为能力的经济组织。民事权利能力是民事权利主体享有民事权利和承担民事义务的资格。企业的民事权利能力由国家通过法律赋予，在工商行政管理机关核准登记的经营范围内享有。民事行为能力是民事主体独立实施民事法律行为的资格。企业的民事行为能力既包括企业行使民事法律行为的能力，也包括企业承担民事责任的能力。企业具有民事权利能力，意味着企业具有了参与民事活动的资格。但运用这一资格，还需企业具有民事行为能力。企业的民事权利能力和民事行为能力同时产生、同时消灭，且两者在范围上一致，即企业只能在其权利能力范围内独立进行民事活动，超出该范围，企业便无民事行为能力。

（3）企业是营利性的经济组织。营利是指企业通过自己的经营活动而获得利益。企业是应用资本赚取利润的经济组织，根据投入产出进行经济核算，获得超出投入的资金和财务盈余。企业经营的目的是获取利润，通过合理地利用自己的资金，力求取得最好的经济效益。企业实现的利润，通过纳税等形式按一定比例上缴给国家，成为财政收入来源的一部分。企业经营的好坏直接影响国家的财政收入，可以反映一国经济发展的基本状况。

2. 企业分类

（1）国有企业、集体企业、私营企业、混合企业。依据企业所有制性质，企业可分为国有企业、集体企业、私营企业、混合企业。国有企业又称全民所有制企业，是所有权为国家所有，依法登记注册，自主经营，自负盈亏，独立核算的生产经营组织。国有企业财产属于国家所有，对国家负责，经营目标是确保国有资产保值增值。集体企业是所有权属于人民群众集体所有，依法登记注册的生产经营性组织。私营企业是生产资料属于私人所有，依法登记注册的生产经营性组织。私营企业的所有权由于属于私人企业主，其资金规模一般不大。混合企业是指所有者中既有国家和集体等公有制成分，又有个人和外资等私有制成分的企业，是不同性质所有者之间的联合。

（2）中资企业、外资企业、中外合资经营企业、中外合作经营企业。依据企业资本来源的国别，企业可分为中资企业、外资企业、中外合资经营企业与中外合作经营企业。中资企业是指资本来源于中国境内，所有者为中国公民或法人的生产经营性组织。外资企业是外国的企业、其他经济组织或者个人，依照中国的法律和行政法规，经中国政府批准，设在中国境内，全部资本由外国投资者投资的企业。中外合资经营企业是由外国投资者和中方投资者，依照中国的法律和行政法规，经中国政府批准，设在中国境内的由双方共同投资、共同经营、按照各自的出资比例共担风险、共负盈亏的企业。中外合作经营企业是由外国企业、其他经济组织或者个人同中国的企业和其他经济组织，依照中国的法律和行政法

规，设在中国境内的，由双方用契约确定各自的权利和义务的企业。

（3）人合企业、资合企业、两合企业。依据企业的信用基础，企业可分为人合企业、资合企业、两合企业。人合企业是以投资者的信誉为基础设立的企业，合伙制企业属于人合企业，合作双方拥有平等的决策权。资合企业是以投资人的资产为基础设立的企业，股份有限公司就是典型的资合企业。两合企业兼具人合企业与资合企业的特点，企业主要经营者是以彼此信任为信用基础，其他经营者则是以资产为信用基础。

（4）个人独资企业、合伙企业、公司制企业。依据企业的组织形式，企业可分为个人独资企业、合伙企业、公司制企业。个人独资企业是由一人投资经营，企业财产及收益归投资者一人所有，对债务承担无限责任的企业。合伙企业是合伙人订立合伙协议，共同出资、合伙经营、共享收益、共担风险，并对合伙企业债务承担无限连带责任的营利性组织。公司制企业是由股东依法设立，股东以其投资额对企业债务承担有限责任，公司以其全部财产对其债务承担责任的法人。

（5）母公司与子公司、总公司与分公司。依据企业之间控制与被控制关系，企业可分为母公司与子公司、总公司与分公司。母公司是指通过持有其他公司一定比例的股票或资产，从而对其拥有实际控制权的公司。受母公司控制、支配的公司叫子公司。母公司与子公司都具有法人资格。在一个公司内部，采取设立分支机构的管理方式，其分支机构就是分公司，而负责并掌管整个企业经营、资金调度、人事安排等重大经营管理活动的总机构是总公司。分公司作为总公司所管辖的分支机构，在法律上和经济上都没有独立性，不能对外独立承担民事责任。

（二）环境及其功能

1. 环境及其构成

《现代汉语词典（第7版）》将“环境”解释为：周围的地方；周围的情况和条件。无论是周围的地方，还是周围的情况和条件，都是就某一环境主体而言。主体不同，围绕它的情况和条件也不同。如果以人为中心，按照环境的属性，可以将环境分为自然环境和社会环境。自然环境是人类周围的各种自然因素的总和，如大气、水、其他物种、土壤、岩石矿物等。社会环境是环绕人类的社会物质、精神条件的总和。社会物质条件是指文物古迹、绿地园林、建筑部落、器具设施等；精神条件是指社会风俗、语言文字、文化艺术、教育、法律以及各种制度等。这些都是人类的创造，反映了人类社会的历史与文化。自然环境是人类生存的背景和舞台，是社会文化环境的基础。一方水土养一方人，反映的是自然环境的差异。不同的人聚群而居，形成不同的文化习俗和不同的社会环境。因此，社会环境又是自然环境的发展。

2. 环境功能

（1）资源功能。无论是自然环境，还是社会环境，都蕴含着丰富的资源。

自然环境为人类生存发展提供物质产品，如矿物质、能源、生物资源、土壤等；社会环境为人类提供精神产品，使人类在文明与秩序中发展。因此，人类在环境中谋求生存和发展，无法独立于环境之外。

（2）生态功能。生态是指一切生物相互依存的系统。人类与其环境中的各种生物紧密相连，形成一个整体。人类的生存状态不仅取决于其自身，也取决于环境中其他生物的生存状态。离开自然环境中的其他生物，人类无法独立生存。没有社会环境中的习俗、文化、法律制度，就没有秩序，人类将陷入“霍布斯丛林”。正是自然环境与社会环境为人类提供了可持续发展的生态环境。

（3）净化功能。人类在生存、发展过程中，不断将生活垃圾、生产垃圾、精神垃圾排放到自然环境与社会环境中。环境通过分解、消化这些垃圾，实现对人类物质世界与精神世界的净化。只是环境的这种净化功能是有限的，当垃圾排放超过其净化能力时，无论是自然环境，还是社会环境，都将遭到破坏。

（三）企业环境概念与特征

企业环境是指环绕在企业周围的情况和条件。环绕在企业周围的气候、水文、地形、地貌等构成了企业生存的自然环境。企业从自然环境中获取资源，通过加工成产品获取利润。企业从事的生产活动不同，从自然环境中获取的自然资源也不同。由于自然资源空间分布不均衡，这使企业分布也呈现出地理空间的特点。

企业所在社区的民风民俗、经济、政治、文化、法律制度等，构成了企业的社会环境。企业的社会环境可分为经济环境、人口环境、技术环境、文化环境、政治法律环境以及国际环境六大方面。其中，经济环境是指企业面临的社会经济条件及其运行状况、发展趋势、产业结构、交通运输、资源等情况。人口环境是指人口的数量、分布、年龄和性别结构等情况。技术环境是企业所处的社会环境中的科技要素及与该要素直接相关的各种社会现象的集合，如科技水平、工业创新等。文化环境是指企业所处的社会结构、社会风俗和习惯、信仰和价值观念、行为规范、生活方式、文化传统等因素。政治法律环境是企业所处地区的政治稳定性以及法律执行的状况。国际环境是全球范围内国家之间、地区之间在政治、经济、军事、文化、社会等方面的情况。

企业环境是由多种环境要素组成的企业外部条件的综合。总体而言，企业环境具有不确定性的特点。所谓不确定性是指企业无法准确地了解、预测环境的未来。这种不确定性来自企业环境的复杂性与动态性。企业面临的环境要素越多，环境要素间的关联性越强，企业环境就越复杂。企业环境中某一环境要素的非连续性变化越频繁，环境的动态性越强。多种环境要素同时发生非持续性变化，企业将面临高度不确定性的环境。面对不确定性环境，企业或改变自己，适应环

境；或采取行动，改变环境。

二、企业法律环境概念与特征

企业法律环境是指企业周围的法律情况与条件。具体而言，企业法律环境是由赋予企业一系列权利、义务的法律法规及其运行机制构成的网络，是法律制度、立法、执法、守法、法律监督、法律意识的综合。

企业法律环境具有以下几个特征：

1. 企业法律环境以国家立法为基础

企业法律环境的形成以国家立法为前提。立法是法律制度生产的过程，立法活动的结果体现为一系列的法律法规。没有国家立法，企业的法律地位、权利义务以及法律保护就难以明确。国家有关企业方面的立法越健全，对企业的保护措施越有力，企业的法律环境就越好。

2. 企业法律环境是多个部门的法律及其运行机制的综合

企业是市场交易的主体，在交易过程中，企业要与不同的利益相关者发生各种业务往来，形成各种不同的社会关系。调整这些社会关系的法律、法规、规章、条例等，都将成为企业交易遵守的行为规则。这些规则在企业外部形成一个制度网络，共同确定企业行为的边界。但这些制度的约束作用并非自动发生，而是要借助国家强制机关实现。国家行政机关、司法机关、监督机关的执法状况，直接决定市场中法治的状况。社会公民普遍的守法水平、法律意识状态在更深层次决定一个社会的法治水平。因此，企业法律环境是静态的法律制度与动态的执法状况统一作用的结果，它具有系统性的特征。

3. 企业法律环境是各环境要素相对稳定的契合

法律环境包括企业相关法律制度以及这些法律制度运行的状况。由于法律的本质是统治阶级意志的体现，而统治阶级的意志又由一定的物质生活条件所决定。一个社会的物质生活条件，不是短期内能够改变的。同时，法律以权利义务为核心内容，在一定时间与空间范围内，权利义务具有稳定性。否则，朝令夕改，将损害法律制度的权威性。因此，企业法律制度具有相对稳定性。法律制度的运行，即法的实施，也是由国家的经济发展水平决定的。弗雷德·里格斯在其行政生态学研究中明确指出，经济要素是决定行政生态的首要因素。不同的经济发展水平，对应不同的行政管理模式与管理效率。而经济发展水平也是短期内不易改变的。由此，法的实施也具有相对稳定性。相对稳定的法律制度与其实施状况相契合，决定了企业法律环境在一定时期内的相对稳定性。

4. 企业法律环境受国家意志的影响

马克思认为，法的阶级本质集中体现为国家意志。中国在计划经济时期，国家强调公有制经济的法律地位，个体、私营经济几乎无法律地位。在社会主义市场经济条件下，国家强调多种经济成分并存，通过立法鼓励和保护个体、私营经济的发展，对于个体、私营企业来说，法律环境就发生了改变。这说明，企业法律环境的变化直接受国家意志的影响。即使是同一类企业，在国民经济发展的不同时期，随着国家产业政策的变化，国家发展什么企业、限制什么企业、取缔什么企业，也是随国家意志的变化而变化。国家意志受制于一国经济发展水平，而非国家意志随心所欲。

第二节　企业法律环境构成与评价

一、企业法律环境构成要素

企业法律环境的构成要素是指企业法律环境的组成部分。企业法律环境由静态的法律制度网络和动态的法律运行机制两部分组成。对于静态的法律制度网络，国家以成文法的形式向社会公布，易为公民和企业所了解。而动态的法律运行机制不能直接展现，只能由人或企业感知，由此形成了法律环境的差异。

（一）企业法律制度网络

法律是调整社会关系的行为规则。企业在市场中形成多少种社会关系，就需要多少法律规则来调整。在市场中，能够与企业形成社会关系的主要是企业的利益相关者。这些利益相关者可分成两类：一类是股东和雇员，这是企业内部的利益相关者；另一类是顾客、供应商、竞争者、政府、当地社区和普通公众，这是企业外部的利益相关者。外部利益相关者虽不属于企业内部人员，但其受到企业生产经营活动的影响。在企业与其利益相关者的关系中，股东要求参与利润、清算资产的分配，有配股权、选举权，可以检查公司账目，进行股票的转换，选举董事等；雇员要求在就业中获得经济、社会和心理上的满足感，满意的工作条件，分享利益等；顾客要求提供与产品本身有联系的各种服务；供应商要求及时履行信贷业务，签约、购买以及验收过程中的专业作风；竞争者要求对手遵守社会和行业的竞争规范和规则，具有商业家和政治家的风格；政府要求企业及时纳税，开展公平竞争，遵守用于指导公平和自由竞争的公平政策，履行企业义务，遵守法律；当地社区要求企业为社区提供良性就业，参与社会事务，热心并支持地区政府，支持文化和慈善事业；普通公众要求企业参与社会事务并为社会做贡献，以合理

而公平的产品价格提供质量优良的产品。调整上述利益相关者与企业关系的法律制度分散在各部门法中，由此形成企业法律环境的制度网络（见图 1-1）。

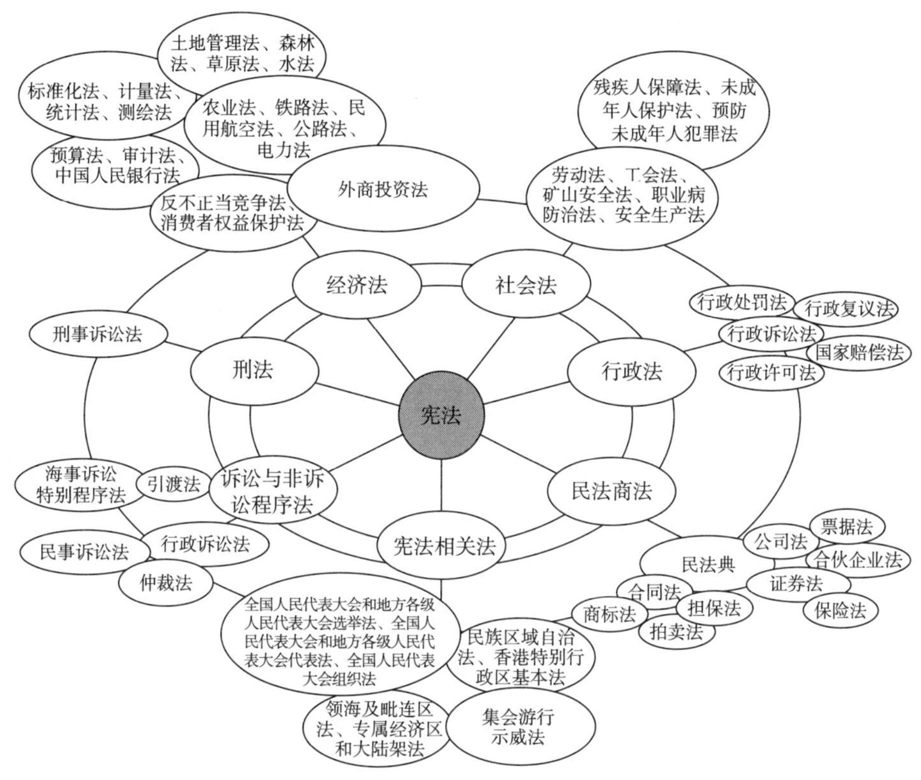

图 1-1　企业法律制度网络（部分）

（二）法律制度运行机制

法律制度的有效运行需要立法、执法、司法、守法、法律监督、法律意识等环节之间的紧密衔接与良性互动，通过法律体系的运行机制产生预期的法律效应。

1. 立法

立法，是指有权制定法律规范的国家机关依照其职权范围，按照一定的程序制定、修改或废除法律规范的活动。立法的主体是立法机关。《中华人民共和国立法法》在确立最高国家权力机关集中行使立法权的前提下，明确了从中央到地方多层级、人大与政府分享立法权的体制。纵向分为中央、地方两级立法权：中央包括全国人大及其常委会、国务院及其各部委。地方包括省级人大及其常委会、省级政府；省、自治区人民政府所在地的市的人大及其常委会，直辖市、国务院批准的较大的市、经济特区所在地的市的人大及其常委会与同级政府。民族自治地方的人民代表大会可以制定自治条例和单行条例。横向是人大与同级政府的立法权配置。全国人大及其常委会制定法律，国务院制定行政法规，国务院部委及其直属机构制定部门规章；国务院批准的较大的市和经济特区的人大及其常委会制定地方性法规，相应的地方政府制定地方政府规章。

（1）全国人大及其常委会行使国家立法权，制定宪法和法律。

（2）国务院及中央人民政府根据宪法和法律，制定行政法规；国务院各部、委员会、中国人民银行、审计署和具有行政管理职能的直属机构以及法律规定的机构，可以根据法律和国务院的行政法规、决定、命令，在本部门的权限范围内，制定规章；省、自治区、直辖市和设区的市、自治州的人民政府，可以根据法律、行政法规和本省、自治区、直辖市的地方性法规制定规章。

（3）省、自治区、直辖市的人大及其常委会根据本行政区域的具体情况和实际需要，在不同宪法、法律、行政法规相抵触的前提下，可以制定地方性法规；设区的市的人大及其常委会根据本市的具体情况和实际需要，在不同宪法、法律、行政法规与本省、自治区的地方性法规相抵触的前提下，可以制定地方性法规，报省、自治区的人大常委会批准后施行；经济特区所在地的省、市的人大及其常委会根据全国人大的授权决定，制定法规，在经济特区范围内实施。

（4）民族自治地方的人大有权依照当地民族的政治、经济和文化的特点，制定自治条例和单行条例，对法律、行政法规的规定作出变通规定。自治区的自治条例和单行条例报全国人大常委会批准后生效，自治州、自治县的自治条例和单行条例，报省、自治区、直辖市的人大常委会批准后生效。

（5）中华人民共和国特别行政区根据宪法的规定，在我国香港特别行政区基本法和澳门特别行政区基本法的框架内行使立法权。

立法机关在立法过程中，必须明确法律位阶，下位法不得同上位法相抵触。全国人大常委会有权撤销同宪法、法律相抵触的行政法规和地方性法规，国务院有权改变或者撤销不适当的规章。凡列入人大常委会会议议程的法律案，法律委员会、有关的专门委员会和常委会的工作机构应当听取各方面的意见。

2. 执法

执法，也称为行政执法，是国家行政机关的公职人员依照其职权范围，依法行使管理职权、履行职责、实施法律的活动。执法的主体是国家行政机关，即中央政府与地方各级人民政府，负责执行全国人大及其常委会以及地方各级人大制定的法律规范。执法是以国家名义对社会进行公共管理，具有国家权威性。

行政执法必须遵守依法行政、恪守职权法定、合理行政、行政公开的原则。依法行政原则，是指执法过程中，行政机关应当严格按照法律位阶高低适用法律规范，避免出现适用法律规范相互抵触的情形。恪守职权法定原则，是指行政机关行使任何职权，都必须有法律依据，即取得立法机关的合法授权。同时，任何行政机关与国家公务员违法行政必须承担相应的法律责任。合理行政原则，是指行政机关在执法过程中虽然拥有广泛的行政自由裁量权，但行政裁量权不得滥用或显失公正。行政公开原则，是指行政管理活动除依法应当保密的之外，都应该向社会公众或特定的个人公开，包括重要行政信息公开、重大行政决策过程公开、财务收支状况公开、公务员任免公示等。这些原则是以权利制约权力，强化社会对国家行政机关的有效监督，消除腐败根源的基本保障。

3. 司法

司法，是指国家司法机关及其司法人员依照其职权范围，按照法定的程序与方法，将法律规范适用于特定的法律案件，解决法律纠纷的活动。司法的主体是国家司法机关，包括审判机关、检察机关、公安机关及司法行政机关。

审判机关是人民法院，主要审理民事案件、刑事案件、行政案件和选举案件等。人民法院实行四级二审制和法院独立审判、法律面前人人平等、公开审理、被告有权获得辩护等原则。四级法院包括最高人民法院、地方各级人民法院（高级人民法院、中级人民法院、基层人民法院），我国还有专门人民法院（海商法院、军事法院）。最高人民法院监督地方各级人民法院和专门人民法院的审判工作。

检察机关是人民检察院，有权代表国家对国家公务人员履行职务进行监督，对公安机关的侦查、人民法院的审判工作、司法行政机关的监狱工作进行监督。中国设立最高人民检察院、地方各级人民检察院、专门人民检察院（军事检察院）等。最高人民检察院是最高检察机关，领导地方各级人民检察院和专门人民检察院依法履行法律监督职能，保证国家法律的统一和正确实施。

国务院下属的公安部、国家安全部、司法部属于司法行政机关的性质，即具有行政机关与司法机关双重属性。公安机关依法维护社会治安秩序，预防、制止和惩治违法犯罪活动，负责刑事案件的侦查、拘留、预审、执行逮捕。国家安全部依法行使特殊侦查权，办理危害国家安全的重大刑事案件，在国家安全工作中依法行使侦查、拘留、预审和执行逮捕以及法律规定的相关职权。司法部依法承担辅助国家司法职能实施的行政管理任务，负责管理监狱、劳改、律师、公证、人民调解和法治宣传教育等工作。

法律在实施过程中经常会发生各种各样的争议，只有及时公正地解决这些法律纠纷，才能保证法律规范的权威性、稳定性与普遍性。司法环节的核心是“司法公正”，即司法机关依法独立行使审判权，不受任何行政机关、社会团体和个人的干涉，任何组织和个人都不得有超越宪法和法律的特权。为此，法律规定了回避制度和严格的诉讼程序规则，保障司法机关与法官的中立地位；明确上下级法院之间是监督和指导关系，非领导关系，以维持审级独立。

司法机关只有司法权，没有立法权。上级法院不能在下级法院没有审结其所管辖的案件时对下级法院的正常审判工作进行干预，以维持审级独立。当下级法院遇到法律适用问题时，将逐级呈报请示最高人民法院，最高人民法院对请示案件的批复就成为司法解释。在法律规定比较原则时，最高人民法院也可以针对某些特定的法律概念和法律条款的理解和实施标准进行司法解释，从这个意义上说，最高人民法院的司法解释在某种程度上也具有立法的性质。但是，无论是行政机关的行政立法权，还是司法机关的司法解释权，都在立法机关的立法权监督下行使。

4. 守法

守法，是指国家机关、社会组织和公民自觉遵守法律规范的活动。执法与司法离不开国家的强制力，通过国家强制力保证法律制度的实行。而执法与司法活动需要投入各种资源，这些都构成法律成本。如果人们都能够自觉守法，那么将极大地降低建立和维护法律秩序的社会成本，提高国家公共管理的效率。

守法的核心是自觉遵守法律。就法律权利而言，人们的权利是受法律保护的合法利益，公民与法人应当通过积极行使权利来实现和维护自己的合法利益。就法律义务而言，人们的义务是实现他人权利的保障，公民与法人应当自觉履行义务，避免侵害他人的合法权益。

5. 法律监督

法律监督是指一切国家机关、社会组织和公民，对法院将法律规则适用于具体案件活动的合法性所进行的监察和督促。法律监督包括法院审级监督、人大监督、检察机关监督、公众与媒体监督。

（1）法院审级监督。中国的诉讼法区分了第一审程序、第二审程序和审判监督程序。对于一审判决和裁定，除了法定的发生法律效力的情形以外，当事人可以向上一级人民法院提起上诉。上级法院据此对下级法院进行上诉审查。如果上诉法院认为原审判决存在问题，有权改变判决，或发回原审法院重审；如经审查，上诉法院认为初审法院判决并无不当，则原审判决就成为具有法律效力的文件，当事人必须加以履行。对于已经发生法律效力的判决和裁定，还可以通过审判监督程序来纠正错判。《中华人民共和国民事诉讼法》规定，按审判监督程序提起再审的有：各级人民法院审判委员会提起再审；最高人民法院提起再审；上级人民法院提起再审。《中华人民共和国刑事诉讼法》也规定，各级人民法院院长发现发生法律效力的判决和裁定在事实上或适用法律上有错误，必须提交审判委员会处理；最高人民法院对各级人民法院已经发生法律效力的判决和裁定，上级人民法院对下级人民法院已经发生法律效力的判决和裁定，发现有错误，有权提审或指令下级人民法院再审。

（2）人大监督。在我国，全国人民代表大会和地方各级人民代表大会是人民行使国家权力的机关。根据《宪法》和《中华人民共和国人民法院组织法》的规定，各级人大及其常委会是国家各级权力机关，也是监督机关。“一府两院”由其产生并向其负责，各级人大及其常委会有权监督宪法和法律的实施。各级人大及其常委会可通过以下几种方式对司法进行监督：①评议并表决法院的年度工作报告；②选举、任命、罢免法院的院长、副院长、法官；③质询，在各级人民代表大会或常务委员会开会期间依照法定的程序向人民法院提出质询案，受质询的法院必须做出回答；④对特定问题组织调查并做出决议。

（3）检察机关监督。人民检察院是法定的法律监督机关，对人民法院的审判活动有监督的权力。人民检察院对法院审判活动实施监督的法定基本形式是行使抗诉权。根据《宪法》和现行的《民事诉讼法》的相关规定，在司法实务中，人民检察院依照法定程序对刑事诉讼、民事诉讼和行政诉讼中的执法和司法审判的合法性进行监督。监督的具体方式有两种：①在刑事诉讼中对一审判决、二审判决提出抗诉，在民事诉讼和行政诉讼中对已经生效的判决或裁定提出抗诉或检察建议；②对法院在庭审中违反法定程序的行为提出纠正意见。对于人民检察院的抗诉，法院必须重新受理并重组合议庭进行审理。

（4）公众与媒体监督。公众的监督体现在公开审判中，人民群众有权旁听，并有权向有关部门反映审判情况，了解审判结果；有权向有关部门举报违法审判行为；有出庭作证的权利和应邀出任陪审员的权利；有权对判决结果发表自己的意见和看法。媒体监督是利用传媒发表各种意见和言论，对社会政治和文化生活进行批评、实行监督的权利。

6. 法律意识

法律意识是人们对法的理性、情感、意志和信念等各种心理要素的有机综合体，包括法律心理、法律情感、法律评价、法律理念。

法律心理是指人们通过日常生活对在社会居主流地位的法律知识、法律行为、法律文化、行为方式和风俗习惯的感受，它以潜移默化的形式凝固于人的内心，是一种被动的、习得的知识。有什么样的法律心理必然对应着、决定着公民外显的法律他者。法律心理一经形成便不易改变。

法律情感是指人们依据现实的法律制度能否符合自身物质和精神的需要，而产生的喜好和厌恶的心理态度。公民的法律情感有三种情形，即亲法、厌法和冷法。法律情感直接影响人们的法律权威观念以及人们对法律服从的程度。在缺乏民主法治传统的社会中，冷法是较为普遍的法律情感。只有公民表现出亲法倾向时，才能证实他们对法律的情感认同，社会治理才能步入一种规则之治。

法律评价是指人们对法律制度能否有效保障公民的正当权利，是否能实现社会正义、维护社会秩序所作的主观判断。法律评价直接决定人们对法律制度是否认同，决定社会控制方式及手段的选择，决定人们以法律作为行为准则，决定法律是否具有社会心理支持以及法律的实际运作效果。

法律理念是指法律应当具有的内在价值标准，包括限制、制约权力，满足公民对秩序、安全、自由、平等、正义、幸福等美好事物的需要等。法律应当具有最高的权威，成为各社会系统的价值标准和尺度，成为解决社会纠纷的首选途径，体现公民对法律的心悦诚服的认同感和依归感。法律理念的高级阶段就是法律信仰。

二、企业法律环境评价标准

（一）平等保护

平等权是指公民无论其民族、种族、性别、职业、宗教信仰、受教育程度、财产状况、居住年限等有何差别，也无论其出身、政治历史、社会地位、政治地位有何不同，都平等地享受宪法和法律赋予的权利。平等权的主体主要是公民，同时也应包括法律所规定的其他主体，如法人及其他组织、外国人、无国籍人和外国组织。平等权的内容涉及公民的各项权利，包括政治、经济、文化及社会生活的各个方面。凡是法律所规定的公民权利都依法平等地享有，即法律面前人人平等。

依据平等保护的法律原则，所有企业在法律地位上应一律平等。作为生产者和经营者的个人、企业和组织，无论所有制形式是国有还是私人所有，无论资本源于国内还是国外，只要它们依法成为市场主体，就应拥有平等主体的权利和地位。任何国家机关、工作人员都不得对它们区别对待。凡国家法律规定的权利，都必须保证企业充分行使，不允许任何国家机关、工作人员对某些企业的权利随意加以限制或剥夺。

市场经济是以市场运行为中心环节来构建经济运行过程，通过价值规律的作用进行资源配置和生产力布局，通过平等的市场竞争实现优胜劣汰的经济体制。市场经济要求所有的资源投入者以完全平等的身份和法律地位，服从一视同仁的法律规则，在公正无私的裁判主持下参与市场竞争。机会均等、规则平等、裁判公正是市场经济发展的最基本条件。对不同的市场主体，打破身份界限，树立机会均等、规则平等的竞争观念，才能有效保障企业自由平等地参与经济生活，充分发挥各类市场主体经济发展的能力。

（二）合同自由

合同是平等的民事主体基于意思自治而达成的合意，合意的基础在于合同自由。合同成立以当事人意思表示一致为必要，合同权利义务仅以当事人的意志而成立时，才具有合理性和法律上的效力。合同自由体现在以下五个方面：

1. 缔约自由

缔约自由是当事人享有决定是否与他人缔结合同的自由。缔约不受强制，他人对此无权干涉。这是合同自由的前提。缔约自由包括两个方面的内容：一是缔约是当事人的私权利，由当事人自行决定，法律对缔约自由权予以保护；二是当事人对是否缔约有排除外力干预的权利。

2. 缔约对象选择自由

缔约对象选择自由，即和谁缔约是自由的。在市场中，当事人选择与谁缔约取决于当事人的意愿。市场交易是一个买卖双方自主选择的过程，不得强买强卖。

3. 合同内容自由

合同内容自由是合同自由的核心。合同内容自由，首先是当事人拥有选择缔约条款的自由。其次是决定合同类型的自由。当事人有权决定选择以何种类型的合同进行交易，比如有名合同和无名合同。最后是变更合同的自由。当事人缔约合同后，可以以协议的方式对成立生效的合同内容进行变更。

4. 合同方式选择自由

当事人的合意需要以一定的方式表达。《民法典》合同编规定，当事人订立合同，可以采用书面形式、口头形式或者其他形式。一般而言，合同简单、标的额小、能及时清结的，采用口头形式。合同复杂、标的额大、履行期限较长的，可选择书面形式。

5. 合同解除自由

当事人有权在缔约后，依法解除合同。法律规定，当事人协商一致，可以解除合同。当事人可以约定一方解除合同的条件，解除合同的条件成就时，解除权人可以解除合同。

（三）诚实信用

诚实信用原则既是市场经济活动中形成的道德规则，也是一项法律准则。它要求人们在市场活动中讲究信用、恪守诺言、诚实无欺，在不损害他人的利益和社会利益的前提下追求自己的利益。诚实信用原则的本质是补充、限制当事人的意思自治。为了符合交易行为中同等看待的要求，当事人一方为了取得对方的信任，不但要遵守自己的承诺，而且要遵守未承诺但应遵守的义务。此时，诚信对对方来说是意思自治的有效补充。而基于对方当事人对己方诚信的认可和自身人格利益的考虑，在承诺之后，即使有更大利益可取，当事人也必须遵守原先的承诺，这又是对当事人意思自治的一种限制。任何市场主体在交易活动中，应以善良的心态对待他人。一方当事人在交易过程中做出违背诚实信用的行为，对方可基于诚实信用原则的法律规定，向其主张权利、进行惩罚，以弥补自己遭受的损失。国家执法机关对不诚实守信的行为应严厉打击，增大违背诚实信用原则行为的成本，以维持良好的市场竞争秩序。

（四）公平竞争

公平是市场的基本要求，它体现的是市场主体间的相互需要、承认、共存和依赖。公平竞争是对不同主体的竞争行为适用相同的规则。只要不是国家限制经营主体资格的企业，对任何企业市场准入的条件应该是一样的。在规范企业市场行为方面，要坚持同等待遇。不能对某种企业给予特殊优惠，而对另一些企业冷眼相看。

公平竞争是所有市场主体竞争机会平等，而非竞争结果公平。即使企业处于平等的法律地位，由于企业的获利能力不同，企业最终获得的经济利益千差万别。这种收益之差会促使获利差的企业去寻找差距，并通过提高经营管理水平去追赶效益好的企业。这种追赶又会推动效益好的企业进一步提高经营管理水平。企业之间在相互竞争中良性互动，你追我赶，推动国家经济的发展。

（五）罪刑法定

罪刑法定是指犯罪行为和对犯罪行为的处罚，必须预先由法律明文加以规定。其基本特征是：犯罪与刑罚必须由成文的法律加以规定；必须在犯罪以前预先加以规定；没有法律规定就没有犯罪；没有法律规定也没有刑罚。换句话说，不论对社会有多大危险的行为，如果法律没有预先将它作为犯罪规定时，就不得加以处罚；即使根据法律作为犯罪处罚时，也不得以法律预先规定刑罚以外的刑罚处罚。法律不得授予执法机关对法律未明示禁止的行为追究行政责任、民事责任和刑事责任。因情事发生变更，对法律未明示禁止的某种行为欲加禁止时，须由立法机关修改或由有立法权的机关发布补充性规定，此种修改或补充性规定不得有溯及力。

（六）自己责任

自己责任是指任何人只对自己违法或犯罪的行为承担相应的法律责任。违法或犯罪构成决定违法者或犯罪分子承担法律责任的条件，实施何种违法或犯罪行为，就要承担与此相对的法律责任；未实施的违法或犯罪行为，或者超出自己主观违法或犯罪范围的行为，行为人不承担法律责任，防止客观株连无辜。法律责任只能由违法或犯罪分子自身承担，不得株连无辜的亲属、朋友等。主张个人责任，实现行为主体和责任主体的统一。

企业在市场经营活动过程中，要对自己行为的后果负责。《民法典》规定，法人以其全部财产独立承担民事责任。法定代表人以法人名义从事的民事活动，法律后果由法人承受。法人章程或法人权力机构对法定代表人代表权的限制，不得对抗善意相对人。法定代表人因执行职务造成他人损害，由法人承担民事责任。法人承担民事责任后，依照法律或者法人章程的规定，可以向有过错的法定代表人追偿。营利法人的出资人不得滥用出资人权利损害法人或其他出资人的利益；滥用出资人权利造成法人或者其他出资人损失的，应当依法承担民事责任。营利法人的出资人不得滥用法人独立地位和出资人有限责任损害法人债权人的利益；滥用法人独立地位和出资人有限责任，逃避债务，严重损害法人债权人的利益的，应当对法人债务承担连带责任。非法人组织的财产不足以清偿其债务的，由其出资人或者设立人承担无限责任。

第三节　企业与法律环境的关系

一、法律环境对企业的影响

（一）法律环境为企业提供社会发展空间

一个实现平等保护、合同自由、诚实信用、公平竞争、罪刑法定、自己责任的法律环境，能够为企业发展开拓更大的社会发展空间。这是因为好的法律环境使国家处于法治状态，法治产生秩序，秩序可以提高效率。

1. 法律环境直接影响企业赖以生存的市场环境

法律是所有社会规范中最具有明确性、确定性和国家强制性的规范。好的法律环境是一个国家文明进步的标志。法律通过定纷止争维护公平竞争，塑造市场秩序，促进企业的发展。

法律为社会提供了明确的行为规则，可以最大限度地降低或者减少社会矛盾和冲突，使已经产生的纷争能够得到及时解决，为企业提供有序的市场环境。首先，良好的法律环境以法律保障市场安全，保障资本与财产安全，保障企业对利益的预期。其次，良好的法律环境能够建立不同利益阶层表达各种诉求的平台，有效引导各种利益主体以理性、合法的方式表达利益要求。再次，法律的强制性可以矫正市场竞争不足。法律通过对不正当竞争和垄断进行有效规制，矫正限制竞争机制发挥、抑制市场有效运作、妨碍市场效率的行为，提高市场效率。最后，法律对于促进统一大市场的形成至关重要。统一立法可以打破市场区域分割的制度桎梏，消除区域贸易的壁垒。遵从统一的法律规则，能够增强市场开放度，实现资源在统一大市场间自由流动，依市场机制平等竞争，自由组合，实现资源最优配置。

2. 法律环境直接影响企业生存的政治环境

法律环境可以塑造政府的行为，影响政府与企业的关系。首先，法律环境约束政府依法设置。法律通过对政府的机构设置、运行机制、行政行为方式、原则和程序进行规范性约束，建立科学的运作机制和严格的约束与监督机制，提高行政管理的效率和质量，实现政府管理的高效化。同时，通过全面推行政务公开制度，建立科学的公共财务预算机制，提高政府各有关部门的管理效率，避免无效行政成本的产生。其次，法律环境要求政府依法行政。法律对政府的职责和权力进行法律创设，要求政府严格依法行政，有效克服政府管理中出现的错位、越位、缺位现象，使政府在行使权力时以法律为依据，禁止无权行政、越权行政。非依法律取得的权力就应推定为无权，非依法律规定行使的权力都应推定为无效。通过把每一个行政机关、行政行为和行政环节都纳入法治化轨道，严格依法办事，促使政府的行政行为严格遵循行政法上的合法性原则和合理性原则。政府工作人员既不滥用职权，又不能缺位，要努力提高依法行政的水平。最后，法律环境监督政府转变职能。在市场经济条件下，政府职能应当顺应法治发展趋势，努力实现从无限政府向有限政府转变，由“暗箱”政府向“阳光”政府转变，从主要通过管理向主要通过服务促进经济发展转变；从消费政府向效能政府转变；促使政府管理模式从个人权威向规则权威转变，政府理念从人治思维向法治思维转变，从而实现政府管理区域经济的模式上和制度上的创新。

（二）法律环境会给企业带来压力

法律环境带给企业的压力主要源于合法性。任何一种人类社会的复杂形态都面临合法性的问题。马克斯·韦伯认为，包括国家在内的各种制度，都是一种人支配人的关系，而这种关系是由正当的暴力手段来支持的，其内在的根据就是合法性。合法性有规则基础、法律基础、民意基础三大基础。组织是一个开放的系统，受到外部环境的影响，法律环境要求企业的行为、结构等必须符合法律规定，得到利益相关者的认可，否则就有可能导致组织失败。法律环境中静态的法律制度网络可以规制企业行为。一旦企业行为与法律制度规定相悖，就会丧失法律主体资格，失去规制合法性。执法机关在具体执法过程中，对企业违法行为进行处罚，再经媒体披露，企业就会失去规范合法性以及公众认知的合法性。一旦失去合法性，企业就会失去在市场中参与交易的机会。

二、企业活动对法律环境的影响

（一）企业活动推动法律制度变化

法律制度通过设定权利义务，确定市场主体的行为边界。当企业在市场交易中出现新的交易行为时，就需要国家出台新的法律来划定企业行动的边界。当旧有法律限定了企业行动边界时，企业就会谋求改变原有法律制度，为自己的市场活动创造空间。20 世纪 80 年代初期，中国国内没有公司法。但公司在市场中大量出现，公司参与市场交易的活动极为频繁。由于缺少相应的法律制度规范，“皮包公司”满天飞，公司的组织活动与交易行为缺少法律依据。在市场交易中，强买强卖、欺诈等违背诚实信用原则的行为时有发生，严重扰乱了市场秩序。在这种现实压力下，立法机关出台了《公司法》，以规范公司行为。

（二）政治企业家与跨国公司活动推动法律环境变化

1. 政治企业家推动法律环境改变

“改变管制规则有横财可发”，这是美国 MCI 公司前总裁的“至理名言”。这句话反映的是企业家通过推动法律、法规、政策、规章等制度的变化，可以获取巨大的新制度利益。法律制度是调整企业之间的某种社会关系的规则。这些规则是建立在以往法律调整经验基础上的，但随着经济及社会条件的变化，企业之间关系的种类、内容会发生变化。而法律制度本身具有稳定性，无法对社会关系的变化马上做出反应。法律制度的这种滞后性，会阻碍企业之间新的社会关系的发展。企业只有突破这种阻碍，才能为自己的发展赢得制度空间。政治企业家凭借自身对法律制度的敏感和对法律程序的熟悉，及时捕捉法律环境中的机会或察觉到法律环境中可能出现的潜在威胁，愿意承担制度变革风险，推动制度创新。一旦政治企业家感受到来自法律环境的机会，他们可能通过私下游说的方式改变现有制度；或者通过私下实践的方式，即政治企业家找到某一制度的漏洞或是尚没有制度的真空领域，非公开地在制度空隙中采取经营活动，直到这种活动被众多企业所模仿，以致政府不得不弥补现有法律制度的漏洞，或为法律制度真空出台新的规则。

2. 跨国公司推动法律环境变化

跨国公司的权利被称为工业主权，其东道国国家的权力被称为国家主权。跨国公司在东道国发展过程中，以其强大的经济力量，影响东道国的经济政策，并进一步将触角伸向东道国的社会文化、政治法律等领域。当东道国的法律规制影响到跨国公司的利益时，跨国公司或借助母国政府的支持，抵制东道国的法律规制；或直接参与东道国的立法博弈，阻止相关法律出台。这样，跨国公司通过自身强大的工业主权挑战一国的国家主权，影响法律环境的变化。

复习与思考

1. 企业法律环境及其特征
2. 企业法律环境的构成要素
3. 企业法律环境评价标准

阅读与解析

政府旁边的法院

政府也会犯错误，这是不争的事实。无论是中国人还是西方人对此都表现出了“宽宏大量”。当然，大家也都希望找个办法，以使政府少犯错误，或在错了之后能得到纠正。由于对人的基本看法是“充满信心”，中国人一般选择“让政府自己教育自己，自己纠正自己”的办法；而西方人相反，由于对人的基本看法是“缺乏信心”，因而选择了“让旁人教育，让法院纠正”的办法。

资料来源：刘星．西窗法雨［M］．北京：法律出版社，2013.

试结合上述材料回答问题：

（1）人类为什么需要法律？

（2）“政府旁边的法院”折射的是怎样的法治思想？

（3）结合材料讨论中西方法律环境的差异。

第二篇

企业组织法律制度

第二章　个人独资企业法与合伙企业法

本章目标

学习过本章之后，你应能够：

1. 描述个人独资企业的设立与事务管理
2. 阐释普通合伙企业的设立与事务执行
3. 解释普通合伙企业与第三人关系
4. 分析普通合伙企业和有限合伙企业的入伙与退伙
5. 刻画有限合伙企业的特殊规定

第一节　个人独资企业法

一、个人独资企业法概述

（一）个人独资企业的概念与特征

个人独资企业是依法在中国境内设立，由一个自然人投资，财产为投资人个人所有，投资人以其个人财产对企业债务承担无限责任的经营实体。其法律特征如下：

1. 投资主体单一

个人独资企业是由一个自然人单独投资设立的企业。投资者是企业的设立者、拥有者和支配者。个人独资企业只有一个投资者，投资者表现为单一性。

2. 企业财产为投资人个人所有

个人独资企业不是一个独立的财产权主体，投资人对个人独资企业的财产享有完全的所有权。个人独资企业投资人对本企业的财产依法享有所有权，其有关权利可以依法进行转让或继承。

3. 企业组织管理方式灵活

个人独资企业的投资人既是企业的所有者，又是企业的经营者，对个人独资企业具有完全的控制权。法律未对个人独资企业的机构设置、经营管理方式做严格的规定，投资人可以根据企业的实际需要，自主决定企业内部的机构设置，灵活选择经营管理方式。

4. 投资人对个人企业债务承担无限责任

个人独资企业财产不足以清偿债务的，投资人应当以其个人的其他财产予以清偿。个人独资企业投资人在申请设立登记时明确以其家庭共有财产作为个人出资的，应当依法以家庭共有财产对企业债务承担无限责任。

5. 个人独资企业不具有法人资格

投资人与个人独资企业在权利义务上融为一体，企业的财产即投资人个人的财产，企业的责任即投资人个人的责任。因此，个人独资企业是不具有法人资格的经营实体，无法独立承担民事责任。但这并不影响它以自己的名义从事民事活动。

（二）个人独资企业法的概念、宗旨和适用范围

个人独资企业法的概念有广义和狭义之分。广义的个人独资企业法，是指确认个人独资企业法律地位，调整个人独资企业经营关系的法律规范的总称。狭义的个人独资企业法，是指1999年8月30日第九届全国人民代表大会常务委员会第十一次会议通过的《中华人民共和国个人独资企业法》（以下简称《个人独资企业法》）。颁行《个人独资企业法》旨在：规范个人独资企业的行为；保护个人独资企业投资人和债权人的合法权益；维护社会经济秩序，促进社会主义市场经济的发展。《个人独资企业法》只适用于由一个中国自然人投资设立的个人独资企业，不适用于具有独资特点的全民所有制企业、国有独资公司以及外商独资企业。

二、个人独资企业的设立

（一）个人独资企业的设立条件

1. 投资人为一个自然人，且只能是一个中国公民

个人独资企业的投资人只能是一个中国公民，且具有完全民事行为能力。国家机关、国家授权投资的机构或者国家授权的部门、企业、事业单位等不能作为个人独资企业的设立人。法律、行政法规禁止从事营利活动的人，包括国家公务员、党政机关领导干部、警官、法官、检察官、商业银行工作人员等人员，不得作为投资人申请设立个人独资企业。

2. 有合法的企业名称

企业的名称应与其责任形式及从事的营业相符合。个人独资企业的名称可以称之为厂、店、部、中心、工作室等，但不得使用“有限”“有限责任”“公司”等字样。

3. 有投资人申报的出资

投资人可以根据其拟设立的个人独资企业的经营需要来申报出资。投资人可以个人财产出资，也可以家庭共有财产作为出资。以家庭共有财产作为出资的，投资人应当在设立申请书上予以说明。投资人可以用货币出资，也可以用实物、土地使用权、知识产权或者其他财产权利出资。

4. 有固定的生产经营场所和必要的生产经营条件

固定的生产经营场所和必要的生产经营条件都是个人独资企业开展经营活动必不可少的物质条件。生产经营场所包括企业的住所和与生产经营相适应的处所。个人独资企业以其主要办事机构所在地为住所。

5. 有必要的从业人员

企业活动是人主导下的社会活动，个人独资企业的生产运作离不开员工的参与和支撑。但法律并未对个人独资企业从业人员的人数作出具体数额的规定，这与个人独资企业的经济特征相适应。

（二）个人独资企业的设立程序

根据《个人独资企业法》的规定，个人独资企业的设立一般要经过设立申请、工商登记两个主要程序。

1. 设立申请

申请设立个人独资企业，应当由投资人或者其委托的代理人向个人独资企业所在地的登记机关提交下列文件：①投资人签署的个人独资企业设立申请书，申请书应当载明下列事项：企业的名称和住所、投资人的姓名和居所、投资人的出资额和出资方式、经营范围；②投资人身份证明，主要是身份证和其他有关证明材料；③企业住所证明和生产经营场所使用证明，如土地使用权证书、房屋所有权证书或租赁合同等；④委托代理人申请设立登记的，应当提交投资人的委托书和代理人的身份证明或者资格证明。

个人独资企业不得从事法律、行政法规禁止经营的业务；从事法律、行政法规规定须经有关部门审批的业务，应当在申请登记时提交有关部门的批准文件。

2. 工商登记

登记机关应当在收到设立申请文件之日起 15 日内，对符合《个人独资企业法》规定条件的，予以登记，发给营业执照；对不符合《个人独资企业法》规定条件的，不予登记，并应当给予书面答复，说明理由。个人独资企业的营业执照的签发日期，为个人独资企业成立日期。在领取个人独资企业营业执照前，投资人不得以个人独资企业名义从事经营活动。

三、个人独资企业的权利和义务及事务管理

（一）个人独资企业的权利和义务

国家依法保护个人独资企业的财产和其他合法权益。个人独资企业可以依法申请贷款、取得土地使用权，并享有法律、行政法规规定的其他权利。同时，个人独资企业从事经营活动必须履行以下义务：遵守法律、行政法规，遵守诚实信用原则，不得损害社会公共利益；依法纳税；依法设置会计账簿，进行会计核算；依法保护职工合法权益。

（二）个人独资企业事务管理

个人独资企业投资人可以依照法律规定，自行管理企业事务，也可以委托或者聘用其他具有民事行为能力的人负责企业的事务管理。投资人委托或者聘用他人管理个人独资企业事务，应当与受托人或被聘用的人签订书面合同，明确委托的具体内容和授予的权利范围。受托人或者被聘用的人员应当履行诚信、勤勉义务，按照与投资人签订的合同负责个人独资企业的事务管理。投资人对受托人或者被聘用人员职权的限制，不得对抗善意第三人。投资人委托或者聘用的管理个人独资企业事务的人员不得有下列行为：利用职务上的便利，索取或者收受贿赂；利用职务或者工作上的便利侵占企业财产；挪用企业的资金归个人使用或者借贷给他人；擅自将企业资金以个人名义或者以他人名义开立账户储存；擅自以企业财产担保；未经投资人同意，从事与本企业竞争的业务；未经投资人同意，同本企业订立合同或者进行交易；未经投资人同意，擅自将企业商标或者其他知识产权转让给他人使用；泄露本企业的商业秘密；法律、行政法规禁止的其他行为。

四、个人独资企业的解散和清算

（一）个人独资企业的解散

个人独资企业的解散，是指个人独资企业终止经营活动并使其民事主体资格消灭的行为。个人独资企业有下列情形之一时，应当解散：投资人决定解散；投资人死亡或者被宣告死亡，无继承人或者继承人决定放弃继承；被依法吊销营业执照；法律、行政法规规定的其他情形。

（二）个人独资企业的清算

1. 申报债权

个人独资企业解散，由投资人自行清算或者由债权人申请人民法院指定清算人进行清算。投资人自行清算的，应当在清算前 15 日内通知债权人，无法通知的，应当予以公告。债权人应当在接到通知之日起 30 日内，未接到通知的应当在公告之日起 60 日内，向投资人申报其债权。

2. 财产清偿

个人独资企业解散的，财产应当按照下列顺序清偿：所欠职工工资和社会保险费用；所欠税款；其他债务。个人独资企业的财产不足以清偿债务的，投资人应当以其个人的其他财产予以清偿。清算期间，个人独资企业不得开展与清算目的无关的经济活动。在按前述财产清偿顺序清偿债务前，投资人不得转移、隐匿财产。个人独资企业解散的，原投资人对个人独资企业存续期间的债务仍应承担偿还责任，但债权人在 5 年内未向债务人提出偿债请求的，该责任消灭。

3. 注销登记

个人独资企业清算结束后，投资人或者人民法院指定的清算人应当编制清算报告，并于 15 日内到市场监督管理机关办理注销登记。

五、法律责任

个人独资企业及其投资人的行为违反《个人独资企业法》规定的，根据具体行为及情节轻重，可处以罚款、吊销企业营业执照的处罚；投资人的行为违法，应当承担民事赔偿责任和缴纳罚款、罚金，其财产不足以支付的，或者被判处没收财产的，应当先承担民事赔偿责任。

投资人委托或者聘用的人员管理个人独资企业事务时：违反双方订立的合同，给投资人造成损害的，承担民事赔偿责任；侵犯个人独资企业财产权益的，责令退还侵占的财产；给企业造成损失的，依法承担赔偿责任；有违法所得的，没收违法所得；构成犯罪的，依法追究刑事责任。

违反法律、行政法规的规定，强制个人独资企业提供财力、物力、人力的，按照有关法律、行政法规的规定处罚，并追究有关责任人员的责任。登记机关对不符合《个人独资企业法》规定条件的个人独资企业予以登记，或者对符合《个人独资企业法》规定条件的企业不予登记的，对直接责任人员依法给予行政处罚；构成犯罪的，依法追究刑事责任。

第二节　合伙企业法

一、合伙企业法概述

（一）合伙企业的概念与分类

合伙是指两个以上的人为着共同目的，相互约定共同出资、共同经营、共享收益、共担风险的自愿联合。合伙是一种契约关系，这种契约关系依照合伙企业法进行登记取得营业资格后，就体现为合伙企业。在中国，合伙企业是指自然人、法人和其他组织依法在中国境内设立的普通合伙企业和有限合伙企业。普通合伙企业由普通合伙人组成，合伙人对合伙企业债务承担无限连带责任。有限合伙企业由普通合伙人和有限合伙人组成，普通合伙人对合伙企业债务承担无限连带责任，有限合伙人以其认缴的出资额为限对合伙企业债务承担责任。

（二）合伙企业法的概念与原则

合伙企业法有广义和狭义之分。广义的合伙企业法，是指调整有关合伙企业外部与内部各种经济关系的法律规范的总称。狭义的合伙企业法，是指由国家最高立法机关依法制定的、规范合伙关系的专门法律，即《中华人民共和国合伙企业法》（以下简称《合伙企业法》）。该法于 1997 年 2 月 23 日第八届全国人民代表大会常务委员会第二十四次会议通过，2006 年 8 月 27 日第十届全国人民代表大会常务委员会第二十三次会议修订。

《合伙企业法》的基本原则是《合伙企业法》的指导思想。《合伙企业法》确立了五项基本原则：①协商一致原则。合伙企业以合伙协议为成立的前提和基础，合伙协议依法由全体合伙人协商一致、以书面形式订立。②自愿、平等、公平、诚实信用原则。订立合伙协议、设立合伙企业，应当遵循自愿、平等、公平、诚实信用原则。③守法原则。合伙企业及其合伙人必须遵守法律、行政法规，遵守社会公德、商业道德，承担社会责任。④合法权益受法律保护原则。合伙企业及其合伙人的合法财产及其权益受法律保护。⑤依法纳税原则。合伙企业的生产经营所得和其他所得，按照国家有关税收规定，由合伙人分别缴纳所得税。

二、普通合伙企业

（一）普通合伙企业概念与特征

普通合伙企业，是指由普通合伙人组成，合伙人对合伙企业债务依照《合伙企业法》规定承担无限连带责任的一种合伙企业。普通合伙企业具有以下特点：①由普通合伙人组成。所谓普通合伙人，是指在合伙企业中对合伙企业的债务依法承担无限连带责任的自然人、法人和其他组织。《合伙企业法》规定，国有独资公司、国有企业、上市公司以及公益性的事业单位、社会团体不得成为普通合伙人。②合伙人对合伙企业债务依法承担无限连带责任，法律另有规定的除外。无限连带责任包括两个方面：一是连带责任。所有合伙人对合伙企业的债务都有责任向债权人偿还，无论自己在合伙协议中所确定的承担比例如何。当某一个合伙人不能清偿对外债务时，其他合伙人都有清偿的责任。当某一合伙人偿还合伙企业的债务超过自己所应承担的数额时，有权向其他合伙人追偿。二是无限责任。所有的合伙人不仅以自己投入合伙企业的资金和合伙企业的其他资金对债权人承担清偿责任，而且在不够清偿时还要以合伙人自己所有的财产对债权人承担清偿责任。

（二）普通合伙企业的设立

1. 设立条件

（1）有两个以上合伙人。合伙人可以是自然人，也可以是法人或者其他组织。合伙人为自然人的，应当具有完全民事行为能力。无民事行为能力人和限制民事行为能力人不得成为合伙企业的合伙人。国有独资公司、国有企业、上市公司以及公益性的事业单位、社会团体不得成为普通合伙人。

（2）有书面合伙协议。合伙协议是由各合伙人通过协商，共同决定相互间的权利义务，达成具有法律约束力的协议。合伙协议应当载明下列事项：合伙企业的名称和主要经营场所的地点；合伙目的和合伙经营范围；合伙人的姓名或者名称、住所；合伙人的出资方式、数额和缴付期限；利润分配、亏损分担方式；合伙事务的执行；入伙与退伙；争议解决办法；合伙企业的解散与清算；违约责任等。合伙协议经全体合伙人签名、盖章后生效。合伙人按照合伙协议享有权利，履行义务。修改或者补充合伙协议，应当经全体合伙人一致同意；但是，合伙协议另有约定的除外。合伙协议未约定或者约定不明确的事项，由合伙人协商决定；协商不成的，依照《合伙企业法》和其他有关法律、行政法规的规定处理。

（3）有合伙人认缴或者实际缴付的出资。合伙协议生效后，合伙人应当按照合伙协议的规定缴纳出资。合伙人可以用货币、实物、知识产权、土地使用权或者其他财产权利出资，也可以用劳务出资。合伙人以劳务出资的，其评估办法由全体合伙人协商确定，并在合伙协议中载明。合伙人以实物、知识产权、土地使用权或者其他财产权利出资，需要评估作价的，可以由全体合伙人协商确定，也可以由全体合伙人委托法定评估机构评估。合伙人应当按照合伙协议约定的出资方式、数额和缴付期限履行出资义务。以非货币财产出资的，依照法律、行政法规的规定，需要办理财产权转移手续的，应当依法办理。

（4）有合伙企业的名称和生产经营场所。普通合伙企业应当在其名称中标明“普通合伙”字样，其中，特殊的普通合伙企业应当在其名称中标明“特殊普通合伙”字样，合伙企业的名称必须和“合伙”联系起来，名称中必须有“合伙”字样。

（5）法律、行政法规规定的其他条件。

2. 设立程序

（1）申请人提交相关文件。申请人需要向企业登记机关提交的文件有：全体合伙人签署的设立登记申请书；合伙协议书；全体合伙人的身份证明；全体合伙人指定的代表或者共同委托代理人的委托书；全体合伙人对各合伙人认缴或者实际缴付出资的确认书；经营场所证明；其他法定的证明文件。法律、行政法规规定设立合伙企业须经批准的，还应当提交有关批准文件。合伙协议约定或者全体合伙人决定，委托一个或者数个合伙人执行合伙事务的，还应当提交全体合伙人的委托书。

（2）登记机关核发营业执照。合伙企业的营业执照签发日期，为合伙企业的成立日期。合伙企业领取营业执照前，合伙人不得以合伙企业名义从事合伙业务。合伙企业设立分支机构，应当向分支机构所在地的企业登记机关申请登记，领取营业执照。合伙企业登记事项发生变更的，执行合伙事务的合伙人应当自作出变更决定或者发生变更事由之日起 15 日内，向企业登记机关申请办理变更登记。

（三）普通合伙企业的财产

1. 合伙企业财产的构成与性质

合伙企业财产由以下三部分构成：①合伙人的出资。《合伙企业法》规定，合伙人可以用货币、实物、知识产权、土地使用权或者其他财产权利出资，也可以用劳务出资。这些出资形成合伙企业的原始财产。需要注意的是，合伙企业的原始财产是全体合伙人“认缴”的财产，而非各合伙人“实际缴纳”的财产。②以合伙企业名义取得的收益。以合伙企业名义取得的收益，主要包括合伙企业的公共积累资金、未分配的盈余、合伙企业债权、合伙企业取得的工业产权和非

专利技术等财产权利。③依法取得的其他财产。合伙企业根据法律、行政法规的规定合法取得的其他财产，如合法接受的赠与财产等。

根据《合伙企业法》的规定，合伙企业的财产由全体合伙人共同管理和使用；合伙人在合伙企业清算前存续期间，不得请求分割合伙企业的财产；但是，《合伙企业法》另有规定的除外。合伙人在合伙企业清算前私自转移或者处分合伙企业财产的，合伙企业不得以此对抗善意第三人。可见，合伙企业的财产具有共同共有的性质，即由合伙人共同共有。对合伙人财产的占有、使用、收益和处分，均应依据全体合伙人的共同意志进行。

2. 合伙企业财产的转让

合伙企业财产的转让是指合伙人将自己在合伙企业中的财产份额让与他人。《合伙企业法》规定：①合伙企业存续期间，合伙人向合伙人以外的人转让其在合伙企业中的全部或者部分财产份额时，须经其他合伙人一致同意；②合伙人之间转让在合伙企业中的全部或者部分财产份额的，应当通知其他合伙人；③合伙人依法转让其财产份额的，在同等条件下，其他合伙人有优先购买权；但是，合伙协议另有约定的除外。合伙人以外的人依法受让合伙人在合伙企业中的财产份额的，经修改合伙协议即成为合伙企业的合伙人，依照《合伙企业法》和修改后的合伙协议享有权利，履行义务。

3. 合伙企业财产的出质

合伙企业财产的出质，是指合伙人以其在合伙企业中的财产份额出质，以担保债权的实现。《合伙企业法》规定，合伙人以其在合伙企业中的财产份额出质的，须经其他合伙人一致同意；未经其他合伙人一致同意，其行为无效，由此给善意第三人造成损失的，由行为人依法承担赔偿责任。

（四）合伙企业事务执行

1. 合伙事务执行的方式

（1）全体合伙人共同执行合伙事务。这是合伙事务执行的基本形式，所有合伙人按照合伙协议的约定，直接参与经营，处理合伙企业的事务，对外代表合伙企业。

（2）委托一个或者数个合伙人执行合伙事务。按照合伙协议的约定或者经全体合伙人决定，合伙企业可以委托一个或者数个合伙人对外代表合伙企业，执行合伙事务。委托一个或者数个合伙人执行合伙事务的，其他合伙人不再执行合伙事务。除合伙协议另有约定外，合伙企业的下列事项应当经全体合伙人一致同意：改变合伙企业的名称；改变合伙企业的经营范围、主要经营场所的地点；处分合伙企业的不动产；转让或者处分合伙企业的知识产权和其他财产权利；以合伙企业名义为他人提供担保；聘任合伙人以外的人担任合伙企业的经营管理人员。

2. 合伙人在执行合伙企业事务中的权利和义务

（1）合伙人在执行合伙事务中的权利。①合伙人对执行合伙事务享有同等的权利。②执行合伙事务的合伙人对外代表合伙企业。作为合伙人的法人、其他组织执行合伙事务的，由其委派的代表执行。③不执行合伙事务的合伙人的监督权利。④合伙人有查阅合伙企业会计账簿等财务资料的权利。⑤合伙人有提出异议的权利和撤销委托的权利。合伙人分别执行合伙事务的，执行事务合伙人可以对其他合伙人执行的事务提出异议。提出异议时，应当暂停该项事务的执行。受委托执行合伙事务的合伙人不按照合伙协议或者全体合伙人的决定执行事务的，其他合伙人可以决定撤销该委托。

（2）合伙人在执行合伙事务中的义务。①合伙事务执行人向不参加执行事务的合伙人报告企业经营状况和财务状况。《合伙企业法》规定，由一个或者数个合伙人执行合伙事务的，执行事务合伙人应当定期向其他合伙人报告事务执行情况以及合伙企业的经营和财务状况，其执行合伙事务所产生的收益归合伙企业，所产生的费用和亏损由合伙企业承担。②合伙人不得自营或者同他人合作经营与本合伙企业相竞争的业务。③合伙人不得同本合伙企业进行交易。④合伙人不得从事损害本合伙企业利益的活动。合伙人在执行合伙事务过程中，不得为了自己的私利，损害其他合伙人的利益，也不得与其他人恶意串通，损害合伙企业的利益。

3. 合伙事务执行的决议办法

（1）由合伙协议对决议办法作出约定。《合伙企业法》规定，合伙人对合伙企业有关事项作出决议，按照合伙协议约定的表决办法办理。

（2）实行合伙人一人一票并经全体合伙人过半数通过的表决办法。合伙协议没有约定或者约定不明确的，实行合伙人一人一票并经全体合伙人过半数通过的表决办法。

（3）依照《合伙企业法》的规定作出决议。合伙企业法对合伙企业的表决办法另有规定的，从其规定。依照《合伙企业法》规定，处分合伙企业的不动产、改变合伙企业的名称等事务，必须经全体合伙人同意。

4. 合伙企业的损益分配

合伙损益包括合伙利润与合伙亏损两方面。合伙利润是指以合伙企业的名义从事经营活动所取得的经济利益；合伙亏损是指以合伙企业的名义从事经营活动所形成的亏损。《合伙企业法》规定，合伙企业的利润分配、亏损分担，按照合伙协议的约定办理；合伙协议未约定或者约定不明确的，由合伙人协商决定；协商不成的，由合伙人按照实缴出资比例分配、分担；无法确定出资比例的，由合伙人平均分配、分担。合伙协议不得约定将全部利润分配给部分合伙人或者由部分合伙人承担全部亏损。

5. 非合伙人参与经营管理

《合伙企业法》规定，除合伙协议另有约定外，经全体合伙人一致同意，可以聘任合伙人以外的人担任合伙企业的经营管理人员。被聘任的经营管理人员，仅是合伙企业的经营管理人员，不是合伙企业的合伙人，因而不具有合伙人的资格。被聘任的合伙企业的经营管理人员应当在合伙企业授权范围内履行职务；若其超越合伙企业授权范围履行职务，或者在履行职务过程中因故意或者重大过失给合伙企业造成损失，应依法承担赔偿责任。

（五）合伙企业与第三人关系

1. 合伙事务执行中的对外代表权

由全体合伙人共同执行合伙企业事务的，全体合伙人都有权对外代表合伙企业；由部分合伙人执行合伙企业事务的，只有受委托执行合伙企业事务的那一部分合伙人有权对外代表合伙企业，不参加执行合伙企业事务的合伙人则不具有对外代表合伙企业的权利；因特别授权在单项合伙事务上有执行权的合伙人，依照授权范围可以对外代表合伙企业。执行合伙企业事务的合伙人在取得对外代表权后，即可以合伙企业的名义进行经营活动，在其授权的范围内作出法律行为。合伙人的这种代表行为，对全体合伙人发生法律效力。合伙企业对合伙人执行合伙事务以及对外代表合伙企业权利的限制，不得对抗善意第三人。

2. 合伙企业和合伙人的债务清偿

（1）合伙企业的债务清偿与合伙人的关系。《合伙企业法》规定，合伙企业对其债务，应先以其全部财产进行清偿。合伙企业不能清偿到期债务的，合伙人承担无限连带责任。也就是说，合伙企业的债务，应先由合伙企业的财产来承担，当合伙企业的全部财产不足以偿付到期债务时，各个合伙人应以其自有财产来清偿合伙企业的债务。合伙企业的债权人对合伙企业所负债务，可以向任何一个合伙人主张，该合伙人不得以其出资的份额大小、合伙协议有特别约定、合伙企业债务另有担保人或者自己已经偿付所承担的份额等理由来拒绝。合伙人由于承担连带责任，所清偿数额超过《合伙企业法》第三十条第一款规定的其亏损分担的比例的，有权向其他合伙人追偿。

（2）合伙人的债务清偿与合伙企业的关系。合伙人发生与合伙企业无关的债务，相关债权人不得以其债权抵销其对合伙企业的债务；也不得代位行使合伙人在合伙企业中的权利。合伙人的自有财产不足清偿其与合伙企业无关的债务的，该合伙人可以以其从合伙企业中分取的收益用于清偿；债权人也可以依法请求人民法院强制执行该合伙人在合伙企业中的财产份额用于清偿。人民法院强制执行合伙人的财产份额时，应当通知全体合伙人，其他合伙人有优先购买权；其他合伙人未购买，又不同意将该财产份额转让给他人的，依照《合伙企业法》第五十一条的规定为该合伙人办理退伙结算，或者办理削减该合伙人相应财产份额的结算。

（六）入伙、退伙

1. 入伙

入伙，是指在合伙企业成立之后至解散之前，不具有合伙人资格的自然人加入合伙企业，从而取得合伙人资格的法律行为。

（1）入伙的条件和程序。新合伙人入伙，除合伙协议另有约定外，应当经全体合伙人一致同意，并依法订立书面入伙协议。订立入伙协议时，原合伙人应当向新合伙人如实告知原合伙企业的经营状况和财务状况。合伙企业因入伙需要变更登记的，应当在作出变更决定或者发生变更事由之日起 15 日内，向企业登记管理机关申请办理变更登记。

（2）新合伙人的权利和责任。《合伙企业法》规定，入伙的新合伙人与原合伙人享有同等权利，承担同等责任。入伙协议另有约定的，从其约定。新合伙人对入伙前合伙企业的债务承担连带责任。

2. 退伙

退伙，是在合伙企业存续期间内，合伙人退出合伙企业从而失去合伙人资格的法律事实。

（1）退伙的种类。

1）自愿退伙。自愿退伙是合伙人基于自愿的意思表示而退伙。自愿退伙分为协议退伙和通知退伙两种形式。第一，协议退伙。合伙协议约定合伙期限的，在合伙企业存续期间，有下列情形之一的，合伙人可以退伙：合伙协议约定的退伙事由出现；经全体合伙人一致同意；发生合伙人难以继续参加合伙的事由；其他合伙人严重违反合伙协议约定的义务。第二，通知退伙。合伙协议未约定合伙期限的，合伙人在不给合伙企业事务执行造成不利影响的情况下，可以退伙，但应当提前 30 日通知其他合伙人。合伙人违反《合伙企业法》第四十五条、第四十六条的规定退伙的，应当赔偿由此给合伙企业造成的损失。

2）法定退伙。法定退伙是指合伙人因出现法律规定的事由而退伙。法定退伙分为当然退伙和除名两种形式。第一，当然退伙。《合伙企业法》规定，合伙人有下列情形之一的，当然退伙：作为合伙人的自然人死亡或者被依法宣告死亡；个人丧失偿债能力；作为合伙人的法人或者其他组织依法被吊销营业执照、责令关闭、撤销，或者被宣告破产；法律规定或者合伙协议约定合伙人必须具有相关资格而丧失该资格；合伙人在合伙企业中的全部财产份额被人民法院强制执行。当然退伙以退伙事由实际发生之日为退伙生效日。第二，除名。《合伙企业

法》规定，合伙人有下列情形之一的，经其他合伙人一致同意，可以决议将其除名：未履行出资义务；因故意或者重大过失给合伙企业造成损失；执行合伙事务时有不正当行为；发生合伙协议约定的事由。对合伙人的除名决议应当书面通知被除名人。被除名人接到除名通知之日，除名生效，被除名人退伙。被除名人对除名决议有异议的，可以自接到除名通知之日起30日内，向人民法院起诉。

（2）退伙的效果。

1）财产继承。《合伙企业法》规定，合伙人死亡或者被依法宣告死亡的，对该合伙人在合伙企业中的财产份额享有合法继承权的继承人，按照合伙协议的约定或者经全体合伙人一致同意，从继承开始之日起，取得该合伙企业的合伙人资格。有下列情形之一的，合伙企业应当向合伙人的继承人退还被继承合伙人的财产份额：继承人不愿意成为合伙人；法律规定或者合伙协议约定合伙人必须具有相关资格，而该继承人未取得该资格；合伙协议约定不能成为合伙人的其他情形。

合伙人的继承人为无民事行为能力人或者限制民事行为能力人的，经全体合伙人一致同意，可以依法成为有限合伙人，普通合伙企业依法转为有限合伙企业。全体合伙人未能一致同意的，合伙企业应当将被继承合伙人的财产份额退还该继承人。

2）退伙结算。合伙人退伙，其他合伙人应当与该退伙人按照退伙时的合伙企业财产状况进行结算，退还退伙人的财产份额。退伙人对给合伙企业造成的损失负有赔偿责任的，相应扣减其应当赔偿的数额。退伙时有未了结的合伙企业事务的，待该事务了结后进行结算。退伙人在合伙企业中财产份额的退还办法，由合伙协议约定或者由全体合伙人决定，可以退还货币，也可以退还实物。合伙人退伙时，合伙企业财产少于合伙企业债务的，退伙人应当依照《合伙企业法》第三十三条第一款的规定分担亏损。退伙人对基于其退伙前的原因发生的合伙企业债务，承担无限连带责任。

三、有限合伙企业

（一）有限合伙企业的设立

1. 有限合伙企业的人数

《合伙企业法》规定，有限合伙企业由2个以上50个以下合伙人设立；但是，法律另有规定的除外。有限合伙企业至少应当有1个普通合伙人。

2. 有限合伙企业名称

《合伙企业法》规定，有限合伙企业名称中应当标明“有限合伙”字样。

3. 有限合伙企业协议

有限合伙企业协议除符合《合伙企业法》第十八条的规定外，还应当载明下列事项：普通合伙人和有限合伙人的姓名或者名称、住所；执行事务合伙人应具备的条件和选择程序；执行事务合伙人权限与违约处理办法；执行事务合伙人的除名条件和更换程序；有限合伙人入伙、退伙的条件、程序以及相关责任；有限合伙人和普通合伙人相互转变程序。

4. 有限合伙人出资

《合伙企业法》规定，有限合伙人可以用货币、实物、知识产权、土地使用权或者其他财产权利作价出资。有限合伙人不得以劳务出资。有限合伙人应当按照合伙协议的约定按期足额缴纳出资；未按期足额缴纳的，应当承担补缴义务，并对其他合伙人承担违约责任。

5. 有限合伙企业登记事项

《合伙企业法》规定，有限合伙企业登记事项中应当载明有限合伙人的姓名或者名称及认缴的出资数额。

（二）有限合伙企业事务执行

1. 有限合伙企业事务执行人

有限合伙企业由普通合伙人执行合伙事务。执行事务合伙人可以要求在合伙协议中确定执行事务的报酬及报酬提取方式。有限合伙人不执行合伙事务，不得对外代表有限合伙企业。有限合伙人的下列行为，不视为执行合伙事务：参与决定普通合伙人入伙、退伙；对企业的经营管理提出建议；参与选择承办有限合伙企业审计业务的会计师事务所；获取经审计的有限合伙企业财务会计报告；对涉及自身利益的情况，查阅有限合伙企业财务会计账簿等财务资料；在有限合伙企业中的利益受到侵害时，向有责任的合伙人主张权利或者提起诉讼；执行事务合伙人怠于行使权利时，督促其行使权利或者为了本企业的利益以自己的名义提起诉讼；依法为本企业提供担保。

2. 有限合伙企业利润分配

《合伙企业法》规定，有限合伙企业不得将全部利润分配给部分合伙人；但是，合伙协议另有约定的除外。

3. 有限合伙人权利

有限合伙人可以同本有限合伙企业进行交易；但是，合伙协议另有约定的除外。有限合伙人可以自营或者同他人合作经营与本有限合伙企业相竞争的业务；但是，合伙协议另有约定的除外。

（三）有限合伙企业财产出质与转让

《合伙企业法》规定，有限合伙人可以将其在有限合伙企业中的财产份额出

质；但是，合伙协议另有约定的除外。有限合伙人可以按照合伙协议的约定向合伙人以外的人转让其在有限合伙企业中的财产份额，但应当提前30日通知其他合伙人。

（四）有限合伙人债务清偿的特殊规定

《合伙企业法》规定，有限合伙人的自有财产不足清偿其与合伙企业无关的债务的，该合伙人可以以其从有限合伙企业中分取的收益用于清偿；债权人也可以依法请求人民法院强制执行该合伙人在有限合伙企业中的财产份额用于清偿。人民法院强制执行有限合伙人的财产份额时，应当通知全体合伙人。在同等条件下，其他合伙人有优先购买权。

（五）有限合伙企业入伙与退伙

1. 入伙

《合伙企业法》规定，新入伙的有限合伙人对入伙前有限合伙企业的债务，以其认缴的出资额为限承担责任。

2. 退伙

《合伙企业法》规定，作为有限合伙人的自然人在有限合伙企业存续期间丧失民事行为能力的，其他合伙人不得因此要求其退伙。作为有限合伙人的自然人死亡、被依法宣告死亡或者作为有限合伙人的法人及其他组织终止时，其继承人或者权利承受人可以依法取得该有限合伙人在有限合伙企业中的资格。有限合伙人退伙后，对基于其退伙前的原因发生的有限合伙企业债务，以其退伙时从有限合伙企业中取回的财产承担责任。

（六）有限合伙企业合伙人性质转变

《合伙企业法》规定，除合伙协议另有约定外，普通合伙人转变为有限合伙人，或者有限合伙人转变为普通合伙人，应当经全体合伙人一致同意。有限合伙人转变为普通合伙人的，对其作为有限合伙人期间有限合伙企业发生的债务承担无限连带责任。普通合伙人转变为有限合伙人的，对其作为普通合伙人期间合伙企业发生的债务承担无限连带责任。

四、合伙企业解散、清算

（一）合伙企业解散

《合伙企业法》规定，合伙企业有下列情形之一的，应当解散：合伙协议约定的经营期限届满，合伙人不愿意继续经营的；合伙协议约定的解散事由出现；全体合伙人决定解散；合伙人已不具备法定人数满30天；合伙协议约定的合伙目的已经实现或者无法实现；依法被吊销营业执照、责令关闭或者被撤销；法律、行政法规规定的其他原因。

（二）合伙企业清算

1. 确定清算人

合伙企业解散，应当由清算人进行清算。清算人由全体合伙人担任；经全体合伙人过半数同意，可以自合伙企业解散事由出现后15日内指定一个或者数个合伙人，或者委托第三人，担任清算人。自合伙企业解散事由出现之日起15日内未确定清算人的，合伙人或者其他利害关系人可以申请人民法院指定清算人。清算人在清算期间执行下列事务：清理合伙企业财产，分别编制资产负债表和财产清单；处理与清算有关的合伙企业未了结事务；清缴所欠税款；清理债权、债务；处理合伙企业清偿债务后的剩余财产；代表合伙企业参加诉讼或者仲裁活动。

2. 通知和公告债权人

清算人自被确定之日起10日内将合伙企业解散事项通知债权人，并于60日内在报纸上公告。债权人应当自接到通知书之日起30日内，未接到通知书的自公告之日起45日内，向清算人申报债权。债权人申报债权，应当说明债权的有关事项并提供证明材料。清算人应当对债权进行登记。清算期间，合伙企业存续，但不得开展与清算无关的经营活动。

3. 财产清偿顺序

合伙企业财产在支付清算费用和职工工资、社会保险费用、法定补偿金以及缴纳所欠税款、清偿债务后的剩余财产，依照《合伙企业法》第三十三条第一款的规定进行分配。

4. 注销登记

清算结束，清算人应当编制清算报告，经全体合伙人签名、盖章后，在15日内向企业登记机关报送清算报告，申请办理合伙企业注销登记。经企业登记机关注销登记，合伙企业终止。合伙企业注销后，原普通合伙人对合伙企业存续期间的债务仍应承担无限连带责任。

合伙企业不能清偿到期债务的，债权人可以依法向人民法院提出破产清算申请，也可以要求普通合伙人清偿。合伙企业依法被宣告破产的，普通合伙人对合伙企业债务仍应承担无限连带责任。

五、法律责任

（一）合伙人的违法行为及应承担的法律责任

违反《合伙企业法》规定，提交虚假文件或者采取其他欺骗手段，取得合伙企业登记的，由企业登记机关责令改正，处以5000元以上5万元以下的罚款；情节严重的，撤销企业登记，并处以5万元以上20万元以下的罚款。

违反《合伙企业法》规定，合伙企业未在其名称中标明"普通合伙""特殊普通合伙""有限合伙"字样的，由企业登记机关责令限期改正，处以2000元以上1万元以下的罚款。

违反《合伙企业法》规定，未领取营业执照，而以合伙企业或者合伙企业分支机构名义从事合伙业务的，由企业登记机关责令停止，处以5000元以上5万元以下的罚款。

合伙企业登记事项发生变更时，未依照《合伙企业法》规定办理变更登记的，由企业登记机关责令限期登记；逾期不登记的，处以2000元以上2万元以下的罚款。合伙企业登记事项发生变更，执行合伙事务的合伙人未按期申请办理变更登记的，应当赔偿由此给合伙企业、其他合伙人或者善意第三人造成的损失。

合伙人执行合伙事务，或者合伙企业从业人员利用职务上的便利，将应当归合伙企业的利益据为己有的，或者采取其他手段侵占合伙企业财产的，应当将该利益和财产退还合伙企业；给合伙企业或者其他合伙人造成损失的，依法承担赔偿责任。

合伙人对《合伙企业法》规定或者合伙协议约定必须经全体合伙人一致同意始得执行的事务擅自处理，给合伙企业或者其他合伙人造成损失的，依法承担赔偿责任。

不具有事务执行权的合伙人擅自执行合伙事务，给合伙企业或者其他合伙人造成损失的，依法承担赔偿责任。

合伙人违反《合伙企业法》规定或者合伙协议的约定，从事与本合伙企业相竞争的业务或者与本合伙企业进行交易的，该收益归合伙企业所有；给合伙企业或者其他合伙人造成损失的，依法承担赔偿责任。

（二）合伙企业清算人的违法行为及应承担的法律责任

清算人未依照《合伙企业法》向企业登记机关报送清算报告，或者报送清算报告隐瞒重要事实，或者有重大遗漏的，由企业登记机关责令改正。由此产生的费用和损失，由清算人承担和赔偿。

合伙人担任清算人或者合伙人委托的清算人在执行清算事务时，牟取非法收入或者侵占合伙企业财产的，应当将该收入和侵占的财产退还给合伙企业；给合伙企业或者其他合伙人造成损失的，依法承担赔偿责任。违反《合伙企业法》规定，构成犯罪的，依法追究刑事责任。

清算人违反《合伙企业法》规定，隐匿、转移合伙企业财产，对资产负债表或者财产清单作虚伪记载，或者在未清偿债务前分配企业财产，损害债权人利益的，依法承担赔偿责任。违反《合伙企业法》规定，构成犯罪的，依法追究刑事责任。

（三）有关行政管理机关及其工作人员的违法行为及应承担的法律责任

有关行政管理机关及其工作人员违反《合伙企业法》的规定，滥用职权、徇私舞弊、收受贿赂、侵害合伙企业合法权益的，依法给予行政处分。违反《合伙企业法》规定，构成犯罪的，依法追究刑事责任。

违反《合伙企业法》规定，应当承担民事赔偿责任和缴纳罚款、罚金，其财产不足以同时支付的，先承担民事赔偿责任。

复习与思考

1. 个人独资企业的法律特征
2. 普通合伙企业的设立条件
3. 合伙人在合伙企业事务执行中的权利与义务
4. 合伙企业与第三人的关系
5. 合伙企业损益分配
6. 有限合伙企业的特别规定
7. 比较普通合伙企业与有限合伙企业的差异

问题与案例

2020 年 1 月，注册会计师甲、乙、丙三人在北京成立了一家会计师事务所，性质为特殊的普通合伙。甲、乙、丙在合伙协议中约定：①甲、丙分别以现金 300 万元和 50 万元出资，乙以一套房屋出资，作价 200 万元，作为会计师事务所的办公场所；②会计师事务所的盈亏按照各自的出资比例享有和承担；③甲负责执行合伙事务。

2021 年 2 月，乙拟将其在会计师事务所中的财产份额转让给 A。丙表示同意，甲则对乙拟转让的财产份额主张优先购买权，乙以合伙协议中未约定优先购买权为由予以拒绝。

2021 年 3 月，丙在为 B 公司提供审计服务时，因重大过失给 B 公司造成 300 万元损失。该会计师事务所现有全部财产价值 250 万元，其中，乙用于出资的房屋变现价值为 230 万元。该会计师事务所在将全部财产用于赔偿 B 公司后，要求丙向 B 公司支付剩余的 50 万元赔偿金。丙认为，合伙协议约定合伙人对于会计师事务所的亏损按照各自出资比例承担，自己不应对合伙企业财产不足清偿的债务承担全部责任。乙认为，其对此债务只应以出资额为限承担责任，而其出资的

房屋已经升值，目前变现价值为230万元，故丙应退还其30万元。

2021年5月，因会计师事务所在北京的业务量下降，甲提出将会计师事务所的主要经营地点迁至上海。在合伙人会议上，乙对此表示赞同，丙表示反对。甲、乙认为，其两人人数及所持出资额均超过半数，且合伙协议对此无特别约定，于是作出迁址决议。

根据上述内容，分别回答下列问题：

（1）甲对乙拟转让给A的合伙企业财产份额是否享有优先购买权？并说明理由。

（2）乙是否有权要求丙退还30万元？并说明理由。

（3）丙是否应当单独承担对B公司剩余50万元的赔偿责任？并说明理由。

（4）将会计师事务所迁至上海的决议是否有效？并说明理由。

第三章　公司法

本章目标

学习过本章之后，你应能够：

1. 列举有限责任公司与股份有限公司的设立条件与程序
2. 解释有限责任公司与股份有限公司的组织运行机制
3. 描述股份与公司债券的差异
4. 理解公司股东、董事、监事、高管的权利与义务
5. 说明公司股权转让的限制

第一节　公司法概述

一、公司与公司法

（一）公司的内涵与外延

1. 公司及其特征

公司是依法设立，以营利为目的的企业法人。《中华人民共和国公司法》（以下简称《公司法》）第二条规定："本法所称公司，是指依照本法在中华人民共和国境内设立的有限责任公司和股份有限公司。"公司的合法权益受法律保护，不受侵犯。一般而言，公司具有如下法律特征：

（1）公司具有法人资格。法人是指具有权利能力和行为能力，能以自己的名义独立从事民事活动，以自己的财产独立承担民事责任的组织。公司法人资格的取得需要符合以下条件：依法设立；具备必要的财产；有自己的名称组织机构和场所；能够独立承当民事责任。

（2）公司以营利为目的。公司以营利为目的，是指设立公司设立的目的及公司的运作，都是为了谋求经济利益。公司只有以营利为目的，实现公司利益最大化，才能让股东收回投资，并进而实现盈利。法律承认并保护公司的营利性，方能鼓励投资、创造社会财富，促进市场经济的发展。

（3）有限责任。有限责任是指债务人以法律规定的财产范围对其债务承担责任。有限责任公司的股东以其认缴的出资额为限对公司承担责任；股份有限公司的股东以其认购的股份为限对公司承担责任。公司以其全部财产对公司的债务承担责任。

2. 公司的种类

（1）有限责任公司、无限公司和两合公司。依据股东对公司债务承担责任的方式，公司可分为有限责任公司、无限公司和两合公司。有限责任公司是股东以其认缴的出资额为限对公司承担责任，公司以其全部财产对公司的债务承担责任的公司。无限公司是由两个以上的股东组成，全体股东对公司的债务承担无限连带责任的公司。两合公司是由负无限责任的股东和负有限责任的股东组成，无限责任股东对公司债务负无限连带责任，有限责任股东仅就其认缴的出资额为限对公司债务承担责任。《公司法》规定公司形式为有限责任公司和股份有限公司。

（2）人合公司、资合公司、人合兼资合公司。依据公司的信用基础，公司可分为人合公司、资合公司、人合兼资合公司。人合公司的经营活动以股东个人信用为基础，股东之间通常存在特殊的人身信任或人身依附关系。资合公司是公司的经营活动以公司的资本规模为基础。人合兼资合公司是公司的设立和经营同时依赖于股东个人信用和公司资本规模。有限责任公司属于以人合为主兼具资合性质的公司，股份有限公司是典型的资合公司。

（3）总公司与分公司、母公司与子公司。依据公司相互间的法律关系，公司可分为总公司与分公司、母公司与子公司。总公司是依法设立管辖公司全部组织、具有企业法人资格的总机构。分公司是指在业务、资金、人事等方面受本公司管辖而不具有法人资格的分支机构。《公司法》规定，公司可以设立分公司，分公司不具有企业法人资格，其民事责任由公司承担。母公司是拥有其他公司一定数额的股份，或根据协议，能够控制、支配其他公司的人事、财务、业务等事项的公司。被支配、控制的公司为子公司。母子公司均具有法人资格，依法独立承担民事责任。

（二）公司法及其特征

1. 公司法

公司法是规定公司法律地位，调整公司组织关系，规范公司行为的法律规范的总称。公司法的概念有广义和狭义之分。广义上的公司法，是调整公司组织关系、规范公司行为的所有法律规范，包括涉及公司的所有法律、法规，条例等。狭义上的公司法，专指《中华人民共和国公司法》（以下简称《公司法》）。中国第一部《公司法》于 1993 年 12 月 29 日第八届全国人民代表大会常务委员会第五次会议通过，自 1994 年 7 月 1 日起施行。后经 1999 年第一次修正，2004 年第二次修正，2005 年第一次修订，2013 年第三次修正，2018 年第四次修正，2023 年第二次修订。2023 年修订的《公司法》于 2024 年 7 月 1 日施行。颁行《公司法》，旨在规范公司的组织和行为，保护公司、股东、职工和债权人的合法权益，完善中国特色现代企业制度，弘扬企业家精神，维护社会经济秩序，促进社会主义市场经济的发展。

2. 公司法的特征

（1）公司法是兼具程序法内容的实体法。《公司法》着重规定了有限责任公司和股份有限公司的权利、义务的实质内容和范围，这属于实体法规定，如股东、董事、监事、高级管理人员的权利、义务与责任等方面的规定，确定了公司中各方当事人在实施公司行为时的实体权利和义务。同时，《公司法》为确保这些实体权利的实现和义务的履行，还规定了取得、行使实体权利，履行实体义务必须遵守的法定程序，如股东会或股东大会的召开程序，董事会的议事规则等。

（2）公司法是含有行为法内容的组织法。公司法是组织法。它通过对公司的法律地位、公司设立的条件和程序、公司意思机关和代表机关的确立、公司合并、分立、解散的条件和程序等的规定，完善了公司的法人组织，使其具有了独立于公司股东的人格，以便自主地进行经营活动。同时，公司法也规定了与公司组织具有直接关系的公司行为，如公司设立行为、募集资本行为、股份转让行为、对外交易行为等。因此，公司法又具有行为法的特征，是组织法与行为法的结合。

二、公司法人财产权

《公司法》规定，公司是企业法人，有独立的法人财产，享有法人财产权。法人财产权是指公司拥有由股东投资形成的法人财产，并依法对该财产行使占有、使用、受益、处分的权利。公司的法人财产权既是公司作为法人对外承担责任的基础，也是公司对股东履行责任的基础。

为维持公司资本充足，保障公司债权人的利益，《公司法》对公司行使法人财产权作如下限制性规定：①法律规定公司不得成为对所投资企业的债务承担连带责任的出资人的，从其规定。②公司向其他企业投资或者为他人提供担保，按

照公司章程的规定，由董事会或者股东会决议；公司章程对投资或者担保的总额及单项投资或者担保的数额有限额规定的，不得超过规定的限额。③公司为公司股东或者实际控制人提供担保的，应当经股东会决议。前款规定的股东或者受前款规定的实际控制人支配的股东，不得参加前款规定事项的表决。该项表决由出席会议的其他股东所持表决权的过半数通过。

三、公司经营活动原则

《公司法》规定，公司从事经营活动，应当遵守法律法规，遵守社会公德、商业道德，诚实守信，接受政府和社会公众的监督；应当充分考虑公司职工、消费者等利益相关者的利益以及生态环境保护等社会公共利益，承担社会责任。国家鼓励公司参与社会公益活动，公布社会责任报告。公司的合法权益受法律保护，不受侵犯。

四、股东权利与滥用权利后果

公司股东对公司依法享有资产收益、参与重大决策和选择管理者等权利。公司股东应当遵守法律、行政法规和公司章程，依法行使股东权利，不得滥用股东权利损害公司或者其他股东的利益。公司股东滥用股东权利给公司或者其他股东造成损失的，应当承担赔偿责任。公司的控股股东、实际控制人、董事、监事、高级管理人员不得利用关联关系损害公司利益。违反前述规定，给公司造成损失的，应当承担赔偿责任。公司股东滥用公司法人独立地位和股东有限责任，逃避债务，严重损害公司债权人利益的，应当对公司债务承担连带责任。股东利用其控制的两个以上公司实施前款规定行为的，各公司应当对任一公司的债务承担连带责任。只有一个股东的公司，股东不能证明公司财产独立于股东自己的财产的，应当对公司债务承担连带责任。

五、公司会议

（一）会议形式

公司股东会、董事会、监事会召开会议和表决可以采用电子通信方式，公司章程另有规定的除外。

（二）会议效力

公司股东会、董事会的决议内容违反法律、行政法规的无效。公司股东会、董事会的会议召集程序、表决方式违反法律、行政法规或者公司章程的，或者决议内容违反公司章程的，股东自决议作出之日起60日内，可以请求人民法院撤销。但是，股东会、董事会的会议召集程序或者表决方式仅有轻微瑕疵，对决议未产生实质影响的除外。未被通知参加股东会会议的股东自知道或者应当知道股东会决议作出之日起60日内，可以请求人民法院撤销；自决议作出之日起1年内没有行使撤销权的，撤销权消灭。

有下列情形之一的，公司股东会、董事会的决议不成立：①未召开股东会、董事会会议作出决议；②股东会、董事会会议未对决议事项进行表决；③出席会议的人数或者所持表决权数未达到《公司法》或者公司章程规定的人数或者所持表决权数；④同意决议事项的人数或者所持表决权数未达到《公司法》或者公司章程规定的人数或者所持表决权数。

公司股东会、董事会决议被人民法院宣告无效、撤销或者确认不成立的，公司应当向公司登记机关申请撤销根据该决议已办理的登记。股东会、董事会决议被人民法院宣告无效、撤销或者确认不成立的，公司根据该决议与善意相对人形成的民事法律关系不受影响。

六、工会、党组织与职工权益保护

（一）工会

公司职工依照《中华人民共和国工会法》组织工会，开展工会活动，维护职工合法权益。公司应当为本公司工会提供必要的活动条件。公司工会代表职工就职工的劳动报酬、工作时间、休息休假、劳动安全卫生和保险福利等事项依法与公司签订集体合同。公司依照宪法和有关法律的规定，建立健全以职工代表大会为基本形式的民主管理制度，通过职工代表大会或者其他形式，实行民主管理。公司研究决定改制、解散、申请破产以及经营方面的重大问题、制定重要的规章制度时，应当听取公司工会的意见，并通过职工代表大会或者其他形式听取职工的意见和建议。

（二）党组织

在公司中，根据中国共产党章程的规定，设立中国共产党的组织，开展党的活动。公司应当为党组织的活动提供必要条件。

（三）职工权益保护

公司应当保护职工的合法权益，依法与职工签订劳动合同，参加社会保险，加强劳动保护，实现安全生产。公司应当采用多种形式，加强公司职工的职业教育和岗位培训，提高职工素质。

七、公司登记

公司登记是国家赋予公司法人资格与企业经营资格，并对公司的设立、变更、注销加以规范、公示的法律行为。公司登记包括设立登记、变更登记、注销登记。

（一）设立登记

公司设立登记，是公司的设立人依照《公司法》规定的设立条件与程序向公司登记机关提出设立申请，并提交法定登记事项文件，公司登记机关审核后对符合法律规定的准予登记，并发给营业执照的活动。公司经登记机关依法登记，领取营业执照，方取得企业法人资格。未经公司登记机关登记的，不得以公司名义从事经营活动。

1. 登记申请

设立公司，应当依法向公司登记机关申请设立登记。法律、行政法规规定设立公司必须报经批准的，应当在公司登记前依法办理批准手续。公司设立分公司，应当向公司登记机关申请登记，领取营业执照。申请设立公司，应当提交设立登记申请书、公司章程等文件，提交的相关材料应当真实、合法和有效。申请材料不齐全或者不符合法定形式的，公司登记机关应当一次性告知需要补正的材料。申请设立公司，符合《公司法》规定的设立条件的，由公司登记机关分别登记为有限责任公司或者股份有限公司；不符合《公司法》规定的设立条件的，不得登记为有限责任公司或者股份有限公司。

2. 登记事项

《公司法》规定，公司登记事项包括：名称；住所；法定代表人姓名；注册资本；公司类型；经营范围；营业期限；有限责任公司股东、股份有限公司发起人的姓名或者名称。

（1）名称。公司应当有自己的名称。企业名称由行政区划名称、字号、行业或者经营特点、组织形式组成。企业名称应当使用规范汉字。有限责任公司必须在公司名称中标明“有限责任公司”或者“有限公司”字样；股份有限公司必须在公司名称中标明“股份有限公司”或者“股份公司”的字样。企业只能登记一个企业名称，企业名称受法律保护。

（2）住所。公司的住所是公司主要办事机构所在地。公司住所是发生纠纷时确定诉讼及行政管辖的依据，是向公司送达文件的法定地址。经公司登记机关登记的公司的住所只能有一个。

（3）注册资本。注册资本是由章程所确定的股东认缴的出资额总和。有限责任公司的注册资本为在公司登记机关登记的全体股东认缴的出资额；股份有限公司的注册资本为在公司登记机关登记的已发行股份的股本总额。

（4）公司的经营范围。经营范围是公司生产、经营的商品、服务项目。公司的经营范围由公司章程规定。公司可以修改公司章程，变更经营范围，但是应当办理变更登记。

（5）法定代表人姓名。公司的法定代表人按照公司章程的规定，可以由代表公司执行公司事务的董事或者经理担任。担任法定代表人的董事或者经理辞任的，视为同时辞去法定代表人。法定代表人辞任的，公司应当在法定代表人辞任之日起30日内确定新的法定代表人。法定代表人以公司名义从事的民事活动，其法律后果由公司承受。公司章程或者股东会对法定代表人职权的限制，不得对抗善意相对人。法定代表人因执行职务造成他人损害的，由公司承担民事责任。公司承担民事责任后，依照法律或者公司章程的规定，可以向有过错的法定代表人追偿。

（6）有限责任公司股东、股份有限公司发起人的姓名或者名称。股东、发起人是公司的出资人，是公司设立重要的参与者，经过登记其出资人身份才能得到法律确认。《公司法》规定，有限责任公司应当置备股东名册，记载于股东名册的股东，可以依股东名册主张行使股东权利。

3. 登记结果

依法设立的公司，由公司登记机关发给公司营业执照。公司营业执照签发日期为公司成立日期。公司营业执照应当载明公司的名称、住所、注册资本、经营范围、法定代表人姓名等事项。公司登记机关可以发给电子营业执照。电子营业执照与纸质营业执照具有同等法律效力。

公司登记机关应当将公司登记事项通过国家企业信用信息公示系统向社会公示。公司应当按照规定通过国家企业信用信息公示系统公示下列事项：①有限责任公司股东认缴和实缴的出资额、出资方式和出资日期，股份有限公司发起人认购的股份数；②有限责任公司股东、股份有限公司发起人的股权、股份变更信息；③行政许可取得、变更、注销等信息；④法律、行政法规规定的其他信息。公司应当确保前述公示信息真实、准确、完整。

（二）变更登记

公司登记事项发生变更的，应当依法办理变更登记。公司登记事项未经登记或者未经变更登记，不得对抗善意相对人。公司申请变更登记，应当向公司登记机关提交公司法定代表人签署的变更登记申请书、依法作出的变更决议或者决定等文件。公司变更登记事项涉及修改公司章程的，应当提交修改后的公司章程。公司变更法定代表人的，变更登记申请书由变更后的法定代表人签署。公司营业

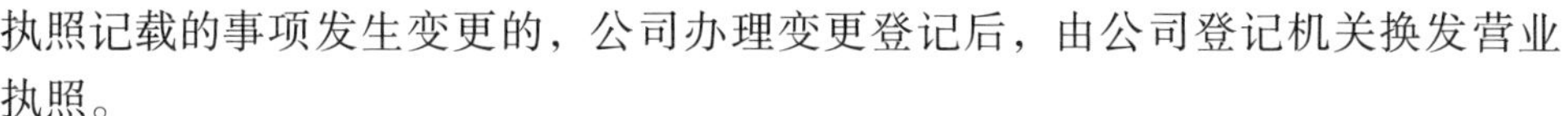

执照记载的事项发生变更的，公司办理变更登记后，由公司登记机关换发营业执照。

（三）注销登记

公司因解散、被宣告破产或者其他法定事由需要终止的，应当依法向公司登记机关申请注销登记，由公司登记机关公告公司终止。虚报注册资本、提交虚假材料或者采取其他欺诈手段隐瞒重要事实取得公司设立登记的，公司登记机关应当依照法律、行政法规的规定予以撤销。

第二节 有限责任公司

一、有限责任公司的设立

（一）股东与设立协议

有限责任公司由1个以上50个以下股东出资设立。有限责任公司设立时的股东可以签订设立协议，明确各自在公司设立过程中的权利和义务。有限责任公司设立时的股东为设立公司从事的民事活动，其法律后果由公司承受。

公司未成立的，其法律后果由公司设立时的股东承受；设立时的股东为2人以上的，享有连带债权，承担连带债务。设立时的股东为设立公司以自己的名义从事民事活动产生的民事责任，第三人有权选择请求公司或者公司设立时的股东承担。设立时的股东因履行公司设立职责造成他人损害的，公司或者无过错的股东承担赔偿责任后，可以向有过错的股东追偿。

（二）股东共同制定公司章程

设立有限责任公司，应当由股东共同制定公司章程。有限责任公司章程应当载明下列事项：公司名称和住所；公司经营范围；公司注册资本；股东的姓名或者名称；股东的出资额、出资方式和出资日期；公司的机构及其产生办法、职权、议事规则；公司法定代表人的产生、变更办法；股东会认为需要规定的其他事项。股东应当在公司章程上签名或者盖章。公司章程对公司、股东、董事、监事、高级管理人员具有约束力。

（三）股东缴纳出资

有限责任公司的注册资本为在公司登记机关登记的全体股东认缴的出资额。法律、行政法规以及国务院决定对有限责任公司注册资本实缴、注册资本最低限额、股东出资期限另有规定的，从其规定。

1. 出资形式

股东可以用货币出资，也可以用实物、知识产权、土地使用权、股权、债权等可以用货币估价并可以依法转让的非货币财产作价出资；但是，法律、行政法规规定不得作为出资的财产除外。对作为出资的非货币财产应当评估作价，核实财产，不得高估或者低估作价。

2. 出资缴纳

股东应当按期足额缴纳公司章程规定的各自所认缴的出资额。股东以货币出资的，应当将货币出资足额存入有限责任公司在银行开设的账户；以非货币财产出资的，应当依法办理其财产权的转移手续。

3. 出资责任

（1）股东出资责任。股东未按期足额缴纳出资的，除应当向公司足额缴纳外，还应当对给公司造成的损失承担赔偿责任。有限责任公司设立时，股东未按照公司章程规定实际缴纳出资，或者实际出资的非货币财产的实际价额显著低于所认缴的出资额的，设立时的其他股东与该股东在出资不足的范围内承担连带责任。

公司成立后，股东不得抽逃出资。违反前述规定的，股东应当返还抽逃的出资；给公司造成损失的，负有责任的董事、监事、高级管理人员应当与该股东承担连带赔偿责任。

公司不能清偿到期债务的，公司或者已到期债权的债权人有权要求已认缴出资但未届出资期限的股东提前缴纳出资。

（2）董事的核查催缴责任。有限责任公司成立后，董事会应当对股东的出资情况进行核查，发现股东未按期足额缴纳公司章程规定的出资的，应当由公司向该股东发出书面催缴书，催缴出资。未及时履行前述催缴义务，给公司造成损失的，负有责任的董事应当承担赔偿责任。

股东未按照公司章程规定的出资日期缴纳出资，公司依法发出书面催缴书催缴出资的，可以载明缴纳出资的宽限期；宽限期自公司发出催缴书之日起，不得少于60日。宽限期届满，股东仍未履行出资义务的，公司经董事会决议可以向该股东发出失权通知，通知应当以书面形式发出。自通知发出之日起，该股东丧失其未缴纳出资的股权。丧失的股权应当依法转让，或者相应减少注册资本并注销该股权；6个月内未转让或者注销的，由公司其他股东按照其出资比例足额缴纳相应出资。股东对失权有异议的，应当自接到失权通知之日起30日内，向人民法院提起诉讼。

（3）出资期限。全体股东认缴的出资额由股东按照公司章程的规定自公司成立之日起 5 年内缴足。

（4）出资证明。有限责任公司成立后，应当向股东签发出资证明书，记载下列事项：①公司名称；②公司成立日期；③公司注册资本；④股东的姓名或者名称、认缴和实缴的出资额、出资方式和出资日期；⑤出资证明书的编号和核发日期。出资证明书由法定代表人签名，并由公司盖章。

有限责任公司应当置备股东名册，记载下列事项：①股东的姓名或者名称及住所；②股东认缴和实缴的出资额、出资方式和出资日期；③出资证明书编号；④取得和丧失股东资格的日期。记载于股东名册的股东，可以依股东名册主张行使股东权利。

（四）股东权利

股东有权查阅、复制公司章程、股东名册、股东会会议记录、董事会会议决议、监事会会议决议和财务会计报告。

股东可以要求查阅公司会计账簿、会计凭证。股东要求查阅公司会计账簿、会计凭证的，应当向公司提出书面请求，说明目的。公司有合理根据认为股东查阅会计账簿、会计凭证有不正当目的，可能损害公司合法利益的，可以拒绝提供查阅，并应当自股东提出书面请求之日起 15 日内书面答复股东并说明理由。公司拒绝提供查阅的，股东可以向人民法院提起诉讼。

股东查阅前述规定的材料，可以委托会计师事务所、律师事务所等中介机构进行。股东及其委托的会计师事务所、律师事务所等中介机构查阅、复制有关材料，应当遵守有关保护国家秘密、商业秘密、个人隐私、个人信息等法律、行政法规的规定。

二、有限责任公司的组织机构

（一）股东会

1. 股东会的性质与职权

有限责任公司股东会由全体股东组成。股东会是公司的权力机构，依照《公司法》行使职权。股东会行使下列职权：①选举和更换董事、监事，决定有关董事、监事的报酬事项；②审议批准董事会的报告；③审议批准监事会的报告；④审议批准公司的利润分配方案和弥补亏损方案；⑤对公司增加或者减少注册资本作出决议；⑥对发行公司债券作出决议；⑦对公司合并、分立、解散、清算或者变更公司形式作出决议；⑧修改公司章程；⑨公司章程规定的其他职权。

股东会可以授权董事会对发行公司债券作出决议。对选举和更换董事、监事，决定有关董事、监事的报酬，股东以书面形式一致表示同意的，可以不召开股东会会议，直接作出决定，并由全体股东在决定文件上签名或者盖章。

只有一个股东的有限责任公司不设股东会。股东作出选举和更换董事、监事，决定有关董事、监事的报酬事项的决定时，应当采用书面形式，并由股东签名或者盖章后置备于公司。

2. 股东会会议

（1）会议形式。股东会会议分为定期会议和临时会议。定期会议应当按照公司章程的规定按时召开。代表1/10以上表决权的股东、1/3以上的董事或者监事会提议召开临时会议的，应当召开临时会议。

（2）会议召集与主持。首次股东会会议由出资最多的股东召集和主持。股东会会议由董事会召集，董事长主持；董事长不能履行职务或者不履行职务的，由副董事长主持；副董事长不能履行职务或者不履行职务的，由过半数的董事共同推举一名董事主持。董事会不能履行或者不履行召集股东会会议职责的，由监事会召集和主持；监事会不召集和主持的，代表1/10以上表决权的股东可以自行召集和主持。

（3）会议通知与记录。召开股东会会议，应当于会议召开15日前通知全体股东；但是，公司章程另有规定或者全体股东另有约定的除外。股东会应当对所议事项的决定作成会议记录，出席会议的股东应当在会议记录上签名或者盖章。

（4）会议决议规则。股东会会议由股东按照出资比例行使表决权；但是，公司章程另有规定的除外。股东会的议事方式和表决程序，除《公司法》有规定的外，由公司章程规定。股东会作出决议，应当经代表过半数表决权的股东通过。股东会作出修改公司章程、增加或者减少注册资本的决议，以及公司合并、分立、解散或者变更公司形式的决议，应当经代表2/3以上表决权的股东通过。

（二）董事会

1. 董事会设立与组成

有限责任公司设董事会，《公司法》第七十五条另有规定的除外。规模较小或者股东人数较少的有限责任公司，可以不设董事会，设1名董事，行使公司法规定的董事会的职权。该董事可以兼任公司经理。

董事会设董事长1人，可以设副董事长。董事长、副董事长的产生办法由公司章程规定。有限责任公司董事会成员为3人以上，其成员中可以有公司职工代表。职工人数300人以上的有限责任公司，除依法设监事会并有公司职工代表的外，其董事会成员中应当有公司职工代表。董事会中的职工代表由公司职工通过职工代表大会、职工大会或者其他形式民主选举产生。

2. 董事会职权

董事会行使下列职权：①召集股东会会议，并向股东会报告工作；②执行股东会的决议；③决定公司的经营计划和投资方案；④制订公司的利润分配方案和弥补亏损方案；⑤制订公司增加或者减少注册资本以及发行公司债券的方案；⑥制订公司合并、分立、解散或者变更公司形式的方案；⑦决定公司内部管理机构的设置；⑧决定聘任或者解聘公司经理及其报酬事项，并根据经理的提名决定聘任或者解聘公司副经理、财务负责人及其报酬事项；⑨制定公司的基本管理制度；⑩公司章程规定或者股东会授予的其他职权。公司章程对董事会职权的限制不得对抗善意相对人。

3. 审计委员会

有限责任公司可以按照公司章程的规定在董事会中设置由董事组成的审计委员会，行使《公司法》规定的监事会的职权，不设监事会或者监事。公司董事会成员中的职工代表可以成为审计委员会成员。

4. 董事任期、辞任与解任

董事任期由公司章程规定，但每届任期不得超过3年。董事任期届满，连选可以连任。董事任期届满未及时改选，或者董事在任期内辞任导致董事会成员低于法定人数的，在改选出的董事就任前，原董事仍应当依照法律、行政法规和公司章程的规定，履行董事职务。董事辞任的，应当以书面形式通知公司，公司收到通知之日辞任生效，但存在前述规定情形的，董事应当继续履行职务。股东会可以决议解任董事，决议作出之日解任生效。无正当理由，在任期届满前解任董事的，该董事可以要求公司予以赔偿。

5. 董事会会议召集

董事会会议由董事长召集和主持；董事长不能履行职务或者不履行职务的，由副董事长召集和主持；副董事长不能履行职务或者不履行职务的，由过半数的董事共同推举一名董事召集和主持。

6. 决议规则

董事会的议事方式和表决程序，除《公司法》有规定的外，由公司章程规定。董事会会议应当有过半数的董事出席方可举行。董事会作出决议，应当经全体董事的过半数通过。董事会决议的表决，应当一人一票。董事会应当对所议事项的决定作成会议记录，出席会议的董事应当在会议记录上签名。

7. 经理

有限责任公司可以设经理，由董事会决定聘任或者解聘。经理对董事会负责，根据公司章程的规定或者董事会的授权行使职权。经理列席董事会会议。

（三）监事会

1. 监事会设立与组成

有限责任公司设监事会，《公司法》第六十九条、第八十三条另有规定的除外。规模较小或者股东人数较少的有限责任公司，可以不设监事会，设 1 名监事，行使《公司法》规定的监事会的职权；经全体股东一致同意，也可以不设监事。

监事会成员为 3 人以上。监事会成员应当包括股东代表和适当比例的公司职工代表，其中职工代表的比例不得低于 1/3，具体比例由公司章程规定。监事会中的职工代表由公司职工通过职工代表大会、职工大会或者其他形式民主选举产生。

监事会设主席 1 人，由全体监事过半数选举产生。监事会主席召集和主持监事会会议；监事会主席不能履行职务或者不履行职务的，由过半数的监事共同推举 1 名监事召集和主持监事会会议。董事、高级管理人员不得兼任监事。

2. 监事任期与辞任

监事的任期每届为 3 年。监事任期届满，连选可以连任。监事任期届满未及时改选，或者监事在任期内辞任导致监事会成员低于法定人数的，在改选出的监事就任前，原监事仍应当依照法律、行政法规和公司章程的规定，履行监事职务。

3. 监事会职权

监事会行使下列职权：①检查公司财务；②对董事、高级管理人员执行职务的行为进行监督，对违反法律、行政法规、公司章程或者股东会决议的董事、高级管理人员提出解任的建议；③当董事、高级管理人员的行为损害公司的利益时，要求董事、高级管理人员予以纠正；④提议召开临时股东会会议，在董事会不履行《公司法》规定的召集和主持股东会会议职责时召集和主持股东会会议；⑤向股东会会议提出提案；⑥依照《公司法》第一百八十九条的规定，对董事、高级管理人员提起诉讼；⑦公司章程规定的其他职权。监事会行使职权所必需的费用，由公司承担。

4. 监事职权

监事可以列席董事会会议，并对董事会决议事项提出质询或者建议。监事会发现公司经营情况异常，可以进行调查；必要时，可以聘请会计师事务所等协助其工作，费用由公司承担。监事会可以要求董事、高级管理人员提交执行职务的报告。董事、高级管理人员应当如实向监事会提供有关情况和资料，不得妨碍监事会或者监事行使职权。

5. 监事会会议

监事会每年度至少召开 1 次会议，监事可以提议召开临时监事会会议。监事会的议事方式和表决程序，除《公司法》有规定的外，由公司章程规定。监事会决议应当经全体监事的过半数通过。监事会决议的表决，应当一人一票。监事会应当对所议事项的决定作成会议记录，出席会议的监事应当在会议记录上签名。

三、有限责任公司的股权转让

（一）股权转让形式

1. 股东之间转让股权

《公司法》规定，有限责任公司的股东之间可以相互转让其全部或者部分股权。股东向公司的其他股东转让股权，无论是转让全部股权还是转让部分股权，都不会有新股东的产生。因此，《公司法》对股东之间转让股权没有作任何限制。

2. 股东向股东以外的人转让股权

股东向股东以外的人转让股权的，应当将股权转让的数量、价格、支付方式和期限等事项书面通知其他股东，其他股东在同等条件下有优先购买权。股东自接到书面通知之日起 30 日内未答复的，视为放弃优先购买权。2 个以上股东行使优先购买权的，协商确定各自的购买比例；协商不成的，按照转让时各自的出资比例行使优先购买权。公司章程对股权转让另有规定的，从其规定。

3. 人民法院强制转让

人民法院依照法律规定的强制执行程序转让股东的股权时，应当通知公司及全体股东，其他股东在同等条件下有优先购买权。其他股东自人民法院通知之日起满 20 日不行使优先购买权的，视为放弃优先购买权。

（二）股权转让程序

股东转让股权的，应当书面通知公司，请求变更股东名册；需要办理变更登记的，并请求公司向公司登记机关办理变更登记。公司拒绝或者在合理期限内不予答复的，转让人、受让人可以依法向人民法院提起诉讼。股权转让的，受让人自记载于股东名册时起可以向公司主张行使股东权利。依照《公司法》转让股权后，公司应当及时注销原股东的出资证明书，向新股东签发出资证明书，并相应修改公司章程和股东名册中有关股东及其出资额的记载。对公司章程的该项修改不需再由股东会表决。

（三）股权转让与股东出资责任

股东转让已认缴出资但未届出资期限的股权的，由受让人承担缴纳该出资的义务；受让人未按期足额缴纳出资的，转让人对受让人未按期缴纳的出资承担补充责任。未按照公司章程规定的出资日期缴纳出资或者作为出资的非货币财产的实际价额显著低于所认缴的出资额的股东转让股权的，转让人与受让人在出资不足的范围内承担连带责任；受让人不知道且不应当知道存在上述情形的，由转让人承担责任。

（四）公司收购股权

1. 公司收购股权情形

（1）有下列情形之一的，对股东会该项决议投反对票的股东可以请求公司按照合理的价格收购其股权：①公司连续5年不向股东分配利润，而公司该5年连续盈利，并且符合《公司法》规定的分配利润条件；②公司合并、分立、转让主要财产；③公司章程规定的营业期限届满或者章程规定的其他解散事由出现，股东会通过决议修改章程使公司存续。

（2）公司的控股股东滥用股东权利，严重损害公司或者其他股东利益的，其他股东有权请求公司按照合理的价格收购其股权。

2. 公司收购股权程序

自股东会决议作出之日起60日内，股东与公司不能达成股权收购协议的，股东可以自股东会决议作出之日起90日内向人民法院提起诉讼。公司因连续5年不向股东分配利润，而公司该5年连续盈利，并且符合法律规定的分配利润条件而收购的本公司股权；或公司因合并、分立、转让主要财产而收购股权的，应当在6个月内依法转让或者注销。自然人股东死亡后，其合法继承人可以继承股东资格；但公司章程另有规定的除外。

第三节　股份有限公司

一、股份有限公司的设立

（一）设立方式

设立股份有限公司，可以采取发起设立或者募集设立的方式。发起设立，是指由发起人认购设立公司时应发行的全部股份而设立公司。募集设立，是指由发起人认购设立公司时应发行股份的一部分，其余股份向特定对象募集或者向社会公开募集而设立公司。

（二）设立条件

1. 发起人符合法定人数

设立股份有限公司，应当有1人以上200人以下为发起人，其中应当有半数以上的发起人在中华人民共和国境内有住所。股份有限公司发起人承担公司筹办事务。发起人应当签订发起人协议，明确各自在公司设立过程中的权利和义务。

2. 发起人制定公司章程

设立股份有限公司，应当由发起人共同制订公司章程。股份有限公司章程应当载明下列事项：①公司名称和住所；②公司经营范围；③公司设立方式；④公司注册资本、已发行的股份数和设立时发行的股份数，面额股的每股金额；⑤发行类别股的，每一类别股的股份数及其权利和义务；⑥发起人的姓名或者名称、认购的股份数、出资方式；⑦董事会的组成、职权和议事规则；⑧公司法定代表人的产生、变更办法；⑨监事会的组成、职权和议事规则；⑩公司利润分配办法；⑪公司的解散事由与清算办法；⑫公司的通知和公告办法；⑬股东会认为需要规定的其他事项。

3. 注册资本与出资

（1）注册资本。股份有限公司的注册资本为在公司登记机关登记的已发行股份的股本总额。在发起人认购的股份缴足前，不得向他人募集股份。法律、行政法规以及国务院决定对股份有限公司注册资本最低限额另有规定的，从其规定。

（2）出资数额。以发起设立方式设立股份有限公司的，发起人应当认足公司章程规定的公司设立时应发行的股份。以募集设立方式设立股份有限公司的，发起人认购的股份不得少于公司章程规定的公司设立时应发行股份总数的35%；但是，法律、行政法规另有规定的，从其规定。发起人应当在公司成立前按照其认购的股份全额缴纳股款。发起人不按照其认购的股份缴纳股款，或者作为出资的非货币财产的实际价额显著低于所认购的股份的，其他发起人与该发起人在出资不足的范围内承担连带责任。

（3）出资程序。发起人向社会公开募集股份，应当公告招股说明书，并制作认股书。认股书应当载明招股说明书、发起人认购股份数，由认股人填写认购的股份数、金额、住所，并签名或者盖章。认股人应当按照所认购股份足额缴纳股款。向社会公开募集股份的股款缴足后，应当经依法设立的验资机构验资并出具证明。

股份有限公司应当制作股东名册并置备于公司。股东名册应当记载下列事项：①股东的姓名或者名称及住所；②各股东所认购的股份种类及股份数；③发行纸面形式的股票的，股票的编号；④各股东取得股份的日期。

（4）出资责任。公司设立时应发行的股份未募足，或者发行股份的股款缴足后，发起人在30日内未召开成立大会的，认股人可以按照所缴股款并加算银行同期存款利息，要求发起人返还。发起人、认股人缴纳股款或者交付非货币财产出资后，除未按期募足股份、发起人未按期召开成立大会或者成立大会决议不设立公司的情形外，不得抽回其股本。

4. 公司成立大会

募集设立股份有限公司的发起人应当自公司设立时应发行股份的股款缴足之

日起30日内召开公司成立大会。发起人应当在成立大会召开15日前将会议日期通知各认股人或者予以公告。成立大会应当有持有表决权过半数的认股人出席，方可举行。以发起设立方式设立股份有限公司成立大会的召开和表决程序由公司章程或者发起人协议规定。

公司成立大会行使下列职权：①审议发起人关于公司筹办情况的报告；②通过公司章程；③选举董事、监事；④对公司的设立费用进行审核；⑤对发起人非货币财产出资的作价进行审核；⑥发生不可抗力或者经营条件发生重大变化直接影响公司设立的，可以作出不设立公司的决议。成立大会对上述所列事项作出决议，应当经出席会议的认股人所持表决权过半数通过。董事会应当授权代表，于公司成立大会结束后30日内向公司登记机关申请设立登记。

5. 公司形式变更

有限责任公司变更为股份有限公司时，折合的实收股本总额不得高于公司净资产额。有限责任公司变更为股份有限公司，为增加注册资本公开发行股份时，应当依法办理。

6. 股东权利

股份有限公司应当将公司章程、股东名册、股东会会议记录、董事会会议记录、监事会会议记录、财务会计报告、债券持有人名册置备于本公司。

股东有权查阅、复制公司章程、股东名册、股东会会议记录、董事会会议决议、监事会会议决议、财务会计报告，对公司的经营提出建议或者质询。

连续180日以上单独或者合计持有公司3%以上股份的股东要求查阅公司的会计账簿、会计凭证的，应当向公司提出书面请求，说明目的。公司有合理根据认为股东查阅会计账簿、会计凭证有不正当目的，可能损害公司合法利益的，可以拒绝提供查阅，并应当自股东提出书面请求之日起15日内书面答复股东并说明理由。公司拒绝提供查阅的，股东可以向人民法院提起诉讼。

股东查阅前述规定的材料，可以委托会计师事务所、律师事务所等中介机构进行。股东及其委托的会计师事务所、律师事务所等中介机构查阅、复制有关材料，应当遵守有关保护国家秘密、商业秘密、个人隐私、个人信息等法律、行政法规的规定。股东要求查阅、复制公司全资子公司相关材料的，适用上述规定。

二、股份有限公司的组织机构

（一）股东会

1. 股东会的性质与职权

股份有限公司股东会由全体股东组成。股东会是公司的权力机构，依照《公司法》行使职权。只有一个股东的股份有限公司不设股东会。

2. 股东会会议

（1）会议形式。股东会应当每年召开 1 次年会。有下列情形之一的，应当在 2 个月内召开临时股东会会议：①董事人数不足《公司法》规定人数或者公司章程所定人数的 2/3 时；②公司未弥补的亏损达股本总额 1/3 时；③单独或者合计持有公司 10%以上股份的股东请求时；④董事会认为必要时；⑤监事会提议召开时；⑥公司章程规定的其他情形。

（2）会议召集与主持。股东会会议由董事会召集，董事长主持；董事长不能履行职务或者不履行职务的，由副董事长主持；副董事长不能履行职务或者不履行职务的，由过半数的董事共同推举 1 名董事主持。

董事会不能履行或者不履行召集股东会会议职责的，监事会应当及时召集和主持；监事会不召集和主持的，连续 90 日以上单独或者合计持有公司 10%以上股份的股东可以自行召集和主持。单独或者合计持有公司 10%以上股份的股东请求召开临时股东会会议的，董事会、监事会应当在收到请求之日起 10 日内作出是否召开临时股东会会议的决定，并书面答复股东。

（3）会议提案与通知。召开股东会会议，应当将会议召开的时间、地点和审议的事项于会议召开 20 日前通知各股东；临时股东会会议应当于会议召开 15 日前通知各股东。单独或者合计持有公司 1%以上股份的股东，可以在股东会会议召开 10 日前提出临时提案并书面提交董事会。临时提案应当有明确议题和具体决议事项。董事会应当在收到提案后 2 日内通知其他股东，并将该临时提案提交股东会审议；但临时提案违反法律、行政法规或者公司章程的规定，或者不属于股东会职权范围的除外。公司不得提高提出临时提案股东的持股比例。

公开发行股份的公司，应当以公告方式作出前述规定的通知。股东会不得对通知中未列明的事项作出决议。

（4）表决与决议规则。股东出席股东会会议，所持每一股份有一表决权，类别股股东除外。公司持有的本公司股份没有表决权。股东会作出决议，应当经出席会议的股东所持表决权过半数通过。股东会作出修改公司章程、增加或者减少注册资本的决议，以及公司合并、分立、解散或者变更公司形式的决议，应当经出席会议的股东所持表决权的 2/3 以上通过。

（5）累积投票制。股东会选举董事、监事，可以按照公司章程的规定或者股东会的决议，实行累积投票制。《公司法》所称累积投票制，是指股东会选举董事或者监事时，每一股份拥有与应选董事或者监事人数相同的表决权，股东拥有的表决权可以集中使用。

（6）股东委托参会。股东委托代理人出席股东会会议的，应当明确代理人代理的事项、权限和期限；代理人应当向公司提交股东授权委托书，并在授权范围内行使表决权。

（7）会议记录。股东会应当对所议事项的决定作成会议记录，主持人、出席会议的董事应当在会议记录上签名。会议记录应当与出席股东的签名册及代理出席的委托书一并保存。

（二）董事会

1. 董事会性质与设置

股份有限公司设董事会，《公司法》第一百二十八条另有规定的除外。董事会设董事长 1 人，可以设副董事长。董事长和副董事长由董事会以全体董事的过半数选举产生。规模较小或者股东人数较少的股份有限公司，可以不设董事会，设 1 名董事，行使《公司法》规定的董事会的职权。该董事可以兼任公司经理。

2. 审计委员会

股份有限公司可以按照公司章程的规定在董事会中设置由董事组成的审计委员会，行使《公司法》规定的监事会的职权，不设监事会或者监事。审计委员会成员为 3 名以上，过半数成员不得在公司担任除董事以外的其他职务，且不得与公司存在任何可能影响其独立客观判断的关系。公司董事会成员中的职工代表可以成为审计委员会成员。审计委员会作出决议，应当经审计委员会成员的过半数通过。审计委员会决议的表决，应当一人一票。审计委员会的议事方式和表决程序，除《公司法》有规定的外，由公司章程规定。公司可以按照公司章程的规定在董事会中设置其他委员会。

3. 董事会会议

（1）会议召集与主持。董事长召集和主持董事会会议，检查董事会决议的实施情况。副董事长协助董事长工作，董事长不能履行职务或者不履行职务的，由副董事长履行职务；副董事长不能履行职务或者不履行职务的，由过半数的董事共同推举 1 名董事履行职务。

（2）会议形式。董事会每年度至少召开 2 次会议，每次会议应当于会议召开 10 日前通知全体董事和监事。代表 1/10 以上表决权的股东、1/3 以上董事或者监事会，可以提议召开临时董事会会议。董事长应当自接到提议后 10 日内，召集和主持董事会会议。董事会召开临时会议，可以另定召集董事会的通知方式和通知时限。

（3）出席与表决。董事会会议，应当由董事本人出席；董事因故不能出席，可以书面委托其他董事代为出席，委托书应当载明授权范围。董事会会议应当有过半数的董事出席方可举行。董事会作出决议，应当经全体董事的过半数通过。董事会决议的表决，应当一人一票。董事会应当对所议事项的决定作成会议记录，出席会议的董事应当在会议记录上签名。

（4）董事责任与免责。董事应当对董事会的决议承担责任。董事会的决议违反法律、行政法规或者公司章程、股东会决议，给公司造成严重损失的，参与决议的董事对公司负赔偿责任；经证明在表决时曾表明异议并记载于会议记录的，该董事可以免除责任。

4. 经理

股份有限公司设经理，由董事会决定聘任或者解聘。经理对董事会负责，根据公司章程的规定或者董事会的授权行使职权。经理列席董事会会议。公司董事会可以决定由董事会成员兼任经理。公司应当定期向股东披露董事、监事、高级管理人员从公司获得报酬的情况。

（三）监事会

1. 监事会设置

股份有限公司设监事会，《公司法》第一百二十一条第一款、第一百三十三条另有规定的除外。规模较小或者股东人数较少的股份有限公司，可以不设监事会，设 1 名监事，行使本法规定的监事会的职权。监事会行使职权所必需的费用，由公司承担。

2. 监事会组成

股份有限公司设监事会，监事会成员为 3 人以上。监事会成员应当包括股东代表和适当比例的公司职工代表，其中职工代表的比例不得低于 1/3，具体比例由公司章程规定。监事会中的职工代表由公司职工通过职工代表大会、职工大会或者其他形式民主选举产生。

监事会设主席 1 人，可以设副主席。监事会主席和副主席由全体监事过半数选举产生。监事会主席召集和主持监事会会议；监事会主席不能履行职务或者不履行职务的，由监事会副主席召集和主持监事会会议；监事会副主席不能履行职务或者不履行职务的，由过半数的监事共同推举一名监事召集和主持监事会会议。董事、高级管理人员不得兼任监事。

3. 监事会会议

监事会每 6 个月至少召开 1 次会议。监事可以提议召开临时监事会会议。监事会的议事方式和表决程序，除《公司法》有规定的外，由公司章程规定。监事会决议应当经全体监事的过半数通过。监事会决议的表决，应当一人一票。监事会应当对所议事项的决定作成会议记录，出席会议的监事应当在会议记录上签名。

（四）上市公司组织机构的特别规定

《公司法》所称上市公司，是指其股票在证券交易所上市交易的股份有限公司。《公司法》对上市公司做出的特别规定体现在以下几个方面：

1. 资产处置特别规定

上市公司在 1 年内购买、出售重大资产或者向他人提供担保的金额超过公司资产总额30%的，应当由股东会作出决议，并经出席会议的股东所持表决权的2/3以上通过。

2. 董事会特别规定

上市公司在董事会中设置审计委员会的，董事会对下列事项作出决议前应当经审计委员会全体成员过半数通过：①聘用、解聘承办公司审计业务的会计师事务所；②聘任、解聘财务负责人；③披露财务会计报告；④国务院证券监督管理机构规定的其他事项。

上市公司设董事会秘书，负责公司股东会和董事会会议的筹备、文件保管以及公司股东资料的管理，办理信息披露事务等事宜。上市公司设独立董事，具体管理办法由国务院证券监督管理机构规定。

3. 公司章程特别规定

上市公司的公司章程除载明《公司法》第九十五条规定的事项外，还应当依照法律、行政法规的规定载明董事会专门委员会的组成、职权以及董事、监事、高级管理人员薪酬考核机制等事项。

4. 关联关系特别规定

上市公司董事与董事会会议决议事项所涉及的企业或者个人有关联关系的，该董事应当及时向董事会书面报告。有关联关系的董事不得对该项决议行使表决权，也不得代理其他董事行使表决权。该董事会会议由过半数的无关联关系董事出席即可举行，董事会会议所作决议须经无关联关系董事过半数通过。出席董事会会议的无关联关系董事人数不足3人的，应当将该事项提交上市公司股东会审议。

5. 股东与实际控制人信息披露特别规定

上市公司应当依法披露股东、实际控制人的信息，相关信息应当真实、准确、完整。

6. 持股情况特别规定

上市公司不得违反法律、行政法规的规定代持上市公司股票。上市公司控股子公司不得取得该上市公司的股份。上市公司控股子公司因公司合并、质权行使等原因持有上市公司股份的，不得行使所持股份对应的表决权，并应当及时处分相关上市公司股份。

三、股份发行和转让

（一）股份发行

1. 股份与股票

（1）股份。股份是指将股份有限公司的注册资本按相同的金额或比例划分为相等的份额。股份是公司资本的最小划分单位。股东根据其出资额度计算出其持有的股份数量，所有股东持有的股份加起来所代表的资本数额即为公司的资本总额。股份有限公司的股份具有平等性，公司每股金额相等，所表现出的股东权利和义务是相等的。

股份的发行，实行公平、公正的原则，同类别的每一股份应当具有同等权利。同次发行的同类别股份，每股的发行条件和价格应当相同；认购人所认购的股份，每股应当支付相同价额。

（2）股票。公司的股份采取股票的形式。股票是公司签发的证明股东所持股份的凭证。股票具有以下性质：①股票是有价证券。股票是一种具有财产价值的证券，股票记载着股票种类、票面金额及代表的股份数，反映着股票的持有人对公司权利。②股票是证权证券。股票表现的是股东的权利，任何人只要合法占有股票，其就可以依法向公司行使权利，而且公司股票发生转移时，公司股东的权益也即随之转移。③股票是要式证券。股票票应当采取纸面形式或者国务院证券监督管理机构规定的其他形式，其记载的内容和事项应当符合法律的规定。④股票是流通证券。股票可以在证券交易市场依法进行交易。

《公司法》规定，公司发行的股票，应当为记名股票。公司的全部股份，根据公司章程的规定择一采用面额股或者无面额股。采用面额股的，每一股的金额相等。公司可以根据公司章程的规定将已发行的面额股全部转换为无面额股或者将无面额股全部转换为面额股。采用无面额股的，应当将发行股份所得股款的1/2 以上计入注册资本。面额股股票的发行价格可以按票面金额，也可以超过票面金额，但不得低于票面金额。

股票采用纸面形式或者国务院证券监督管理机构规定的其他形式。股票采用纸面形式的，应当载明下列主要事项：①公司名称；②公司成立日期或者股票发行的时间；③股票种类、票面金额及代表的股份数，发行无面额股的，股票代表的股份数。股票采用纸面形式的，还应当载明股票的编号，由法定代表人签名，公司盖章。发起人股票采用纸面形式的，应当标明发起人股票字样。股份有限公司成立后，即向股东正式交付股票。公司成立前不得向股东交付股票。

公司发行新股，股东会应当对下列事项作出决议：①新股种类及数额；②新股发行价格；③新股发行的起止日期；④向原有股东发行新股的种类及数额；⑤发行无面额股的，新股发行所得股款计入注册资本的金额。公司发行新股，可以根据公司经营情况和财务状况，确定其作价方案。

股票被盗、遗失或者灭失，股东可以依照《中华人民共和国民事诉讼法》规定的公示催告程序，请求人民法院宣告该股票失效。人民法院宣告该股票失效后，股东可以向公司申请补发股票。

2. 类别股

（1）类别股种类与限制。类别股是指股东权利在某些方面有所扩张或限制的股份类型。《公司法》规定，公司可以按照公司章程的规定发行下列与普通股权利不同的类别股：①优先或者劣后分配利润或者剩余财产的股份；②每一股的表决权数多于或者少于普通股的股份；③转让须经公司同意等转让受限的股份；④国务院规定的其他类别股。公开发行股份的公司不得发行前述第二项、第三项规定的类别股；公开发行前已发行的除外。公司发行第二项规定的类别股的，对于监事或者审计委员会成员的选举和更换，类别股与普通股每一股的表决权数相同。

（2）发行类别股公司章程记载事项。发行类别股的公司，应当在公司章程中载明以下事项：①类别股分配利润或者剩余财产的顺序；②类别股的表决权数；③类别股的转让限制；④保护中小股东权益的措施；⑤股东会认为需要规定的其他事项。

（3）类别股表决规定。发行类别股的公司，有《公司法》第一百一十六条第三款规定的事项等可能影响类别股股东权利的，除应当依照第一百一十六条第三款的规定经股东会决议外，还应当经出席类别股股东会议的股东所持表决权的2/3以上通过。公司章程可以对需经类别股股东会议决议的其他事项作出规定。

3. 董事会决议发行

公司章程或者股东会可以授权董事会在3年内决定发行不超过已发行股份50%的股份。但以非货币财产作价出资的应当经股东会决议。董事会依照前述规定决定发行股份导致公司注册资本、已发行股份数发生变化的，对公司章程该项记载事项的修改不需再由股东会表决。

公司章程或者股东会授权董事会决定发行新股的，董事会决议应当经全体董事2/3以上通过。

4. 股份发行程序要求

（1）公告招股说明书。公司向社会公开募集股份，应当经国务院证券监督管理机构注册，公告招股说明书。招股说明书应当附有公司章程，并载明下列事项：①发行的股份总数；②面额股的票面金额和发行价格或者无面额股的发行价格；③募集资金的用途；④认股人的权利和义务；⑤股份种类及其权利和义务；⑥本次募股的起止日期及逾期未募足时认股人可以撤回所认股份的说明。公司设立时发行股份的，还应当载明发起人认购的股份数。

（2）签订证券承销协议与代收股款协议。公司向社会公开募集股份，应当由依法设立的证券公司承销，签订承销协议。公司向社会公开募集股份，应当同银行签订代收股款协议。代收股款的银行应当按照协议代收和保存股款，向缴纳股款的认股人出具收款单据，并负有向有关部门出具收款证明的义务。公司发行股份募足股款后，应予公告。

（二）股份转让

1. 股份转让方式时间地点

股份有限公司的股东持有的股份可以向其他股东转让，也可以向股东以外的人转让；公司章程对股份转让有限制的，其转让按照公司章程的规定进行。股东转让其股份，应当在依法设立的证券交易场所进行或者按照国务院规定的其他方式进行。股票的转让，由股东以背书方式或者法律、行政法规规定的其他方式进行；转让后由公司将受让人的姓名或者名称及住所记载于股东名册。股东会会议召开前20日内或者公司决定分配股利的基准日前5日内，不得变更股东名册。法律、行政法规或者国务院证券监督管理机构对上市公司股东名册变更另有规定的，从其规定。

2. 股份转让限制

（1）公司公开发行股份前已发行的股份，自公司股票在证券交易所上市交易之日起一年内不得转让。法律、行政法规或者国务院证券监督管理机构对上市公司的股东、实际控制人转让其所持有的本公司股份另有规定的，从其规定。

（2）公司董事、监事、高级管理人员应当向公司申报所持有的本公司的股份及其变动情况，在就任时确定的任职期间每年转让的股份不得超过其所持有本公司股份总数的25%；所持本公司股份自公司股票上市交易之日起1年内不得转让。上述人员离职后半年内，不得转让其所持有的本公司股份。公司章程可以对公司董事、监事、高级管理人员转让其所持有的本公司股份作出其他限制性规定。

公司不得接受本公司的股份作为质权的标的。股份在法律、行政法规规定的限制转让期限内出质的，质权人不得在限制转让期限内行使质权。

（3）有下列情形之一的，对股东会该项决议投反对票的股东可以请求公司按照合理的价格收购其股份，公开发行股份的公司除外：①公司连续5年不向股东分配利润，而公司该5年连续盈利，并且符合《公司法》规定的分配利润条件；②公司转让主要财产；③公司章程规定的营业期限届满或者章程规定的其他解散事由出现，股东会通过决议修改章程使公司存续。

自股东会决议作出之日起60日内，股东与公司不能达成股份收购协议的，股东可以自股东会决议作出之日起90日内向人民法院提起诉讼。

公司不得收购本公司股份。但是，有下列情形之一的除外：①减少公司注册资本；②与持有本公司股份的其他公司合并；③将股份用于员工持股计划或者股权激励；④股东因对股东会作出的公司合并、分立决议持异议，要求公司收购其股份；⑤将股份用于转换公司发行的可转换为股票的公司债券；⑥上市公司为维护公司价值及股东权益所必需。

公司因上述第一项、第二项规定的情形收购本公司股份的，应当经股东会决议；公司因上述第四项、第五项、第六项规定的情形收购本公司股份的，可以按照公司章程或者股东会的授权，经2/3以上董事出席的董事会会议决议。

公司依法收购本公司股份后，属于第一项情形的，应当在6个月内依法转让或自收购之日起10日内注销；属于上述第二项、第四项情形的，应当在6个月内转让或者注销；属于第三项、第五项、第六项情形的，公司合计持有的本公司股份数不得超过本公司已发行股份总数的10%，并应当在3年内转让或者注销。上市公司收购本公司股份的，应当依照《中华人民共和国证券法》的规定履行信息披露义务。上市公司因上述第三项、第五项、第六项情形收购本公司股份的，应当通过公开的集中交易方式进行。

（三）财务资助

公司不得为他人取得本公司或者其母公司的股份提供赠与、借款、担保以及其他财务资助，公司实施员工持股计划的除外。为公司利益，经股东会决议，或者董事会按照公司章程或者股东会的授权作出决议，公司可以为他人取得本公司或者其母公司的股份提供财务资助，但财务资助的累计总额不得超过已发行股本总额的10%。董事会作出决议应当经全体董事的2/3以上通过。违反上述规定，给公司造成损失的，负有责任的董事、监事、高级管理人员应当承担赔偿责任。

第四节　国家出资公司组织机构特别规定

一、国家出资公司管理机构

《公司法》所称国家出资公司，是指国家出资的国有独资公司、国有资本控股公司，包括国家出资的有限责任公司、股份有限公司。国家出资公司，由国务院或者地方人民政府分别代表国家依法履行出资人职责，享有出资人权益。国务院或者地方人民政府可以授权国有资产监督管理机构或者其他部门、机构代表本级人民政府对国家出资公司履行出资人职责。

国家出资公司中中国共产党的组织，按照中国共产党章程的规定发挥领导作用，研究讨论公司重大经营管理事项，支持公司的组织机构依法行使职权。

国家出资公司应当依法建立健全内部监督管理和风险控制制度，加强内部合规管理。

二、国有独资公司组织机构

（一）股东会职权行使

国有独资公司不设股东会，由履行出资人职责的机构行使股东会职权。国有独资公司章程由履行出资人职责的机构制定。履行出资人职责的机构可以授权公司董事会行使股东会的部分职权，但公司章程的制定和修改，公司的合并、分立、解散、申请破产，增加或者减少注册资本，分配利润，应当由履行出资人职责的机构决定。

（二）董事与董事会

国有独资公司的董事会依照《公司法》规定行使职权。国有独资公司的董事会成员中，应当过半数为外部董事，并应当有公司职工代表。董事会成员由履行出资人职责的机构委派；但是，董事会成员中的职工代表由公司职工代表大会选举产生。董事会设董事长 1 人，可以设副董事长。董事长、副董事长由履行出资人职责的机构从董事会成员中指定。国有独资公司的董事、高级管理人员，未经履行出资人职责的机构同意，不得在其他有限责任公司、股份有限公司或者其他经济组织兼职。

国有独资公司的经理由董事会聘任或者解聘。经履行出资人职责的机构同意，董事会成员可以兼任经理。

（三）监事会

国有独资公司在董事会中设置由董事组成的审计委员会行使《公司法》规定的监事会职权的，不设监事会或者监事。

第五节　公司董事、监事、高级管理人员的资格和义务

一、公司董事、监事、高级管理人员的资格限制

《公司法》规定，有下列情形之一的，不得担任公司的董事、监事、高级管

理人员：①无民事行为能力或者限制民事行为能力；②因贪污、贿赂、侵占财产、挪用财产或者破坏社会主义市场经济秩序，被判处刑罚，或者因犯罪被剥夺政治权利，执行期满未逾5年，被宣告缓刑的，自缓刑考验期满之日起未逾2年；③担任破产清算的公司、企业的董事或者厂长、经理，对该公司、企业的破产负有个人责任的，自该公司、企业破产清算完结之日起未逾3年；④担任因违法被吊销营业执照、责令关闭的公司、企业的法定代表人，并负有个人责任的，自该公司、企业被吊销营业执照、责令关闭之日起未逾3年；⑤个人因所负数额较大债务到期未清偿被人民法院列为失信被执行人。

违反上述规定选举、委派董事、监事或者聘任高级管理人员的，该选举、委派或者聘任无效。董事、监事、高级管理人员在任职期间出现上述第一项所列情形的，公司应当解除其职务。

二、公司董事、监事、高级管理人员的义务

（一）董事、监事、高级管理人员义务的内容

1. 忠实义务

忠实义务是指董事、监事、高级管理人员在执行公司业务时所承担的以公司利益作为自己行为和行动的最高准则，不得将自身利益凌驾于公司利益之上的义务。《公司法》规定，董事、监事、高级管理人员对公司负有忠实义务，应当采取措施避免自身利益与公司利益冲突，不得利用职权牟取不正当利益。

（1）自身利益与公司利益相冲突行为。董事、监事、高级管理人员不得有下列行为：①侵占公司财产、挪用公司资金；②将公司资金以其个人名义或者以其他个人名义开立账户存储；③利用职权贿赂或者收受其他非法收入；④接受他人与公司交易的佣金归为己有；⑤擅自披露公司秘密；⑥违反对公司忠实义务的其他行为。

（2）利用职权谋取不当利益行为。

1）关联交易。董事、监事、高级管理人员，直接或者间接与本公司订立合同或者进行交易，应当就与订立合同或者进行交易有关的事项向董事会或者股东会报告，并按照公司章程的规定经董事会或者股东会决议通过。董事、监事、高级管理人员的近亲属，董事、监事、高级管理人员或者其近亲属直接或者间接控制的企业，以及与董事、监事、高级管理人员有其他关联关系的关联人，与公司订立合同或者进行交易，适用前款规定。

2）公司机会。董事、监事、高级管理人员，不得利用职务便利为自己或者他人谋取属于公司的商业机会。但是，有下列情形之一的除外：向董事会或者股

东会报告，并按照公司章程的规定经董事会或者股东会决议通过；根据法律、行政法规或者公司章程的规定，公司不能利用该商业机会。

3）同业竞争。董事、监事、高级管理人员未向董事会或者股东会报告，并按照公司章程的规定经董事会或者股东会决议通过，不得自营或者为他人经营与其任职公司同类的业务。

《公司法》规定，董事会对董事、监事、高级管理人员与本公司订立合同或进行交易、谋取公司商业机会、经营与公司同类业务的事项决议时，关联董事不得参与表决，其表决权不计入表决权总数。出席董事会会议的无关联关系董事人数不足 3 人的，应当将该事项提交股东会审议。董事、监事、高级管理人员违法与本公司订立合同或进行交易、谋取公司商业机会、经营与公司同类业务所得的收入应当归公司所有。

2. 勤勉义务

勤勉义务是指董事、监事、高级管理人员在处理公司事务必须出于善意，并尽到普通谨慎之人在相似的地位和情况下所应有的合理的谨慎、注意。《公司法》规定，董事、监事、高级管理人员对公司负有勤勉义务，执行职务应当为公司的最大利益尽到管理者通常应有的合理注意。

《公司法》规定，董事、监事、高级管理人员应当遵守法律、行政法规和公司章程。公司的控股股东、实际控制人不担任公司董事但实际执行公司事务的，负有忠实勤勉义务。股东会要求董事、监事、高级管理人员列席会议的，董事、监事、高级管理人员应当列席并接受股东的质询。

（二）董事、监事、高级管理人员违信责任

董事、监事、高级管理人员违法与本公司订立合同或进行交易、谋取公司商业机会、经营与公司同类业务所得的收入应当归公司所有。

董事、监事、高级管理人员执行职务违反法律、行政法规或者公司章程的规定，给公司造成损失的，应当承担赔偿责任。

董事、高级管理人员执行职务，给他人造成损害的，公司应当承担赔偿责任；董事、高级管理人员存在故意或者重大过失的，应当承担赔偿责任。

公司的控股股东、实际控制人指示董事、高级管理人员从事损害公司或者股东利益的行为的，与该董事、高级管理人员承担连带责任。

（三）董事、监事、高级管理人员违信责任的执行机制

1. 股东代表诉讼

股东代表诉讼是法律针对公司自己诉讼不能所提供的替代诉讼机制。《公司法》规定，董事、高级管理人员执行职务违反法律、行政法规或者公司章程的规定，给公司造成损失的，有限责任公司的股东、股份有限公司连续 180 日以上单独

或者合计持有公司1%以上股份的股东，可以书面请求监事会向人民法院提起诉讼；监事有前条规定的情形的，前述股东可以书面请求董事会向人民法院提起诉讼。

监事会或者董事会收到前款规定的股东书面请求后拒绝提起诉讼，或者自收到请求之日起30日内未提起诉讼，或者情况紧急、不立即提起诉讼将会使公司利益受到难以弥补的损害的，前款规定的股东有权为公司利益以自己的名义直接向人民法院提起诉讼。

他人侵犯公司合法权益，给公司造成损失的，有限责任公司的股东、股份有限公司连续180日以上单独或者合计持有公司1%以上股份的股东可以依法向人民法院提起诉讼。

公司全资子公司的董事、监事、高级管理人员有前条规定情形，或者他人侵犯公司全资子公司合法权益造成损失的，有限责任公司的股东、股份有限公司连续180日以上单独或者合计持有公司1%以上股份的股东，可以依法书面请求全资子公司的监事会、董事会向人民法院提起诉讼或者以自己的名义直接向人民法院提起诉讼。

2. 股东直接诉讼

股东直接诉讼是股东为自身利益向公司或其他侵犯其利益的人提起的诉讼。《公司法》规定，董事、高级管理人员违反法律、行政法规或者公司章程的规定，损害股东利益的，股东可以向人民法院提起诉讼。

3. 董事责任保险

《公司法》规定，公司可以在董事任职期间为董事因执行公司职务承担的赔偿责任投保责任保险。公司为董事投保责任保险或者续保后，董事会应当向股东会报告责任保险的投保金额、承保范围及保险费率等内容。

第六节　公司债券

一、公司债券的内涵与外延

（一）公司债券特点

《公司法》所称公司债券，是指公司发行、约定按期限还本付息的有价证券。公司债券具有以下特点：①公司债券利率固定、风险较小、易于吸引投资者。②公司债券是一种要式证券，其制作必须遵照《公司法》的规定记载公司

名称、债券票面金额、利率、偿还期限等事项，并由法定代表人签名，公司盖章。③公司债券是一种有价证券，可以自由流通转让、质押和继承。④公司债券持有人具有广泛性，可以向社会公众公开募集。

（二）公司债券分类

根据是否在公司债券上记载公司债权人的姓名为标准，可将公司债券划分为记名公司债券和无记名公司债券。记名公司债券是指在公司债券上记载债权人姓名或名称的债券；无记名公司债券是指在公司债券上不记载债权人姓名或名称的债券。根据公司债券能否转换成股权为标准，可将公司债划分为转换公司债券和非转换公司债券。可转换公司债券实际上是给债权人一种选择权，当债权清偿期满时，债权人可以要求收回本金、取得固定利息，也可以选择要求以其享有的债权抵缴股款而取得公司股份，从而成为公司股东。不可转换公司债券是指不能转换为公司股票的公司债券。

二、公司债券的发行

（一）公司债券发行方式

公司债券可以公开发行，也可以非公开发行。公司债券的发行和交易应当符合《中华人民共和国证券法》等法律、行政法规的规定。

（二）公司债券公开发行

1. 公司债券发行及募集办法

公开发行公司债券，应当经国务院证券监督管理机构注册，公告公司债券募集办法。公司债券募集办法应当载明下列主要事项：①公司名称；②债券募集资金的用途；③债券总额和债券的票面金额；④债券利率的确定方式；⑤还本付息的期限和方式；⑥债券担保情况；⑦债券的发行价格、发行的起止日期；⑧公司净资产额；⑨已发行的尚未到期的公司债券总额；⑩公司债券的承销机构。

2. 公司债券记载内容

公司以纸面形式发行公司债券的，应当在债券上载明公司名称、债券票面金额、利率、偿还期限等事项，并由法定代表人签名，公司盖章。

3. 公司债券持有人名册

公司债券应当为记名债券。公司发行公司债券应当置备公司债券持有人名册。发行公司债券的，应当在公司债券持有人名册上载明下列事项：①债券持有人的姓名或者名称及住所；②债券持有人取得债券的日期及债券的编号；③债券总额，债券的票面金额、利率、还本付息的期限和方式；④债券的发行日期。

4. 可转换股票的公司债券发行

股份有限公司经股东会决议，或者经公司章程、股东会授权由董事会决议，可以发行可转换为股票的公司债券，并规定具体的转换办法。上市公司发行可转换为股票的公司债券，应当经国务院证券监督管理机构注册。发行可转换为股票的公司债券，应当在债券上标明可转换公司债券字样，并在公司债券持有人名册上载明可转换公司债券的数额。发行可转换为股票的公司债券的，公司应当按照其转换办法向债券持有人换发股票，但债券持有人对转换股票或者不转换股票有选择权。法律、行政法规另有规定的除外。

5. 公开发行债券的受托管理

公开发行公司债券的，应当为同期债券持有人设立债券持有人会议，并在债券募集办法中对债券持有人会议的召集程序、会议规则和其他重要事项作出规定。债券持有人会议可以对与债券持有人有利害关系的事项作出决议。除公司债券募集办法另有约定外，债券持有人会议决议对同期全体债券持有人发生效力。

公开发行公司债券的，发行人应当为债券持有人聘请债券受托管理人，由其为债券持有人办理受领清偿、债权保全、与债券相关的诉讼以及参与债务人破产程序等事项。债券受托管理人应当勤勉尽责，公正履行受托管理职责，不得损害债券持有人利益。受托管理人与债券持有人存在利益冲突可能损害债券持有人利益的，债券持有人会议可以决议变更债券受托管理人。债券受托管理人违反法律、行政法规或者债券持有人会议决议，损害债券持有人利益的，应当承担赔偿责任。

三、公司债券转让

公司债券可以转让，转让价格由转让人与受让人约定。公司债券的转让应当符合法律、行政法规的规定。公司债券由债券持有人以背书方式或者法律、行政法规规定的其他方式转让；转让后由公司将受让人的姓名或者名称及住所记载于公司债券持有人名册。公司债券的登记结算机构应当建立债券登记、存管、付息、兑付等相关制度。

第七节　公司财务、会计

一、公司财务、会计的基本要求

（一）公司应当依法建立财务、会计制度

公司应当依照法律、行政法规和国务院财政部门的规定建立本公司的财务、

会计制度。公司应当在每一会计年度终了时编制财务会计报告，并依法经会计师事务所审计。财务会计报告应当依照法律、行政法规和国务院财政部门的规定制作。公司除法定的会计账簿外，不得另立会计账簿。对公司资金，不得以任何个人名义开立账户存储。

（二）公司应当依法披露有关财务、会计资料

有限责任公司应当按照公司章程规定的期限将财务会计报告送交各股东。股份有限公司的财务会计报告应当在召开股东会年会的20日前置备于本公司，供股东查阅；公开发行股份的股份有限公司应当公告其财务会计报告。

（三）公司应当依法聘用会计师事务所对财务会计报告审查验证

公司聘用、解聘承办公司审计业务的会计师事务所，按照公司章程的规定，由股东会、董事会或者监事会决定。公司股东会、董事会或者监事会就解聘会计师事务所进行表决时，应当允许会计师事务所陈述意见。公司应当向聘用的会计师事务所提供真实、完整的会计凭证、会计账簿、财务会计报告及其他会计资料，不得拒绝、隐匿、谎报。

二、利润分配

（一）公积金

公积金是公司在资本之外所保留的资金金额。公司分配当年税后利润时，应当提取利润的10%列入公司法定公积金。公司法定公积金累计额为公司注册资本的50%以上的，可以不再提取。公司的法定公积金不足以弥补以前年度亏损的，在依照前款规定提取法定公积金之前，应当先用当年利润弥补亏损。公司从税后利润中提取法定公积金后，经股东会决议，还可以从税后利润中提取任意公积金。

公司以超过股票票面金额的发行价格发行股份所得的溢价款、发行无面额股所得股款未计入注册资本的金额以及国务院财政部门规定列入资本公积金的其他项目，应当列为公司资本公积金。

公司的公积金用于弥补公司的亏损、扩大公司生产经营或者转为增加公司注册资本。公积金弥补公司亏损，应当先使用任意公积金和法定公积金；仍不能弥补的，可以按照规定使用资本公积金。法定公积金转为增加注册资本时，所留存的该项公积金不得少于转增前公司注册资本的25%。

（二）利润分配

公司弥补亏损和提取公积金后所余税后利润，有限责任公司按照股东实缴的出资比例分配利润，全体股东约定不按照出资比例分配利润的除外；股份有限公

司按照股东所持有的股份比例分配利润，公司章程另有规定的除外。公司持有的本公司股份不得分配利润。

公司违反《公司法》规定向股东分配利润的，股东应当将违反规定分配的利润退还公司；给公司造成损失的，股东及负有责任的董事、监事、高级管理人员应当承担赔偿责任。

股东会作出分配利润的决议的，董事会应当在股东会决议作出之日起 6 个月内进行分配。

第八节　公司合并、分立、增资、减资

一、公司合并

公司合并是指两个以上的公司依照法定程序变为一个公司的行为。其形式有两种：一是吸收合并；二是新设合并。吸收合并是指一个公司吸收其他公司加入本公司，被吸收的公司解散。新设合并是指两个以上公司合并设立一个新的公司，合并各方解散。

公司与其持股 90%以上的公司合并，被合并的公司不需经股东会决议，但应当通知其他股东，其他股东有权请求公司按照合理的价格收购其股权或者股份。公司合并支付的价款不超过本公司净资产 10%的，可以不经股东会决议；但是，公司章程另有规定的除外。公司依照前两款规定合并不经股东会决议的，应当经董事会决议。

公司合并，应当由合并各方签订合并协议，并编制资产负债表及财产清单。公司应当自作出合并决议之日起 10 日内通知债权人，并于 30 日内在报纸上或者国家企业信用信息公示系统公告。债权人自接到通知之日起 30 日内，未接到通知的自公告之日起 45 日内，可以要求公司清偿债务或者提供相应的担保。公司合并时，合并各方的债权、债务，应当由合并后存续的公司或者新设的公司承继。

二、公司分立

公司分立是指一个公司依法分为两个以上的公司。公司分立，其财产作相应

的分割。公司分立，应当编制资产负债表及财产清单。公司应当自作出分立决议之日起10日内通知债权人，并于30日内在报纸上或者国家企业信用信息公示系统公告。公司分立前的债务由分立后的公司承担连带责任。但是，公司在分立前与债权人就债务清偿达成的书面协议另有约定的除外。

三、公司注册资本的减少和增加

（一）公司注册资本的减少

公司减少注册资本，应当编制资产负债表及财产清单。公司应当自股东会作出减少注册资本决议之日起10日内通知债权人，并于30日内在报纸上或者国家企业信用信息公示系统上发布公告。债权人自接到通知之日起30日内，未接到通知的自公告之日起45日内，有权要求公司清偿债务或者提供相应的担保。公司减少注册资本，应当按照股东出资或者持有股份的比例相应减少出资额或者股份，法律另有规定、有限责任公司全体股东另有约定或者股份有限公司章程另有规定的除外。

公司依照《公司法》第二百一十四条第二款的规定弥补亏损后，仍有亏损的，可以减少注册资本弥补亏损。减少注册资本弥补亏损的，公司不得向股东分配，也不得免除股东缴纳出资或者股款的义务。依照上述规定减少注册资本的，应当自股东会作出减少注册资本决议之日起30日内在报纸上或者国家企业信用信息公示系统公告。公司依法减少注册资本后，在法定公积金和任意公积金累计额达到公司注册资本50%前，不得分配利润。违法减少注册资本的，股东应当退还其收到的资金，减免股东出资的应当恢复原状；给公司造成损失的，股东及负有责任的董事、监事、高级管理人员应当承担赔偿责任。

（二）公司注册资本的增加

有限责任公司增加注册资本时，股东在同等条件下有权优先按照实缴的出资比例认缴出资。但是，全体股东约定不按照出资比例优先认缴出资的除外。股份有限公司为增加注册资本发行新股时，股东不享有优先认购权，公司章程另有规定或者股东会决议决定股东享有优先认购权的除外。

有限责任公司增加注册资本时，股东认缴新增资本的出资，依照《公司法》设立有限责任公司缴纳出资的有关规定执行。股份有限公司为增加注册资本发行新股时，股东认购新股，依照《公司法》设立股份有限公司缴纳股款的有关规定执行。

第九节　公司解散和清算

一、公司解散的原因

根据《公司法》的规定，公司因下列原因解散：①公司章程规定的营业期限届满或者公司章程规定的其他解散事由出现；②股东会决议解散；③因公司合并或分立需要解散；④依法被吊销营业执照、责令关闭或者被撤销；⑤人民法院依照《公司法》第二百三十一条的规定予以解散。公司出现上述规定的解散事由，应当在10日内将解散事由通过国家企业信用信息公示系统予以公示。

公司有上述第一项、第二项情形，且尚未向股东分配财产的，可以通过修改公司章程或者经股东会决议而存续。依照前款规定修改公司章程或者经股东会决议，有限责任公司须经持有2/3以上表决权的股东通过，股份有限公司须经出席股东会会议的股东所持表决权的2/3以上通过。

公司经营管理发生严重困难，继续存续会使股东利益受到重大损失，通过其他途径不能解决的，持有公司10%以上表决权的股东，可以请求人民法院解散公司。

二、公司清算

（一）成立清算组

公司非因公司合并或者分立需要解散的，应当清算。董事为公司清算义务人，应当在解散事由出现之日起15日内组成清算组进行清算。清算组由董事组成，但是公司章程另有规定或者股东会决议另选他人的除外。清算义务人未及时履行清算义务，给公司或者债权人造成损失的，应当承担赔偿责任。

公司应当清算，逾期不成立清算组进行清算或者成立清算组后不清算的，利害关系人可以申请人民法院指定有关人员组成清算组进行清算。人民法院应当受理该申请，并及时组织清算组进行清算。公司因依法吊销营业执照、责令关闭或者撤销而解散的，作出吊销营业执照、责令关闭或者撤销决定的部门或者公司登记机关，可以申请人民法院指定有关人员组成清算组进行清算。

清算组在清算期间可以行使下列职权：①清理公司财产，分别编制资产负债表和财产清单；②通知、公告债权人；③处理与清算有关的公司未了结的业务；④清缴所欠税款以及清算过程中产生的税款；⑤清理债权、债务；⑥分配公司清偿债务后的剩余财产；⑦代表公司参与民事诉讼活动。

（二）登记债权

清算组应当自成立之日起10日内通知债权人，并于60日内在报纸上或者国家企业信用信息公示系统公告。债权人应当自接到通知之日起30日内，未接到通知的自公告之日起45日内，向清算组申报其债权。债权人申报债权，应当说明债权的有关事项，并提供证明材料。清算组应当对债权进行登记。在申报债权期间，清算组不得对债权人进行清偿。

（三）制定清算方案

清算组在清理公司财产、编制资产负债表和财产清单后，应当制定清算方案，并报股东会或者人民法院确认。公司财产在分别支付清算费用、职工的工资、社会保险费用和法定补偿金，缴纳所欠税款，清偿公司债务后的剩余财产，有限责任公司按照股东的出资比例分配，股份有限公司按照股东持有的股份比例分配。清算期间，公司存续，但不得开展与清算无关的经营活动。公司财产在未依照前款规定清偿前，不得分配给股东。

清算组在清理公司财产、编制资产负债表和财产清单后，发现公司财产不足清偿债务的，应当依法向人民法院申请破产清算。人民法院受理破产申请后，清算组应当将清算事务移交给人民法院指定的破产管理人。

清算组成员履行清算职责，负有忠实义务和勤勉义务。清算组成员怠于履行清算职责，给公司造成损失的，应当承担赔偿责任；因故意或者重大过失给债权人造成损失的，应当承担赔偿责任。

（四）注销公司登记

公司清算结束后，清算组应当制作清算报告，报股东会或者人民法院确认，并报送公司登记机关，申请注销公司登记。

公司在存续期间未产生债务，或者已清偿全部债务的，经全体股东承诺，可以按照规定通过简易程序注销公司登记。通过简易程序注销公司登记，应当通过国家企业信用信息公示系统予以公告，公告期限不少于20日。公告期限届满后，未有异议的，公司可以在20日内向公司登记机关申请注销公司登记。公司通过简易程序注销公司登记，股东对公司在存续期间未产生债务，或者已清偿全部债务的承诺不实的，应当对注销登记前的债务承担连带责任。

公司被吊销营业执照、责令关闭或者被撤销，满3年未向公司登记机关申请注销公司登记的，公司登记机关可以通过国家企业信用信息公示系统予以公告，公告期限不少于60日。公告期限届满后，未有异议的，公司登记机关可以注销公司登记。依照前款规定注销公司登记的，原公司股东、清算义务人的责任不受影响。

公司被依法宣告破产的，依照有关企业破产的法律实施破产清算。

第十节　法律责任

一、公司发起人、股东的法律责任

公司的发起人、股东虚假出资，未交付或者未按期交付作为出资的货币或者非货币财产的，由公司登记机关责令改正，可以处以5万元以上20万元以下的罚款；情节严重的，处以虚假出资或者未出资金额5%以上15%以下的罚款；对直接负责的主管人员和其他直接责任人员处以1万元以上10万元以下的罚款。

公司的发起人、股东在公司成立后，抽逃其出资的，由公司登记机关责令改正，处以所抽逃出资金额5%以上15%以下的罚款；对直接负责的主管人员和其他直接责任人员处以3万元以上30万元以下的罚款。

二、公司的法律责任

违反《公司法》规定，虚报注册资本、提交虚假材料或者采取其他欺诈手段隐瞒重要事实取得公司登记的，由公司登记机关责令改正，对虚报注册资本的公司，处以虚报注册资本金额5%以上15%以下的罚款；对提交虚假材料或者采取其他欺诈手段隐瞒重要事实的公司，处以5万元以上200万元以下的罚款；情节严重的，吊销营业执照；对直接负责的主管人员和其他直接责任人员处以3万元以上30万元以下的罚款。

公司未依照《公司法》第四十条规定公示有关信息或者不如实公示有关信息的，由公司登记机关责令改正，可以处以1万元以上5五万元以下的罚款。情节严重的，处以5万元以上20万元以下的罚款；对直接负责的主管人员和其他直接责任人员处以1万元以上10万元以下的罚款。

公司在法定的会计账簿以外另立会计账簿，或者提供存在虚假记载，或者隐瞒重要事实的财务会计报告的，由县级以上人民政府财政部门依照《中华人民共和国会计法》等法律、行政法规的规定处罚。

公司在合并、分立、减少注册资本或者进行清算时，未按照《公司法》规

定通知或者公告债权人的，由公司登记机关责令改正，对公司处以 1 万元以上 10 万元以下的罚款。

公司在进行清算时，隐匿财产，对资产负债表或者财产清单作虚假记载，或者在未清偿债务前分配公司财产的，由公司登记机关责令改正，对公司处以隐匿财产或者未清偿债务前分配公司财产金额 5%以上 10%以下的罚款；对直接负责的主管人员和其他直接责任人员处以 1 万元以上 10 万元以下的罚款。

未依法登记为有限责任公司或者股份有限公司，而冒用有限责任公司或者股份有限公司名义的，或者未依法登记为有限责任公司或者股份有限公司的分公司，而冒用有限责任公司或者股份有限公司的分公司名义的，由公司登记机关责令改正或者予以取缔，可以并处 10 万元以下的罚款。

公司成立后无正当理由超过 6 个月未开业的，或者开业后自行停业连续 6 个月以上的，公司登记机关可以吊销营业执照，但公司依法办理歇业的除外。公司登记事项发生变更时，未依照《公司法》规定办理有关变更登记的，由公司登记机关责令限期登记；逾期不登记的，处以 1 万元以上 10 万元以下的罚款。

利用公司名义从事危害国家安全、社会公共利益的严重违法行为的，吊销营业执照。

公司违反《公司法》规定，应当承担民事赔偿责任和缴纳罚款、罚金的，其财产不足以支付时，先承担民事赔偿责任。违反《公司法》规定，构成犯罪的，依法追究刑事责任。

外国公司违反《公司法》规定，擅自在中华人民共和国境内设立分支机构的，由公司登记机关责令改正或者关闭，可以并处 5 万元以上 20 万元以下的罚款。

三、承担资产评估、验资或者验证机构的法律责任

承担资产评估、验资或者验证的机构提供虚假材料或者提供有重大遗漏的报告的，由有关部门依照《中华人民共和国资产评估法》《中华人民共和国注册会计师法》等法律、行政法规的规定处罚。承担资产评估、验资或者验证的机构因其出具的评估结果、验资或者验证证明不实，给公司债权人造成损失的，除能够证明自己没有过错的外，在其评估或者证明不实的金额范围内承担赔偿责任。

四、公司登记机关违法法律责任

公司登记机关违反法律、行政法规规定未履行职责或者履行职责不当的，对

负有责任的领导人员和直接责任人员依法给予政务处分。

复习与思考

1. 法人设立的条件
2. 有限责任公司设立的条件
3. 有限责任公司的股权转让
4. 有限责任公司股东退出的条件与程序
5. 有限责任公司的组织机构
6. 股份有限公司股份发行类别股的规定
7. 董事、监事、高管的资格和义务
8. 股份有限公司股份转让的限制
9. 公司债券的发行规定
10. 公司的利润分配
11. 比较股份有限公司与有限责任公司的异同

问题与案例

赵某担任甲上市公司总经理，并持有该公司股票10万股。钱某为甲公司董事长兼法定代表人。2021年7月1日，钱某召集甲公司董事会，9名董事中有4人出席，另有1名董事孙某因故未能出席，书面委托钱某代为出席投票；赵某列席会议。会上，经钱某提议，出席董事会的全体董事通过决议，从即日起免除赵某总经理职务。赵某向董事会抗议称：公司无正当理由不应当解除其职务，且董事会实际出席人数未过半数，董事会决议无效。公司于次日公布了董事会关于免除赵某职务的决定。2021年12月20日，赵某卖出所持的2万股甲公司股票。

2021年12月23日，赵某向中国证监会书面举报称：①甲公司的子公司乙公司曾向甲公司全体董事提供低息借款，用于个人购房；董事会通过决议为母公司丙公司向银行借款提供担保。②2011年4月1日，公司召开的董事会通过决议为母公司丙公司向银行借款提供担保，但甲公司并未公开披露该担保事项。

2022年1月16日，中国证监会宣布对甲公司涉嫌虚假陈述行为立案调查。同年3月1日，中国证监会宣布：经调查，甲公司存在对外提供担保未披露情形，构成虚假陈述行为；决定对甲公司给予警告，并处罚款50万元；认定钱某为直接责任人员，并处罚款10万元；董事李某等人为其他责任人员，并处罚款3万元。钱某辩称，公司未披露担保事项是公司实际控制人的要求，自己只是遵照指令行事，不应受处罚；李某则辩称，自己是独立董事，并不直接参与公司经营管理活动，因此不应对公司的虚假陈述行为承担任何责任。中国证监会未采纳钱某和李某的抗辩理由。

中国证监会对甲公司的行政处罚生效后，有投资者拟对甲公司提起民事赔偿诉讼。其中，周某在甲公司公开发行时即购入股票1万股，一直持有至今，损失10万元；吴某于2021年6月20日买入甲公司股票1万股，于2022年1月5日卖出，损失1万元；郑某于2021年4月5日买入甲公司股票1万股，2022年2月5日卖出，损失1万元。

根据上述内容，分别回答下列问题：

（1）2021年7月1日甲公司董事会的出席人数是否符合规定？并说明理由。

（2）甲公司董事会能否在无正当理由的情况下解除赵某的总经理职务？并说明理由。

（3）2021年12月20日赵某卖出所持甲公司2万股股票的行为是否合法？并说明理由。

（4）乙公司向甲公司的所有董事提供低息借款购房的行为是否合法？并说明理由。

（5）2021年4月1日甲公司董事会通过的为丙公司提供担保的决议是否合法？并说明理由。

（6）钱某和李某各自对中国证监会行政处罚的抗辩能否成立？并分别说明理由。

（7）投资者周某、吴某和郑某能否获得证券民事损害赔偿？并分别说明理由。

研究与探索

1. 检索并整理有关中国公司控制权争夺的案例资料，描述中国公司控制权争夺演变的路径及特点。探索如下问题：

（1）资本有身份吗？

（2）“资本雇佣劳动”或是“劳动雇佣资本”的观点内在的矛盾冲突是什么？

（3）公司是谁的公司？公司法律制度的精髓是什么？

2. 扩展阅读

赵磊．公司法上信义义务的体系构成——兼评新《公司法》相关规定[J]．财经法学，2024（3）：67-80.

结合阅读材料阐释股东董事实际控制人的信义义务及其与忠实勤勉义务的关系。

第四章　企业破产法

本章目标

学习过本章之后，你应能够：

1. 界定破产管理人与破产费用和共益债务
2. 描述破产界限与程序
3. 解释人民法院受理破产案件的法律效力
4. 核算债务人财产与债权人的债权
5. 列举破产管理人与债权人会议质权
6. 说明重整与和解条件及程序
7. 厘清破产清算顺序

第一节　破产的一般规定

一、破产与破产法

破产是当债务人不能清偿到期债务，且资产不足以清偿全部债务或者明显缺乏偿债能力时，由法院主持强制执行其全部财产，公平清偿全体债权人的法律制度。破产是法律规定的一种债务清偿的特殊手段，目的在于通过破产程序使全体债权人获得公平受偿、保护债权人的合法权益。

破产法是关于企业破产的实体规范与程序规范的总称。破产法有狭义与广义之分。狭义的企业破产法仅指对企业法人破产清算的法律。广义的企业破产法还包括以避免企业法人破产为主要目的的和解与重整方面的法律规范。1986 年 12 月，全国人民代表大会常务委员会通过《中华人民共和国企业破产法（试行）》，该法适用于全民所有制企业。2006 年 8 月 27 日，第十届全国人民代表大会常务委员会第二十三次会议通过《中华人民共和国企业破产法》（以下简称《企业破产法》），并于 2007 年 6 月 1 日起在全国施行。自《企业破产法》施行之日起，《中华人民共和国企业破产法（试行）》同时废止，企业破产问题统一由《企业破产法》调整。

二、破产原因

破产原因是适用破产程序所依据的特定法律事实，是法院进行破产宣告所依据的特定事实状态。《企业破产法》规定，企业法人不能清偿到期债务，并且资产不足以清偿全部债务或者明显缺乏清偿能力的，依法清理债务。由此可见，企业破产有两个可供选择的原因：一是企业法人不能清偿到期债务，并且资产不足以清偿全部债务；二是企业法人不能清偿到期债务，并且明显缺乏清偿能力。不能清偿的法律要点为：债务人丧失清偿能力，不能以财产、信用或能力等任何方法清偿债务；债务人不能清偿的是已到期、债权人提出偿还要求的、无争议或已有确定名义的债务；债务人对全部或主要债务长期连续不能偿还。当债务人停止支付到期债务并呈连续状况，若无相反证据，即可推定债务人不能清偿到期债务。

宣告债务人破产，必须具备法律规定的破产原因，但并非所有具备破产原因的企业均应被宣告破产。根据《企业破产法》的规定，符合破产原因的企业法人，可以依照法律规定进行重整，以避免破产清算。

三、破产案件管辖

（1）地域管辖。地域管辖是指同级法院受理一审案件的分工与权限。《企业破产法》规定，破产案件由债务人住所地人民法院管辖。债务人住所地是指债务人主要办事机构所在地。债务人主要办事机构不明确的，由其注册地人民法院管辖。

（2）级别管辖。级别管辖是指不同级别法院受理一审案件的分工与权限。在中国，基层人民法院一般管辖县、县级市或者区的工商行政管理机关核准登记企业的破产案件；中级人民法院一般管辖地区、地级市以上的工商行政管理机关核准登记企业的破产案件，纳入国家计划调整的企业破产案件，由中级人民法院管辖。

（3）移送管辖。移送管辖是指法院在受理民事案件后，发现自己对案件并无管辖权，依法将案件移送到有管辖权的法院审理。根据《民事诉讼法》的规定，上级人民法院可以审理下级人民法院管辖的企业破产案件，或者将本院管辖的企业破产案件移交下级人民法院审理，以及下级人民法院需要将自己管辖的企业破产案件交由上级人民法院审理的，可以报请上级人民法院审理；省、自治区、直辖市范围内因特殊情况需对个别企业破产案件的地域管辖做调整的，须经共同上级人民法院批准。

第二节　破产申请与受理

一、破产申请

（一）破产申请的主体

破产申请的主体包括债务人、债权人以及依法负有清算责任的人。《企业破产法》规定，债务人可以向人民法院提出重整、和解或者破产清算申请；债务人不能清偿到期债务，债权人可以向人民法院提出对债务人进行重整或者破产清算的申请；企业法人已解散但未清算或者未清算完毕，资产不足以清偿债务的，依法负有清算责任的人应当向人民法院申请破产清算。《企业破产法》赋予债务人重整、和解或者破产清算申请权，债权人重整或者破产清算申请权，负有清算责任的人向法院申请破产清算的法律义务，目的在于使其得以主动通过破产程序解决纠纷，摆脱债务困境，甚至避免破产清算，恢复生产经营。

（二）破产申请的形式

破产申请应以书面的形式提出。申请人提出破产申请时，应当向人民法院提交破产申请书和有关证据。破产申请书应当载明下列事项：申请人、被申请人的基本情况；申请目的，即和解、重整或者破产清算；申请的事实和理由，包括债权债务的由来、债权的性质和数额、债权到期债务人不能清偿的事实和理由等；人民法院认为应当载明的其他事项。债务人提出申请的，还应当向人民法院提交财产状况说明、债务清册、债权清册、有关财务会计报告、职工安置预案及职工工资的支付和社会保险费用的缴纳情况。

二、破产受理

（一）破产申请受理的时限

破产案件的受理，又称立案，是指人民法院在收到破产案件申请后，认为申请符合法定条件而予以接受，并由此开始破产程序的司法行为。法院裁定受理破产申请，是破产程序开始的标志。债权人提出破产申请的，人民法院应当自收到申请之日起 5 日内通知债务人。债务人对申请有异议的，应当自收到人民法院通知之日起 7 日内向人民法院提出。人民法院应当自异议期满之日起 10 日内裁定是否受理。债务人或清算责任人提出破产申请的，人民法院应当自收到破产申请之日起 15 日内裁定是否受理。特殊情况下需要延长裁定受理期限的，经上一级人民法院批准，可延长 15 日。

人民法院受理破产申请的，应当自裁定做出之日起 5 日内送达申请人。债权人提出申请的，人民法院应当自裁定做出之日起 5 日内送达债务人。债务人应当自裁定送达之日起 15 日内，向人民法院提交财产状况说明、债务清册、债权清册、有关财务会计报告以及职工工资的支付和社会保险费用的缴纳情况。

人民法院裁定不受理破产申请的，应当自裁定做出之日起 5 日内送达申请人并说明理由，申请人对不受理的裁定不服的，可以自裁定送达之日起 10 日内向上一级人民法院提起上诉。人民法院受理破产申请后至破产宣告前，经审查发现债务人不符合《企业破产法》第二条规定情形的，可以裁定驳回申请。申请人对裁定不服的，可以自裁定送达之日起 10 日内向上一级人民法院提起上诉。

人民法院应当自裁定受理破产申请之日起 25 日内通知已知债权人，并予以公告。通知和公告应当载明下列事项：申请人、被申请人的名称或姓名；人民法院受理破产申请的时间；申报债权的期限、地点和注意事项；管理人的名称或姓名及处理事务的地址；债务人的债务人或者财产持有人应当向管理人清偿债务或者交付财产的要求；第一次债权人会议召开的时间和地点；人民法院认为应当通知和公告的其他事项。

（二）破产申请受理的效力

1. 债务人有关人员的义务范围

债务人有关人员是指企业的法定代表人，经人民法院决定，可以包括企业的财务管理人员和其他经营管理人员。自人民法院受理破产申请的裁定送达债务人之日起至破产程序终结之日，债务人的有关人员应当承担下列义务：妥善保管其占有和管理的财产、印章和账簿、文书等资料；根据人民法院、管理人的要求进行工作，并如实回答询问；列席债权人会议并如实回答债权人的询问；未经人民法院许可，不得离开住所地；不得新任其他企业的董事、监事、高级管理人员。

2. 个别清偿无效

人民法院受理破产申请后，债务人不得对个别债权人的债务进行清偿，否则清偿无效。清偿无效是指清偿没有法律的效力，清偿的财产将被追回。人民法院受理破产申请后，是指人民法院裁定受理破产申请之日起，而不是受理裁定送达债务人之日起。

3. 对管理人为给付

人民法院受理破产申请后，债务人的债务人或财产持有人应当向管理人清偿债务或交付财产。人民法院指定的管理人应当对债务人对外享有的债权予以追偿，该收回的财产予以收回。债务人的债务人或财产持有人故意违反上述规定不向管理人而向债务人清偿债务或交付财产，使债权人受到损失的，不免除其清偿债务或交付财产的义务。

4. 待履行合同的处理

人民法院受理破产申请后，管理人对破产申请受理前成立而债务人和对方当事人均未履行完毕的合同有权决定解除或继续履行，并通知对方当事人。管理人自破产申请受理之日起 2 个月内未通知对方当事人，或者自收到对方当事人催告之日起 30 日内未答复的，视为解除合同。管理人决定继续履行合同的，对方当事人应当履行；但是，对方当事人有权要求管理人提供担保。管理人不提供担保的，视为解除合同。

5. 保全解除和执行中止

人民法院受理破产申请后，有关债务人财产的保全措施应当解除，执行程序应当中止。财产保全措施，包括诉讼中的财产保全和诉前的财产保全。对债务人的财产采取的限制债务人处分该财产的强制措施，包括对财产的查封、扣押、冻结等措施。执行程序是指民事判决、裁定、仲裁裁决、调解书及其他应当由人民法院执行的法律文书，在发生法律效力后，因一方拒绝履行，对方当事人向人民法院提出执行申请，由人民法院依法予以强制执行的程序。人民法院的强制执行措施包括冻结划拨存款、查封扣押拍卖财产等。保全措施解除后，债务人财产计入破产财产；执行程序中止后，债权人凭生效的法律文书向受理破产案件的人民法院申报债权。

6. 民事诉讼和仲裁中止

人民法院受理破产申请后，已经开始而尚未终结的有关债务人的民事诉讼或者仲裁应当中止；在管理人接管债务人的财产后，该诉讼或者仲裁继续进行。所谓中止是指诉讼或仲裁过程中，因法定的事由出现，由人民法院或者仲裁机构依法裁定暂时停止本案的诉讼或仲裁的制度。中止的目的在于给管理人实际接管债务人的财产以必要的时间，从而更好地保护全体债权人的合法权益。

7. 破产程序开始后的民事诉讼

人民法院受理破产申请后，有关债务人的民事诉讼，只能向受理破产申请的人民法院提起。

第三节　管理人

一、管理人的任命

破产管理人是人民法院依法受理破产申请的同时指定的全面接管破产企业并负责破产财产的保管、清理、估价、处理和分配，总管破产事务的人。《企业破产法》规定，人民法院裁定受理破产申请的，应当同时指定管理人。债权人会议认为管理人不能依法、公正地执行职务或者有其他不能胜任职务情形的，可以申请人民法院予以更换。管理人没有正当理由不得辞去职务。管理人辞去职务应当经人民法院许可。

管理人的报酬由人民法院确定。管理人是独立于债权人会议、法院、债务人之外的组织，管理人的破产管理是有偿的服务，管理人依法履行职责的同时理应获得相应的报酬。管理人的报酬属于破产费用，标准由人民法院确定。债权人会议对管理人的报酬有异议的，有权向人民法院提出，由人民法院决定是否需要对管理人的报酬进行调整。

二、管理人的资格

（一）管理人的积极资格

1. 机构担任管理人

《企业破产法》规定，管理人可以由有关部门、机构的人员组成的清算组或者依法设立的律师事务所、会计师事务所、破产清算事务所等社会中介机构担任。根据这一规定：①清算组担任管理人。企业上级主管部门、财政、工商管理、计划、审计、税务、物价、劳动、社会保险、土地管理、国有资产管理机构等部门的人员组成清算组，担任国有企业破产管理人。②中介机构担任管理人。由依法设立的律师事务所、会计师事务所、破产清算事务所，以及其他依法设立的社会中介机构如资产评估机构、税务师事务所等，担任破产管理人。

2. 个人担任管理人

人民法院根据债务人的实际情况，可以在征询有关社会中介机构的意见后，指定该机构具备相关专业知识并取得执业资格的人员担任管理人。个人担任管理人的，应当参加执业责任保险。

（二）管理人的消极资格

《企业破产法》规定，有以下情形之一的，不得担任管理人：

（1）因故意犯罪受过刑事处罚。故意和过失是犯罪人在实施犯罪行为时主观上的心理态度。故意犯罪是明知自己的行为会发生危害社会的结果，并且希望或者放任这种结果发生，因而构成犯罪。过失犯罪是应知或者已知自己的行为可能发生危害社会的结果，但因疏忽大意或过于自信而发生这种结果构成犯罪。因故意犯罪而受过刑事处罚的，不得担任破产管理人；因过失犯罪受过刑事处罚的，只有符合担任管理人条件的可以担任。

（2）曾被吊销相关专业执业证书。执业证书是行政机关批准从事某种活动的书面证明，执业证书一旦被吊销，则意味着不得从事相关活动。曾被吊销执业证书，表明执业者在执业过程中，曾经因为违法行为而被处罚过。因在执业中有违法行为而被吊销相关专业执业证书的，不得担任管理人。

（3）与本案有利害关系。利害关系是指与所处理的事务之间在利益上存在直接或间接的联系。破产企业的债权人、投资人等，因其与破产案件有利害关系，若担任破产管理人可能影响破产事务的公正处理，不得担任破产管理人。

（4）人民法院认为不宜担任管理人的其他情形，如存在重大债务纠纷或因违法行为正被相关部门调查的。

三、管理人职责与义务

（一）管理人职责

1. 管理人基本职责

管理人履行下列职责：接管债务人的财产、印章和账簿、文书等资料；调查债务人财产状况，制作财产状况报告；决定债务人的内部管理事务；决定债务人的日常开支和其他必要开支；在第一次债权人会议召开之前，决定继续或者停止债务人的营业；管理和处分债务人的财产；代表债务人参加诉讼、仲裁或者其他法律程序；提议召开债权人会议；人民法院认为管理人应当履行的其他职责。

2. 管理人职责的限制

为了避免因管理人履行职责不当而危及债权人的利益，《企业破产法》对管理人履行职责设定了一定的限制。《企业破产法》规定，在第一次债权人会议召开之前，管理人转让债务人的土地、房屋等不动产权益；转让探矿权、采矿权、知识产权等财产权；转让全部库存或者营业；转让债权和有价证券，以及借款、设定财产担保、履行债务人和对方当事人均未履行完毕的合同、放弃权利、担保

物的取回、对债权人利益有重大影响的其他财产处分行为，应当经人民法院许可。

（二）管理人义务

1. 忠实与勤勉义务

忠实义务，又称诚信义务、忠诚义务，指管理人在执行职务时，应当最大限度地维护债务人财产和全体债权人的利益，不欺瞒，不谋私利。勤勉义务，又称善管义务，指管理人在履行职务的过程中，应当以善良管理人的注意，认真、谨慎、合理、高效地处理事务，不疏忽，不懈怠。

2. 报告义务

报告义务分为一般报告义务和特殊报告义务。一般报告义务是指法律未划定范围和指定特殊事项的义务。《企业破产法》规定管理人负有向人民法院报告工作的义务、列席债权人会议并报告情况和回答询问的义务。特殊报告义务是法律规定的特殊事项报告的义务。《企业破产法》规定了十种重大的财产处分行为应当及时报告债权人委员会。第一次债权人会议尚未召开，或者债权人会议未设立债权人委员会的，应当报告人民法院。

3. 不辞任义务

为了保证破产管理的稳定性和连续性，《企业破产法》规定，管理人没有正当理由不得辞去职务。管理人辞去职务应当经人民法院许可。

第四节 债务人财产

一、债务人财产的概念及范围

债务人财产，是指在破产程序中被纳入破产管理的为债务人所拥有的财产。在破产宣告以前，债务人的财产管理都服从于债务清理和企业拯救这两个目的。只有在破产宣告以后，债务人财产才成为以清算分配为目的的破产财产。

债务人财产由破产申请受理时属于债务人的全部财产，以及破产申请受理后至破产程序终结前债务人取得的财产两部分组成。①破产申请受理时属于债务人的全部财产。债务人的全部财产包括动产、不动产、财产权利。动产，主要有债务人的货币、机器设备、办公用品、原材料、尚未出售的产品或商品、交通工具等；不动产，主要有房屋、构筑物及林木等；财产权利，主要是指土地使用权、债权、知识产权、票据权利、股权、物权等。②破产申请受理后至破产程序终结前债务人取得的财产。人民法院受理破产申请后，债务人的财产即由管理人接管，管理人可以决定是否继续营业、接受第三人的交付和给付等。因此，在破产申请受理后至破产程序终结前，债务人的财产仍然可以处在变化的状态，在此期间因继续经营或者因第三方交付财产而取得的财产，仍应属于债务人的财产。

二、撤销权与追回权

（一）撤销权与追回权的追诉对象

撤销权，是指因债务人实施的减少债务人财产的行为危及债权人的债权时，管理人可以请求人民法院撤销该行为的权利。人民法院撤销该行为后，管理人有权追回因该行为让与的债务人的财产。设立撤销权制度的目的在于恢复债务人财产，防止因债务人对财产的不当处理损害债权人的利益，最大限度地确保债权人债权的实现。管理人可行使撤销权与追回权的行为有可撤销行为、无效行为、个别清偿行为。

1. 可撤销行为

人民法院受理破产申请前一年内，涉及债务人财产的下列行为，管理人有权请求人民法院予以撤销：无偿转让财产的；以明显不合理的价格进行交易的；对没有财产担保的债务提供财产担保的；对未到期的债务提前清偿的；放弃债权的。

2. 无效行为

无效行为是指行为人的行为因不具备法律规定的有效条件而没有法律效力。涉及债务人财产的下列行为无效：为逃避债务而隐匿、转移财产的；虚构债务或者承认不真实的债务的。

3. 个别清偿行为

人民法院受理破产申请前 6 个月内，债务人有不能清偿到期债务，并且资产不足以清偿全部债务或者明显缺乏清偿能力，仍对个别债权人进行清偿的，管理人有权请求人民法院予以撤销。但是，个别清偿使债务人财产受益的除外。

《企业破产法》规定，撤销权的行使应当符合下列要求：①撤销权必须由管理人行使。在人民法院受理破产申请后，管理人即全面接管破产企业并负责破产财产的保管、清理、估价、处理和分配，总管破产事务。因此应由管理人向人民法院请求撤销债务人的不当行为，其他任何人不能行使这一权利。②可撤销的行为必须发生在人民法院受理破产申请前一年内，超过一年的，债务人即使发生上述行为，也不属于可撤销的行为。

经管理人的请求被人民法院撤销的行为即归于消灭。如果据此取得财产，管理人有权予以追回。对于已领受债务人财产的第三人，应负有返还财产的义务，原物不存在时，应折价赔偿。

（二）对企业管理层的特别追回权

债务人的董事、监事和高级管理人员利用职权从企业获取的非正常收入和侵占的企业财产，管理人应当追回。人民法院受理破产申请后，债务人的出资人尚未完全履行出资义务的，管理人应当要求该出资人缴纳所认缴的出资，而不受出资期限的限制。

三、取回权

（一）取回权行使情形

取回权是指从管理人接管的财产中取回不属于债务人的财产的请求权。关于取回权，《企业破产法》规定了三种情形：①人民法院受理破产申请后，债务人占有的不属于债务人的财产，该财产的权利人可以通过管理人取回。但是，《企业破产法》另有规定的除外。②人民法院受理破产申请时，出卖人已将买卖标的物向作为买受人的债务人发运，债务人尚未收到且未付清全部价款的，出卖人可以取回在运途中的标的物。但是，管理人可以支付全部价款，请求出卖人交付标的物。人民法院受理破产申请后，债务人占有的不属于债务人的财产，该财产的权利人可以通过管理人取回。③人民法院受理破产申请后，管理人可以通过清偿债务或者提供为债权人接受的担保，取回质物、留置物。上述规定的债务清偿或者替代担保，在质物或者留置物的价值低于被担保的债权额时，以该质物或者留置物当时的市场价值为限。

（二）取回权的行使

破产宣告后，破产程序终结前，取回权人可随时向管理人请求取回财产。管理人收到取回权人的请求后，经证明属实的，应予以返还。取回权标的物应当原物返还（原物取回权）。取回权标的物因已经处分或者毁损灭失而不能原物返还的，应当折价返还（赔偿取回权）。管理人在处理以取回权为由提出的给付请求时，如果认为请求人缺乏权利根据，可以拒绝给付。由此发生争议的，请求人可以向受理破产案件的人民法院提起诉讼。

四、抵销权

（一）抵销权行使的要求

抵销权是指破产债权人在破产宣告前对债务人负有债务的，不论债的种类和标的是否相同，在清算分配前以破产债权抵销其所负债务的权利。行使抵销权应符合下列要求：①债权人与债务人互负债务，且债权人对债务人所负债务产生于破产申请受理之前。在破产申请受理之后债权人对债务人负有的债务，不能主张抵销。②抵销权只能由债权人行使并向管理人提出。在破产申请受理后，管理人接管债务人财产，债权人应当向管理人主张抵销权，不能向债务人直接提出。

（二）不适用破产抵销的情形

《企业破产法》规定，有下列情形之一的，不得抵销：①债务人的债务人在破产申请受理后取得他人对债务人的债权的。②债权人已知债务人有不能清偿到期债务或者破产申请的事实，对债务人负担债务的；但是，债权人因为法律规定或者有破产申请一年前所发生的原因而负担债务的除外。③债务人的债务人已知债务人有不能清偿到期债务或者破产申请的事实，对债务人取得债权的；但是，债务人的债务人因为法律规定或者有破产申请一年前所发生的原因而取得债权的除外。

第五节　破产费用和共益债务

一、破产费用和共益债务的范围

（一）破产费用的范围

破产费用是指人民法院受理破产申请后，为破产程序的顺利进行及对债务人财产的管理、变价、分配过程中，必须支付的且用债务人财产优先支付的费用。《企业破产法》规定，人民法院受理破产申请后发生的下列费用为破产费用：①破产案件的诉讼费用，包括调查费、公告费、送达费、财产保全费、鉴定费等。②管理、变价和分配债务人财产的费用，包括财产的仓储费、运输费、律师费、会计师费等费用，以及对财产估价、拍卖、登记等变价费，制作财产分配方案、公告和通知分配方案、提存等分配财产的费用。③管理人执行职务的费用、报酬和聘用工作人员的费用。

（二）共益债务的范围

共益债务是指人民法院受理破产申请后，管理人为全体债权人的共同利益，管理债务人财产时所负担或产生的债务，以及因债务人财产而产生的，以债务人财产优先支付的债务。《企业破产法》规定，人民法院受理破产申请后发生的下列债务为共益债务：①因管理人或者债务人请求对方当事人履行双方均未履行完

毕的合同所产生的债务；②债务人财产受无因管理所产生的债务；③因债务人不当得利所产生的债务；④为债务人继续营业而应支付的劳动报酬和社会保险费用以及由此产生的其他债务；⑤管理人或者相关人员执行职务致人损害所产生的债务；⑥债务人财产致人损害所产生的债务。

二、破产费用和共益债务的清偿

《企业破产法》规定，破产费用和共益债务的清偿，按照下列原则进行：①破产费用和共益债务由债务人财产随时清偿。②债务人财产不足以清偿所有破产费用和共益债务的，先行清偿破产费用。③债务人财产不足以清偿所有破产费用或者共益债务的，按照比例清偿。④债务人财产不足以清偿破产费用的，管理人应当提请人民法院终结破产程序。人民法院应当自收到请求之日起 15 日内裁定终结破产程序，并予以公告。

第六节　债权申报

一、债权申报及破产债权人的权利

债权申报是指债务人的债权人在接到人民法院的破产申请受理裁定通知或者公告后，在法定期限内向人民法院申请登记债权，以取得破产债权人地位的行为。债权人在法定期限内申报了债权即成为破产债权人，破产债权人在破产过程中享有如下权利：参加债权人会议，并享有表决权；提出对债务人重整申请；参加破产财产的分配。债权人未依法申报债权的，不得行使破产债权人的权利。

二、债权申报的期限

债权申报的期限是允许债权人向人民法院申报其债权的固定期间。债权申报的期限对破产程序及时顺利进行至关重要。因为只有在债权人人数和债权数额确定的情况下，才能召开债权人会议，进行清算分配。债权人应当在人民法院确定的债权申报期限内向管理人申报债权。债权人未在申报期内申报债权，就视同其放弃债权。

（一）法定申报期限

法定申报期限是指《企业破产法》规定的债权申报期限。《企业破产法》规定，人民法院受理破产申请后，应当确定债权人申报债权的期限。债权申报期限自人民法院发布受理破产申请公告之日起计算，最短不得少于 30 日，最长不得超过 3 个月。对于案件较为简单、债权人较少的，可以确定较短的申报期限，但不得短于 30 日；对于案件较为复杂、债权人数较多且涉及金额巨大的，可以确定较长的申报期限，但不得长于 3 个月。

（二）延展申报期限

延展申报期限也称补充申报期限，是指在人民法院确定的债权申报期限内，债权人未申报债权的，可以在破产财产最后分配前补充申报；但是，此前已进行的分配，不再对其补充分配。补充申报必须在破产财产最后分配前提出，得到的清偿以补充申报后的破产财产为限。为审查和确认补充申报债权的费用，由补充申报人承担。

（三）债权申报的要求

1. 债权申报的一般要求

债权人可申报的债权应满足以下要求：①以财产给付为内容的请求权。给付标的为劳务或者不作为的请求权，不能申报，但是，因它们的不履行或者不适当履行而产生的赔偿请求权，为可以申报的债权。②以债务人财产为受偿基础的请求权。有财产担保的债权和无财产担保的债权均在申报之列。③法院受理破产申请前成立的对债务人享有的债权。至于债权的到期时间，不影响申报资格。④平等民事主体之间的请求权。因此，对债务人的罚款等财产性行政处罚，不得申报。⑤合法有效的债权。不具备上述条件的债权被申报的，管理人有权提出异议。申报人坚持申报的，管理人可以在债权表中另页记载，并载明所发现的问题，以供债权人会议作出决定。必要时，管理人可以请求人民法院裁定不予确认。

债权人申报债权时，应当书面说明债权的数额和有无财产担保，并提供如下证据：①债权证明。证明债权的真实性、有效性的文件，如合同、借据、法院判决等。②身份证明。债权人自己申报的应当提交合法有效的身份证明，代理申报人应当提交委托人的有效身份证明、授权委托书和债权证明。③担保证明。申报的债权有财产担保的，应当提交证明财产担保的证据。

2. 特别申报要求

（1）职工债权。债务人所欠职工的工资和医疗、伤残补助、抚恤费用，所欠的应当划入职工个人账户的基本养老保险、基本医疗保险费用，以及法律、行政法规规定应当支付给职工的补偿金，为破产法上的职工债权。职工不必申报，由管理人调查后列出清单并予以公示。职工对清单记载有异议的，可以要求管理人更正；管理人不予更正的，职工可以向人民法院提起诉讼。

（2）利息请求权。附利息的债权自破产申请受理时起停止计息。破产申请受理前的利息，随本金一同申报。

（3）待定债权。又称"或然债权"，是指其效力有待确定的债权，包括附条件、附期限的债权和诉讼、仲裁未决的债权。这些债权可以申报，但必须说明其待定的状况。

（4）连带债权。连带债权人可以由其中一人代表全体连带债权人申报债权，也可以共同申报债权。申报的债权是连带债权的，应当说明。

（5）连带债务人的代位求偿权。债务人的保证人或者其他连带债务人，已经代替债务人清偿债务的，以其对债务人的求偿权申报债权；尚未代替债务人清偿债务的，除债权人已经向管理人申报全部债权的外，以其对债务人的将来求偿权申报债权。

（6）连带债务的债权人。在连带债务人之一破产时，其债权人享有在破产程序中申报债权的权利。连带债务人数人被裁定适用《企业破产法》规定的程序的，其债权人有权就其全部债权分别在各破产案件中申报债权。

（7）待履行合同相对人的赔偿请求权。管理人或者债务人依照《企业破产法》规定的程序解除合同的，对方当事人以因合同解除所产生的损害赔偿请求权申报债权。

（8）善意受托人的请求权。债务人是委托合同的委托人，被裁定适用《企业破产法》规定的程序，受托人不知该事实，继续处理委托事务的，受托人以由此产生的请求权申报债权。

（9）票据付款人的请求权。破产债务人是票据的出票人，被裁定适用《企业破产法》规定的程序，该票据的付款人继续付款或者承兑的，付款人以由此产生的请求权申报债权。

（四）债权表的编制、保存、审查与确认

《企业破产法》规定，管理人收到债权申报材料后，应当登记造册，对申报的债权进行审查，并编制债权表。债权表和债权申报材料由管理人保存，供利害关系人查阅。债权表应当提交第一次债权人会议核查。债务人、债权人对债权表记载的债权无异议的，由人民法院裁定确认。债务人、债权人对债权表记载的债权有异议的，可以向受理破产申请的人民法院提起诉讼。

第七节 债权人会议

一、债权人会议的性质与组成

债权人会议是破产程序中全体债权人的自治性组织，是债权人表达自己的意志，行使破产参与权的场所。在债权人会议内部，可以协调、平衡债权人之间的利益关系，在债权人会议之外可以通过参与和监督破产程序，维护全体债权人的利益。

《企业破产法》规定，依法申报债权的债权人为债权人会议的成员，有权参加债权人会议，享有表决权。这说明债权人会议由申报债权的债权人组成；凡是债权人会议的成员，都享有出席会议和对会议所议事项进行表决的权利。债权尚未确定的债权人，除人民法院能够为其行使表决权而临时确定债权额的外，不得行使表决权。对债务人的特定财产享有担保权的债权人，未放弃优先受偿权利的，其对通过和解协议和破产财产的分配方案的事项不享有表决权。债权人会议应当有债务人的职工和工会的代表参加，对有关事项发表意见。债权人会议设主席一人，由人民法院从有表决权的债权人中指定。债权人会议主席主持债权人会议。

二、债权人会议的召集

第一次债权人会议由人民法院召集，自债权申报期限届满之日起十五日内召开，由人民法院主持。首次会议应宣布债权人会议职权和其他有关事项、债权人资格审查结果、指定并宣布债权人会议主席、由管理人通报债务人的生产经营、财产、债务的基本情况等。债权人可以委托代理人出席债权人会议，行使表决权。代理人出席债权人会议，应当向人民法院或者债权人会议主席提交债权人的授权委托书。

第一次债权人会议以后的债权人会议，在人民法院认为必要时，或者管理人、债权人委员会、占债权总额 1/4 以上的债权人向债权人会议主席提议时召开。召开债权人会议，管理人应当提前 15 日将会议的时间、地点、内容、目的等事项通知已知的债权人。

三、债权人会议的职权

（1）核查债权。管理人依法对申报债权进行审查后，编制债权表，提交第一次债权人会议核查。核查的内容主要包括债权是否存在、债权的性质（有无财产担保）、债权数额等。经核查无异议的由人民法院裁定确认，有异议的可向人民法院提起诉讼。

（2）申请人民法院更换管理人，审查管理人的费用和报酬。债权人会议对管理人享有更换申请权。债权人会议对管理人的费用和报酬享有审查权。管理人的费用和报酬作为破产费用是优于其他债权随时支付的，其是否合理直接关系债权人的利益，因此法律赋予债权人会议对其享有审查权。

（3）监督管理人。管理人依照《企业破产法》规定执行职务，向人民法院报告工作，并接受债权人会议和债权人委员会的监督。监督的方式包括：听取管理人执行职务情况的报告，并就报告的内容进行询问；要求管理人对其职权范围内的事务作出说明或提供有关文件等。

（4）选任和更换债权人委员会成员。债权人会议可以决定成立债权人委员会，债权人委员会由债权人会议选任的债权人代表和一名债务人的职工代表或工会代表组成。如果债权人会议认为已选任的债权人代表不能胜任工作，有权更换债权人代表。但无论选任还是更换都需人民法院书面认可。

（5）决定继续或者停止债务人的营业。企业进入破产程序意味着其经济活动遇到很大的困难，继续经营会有很大的风险，即损失更多的财产，使债权人能够分配的财产进一步减少，因此继续或者停止债务人的营业，要由代表全体债权人的债权人会议决定。

（6）通过重整计划。重整是在企业无力偿债的情况下，使企业摆脱困境走向复苏的一项制度。重整计划是债务人或管理人向人民法院和债权人会议提交的企业重整的方案。为保护债权人的利益，重整计划必须交由债权人会议讨论并表决通过。

（7）通过和解协议。和解协议是债务人和债权人在人民法院的主持下，就债务人延期清偿债务、减少债务数额等事项达成的协议。协议一旦达成将中止破产程序，是破产制度中的一项重要制度。债务人申请和解应提出和解协议草案，债权人会议将对和解协议草案的内容进行讨论表决。

（8）通过债务人财产的管理方案。债务人财产的管理由管理人负责，管理人就债务人财产的状况制定一个管理方案，管理方案经债权人会议讨论通过后实施。不能通过的由法院裁定。

（9）通过破产财产的变价方案。对债务人的实物资产、无形资产通过拍卖的方式变价，是破产财产进行清偿的前提。管理人应当就变价财产的范围、变价方法、变价的时间确定变价方案。

（10）通过破产财产的分配方案。变价方案通过后，破产财产分配前，管理人应当向债权人会议提交破产财产的分配方案草案，包括可分配的破产财产数额、分配顺序、比例等。破产财产的分配，直接关系到每一个债权人的受偿数额，必须提交债权人会议讨论通过，经两次讨论不能通过的，由人民法院裁定。

（11）人民法院认为应当由债权人会议行使的其他职权。债权人会议所议事项都是破产程序中的重大事项，应当对所议事项的决议作成会议记录，以备今后查阅。

四、债权人会议的决议

（一）债权人会议一般决议通过的条件

债权人会议一般决议的表决实行双重多数通过，即必须同时满足两个条件：一是按人计算，由出席会议的有表决权的债权人过半数通过，过半数不包括半数在内。这里的过半数是按出席会议的有表决权的人数计算，有表决权的债权人不出席会议，应视为已放弃了自己的表决权。二是按金额计算，同意票所代表的债权额占无财产担保债权总额的 1/2 以上。这里的债权额指经过债权人会议确认的金额；无财产担保债权总额以债权人会议确认的无财产担保债权总额为准，且无论债权人是否出席会议。

债权人会议的决议，对全体债权人均有法律约束力。债权人认为债权人会议的决议违反法律规定，损害其利益的，可以自债权人会议作出决议之日起 15 日内，请求人民法院裁定撤销该决议，责令债权人会议依法重新作出决议。

（二）债权人会议特殊决议通过条件

（1）通过和解协议草案的决议，由出席会议的有表决权的债权人过半数通过，并且其所代表的债权额占无财产担保债权总额的 2/3 以上。

（2）通过重整计划草案的决议，按债权类型分组进行表决，由出席会议同一表决组的债权人过半数同意，并且其所代表的债权额占该组债权总额的 2/3 以上的，为该组通过。各表决组均通过时，重整计划即为通过。

债权人会议通过债务人财产的管理方案以及破产财产的变价方案等事项时，经债权人会议表决未通过的，由人民法院裁定。债权人对人民法院作出的裁定不服的，可以自裁定宣布之日或者收到通知之日起 15 日内向该人民法院申请复议。复议期间不停止裁定的执行。

债权人会议通过破产财产的分配方案事项时，经债权人会议两次表决仍未通过的，由人民法院裁定。债权额占无财产担保债权总额 1/2 以上的债权人对人民法院作出的裁定不服的，可以自裁定宣布之日或者收到通知之日起 15 日内向该人民法院申请复议。复议期间不停止裁定的执行。

人民法院作出的裁定，可以在债权人会议上宣布或者另行通知债权人。

五、债权人委员会

债权人会议是债权人的非常设机构，在债权人会议闭会期间行使日常监督权。债权人委员会由债权人会议选任的债权人代表和一名债务人的职工代表或者工会代表组成，其成员不得超过 9 人。选任的债权人委员会成员应当经人民法院书面决定认可才有效。

《企业破产法》规定，债权人委员会行使下列职权：监督债务人财产的管理和处分；监督破产财产分配；提议召开债权人会议；债权人会议委托的其他职权。债权人委员会执行职务时，有权要求管理人、债务人的法定代表人、财务人员等管理人员对其职权范围内的事务作出说明或者提供有关文件。管理人、债务人的有关人员违反规定拒绝接受监督的，债权人委员会有权就监督事项请求人民法院作出决定；人民法院应当在 5 日内作出决定。

第八节　重整与和解

重整是指当企业法人不能清偿到期债务时，不立即进行破产清算，而是在法院的主持下，由债务人与债权人达成协议，制订债务人重整计划，债务人继续营业，并在一定期限内全部或部分清偿债务的制度。重整的目的是使面临破产的企业能够摆脱困境，重获经营能力，实现债务的清偿。

一、重整

（一）重整申请和重整期间

1. 重整申请

《企业破产法》规定，债务人在不同的阶段重整申请人不同：

（1）债务人尚未进入破产程序时，债务人或者债权人可以直接向人民法院申请对债务人进行重整。债务人对自己的资产、财务状况、困境及发展有着准确的了解，因此可以直接向人民法院提出重整申请。债权人为保证自己债权的实现，也可以向人民法院提出重整申请，使债务人经过重整后恢复偿债能力。

（2）债权人申请对债务人进行破产清算的，在人民法院受理破产申请后，宣告债务人破产前，债务人或者出资额占债务人注册资本1/10以上的出资人，可以向人民法院申请重整。

债务人与债权人申请重整的原因不同。债务人申请重整的原因是企业法人不能清偿到期债务，并且其资产不足以清偿全部债务或者明显缺乏清偿能力。而债权人申请重整的原因是债务人不能清偿到期债务。人民法院经审查认为重整申请符合《企业破产法》规定的，应当裁定债务人重整，并予以公告。

2. 重整期间

重整期间是指自人民法院裁定债务人重整之日起至重整程序终止时的期间。在重整期间，经债务人申请，人民法院批准，债务人可以在管理人的监督下自行管理财产和营业事务。有上述规定情形的，依照《企业破产法》规定已接管债务人财产和营业事务的管理人应当向债务人移交财产和营业事务，有关管理人的职权由债务人行使。

在重整期间，对债务人的特定财产享有的担保权暂停行使。但是，担保物有损坏或者价值明显减少的可能，足以危害担保权人权利的，担保权人可以向人民法院请求恢复行使担保权。在重整期间，债务人或者管理人为继续营业而借款的，可以为该借款设定担保。

债务人合法占有的他人财产，该财产的权利人在重整期间要求取回的，应当符合事先约定的条件。

在重整期间，债务人的出资人不得请求投资收益分配。在重整期间，债务人的董事、监事、高级管理人员不得向第三人转让其持有的债务人的股权。但是，经人民法院同意的除外。

在重整期间，有下列情形之一的，经管理人或者利害关系人请求，人民法院应当裁定终止重整程序，并宣告债务人破产：债务人的经营状况和财产状况继续恶化，缺乏挽救的可能性；债务人有欺诈、恶意减少债务人财产或者其他显著不利于债权人的行为；由于债务人的行为致使管理人无法执行职务。

（二）重整计划的制订和批准

1. 重整计划的制订

债务人或者管理人应当自人民法院裁定债务人重整之日起6个月内，同时向人民法院和债权人会议提交重整计划草案。债务人自行管理财产和营业事务的，由债务人制作重整计划草案。管理人负责管理财产和营业事务的，由管理人制作

重整计划草案。重整计划草案应当包括下列内容：债务人的经营方案；债权分类；债权调整方案；债权受偿方案；重整计划的执行期限；重整计划执行的监督期限；有利于债务人重整的其他方案。6个月期限届满后，经债务人或者管理人请求，有正当理由的，人民法院可以裁定延期3个月。债务人或者管理人未按期提出重整计划草案的，人民法院应当裁定终止重整程序，并宣告债务人破产。

2. 重整计划的批准

债权人参加讨论重整计划草案的债权人会议，依照下列债权分类，分组对重整计划草案进行表决：①对债务人的特定财产享有担保权的债权；②债务人所欠职工的工资和医疗、伤残补助、抚恤费用，所欠的应当划入职工个人账户的基本养老保险、基本医疗保险费用，以及法律、行政法规规定应当支付给职工的补偿金；③债务人所欠税款；④普通债权。此外，人民法院在必要时可以决定在普通债权组中设小额债权组对重整计划草案进行表决。重整计划不得规定减免债务人欠缴的职工债权规定以外的社会保险费用，该项费用的债权人不参加重整计划草案的表决。

人民法院应当自收到重整计划草案之日起30日内召开债权人会议，对重整计划草案进行表决。出席会议的同一表决组的债权人过半数同意重整计划草案，并且其所代表的债权额占该组债权总额的2/3以上的，即为该组通过重整计划草案。债务人或者管理人应当向债权人会议就重整计划草案作出说明，并回答询问。

债务人的出资人代表可以列席讨论重整计划草案的债权人会议。重整计划草案涉及出资人权益调整事项的，应当设出资人组，对该事项进行表决。

各表决组均通过重整计划草案时，重整计划即为通过。自重整计划通过之日起十日内，债务人或者管理人应当向人民法院提出批准重整计划的申请。人民法院经审查认为符合《企业破产法》规定的，应当自收到申请之日起30日内裁定批准，终止重整程序，并予以公告。部分表决组未通过重整计划草案的，债务人或者管理人可以同未通过重整计划草案的表决组协商。该表决组可以在协商后再表决一次。双方协商的结果不得损害其他表决组的利益。

未通过重整计划草案的表决组拒绝再次表决或者再次表决仍未通过重整计划草案，但重整计划草案符合下列条件的，债务人或者管理人可以申请人民法院批准重整计划草案：①按照重整计划草案上述债权分类第一项所列债权就该特定财产将获得全额清偿，其因延期清偿所受的损失将得到公平补偿，并且其担保权未受到实质性损害，或者该表决组已经通过重整计划草案。②按照重整计划草案，上述债权分类第二项、第三项所列债权将获得全额清偿，或者相应表决组已经通过重整计划草案。③按照重整计划草案，普通债权所获得的清偿比例，不低于其在重整计划草案被提请批准时依照破产清算程序所能获得的清偿比例，或者该表决组已经通过重整计划草案。④重整计划草案对出资人权益的调整公平、公正，或者出资人组已经通过重整计划草案。⑤重整计划草案公平对待同一表决组的成员，并且所规定的债权清偿顺序不违反《企业破产法》第一百一十三条的规定。⑥债务人的经营方案具有可行性。人民法院经审查认为重整计划草案符合前款规定的，应当自收到申请之日起30日内裁定批准，终止重整程序，并予以公告。

重整计划草案未获得通过且未依照《企业破产法》第八十七条的规定获得批准，或者已通过的重整计划未获得批准的，人民法院应当裁定终止重整程序，并宣告债务人破产。

（三）重整计划的执行、监督与终止

1. 重整计划由债务人负责执行，管理人负责监督

重整计划由债务人负责执行。人民法院裁定批准重整计划后，已接管财产和营业事务的管理人应当向债务人移交财产和营业事务。自人民法院裁定批准重整计划之日起，在重整计划规定的监督期内，由管理人监督重整计划的执行。在监督期内，债务人应当向管理人报告重整计划执行情况和债务人财务状况。监督期届满时，管理人应当向人民法院提交监督报告。自监督报告提交之日起，管理人的监督职责终止。管理人向人民法院提交的监督报告，重整计划的利害关系人有权查阅。经管理人申请，人民法院可以裁定延长重整计划执行的监督期限。经人民法院裁定批准的重整计划，对债务人和全体债权人均有约束力。债权人未依照《企业破产法》规定申报债权的，在重整计划执行期间不得行使权利；在重整计划执行完毕后，可以按照重整计划规定的同类债权的清偿条件行使权利。债权人对债务人的保证人和其他连带债务人所享有的权利，不受重整计划的影响。

2. 重整计划执行的终止

债务人不能执行或者不执行重整计划的，人民法院经管理人或者利害关系人请求，应当裁定终止重整计划的执行，并宣告债务人破产。人民法院裁定终止重整计划执行的，债权人在重整计划中作出的债权调整的承诺失去效力。债权人因执行重整计划所受的清偿仍然有效，债权未受清偿的部分作为破产债权。上述规定的债权人，只有在其他同顺位债权人同自己所受的清偿达到同一比例时，才能继续接受分配。按照重整计划减免的债务，自重整计划执行完毕时起，债务人不再承担清偿责任。

二、和解

和解是指具备破产原因的债务人，为了避免破产清算，而与债权人会议达成

协商解决债务的协议的制度。和解并非法院作出破产宣告的必经程序，是否和解完全依债务双方当事人意思而定。和解制度与破产清算制度一样，都重在清偿，但是破产清算是一种消极的处理方法，无论对债权人还是债务人都必然会造成损失，而和解可以起到减少损失、预防破产的积极作用。

（一）和解的提出

债务人可以依照《企业破产法》规定，直接向人民法院申请和解；也可以在人民法院受理破产申请后、宣告债务人破产前，向人民法院申请和解。债务人申请和解，应当提出和解协议草案。和解协议草案的主要内容是债务清偿方案，其中包括延长清偿的期限、分期清偿的数额、申请减免债务的额度及比例等。

（二）和解协议的通过及裁定

和解协议草案是债务人向人民法院提交的文件，该文件直接涉及债权人债权的清偿，因此必须经债权人会议讨论通过，同时还必须经由人民法院审查认可。人民法院经审查认为和解申请符合《企业破产法》规定的，应当裁定和解，予以公告，并召集债权人会议讨论和解协议草案。对债务人的特定财产享有担保权的权利人，自人民法院裁定和解之日起可以行使权利。

债权人会议通过和解协议的决议，由出席会议的有表决权的债权人过半数同意，并且其所代表的债权额占无财产担保债权总额的2/3以上。债权人会议通过和解协议的，由人民法院裁定认可，终止和解程序，并予以公告。管理人应当向债务人移交财产和营业事务，并向人民法院提交执行职务的报告。和解协议草案经债权人会议表决未获得通过，或者已经债权人会议通过的和解协议未获得人民法院认可的，人民法院应当裁定终止和解程序，并宣告债务人破产。

（三）和解协议的法律效力

和解协议的法律效力体现在以下四个方面：①经人民法院裁定认可的和解协议，对债务人和全体和解债权人均有约束力。和解债权人是指人民法院受理破产申请时对债务人享有无财产担保债权的人。和解债权人未依照《企业破产法》规定申报债权的，在和解协议执行期间不得行使权利；在和解协议执行完毕后，可以按照和解协议规定的清偿条件行使权利。②和解债权人对债务人的保证人和其他连带债务人所享有的权利，不受和解协议的影响。和解协议对债务人的保证人和其他连带债务人无效，即债务人的保证人和其他连带债务人的保证责任或者连带清偿责任并不因和解协议的生效而减少，而是仍按原债务责任承担担保责任和连带清偿责任。③债务人应当按照和解协议规定的条件清偿债务。债务人应当严格履行和解协议所规定的义务，使每一个和解债权人均能公平受偿。如果给个别债权人以特殊利益，在债务人财产不足以清偿全部债务的情况下，就会损害其他债权人的利益。④和解协议无强制执行效力，如债务人不履行协议，债权人不能请求人民法院强制执行，只能请求人民法院终止和解协议的执行，宣告其破产。

（四）和解协议的终止

和解协议执行过程中，可能因债务人的行为导致和解协议无法继续执行，如继续执行可能给债权人造成更大损失。为保障债权人的合法权益，《企业破产法》对和解协议的终止作出了具体的规定。

因债务人的欺诈或者其他违法行为而成立的和解协议，人民法院应当裁定无效，并宣告债务人破产。有上述规定情形的，和解债权人因执行和解协议所受的清偿在其他债权人所受清偿同等比例的范围内，不予返还。债务人的欺诈是指债务人违反诚实信用的原则，采取隐瞒真实的情况或者提供虚假信息的手段欺骗债权人的行为。如隐瞒财产的真实数额、以欺诈的手段增加债权人数量，从而增加债权数额等。因债务人有欺诈行为，因而所成立的和解协议无效。

债务人不能执行或者不执行和解协议的，人民法院经和解债权人请求，应当裁定终止和解协议的执行，并宣告债务人破产。人民法院裁定终止和解协议执行的，和解债权人在和解协议中作出的债权调整的承诺失去效力。和解债权人因执行和解协议所受的清偿仍然有效，和解债权未受清偿的部分作为破产债权。上述规定的债权人，只有在其他债权人同自己所受的清偿达到同一比例时，才能继续接受分配。此外，在上述情形下，为和解协议的执行提供的担保继续有效。

债务人不能执行或者不执行和解协议的行为有：①拒不执行或者延迟执行和解协议；②财务状况继续恶化，足以影响执行和解协议；③给个别债权人和解协议以外的特殊利益；④转移财产、隐匿或私分财产；⑤非正常压价出售财产、放弃自己的债权；⑥对原来没有财产担保的债务提供财产担保、对未到期的债务提前清偿。

按照和解协议减免的债务，自和解协议执行完毕时起，债务人不再承担清偿责任。人民法院受理破产申请后，债务人与全体债权人就债权债务的处理自行达成协议的，可以请求人民法院裁定认可，并终结破产程序。

第九节　破产清算

一、破产宣告

破产宣告是人民法院依据当事人的申请或法定职权裁定宣告债务人破产以清

偿债务的活动。《企业破产法》规定，有下列情形之一的，人民法院应当以书面形式裁定宣告债务人企业破产：①企业不能清偿到期债务，又不具备法律规定的不予宣告破产条件的；②企业被人民法院依法裁定终止重整程序的；③人民法院依法裁定终止和解协议执行的。人民法院依照《企业破产法》规定宣告债务人破产的，应当自裁定作出之日起五日内送达债务人和管理人，自裁定作出之日起十日内通知已知债权人，并予以公告。

债务人被宣告破产后，债务人称为破产人，债务人财产称为破产财产，人民法院受理破产申请时对债务人享有的债权称为破产债权。破产宣告前，第三人为债务人提供足额担保或者为债务人清偿全部到期债务的，或债务人已清偿全部到期债务的，人民法院应当裁定终结破产程序，并予以公告。

对破产人的特定财产享有担保权的权利人，对该特定财产享有优先受偿的权利。对破产人的特定财产享有优先受偿权的债权人，行使优先受偿权利未能完全受偿的，其未受偿的债权作为普通债权，与其他债权人的债权一起依破产程序清偿；享有优先受偿权的债权人可以放弃优先受偿的权利，放弃优先受偿权利的，其债权作为普通债权，与其他债权人的债权一起依破产程序清偿。

二、破产财产的变价

《企业破产法》规定，管理人应当及时拟定破产财产变价方案，提交债权人会议讨论。管理人应当按照债权人会议通过的或者人民法院依法裁定的破产财产变价方案，适时变价出售破产财产。变价出售破产财产应当通过拍卖进行。但是，债权人会议另有决议的除外。破产企业可以全部或者部分变价出售。企业变价出售时，可以将其中的无形资产和其他财产单独变价出售。按照国家规定不能拍卖或者限制转让的财产，应当按照国家规定的方式处理。

三、破产财产的分配

（一）破产财产的分配顺序

破产财产的分配顺序是指将破产财产分配给债权人的先后顺序。《企业破产法》规定，破产财产在优先清偿破产费用和共益债务后，依照下列顺序清偿：①破产人所欠职工的工资和医疗、伤残补助、抚恤费用，所欠的应当划入职工个人账户的基本养老保险、基本医疗保险费用，以及法律、行政法规规定应当支付给职工的补偿金。在清偿职工工资时，破产企业的董事、监事和高级管理人员的工资按照该企业职工的平均工资计算。②破产人欠缴的除前项规定以外的社会保险费用和破产人所欠税款。③普通破产债权。破产财产不足以清偿同一顺序的清偿要求的，按照比例分配。破产财产的分配应当以货币分配方式进行。但是，债权人会议另有决议的除外。

（二）破产财产的分配方案

管理人应当及时拟定破产财产分配方案，提交债权人会议讨论。破产财产分配方案应当载明下列事项：参加破产财产分配的债权人名称或者姓名、住所；参加破产财产分配的债权额；可供分配的破产财产数额；破产财产分配的顺序、比例及数额；实施破产财产分配的方法。债权人会议通过破产财产分配方案后，由管理人将该方案提请人民法院裁定认可。

破产财产分配方案经人民法院裁定认可后，由管理人执行。管理人按照破产财产分配方案实施多次分配的，应当公告本次分配的财产额和债权额。管理人实施最后分配的，应当在公告中指明。

对于附生效条件或者解除条件的债权，管理人应当将其分配额提存。管理人依照规定提存的分配额，在最后分配公告日，生效条件未成就或者解除条件成就的，应当分配给其他债权人；在最后分配公告日，生效条件成就或者解除条件未成就的，应当交付给债权人。

债权人未受领的破产财产分配额，管理人应当提存。债权人自最后分配公告之日起满二个月仍不领取的，视为放弃受领分配的权利，管理人或者人民法院应当将提存的分配额分配给其他债权人。

破产财产分配时，对于诉讼或者仲裁未决的债权，管理人应当将其分配额提存。自破产程序终结之日起满二年仍不能受领分配的，人民法院应当将提存的分配额分配给其他债权人。

四、破产程序的终结

破产程序的终结，是指人民法院受理破产案件后，在出现法定事由时，由人民法院依法裁定终结破产程序，结束破产案件的审理。《企业破产法》规定，破产企业无财产可供分配的，管理人应当请求人民法院裁定终结破产程序。管理人在最后分配完结后，应当及时向人民法院提交破产财产分配报告，并提请人民法院裁定终结破产程序。人民法院应当自收到管理人终结破产程序的请求之日起15日内作出是否终结破产程序的裁定。裁定终结的，应当予以公告。管理人应当自破产程序终结之日起10日内，持人民法院终结破产程序的裁定，向破产人的原登记机关办理注销登记。管理人于办理注销登记完毕的次日终止执行职务。但是，存在诉讼或者仲裁未决情况的除外。

自破产程序依法终结之日起二年内，发现有依法应当追回的财产的，或发现破产人有应当供分配的其他财产的，债权人可以请求人民法院按照破产财产分配方案进行追加分配。但财产数量不足以支付分配费用的，不再进行追加分配，由人民法院将其上交国库。在破产程序终结后，破产人的保证人和其他连带债务人，对债权人依照破产清算程序未受清偿的债权，依法继续承担清偿责任。

第十节　法律责任

一、债务人的有关人员违法的法律责任

（1）有义务列席债权人会议的债务人的有关人员，经人民法院传唤，无正当理由拒不列席债权人会议的，人民法院可以拘传，并依法处以罚款。债务人的有关人员违反《企业破产法》规定，拒不陈述、回答，或者作虚假陈述、回答的，人民法院可以依法处以罚款。

（2）债务人的有关人员违反《企业破产法》规定，擅自离开住所地的，人民法院可以予以训诫、拘留，可以依法并处罚款。

（3）企业董事、监事或者高级管理人员违反忠实义务、勤勉义务，致使所在企业破产的，依法承担民事责任。有上述规定情形的人员，自破产程序终结之日起三年内不得担任任何企业的董事、监事、高级管理人员。

二、债务人违法的法律责任

（1）债务人违反《企业破产法》规定，拒不向人民法院提交或者提交不真实的财产状况说明、债务清册、债权清册、有关财务会计报告以及职工工资的支付情况和社会保险费用的缴纳情况的，人民法院可以对直接责任人员依法处以罚款。

（2）债务人违反《企业破产法》规定，拒不向管理人移交财产、印章和账簿、文书等资料的，或者伪造、销毁有关财产证据材料而使财产状况不明的，人民法院可以对直接责任人员依法处以罚款。

（3）债务人在人民法院受理破产申请前一年内，无偿转让财产的、以明显不合理的价格进行交易的、对没有财产担保的债务提供财产担保的、对未到期的

债务提前清偿的、放弃债权的；或者在人民法院受理破产申请前6个月内，对个别债权人进行清偿的；或者为逃避债务而隐匿、转移财产的，虚构债务或者承认不真实的债务的，损害债权人利益的，债务人的法定代表人和其他直接责任人员依法承担赔偿责任。

三、管理人违法的法律责任

管理人未依照《企业破产法》规定勤勉尽责，忠实执行职务的，人民法院可以依法处以罚款；给债权人、债务人或者第三人造成损失的，依法承担赔偿责任。

复习与思考

1. 破产原因与界限
2. 管理人的职责
3. 债务人财产和解规则
4. 债权申报要求
5. 债权人会议职权与决议规则
6. 破产财产分配清偿顺序

问题与案例

2021年3月19日，因甲有限责任公司（以下简称甲公司）出现无法清偿到期债务的事实，人民法院受理了由债权人提出的对甲公司进行破产清算的申请。管理人接管甲公司后，对其债权债务进行了清理。其中，包括以下事实：

（1）2020年1月7日，鉴于与乙公司之间的长期业务合作关系，甲公司向乙公司赠送复印机一台，价值2.5万元。

（2）2020年1月15日，甲公司以其部分设备作抵押，为乙公司所欠丙公司80万元货款提供了担保，并办理了抵押登记。后乙公司未能在约定期限内清偿所欠丙公司货款。2020年3月30日，经甲、乙、丙三方协商，甲公司将抵押设备依法变现70万元，价款全部用于偿还丙公司后，丙公司仍有10万元货款未得到清偿。

（3）2020年5月7日，甲公司与丁公司订立合同，从丁公司处租赁机床一台，双方约定：租期1年；租金5万元。当日，甲公司向丁公司支付5万元租金，丁公司向甲公司交付机床。2021年3月8日，甲公司故意隐瞒事实，以机床所有人的身份将该机床以20万元的市场价格卖给戊公司，双方约定，戊公司应

于2021年5月1日前一次性付清全部价款。当日，甲公司向戊公司交付了机床。人民法院受理甲公司破产清算申请后，丁公司向管理人要求返还其出租给甲公司的机床时，得知机床已被甲公司卖给戊公司而戊公司尚未支付20万元价款的事实。

（4）2020年12月1日，甲公司向A银行借款100万元，期限1年，庚公司为该笔借款向A银行提供了连带责任保证。

2021年4月5日，由于甲公司申请的一项国家一类新药获得批准证书，经营出现转机，遂向人民法院申请和解，同时提交了和解协议草案。人民法院审查后受理了甲公司的和解申请，并裁定和解。2021年6月23日，债权人会议通过了和解协议，主要内容如下：除对甲公司特定财产享有担保物权的债权人外，其他债权人均按30%的比例减免甲公司债务；自和解协议执行完毕之日起，甲公司不再承担清偿责任；甲公司与主要债权人建立战略性合作安排等。2021年8月31日，和解协议执行完毕。A银行就甲公司所欠其100万元借款本息申报债权后，通过和解程序获偿70%。随后，A银行致函庚公司，要求其承担保证责任，清偿其剩余30%未获偿借款本息，庚公司回函拒绝，理由是：A银行等债权人已与甲公司达成减免债务的和解协议，主债务减免后，保证债务亦应按相应比例减免。

根据上述内容，分别回答下列问题：

（1）管理人是否有权请求人民法院撤销甲公司向乙公司赠送复印机的行为？并说明理由。

（2）丙公司是否有权就其未获清偿的10万元货款向管理人申报债权，要求甲公司继续偿还？并说明理由。

（3）丁公司是否有权要求戊公司返还机床？并说明理由。

（4）丁公司是否有权要求管理人请求人民法院撤销甲公司与戊公司之间的机床买卖行为？并说明理由。

（5）丁公司是否有权要求戊公司将20万元机床价款直接支付给自己？并说明理由。

（6）庚公司拒绝对A银行未获清偿的30%借款本息承担保证责任的理由是否成立？并说明理由。

第三篇

企业财产法律制度

第五章　物权

本章目标

学习过本章之后，你应能够：

1. 定义物与物权
2. 列举物权种类
3. 阐释物权的变动与保护
4. 厘清所有权与他物权的区别
5. 说明用益物权的内容
6. 描述担保物权的取得与消灭

第一节　物权概述

一、物与物权基本概念

（一）物的概念与特征及类别

1. 物的概念与特征

物是指能为人力所支配，独立满足人类社会生活需要的有体物，包括不动产和动产。物是物权的客体。物权法上的物具有如下特点：①有体性。物权的客体仅指有体物，权利、行为、智力成果不是物权法上的物，不属于物权客体。②可支配性。物需能为人力所支配并满足人的需要。③在人的身体之外。人不可以成为物权客体，但人体器官如脱离人的身体，则可成为物。

2. 物的类别

物依据不同标准，可划分为：①流通物、限制流通物与禁止流通物。流通物是指可自由进入市场流通之物，绝大多数动产以及不动产中的房屋均属流通物；限制流通物是被法律限制市场流通之物，如文物、黄金、药品等；禁止流通物则是法律禁止流通之物，如《中华人民共和国民法典》（以下简称《民法典》）物权编规定，法律规定专属于国家所有的不动产和动产，任何单位和个人不能取得所有权。②动产与不动产。不可移动，或如移动将损害其价值的物，为不动产，包括土地、海域以及房屋、林木等地上定着物。动产则是指不动产以外的物。③可替代物与不可替代物。该分类仅限于动产。可替代物是在交易上依数量、容量或重量而确定的物，如书、粮食等。不可替代物具有唯一性、不可被他物替代，如齐白石的画等。其区分意义在于，交易客体为可替代物时，可以同类物替代履行；不可替代物一旦发生损害就只能转化为金钱赔偿。④消费（耗）物与非消费（耗）物。该分类仅限于动产。消费（耗）物是指依其性质只能一次性使用或让与之物，如粮食、金钱等，非消费（耗）物则相反。其区分意义在于，消费（耗）物不可能在使用了以后，又原封不动地归还原来的所有者；消费（耗）物的使用权人一般是所有权人；一般情况下，以让与为目的的消费物（金钱）移转占有即移转所有权。⑤可分物与不可分物。可分物是不因分割而变更其性质或减损其价值的物，如米、酒等。反之，如牛、汽车等则属于不可分物。⑥主物与从物。一物可能不是他物的成分，而只是作为他物发挥作用的辅助工具而存在。此时，相对于起主要效用的物（主物）而言，该辅助之物为从物。在无法律特别规定或当事人特别约定时，从物的权利归属与主物一致。⑦原物与孳息。根据两物之间存在的原有物产生新物的关系，物可分为原物与孳息。其中，孳息又有天然孳息与法定孳息之别。《民法典》物权编规定，天然孳息，由所有权人取得；既有所有权人又有用益物权人的，由用益物权人取得。当事人另有约定的，按照约定。法定孳息，当事人有约定的，按照约定取得；没有约定或者约定不明确的，按照交易习惯取得。

（二）物权的概念特征与类别

1. 物权的概念与特征

物权是指权利人依法对特定的物享有直接支配和排他的权利。物权具有以下特点：①支配性。物权是对于标的物具有直接支配力的财产权，物权人有权仅以自己意志实现权利，无须第三人的积极行为协助。②排他性。物权人对于标的物具有意志支配力，能够排除他人意志以同样方式支配，故一物之上只能成立一项所有权。③绝对性。物权是对抗所有人的财产权，排除任何他人的干涉，其他人有义务予以尊重，故为绝对权或称对世权。

2. 物权的类别

物权依据不同标准可以划分为不同种类：①依据权利人是对自有物享有物权

还是对他人所有之物享有物权，物权可分为自物权与他物权。自物权是对于自己之物所享有的物权；他物权是在他人所有之物上设定的物权。所有权是自物权，用益物权和担保物权则属他物权。②依据权利人支配内容不同，物权可分为用益物权与担保物权。用益物权以使用他人所有之物为目的的物权，主要包括国有土地使用权、宅基地使用权、农村土地承包经营权等；担保物权是以担保债权实现为目的的物权，主要包括抵押权、质权和留置权等。③依据物权标的是动产还是不动产，物权可以分为动产物权与不动产物权。动产物权是设定在动产之上的物权；不动产物权则是设定于不动产之上的物权。用益物权一般存在于不动产之上，担保物权中的抵押权原则上以不动产为客体，但法律另有规定的除外；质权与留置权则只能以动产为客体，不得设定于不动产之上。

二、物权变动与保护

（一）物权变动

1. 物权变动及其形态

物权变动是指物权的取得、变更或消灭。物权变动形态有以下三种：①物权的取得。物权的取得是在特定的权利主体与不特定的义务主体间形成物权法律关系，并使特定的物与物权人结合。物权的取得有原始取得与继受取得之分，前者是指依据法律直接取得物权；后者则是指以他人的权利及意思为依据取得物权。物权的取得和行使，应当遵守法律，尊重社会公德，不得损害公共利益和他人合法权益。②物权的变更。物权的变更是指物权的内容或者客体的变更。物权内容的变更，是指在不影响物权整体属性的情况下物权的范围、方式等方面的变化。物权客体的变更则是指物权标的物所发生的变化。③物权的消灭。物权的消灭即物权的丧失，物权本身不存在是物权的绝对消灭；物权的出让是物权的相对消灭。

2. 物权变动原因

物权变动可以基于事实行为、法律规定、公法行为而发生。《民法典》物权编规定，因合法建造、拆除房屋等事实行为设立或者消灭物权的，自事实行为成就时发生效力。因继承取得物权的，自继承开始时发生效力。因人民法院、仲裁委员会的法律文书或者人民政府的征收决定等，导致物权设立、变更、转让或者消灭的，自法律文书或者人民政府的征收决定等生效时发生效力。取得不动产物权之人再处分物权时，依照法律规定需要办理登记的，未经登记，不发生物权效力。

3. 物权变动公示的方式

（1）交付。交付是动产物权变动公示的方式。动产物权的设立和转让，自交付时发生效力。交付有现实交付与交付替代两种形态。将物直接交由对方占有为现实交付。当现实交付不可能或没必要时，可以简易交付、指示交付、占有改定等方式替代交付。所谓简易交付，即受让人已经占有动产，如受让人已经通过寄托、租赁、借用等方式实际占有了动产，则于物权变动的合意成立时，视为交付。指示交付，即动产由第三人占有时，出让人将其对于第三人的返还请求权让与受让人，以代替交付。占有改定，即动产物权的让与人与受让人之间特别约定，标的物仍然由出让人继续占有，这样，在物权让与的合意成立时，视为交付，受让人取得间接占有。《民法典》物权编规定，动产物权设立和转让前，权利人已经依法占有该动产的，物权自民事法律行为生效时发生效力。动产物权设立和转让前，第三人依法占有该动产的，负有交付义务的人可以通过转让请求第三人返还原物的权利代替交付。动产物权转让时，当事人又约定由出让人继续占有该动产的，物权自该约定生效时发生效力。船舶、航空器和机动车等物权的设立、变更、转让和消灭，未经登记，不得对抗善意第三人。

（2）登记。登记作为不动产物权的公示方法，是将物权变动的事项登载于特定国家机关的簿册上。当事人之间订立有关设立、变更、转让和消灭不动产物权的合同，除法律另有规定或当事人另有约定外，自合同成立时生效；未办理物权登记的，不影响合同效力。不动产物权的设立、变更、转让和消灭，经依法登记，发生效力；未经登记，不发生效力，但是法律另有规定的除外。不动产物权的设立、变更、转让和消灭，依法律规定应当登记的，自记载于不动产登记簿时发生效力。不动产登记簿是物权归属和内容的根据。不动产登记簿由登记机构管理。不动产权属证书是权利人享有该不动产物权的证明。不动产权属证书记载的事项，应当与不动产登记簿一致；记载不一致的，除有证据证明不动产登记簿确有错误外，以不动产登记簿为准。

权利人、利害关系人可以申请查询、复制不动产登记资料，登记机构应当提供。权利人、利害关系人认为不动产登记簿记载的事项错误的，可以申请更正登记。不动产登记簿记载的权利人书面同意更正或者有证据证明登记确有错误的，登记机构应当予以更正。不动产登记簿记载的权利人不同意更正的，利害关系人可以申请异议登记。登记机构予以异议登记，申请人在异议登记之日起 15 日内不提起诉讼的，异议登记失效。异议登记不当，造成权利人损害的，权利人可以向申请人请求损害赔偿。

中国实行不动产统一登记制度，国务院国土资源主管部门负责指导、监督全国不动产登记工作。县级以上地方人民政府应当确定一个部门为本行政区域的不动产登记机构，负责不动产登记工作，并接受上级人民政府不动产登记主管部门的指导、监督。下列不动产权利，依照《不动产登记暂行条例》的规定办理登记：①集体土地所有权；②房屋等建筑物、构筑物所有权；③森林、林木所有权；④耕

地、林地、草地等土地承包经营权；⑤建设用地使用权；⑥宅基地使用权；⑦海域使用权；⑧地役权；⑨抵押权；⑩法律规定需要登记的其他不动产权利。

（二）物权保护

物权保护，是指通过法律规定的方法和程序保障物权人在法律许可的范围内对其财产行使占有、使用、收益、处分权利的制度。物权的保护方法主要有：①请求确认产权。在财产的归属、内容问题发生争议而处于不确定状态的时候，当事人可以向法院提起诉讼，请求确认产权。确认产权只能由当事人向法院提出，并通过民事诉讼程序解决。②请求恢复原状。物权人的财产因受非法侵害遭到损坏时，权利人可以请求修理、重作、更换或者恢复原状。③请求返还原物。物权人在其所有物被他人非法占有时，可以向非法占有人请求返还原物，或请求法院责令非法占有人返还原物。只要能够返还原物的，就必须返还原物，不能用其他的方法如金钱赔偿来代替。物权人只能向非法占有人请求返还。④请求排除妨碍、消除危险。物权人虽然占有其物，但由于他人的非法行为，致使物权人无法充分地行使占有、使用、收益、处分权能时，物权人可以请求侵害人排除妨碍，或者请求法院责令侵害人排除妨碍。⑤请求赔偿损失。物权人的财产因他人的不法侵害而毁损、灭失时，物权人有权请求侵害人赔偿损失。

《民法典》物权编规定，物权受到侵害的，权利人可以通过和解、调解、仲裁、诉讼等途径解决。因物权的归属、内容发生争议的，利害关系人可以请求确认权利。无权占有不动产或者动产的，权利人可以请求返还原物。妨害物权或者可能妨害物权的，权利人可以请求排除妨害或者消除危险。造成不动产或者动产毁损的，权利人可以请求修理、重作、更换或者恢复原状。侵害物权，造成权利人损害的，权利人可以请求损害赔偿，也可以请求承担其他民事责任。

第二节　所有权

一、所有权概述

（一）所有权的概念与特征

所有权是财产所有人在法律规定的范围内，对属于他的财产享有的占有、使用、收益、处分的权利。所有权是绝对权。所有权人不需要他人的积极行为，只要他人不加干预，所有人自己便能实现权利。所有权是排他性权利。所有权人有权排除他人对于其行使权利的干涉，并且同一物上只能存在一个所有权。所有权是一种最完全的物权，内容最全面、最充分。

（二）所有权的类别

1. 国家所有权

国家所有权是国家以所有者身份对物享有的全面支配权利。法律规定，矿藏、水流和海域，城市的土地、法律规定属于国家所有的农村和城市郊区的土地，未被规定属于集体所有的森林、山岭、草原、荒地、滩涂等自然资源，法律规定属于国家所有的野生动植物资源，无线电频谱资源，法律规定属于国家所有的文物，国防资产，依照法律规定为国家所有的铁路、公路、电力设施、电信设施和油气管道等基础设施，均为国家所有，由国务院代表国家行使所有权。专属于国家所有的不动产和动产，任何单位和个人不能取得所有权。

国家机关对其直接支配的不动产和动产，享有占有、使用以及依照法律和国务院的有关规定处分的权利。国家举办的事业单位对其直接支配的不动产和动产，享有占有、使用以及依照法律和国务院的有关规定收益、处分的权利。国家出资的企业，由国务院、地方人民政府依照法律、行政法规规定分别代表国家履行出资人职责，享有出资人权益。国家所有的财产受法律保护，禁止任何单位和个人侵占、哄抢、私分、截留、破坏。履行国有财产管理、监督职责的机构及其工作人员，应当依法加强对国有财产的管理、监督，促进国有财产保值增值，防止国有财产损失；滥用职权，玩忽职守，造成国有财产损失的，应当依法承担法律责任。违反国有财产管理规定，在企业改制、合并分立、关联交易等过程中，低价转让、合谋私分、擅自担保或者以其他方式造成国有财产损失的，应当依法承担法律责任。

2. 集体所有权

集体所有权是集体组织对其不动产和动产享有的占有、使用、收益、处分的权利。集体所有的不动产和动产包括：法律规定属于集体所有的土地和森林、山岭、草原、荒地、滩涂；集体所有的建筑物、生产设施、农田水利设施；集体所有的教育、科学、文化、卫生、体育等设施；集体所有的其他不动产和动产。村集体所有、农村集体经济组织所有与乡镇集体所有是集体所有权的三种主要形态。属于村农民集体所有的，由村集体经济组织或者村民委员会代表集体行使所有权；分别属于村内两个以上农民集体所有的，由村内各该集体经济组织或者村民小组代表集体行使所有权；属于乡镇农民集体所有的，由乡镇集体经济组织代表集体行使所有权。城镇集体所有的不动产和动产，依照法律、行政法规的规定由本集体享有占有、使用、收益和处分的权利。

农村集体经济组织或者村民委员会、村民小组应当依照法律、行政法规以及章程、村规民约向本集体成员公布集体财产的状况。集体所有的财产受法律保

护，禁止任何单位和个人侵占、哄抢、私分、破坏。农村集体经济组织、村民委员会或者其负责人作出的决定侵害集体成员合法权益的，受侵害的集体成员可以请求人民法院予以撤销。

3. 私人所有权

私人所有权是私人对其不动产和动产享有的占有、使用、收益、处分的权利。私人对其合法的收入、房屋、生活用品、生产工具、原材料等不动产和动产享有所有权。私人合法的储蓄、投资及其收益受法律保护。国家依照法律规定保护私人的继承权及其他合法权益。私人的合法财产受法律保护，禁止任何单位和个人侵占、哄抢、破坏。

4. 法人所有权

营利法人对其不动产和动产依照法律、行政法规以及章程享有占有、使用、收益和处分的权利。

国家、集体和私人依法可以出资设立有限责任公司、股份有限公司或者其他企业。国家、集体和私人所有的不动产或者动产投到企业的，由出资人按照约定或者出资比例享有资产收益、重大决策以及选择经营管理者等权利并履行义务。

（三）所有权取得的特别规定

1. 善意取得

善意取得是指无处分权人转让标的物给善意第三人时，善意第三人一般可取得标的物的所有权，所有权人不得请求善意第三人返还原物。《民法典》物权编规定，无处分权人将不动产或者动产转让给受让人的，所有权人有权追回；除法律另有规定外，符合下列情形的，受让人取得该不动产或者动产的所有权：受让人受让该不动产或者动产时是善意的；以合理的价格转让；转让的不动产或者动产依照法律规定应当登记的已经登记，不需要登记的已经交付给受让人。受让人依照上述规定取得不动产或者动产的所有权的，原所有权人有权向无处分权人请求赔偿损失。善意受让人取得动产后，该动产上的原有权利消灭，但善意受让人在受让时知道或者应当知道该权利的除外。善意取得的不动产，不消除不动产上其他已登记的物权。

2. 孳息

孳息是原物产生的收益。孳息可分为天然孳息和法定孳息。天然孳息是因物的自然属性而获得的收益；法定孳息是因法律关系所获得的收益。《民法典》规定，天然孳息由所有权人取得；既有所有权人，又有用益物权人的，由用意物权人取得；当事人另有约定的，按照其约定。法定孳息，当事人有约定的，按照约定取得；没有约定或者约定不明确的，按照交易习惯取得。

3. 拾得遗失物

拾得遗失物是指发现他人遗失之物而实施占有。《民法典》物权编规定，拾得遗失物，应当返还权利人。拾得人应当及时通知权利人领取，或者送交公安等有关部门。有关部门收到遗失物，知道权利人的，应当及时通知其领取；不知道的，应当及时发布招领公告。拾得人在遗失物送交有关部门前，有关部门在遗失物被领取前，应当妥善保管遗失物。因故意或者重大过失致使遗失物毁损、灭失的，应当承担民事责任。权利人领取遗失物时，应当向拾得人或者有关部门支付保管遗失物等支出的必要费用。权利人悬赏寻找遗失物的，领取遗失物时应当按照承诺履行义务。拾得人侵占遗失物的，无权请求保管遗失物等支出的费用，也无权请求权利人按照承诺履行义务。遗失物自发布招领公告之日起一年内无人认领的，归国家所有。

4. 拾得漂流物、发现埋藏物或隐藏物

漂流物是指漂流于江、河、湖、海、溪、沟之上，所有权人不明的物品。埋藏物是指包藏于他物之中，所有权人不明的动产。隐藏物是指放置于隐蔽场所不易被发现的物。《民法典》规定，拾得漂流物、发现隐藏物或埋藏物的，参照适用拾得遗失物的有关规定，法律另有规定的，依照其规定。

5. 添附

添附是数个不同所有人的物结合成一物，或者由所有人以外的人加工而成新物。添附是附合、混合与加工的总称。两个以上不同所有人的物结合在一起，构成不可分割的一物，称附合。所有权不属同一人的动产，相互混杂，难以识别或分离，称混合。在他人之动产上进行改造或劳作，并生成新物的法律事实，称加工。《民法典》物权编规定，因加工、附合、混合而产生的物的归属，有约定的，按照约定；没有约定或者约定不明确的，依照法律规定；法律没有规定的，按照充分发挥物的效用以及保护无过错当事人的原则确定。因一方当事人的过错或者确定物的归属造成另一方当事人损害的，应当给予赔偿或者补偿。

二、业主的建筑物区分所有权

业主的建筑物区分所有权是指业主对于一栋建筑物中自己专有部分的单独所有权、对共有部分的共有权以及因共有关系产生的管理权的结合。《民法典》物权编规定，业主对建筑物内的住宅、经营性用房等专有部分享有所有权，对专有部分以外的共有部分享有共有和共同管理的权利。

（一）专有部分的单独所有权

《民法典》物权编规定，业主对其建筑物专有部分享有占有、使用、收益和处分的权利。业主行使权利不得危及建筑物的安全，不得损害其他业主的合法权益。业主对建筑物专有部分以外的共有部分，享有权利，承担义务；不得以放弃权利为由不履行义务。业主转让建筑物内的住宅、经营性用房，其对共有部分享有的共有和共同管理的权利一并转让。

（二）共有部分的共有权

《民法典》物权编规定，建筑区划内的道路，属于业主共有，但是属于城镇公共道路的除外。建筑区划内的绿地，属于业主共有，但是属于城镇公共绿地或者明示属于个人的除外。建筑区划内的其他公共场所、公用设施和物业服务用房，属于业主共有。建筑区划内，规划用于停放汽车的车位、车库应当首先满足业主的需要。建筑区划内，规划用于停放汽车的车位、车库的归属，由当事人通过出售、附赠或者出租等方式约定。占用业主共有的道路或者其他场地用于停放汽车的车位，属于业主共有。

（三）业主共同管理权

《民法典》物权编规定，业主可以设立业主大会，选举业主委员会。业主大会、业主委员会成立的具体条件和程序，依照法律、法规的规定。地方人民政府有关部门应当对设立业主大会和选举业主委员会给予指导和协助。业主大会或者业主委员会的决定，对业主具有约束力。业主大会或者业主委员会作出的决定侵害业主合法权益的，受侵害的业主可以请求人民法院予以撤销。

《民法典》物权编规定，下列事项由业主共同决定：①制定和修改业主大会议事规则；②制定和修改管理规约；③选举业主委员会或者更换业主委员会成员；④选聘和解聘物业服务企业或者其他管理人；⑤使用建筑物及其附属设施的维修资金；⑥筹集建筑物及其附属设施的维修资金；⑦改建、重建建筑物及其附属设施；⑧改变共有部分的用途或者利用共有部分从事经营活动；⑨有关共有和共同管理权利的其他重大事项。业主共同决定事项，应当由专有部分面积占比2/3以上的业主且人数占比2/3以上的业主参与表决。决定上述第六项至第八项规定的事项，应当经参与表决专有部分面积3/4以上的业主且参与表决人数3/4以上的业主同意。决定上述其他事项，应当经参与表决专有部分面积过半数的业主且参与表决人数过半数的业主同意。

建筑物及其附属设施的维修资金，属于业主共有。经业主共同决定，可以用于电梯、屋顶、外墙、无障碍设施等共有部分的维修、更新和改造。建筑物及其附属设施的维修资金的筹集、使用情况应当定期公布。紧急情况下需要维修建筑物及其附属设施的，业主大会或者业主委员会可以依法申请使用建筑物及其附属设施的维修资金。建设单位、物业服务企业或者其他管理人等利用业主的共有部分产生的收入，在扣除合理成本之后，属于业主共有。建筑物及其附属设施的费用分摊、收益分配等事项，有约定的，按照约定；没有约定或者约定不明确的，按照业主专有部分所占比例确定。

业主可以自行管理建筑物及其附属设施，也可以委托物业服务企业或者其他管理人管理。对建设单位聘请的物业服务企业或者其他管理人，业主有权依法更换。物业服务企业或者其他管理人根据业主的委托，依照《民法典》合同编有关物业服务合同的规定管理建筑区划内的建筑物及其附属设施，接受业主的监督，并及时答复业主对物业服务情况提出的询问。物业服务企业或者其他管理人应当执行政府依法实施的应急处置措施和其他管理措施，积极配合开展相关工作。

业主不得违反法律、法规以及管理规约，将住宅改变为经营性用房。业主将住宅改变为经营性用房的，除遵守法律、法规以及管理规约外，应当经有利害关系的业主同意。业主应当遵守法律、法规以及管理规约，相关行为应当符合节约资源、保护生态环境的要求。对于物业服务企业或者其他管理人执行政府依法实施的应急处置措施和其他管理措施，业主应当依法予以配合。业主大会或者业主委员会，对任意弃置垃圾、排放污染物或者噪声、违反规定饲养动物、违章搭建、侵占通道、拒付物业费等损害他人合法权益的行为，有权依照法律、法规以及管理规约，要求行为人停止侵害、消除危险、排除妨害、赔偿损失。业主或者其他行为人拒不履行相关义务的，有关当事人可以向有关行政主管部门报告或者投诉，有关行政主管部门应当依法处理。业主对建设单位、物业服务企业或者其他管理人以及其他业主侵害自己合法权益的行为，有权请求其承担民事责任。

三、相邻关系

相邻关系是指两个或两个以上相邻不动产的所有人或使用人，在行使占有使用收益处分权利时因给对方提供必要便利而发生的权利义务关系。就本质而言，相邻关系是一方所有人或使用人财产权利的延伸，同时又是对他方所有人或使用人财产权利的限制。反之亦然。《民法典》物权编规定，不动产的相邻权利人应当按照有利生产、方便生活、团结互助、公平合理的原则，正确处理相邻关系。

（一）相邻通行关系

不动产权利人对相邻权利人因通行等必须利用其土地的，应当提供必要的便利。不动产权利人因建造、修缮建筑物以及铺设电线、电缆、水管、暖气和燃气管线等必须利用相邻土地、建筑物的，该土地、建筑物的权利人应当提供必要的便利。

（二）相邻用水流水节水排水关系

不动产权利人应当为相邻权利人用水、排水提供必要的便利。对自然流水的利用，应当在不动产的相邻权利人之间合理分配。对自然流水的排放，应当尊重自然流向。

（三）相邻光照通风音响振动关系

建造建筑物，不得违反国家有关工程建设标准，不得妨碍相邻建筑物的通

风、采光和日照。不动产权利人不得违反国家规定弃置固体废物，排放大气污染物、水污染物、土壤污染物、噪声、光辐射、电磁辐射等有害物质。

（四）相邻管线安设关系

不动产权利人挖掘土地、建造建筑物、铺设管线以及安装设备等，不得危及相邻不动产的安全。不动产权利人因用水、排水、通行、铺设管线等利用相邻不动产的，应当尽量避免对相邻的不动产权利人造成损害。

四、共有

（一）共有的含义与类别

《民法典》物权编规定，不动产或者动产可以由两个以上组织、个人共有。共有包括按份共有和共同共有。按份共有人对共有的不动产或者动产按照其份额享有所有权。按份共有人对共有的不动产或者动产享有的份额，没有约定或者约定不明确的，按照出资额确定；不能确定出资额的，视为等额享有。按份共有人可以转让其享有的共有的不动产或者动产份额。其他共有人在同等条件下享有优先购买的权利。按份共有人转让其享有的共有的不动产或者动产份额的，应当将转让条件及时通知其他共有人。其他共有人应当在合理期限内行使优先购买权。两个以上其他共有人主张行使优先购买权的，协商确定各自的购买比例；协商不成的，按照转让时各自的共有份额比例行使优先购买权。共同共有人对共有的不动产或者动产共同享有所有权。共有人对共有的不动产或者动产没有约定为按份共有或者共同共有，或者约定不明确的，除共有人具有家庭关系等外，视为按份共有。

（二）共有财产的处分与修缮

共有人按照约定管理共有的不动产或者动产；没有约定或者约定不明确的，各共有人都有管理的权利和义务。处分共有的不动产或者动产以及对共有的不动产或者动产作重大修缮、变更性质或者用途的，应当经占份额2/3以上的按份共有人或者全体共同共有人同意，但共有人之间另有约定的除外。共有人对共有物的管理费用以及其他负担，有约定的，按照约定；没有约定或者约定不明确的，按份共有人按照其份额负担，共同共有人共同负担。

（三）共有财产的分割

共有人约定不得分割共有的不动产或者动产，以维持共有关系的，应当按照约定，但共有人有重大理由需要分割的，可以请求分割；没有约定或者约定不明确的，按份共有人可以随时请求分割，共同共有人在共有的基础丧失或者有重大理由需要分割时可以请求分割。因分割对其他共有人造成损害的，应当给予赔偿。共有人可以协商确定分割方式。达不成协议，共有的不动产或者动产可以分割并且不会因分割减损价值的，应当对实物予以分割；难以分割或者因分割会减损价值的，应当对折价或者拍卖、变卖取得的价款予以分割。共有人分割所得的不动产或者动产有瑕疵的，其他共有人应当分担损失。

（四）共有人的关系

因共有的不动产或者动产产生的债权债务，在对外关系上，共有人享有连带债权、承担连带债务，但法律另有规定或者第三人知道共有人不具有连带债权债务关系的除外；在共有人内部关系上，除共有人另有约定外，按份共有人按照份额享有债权、承担债务，共同共有人共同享有债权、承担债务。偿还债务超过自己应当承担份额的按份共有人，有权向其他共有人追偿。

第三节　用益物权

一、用益物权概念特征

用益物权是对他人所有的物在一定范围内进行占有使用收益处分的他物权。用益物权具有如下特征：①用益物权以对标的物的使用、收益为主要内容，并以对物的占有为前提。用益是对物的使用收益，以取得物的使用价值。这就要求必须将标的物的占有移转给用益物权人，由其在实体上支配标的物，否则用益物权的目的就无法实现。②用益物权是一种他物权、限制物权和有期限物权。③用益物权是不动产物权。④用益物权以民法及特别法为依据。《民法典》物权编规定的用益物权包括土地承包经营权、建设用地使用权、宅基地使用权、居住权与地役权。

二、土地承包经营权

农村集体经济组织实行家庭承包经营为基础、统分结合的双层经营体制。农民集体所有和国家所有由农民集体使用的耕地、林地、草地以及其他用于农业的土地，依法实行土地承包经营制度。土地承包经营权人依法对其承包经营的耕地、林地、草地等享有占有、使用和收益的权利，有权从事种植业、林业、畜牧业等农业生产。

耕地的承包期为 30 年；草地的承包期为 30 年至 50 年；林地的承包期为 30 年至 70 年。上述规定的承包期届满，由土地承包经营权人依照农村土地承包的

法律规定继续承包。

土地承包经营权自土地承包经营权合同生效时设立。登记机构应当向土地承包经营权人发放土地承包经营权证、林权证等证书，并登记造册，确认土地承包经营权。土地承包经营权人依照法律规定，有权将土地承包经营权互换、转让。未经依法批准，不得将承包地用于非农建设。土地承包经营权互换、转让的，当事人可以向登记机构申请登记；未经登记，不得对抗善意第三人。

承包期内发包人不得调整承包地。因自然灾害严重毁损承包地等特殊情形，需要适当调整承包的耕地和草地的，应当依照农村土地承包的法律规定办理。承包期内发包人不得收回承包地。法律另有规定的，依照其规定。

承包地被征收的，土地承包经营权人有权依法获得相应补偿。土地承包经营权人可以自主决定依法采取出租、入股或者其他方式向他人流转土地经营权。土地经营权人有权在合同约定的期限内占有农村土地，自主开展农业生产经营并取得收益。流转期限为 5 年以上的土地经营权，自流转合同生效时设立。当事人可以向登记机构申请土地经营权登记；未经登记，不得对抗善意第三人。通过招标、拍卖、公开协商等方式承包农村土地，经依法登记取得权属证书的，可以依法采取出租、入股、抵押或者其他方式流转土地经营权。

三、建设用地使用权

建设用地使用权是依法对国家所有的土地进行占有、使用和收益，并利用该土地建造建筑物、构筑物及其附属设施的权利。

（一）建设用地使用权的取得

建设用地使用权有创设取得与移转取得两种方式，分别对应国有土地的一级市场与二级市场。其中，创设取得可采取有偿出让或无偿划拨等方式，移转取得则有转让、互换、出资、赠与或抵押等方式。设立建设用地使用权的，应当向登记机构申请建设用地使用权登记。建设用地使用权自登记时设立。登记机构应当向建设用地使用权人发放建设用地使用权证书。建设用地使用权转让、互换、出资或者赠与的，应当向登记机构申请变更登记。建设用地使用权消灭的，出让人应当及时办理注销登记。登记机构应当收回建设用地使用权证书。

（二）建设用地使用权的期限

以无偿划拨方式取得的建设用地使用权，除法律、行政法规另有规定外，没有使用期限的限制。以有偿出让方式取得的建设用地使用权，出让最高年限按下列用途确定：居住用地 70 年；工业用地 50 年；教育、科技、文化、卫生、体育用地 50 年；商业、旅游、娱乐用地 40 年；综合或者其他用地 50 年。土地使用者通过转让方式取得的土地使用权，其使用年限为土地使用权出让合同规定的使用年限减去原土地使用者已使用年限后的剩余年限。

（三）建设用地使用权的终止

建设用地使用权因土地使用权出让合同规定的使用年限届满、提前收回及土地灭失等原因而终止。出现下列情形之一，由有关人民政府土地行政主管部门报经原批准用地的人民政府或者有批准权的人民政府批准，可以收回国有土地使用权：为公共利益需要使用土地；为实施城市规划进行旧城区改建，需要调整使用土地；土地出让等有偿使用合同约定的使用期限届满，土地使用者未申请续期或者申请续期未获批准；因单位撤销等原因停止使用原划拨的国有土地；公路、铁路、机场、矿场等经核准报废。

四、宅基地使用权

（一）宅基地使用权及其特征

宅基地使用权是依法对集体所有的土地进行占有和使用，并利用该土地建造住宅及其附属设施的权利。宅基地使用权具有如下特征：①宅基地使用权的主体只能是农村集体经济组织的成员。城镇居民不得购置宅基地，除非其依法将户口迁入该集体经济组织。②宅基地使用权的用途仅限于村民建造个人住宅。个人住宅包括住房以及与村民居住生活有关的附属设施，如厨房、院墙等。③宅基地使用权实行严格的“一户一宅”，《中华人民共和国土地管理法》规定，农村村民一户只能拥有一处宅基地，并且宅基地的面积不得超过省、自治区、直辖市规定的标准。农村村民建住宅，应符合乡（镇）土地利用总体规划，并尽量使用原有的宅基地和村内空闲地。农村村民住宅用地，经乡（镇）人民政府审核，由县级人民政府批准，但如果涉及占用农用地的，应依照《中华人民共和国土地管理法》的有关规定办理审批手续。农村村民出卖、出租住房后，再申请宅基地的，不予批准。

（二）宅基地使用权的内容

宅基地使用权人对宅基地享有权利并承担一定的义务：①占有和使用宅基地。宅基地使用权人有权占有宅基地，并在宅基地上建造个人住宅以及与居住生活相关的附属设施。②收益和处分。宅基地使用权人有权获得因使用宅基地而产生的收益，如在宅基地空闲处种植果树等经济作物而产生的收益。同时，宅基地使用权人有权依法转让房屋所有权，则该房屋占用范围内的宅基地使用权一并转让。③宅基地因自然灾害等原因灭失的，宅基地使用权消灭。对没有宅基地的村民，应当重新分配宅基地。④宅基地使用权人出卖、出租住房后，再申请宅基地的，土地管理部门将不再批准。并且，宅基地使用权的受让人只限于本集体经济组织的成员。已经登记的宅基地使用权转让或者消灭的，应当及时办理变更登记或者注销登记。

五、居住权

（一）居住权及其特征

居住权是指按照合同约定，对他人的住宅占有、使用以满足生活居住的需要的用益物权。居住权具有如下特征：①居住权属于用益物权；②居住权通过合同设立；③居住权是对他人住宅享有的权利；④居住权人享有占有和使用权能。

（二）居住权的设立与消灭

《民法典》物权编规定，设立居住权，当事人应当采用书面形式订立居住权合同。居住权合同一般包括下列条款：①当事人的姓名或者名称和住所；②住宅的位置；③居住的条件和要求；④居住权期限；⑤解决争议的方法。居住权无偿设立，但是当事人另有约定的除外。设立居住权的，应当向登记机构申请居住权登记。居住权自登记时设立。居住权不得转让、继承。设立居住权的住宅不得出租，但是当事人另有约定的除外。居住权可以通过遗嘱方式设立。以遗嘱方式设立居住权的，参照适用《民法典》物权编第十四章居住权的有关规定。

居住权期限届满或者居住权人死亡的，居住权消灭。居住权消灭的，应当及时办理注销登记。

六、地役权

（一）地役权及其特征

地役权是以他人土地供自己土地便利而使用以提高自己不动产效益的权利。地役权具有如下特征：①从属性。地役权是一种从物权，是以地役权人对需役地所享有的权利为主物权的从物权。《民法典》物权编规定，地役权不得单独转让。土地承包经营权、建设用地使用权转让的，地役权一并转让，但是合同另有约定的除外。地役权不得单独抵押。土地承包经营权、建设用地使用权等抵押的，在实现抵押权时，地役权一并转让。②不可分性。地役权的不可分性是指地役权是一个不可分割的用益物权，其不能因为供役地的分割或需役地的分割而随之分割。供役地或需役地分割成多少部分，地役权仍然保持最初的完整性。

（二）设立地役权

设立地役权，当事人应当采取书面形式订立地役权合同。地役权合同一般包括下列条款：当事人的姓名或者名称和住所；供役地和需役地的位置；利用目的和方法；地役权期限；费用及其支付方式；解决争议的方法。

地役权自地役权合同生效时设立。当事人要求登记的，可以向登记机构申请地役权登记；未经登记，不得对抗善意第三人。供役地权利人应当按照合同约定，允许地役权人利用其土地，不得妨害地役权人行使权利。地役权人应当按照合同约定的利用目的和方法利用供役地，尽量减少对供役地权利人物权的限制。地役权的期限由当事人约定；但是，不得超过土地承包经营权、建设用地使用权等用益物权的剩余期限。

（三）地役权使用

土地所有权人享有地役权或者负担地役权的，设立土地承包经营权、宅基地使用权时，该用益物权人继续享有或者负担已设立的地役权。土地上已设立土地承包经营权、建设用地使用权、宅基地使用权等权利的，未经用益物权人同意，土地所有权人不得设立地役权。

地役权不得单独转让。土地承包经营权、建设用地使用权等转让的，地役权一并转让，但是合同另有约定的除外。地役权不得单独抵押。土地承包经营权、建设用地使用权等抵押的，在实现抵押权时，地役权一并转让。

需役地以及需役地上的土地承包经营权、建设用地使用权部分转让时，转让部分涉及地役权的，受让人同时享有地役权。供役地以及供役地上的土地承包经营权、建设用地使用权部分转让时，转让部分涉及地役权的，地役权对受让人具有约束力。

（四）地役权消灭

地役权人有下列情形之一的，供役地权利人有权解除地役权合同，地役权消灭：违反法律规定或者合同约定，滥用地役权；有偿利用供役地，约定的付款期间届满后在合理期限内经两次催告未支付费用。已经登记的地役权变更、转让或者消灭的，应当及时办理变更登记或者注销登记。

第四节　担保物权

一、担保物权

（一）担保物权及其特征

担保物权是以担保债权实现为目的的物权。担保物权人在债务人不履行到期

债务或者发生当事人约定的实现担保物权的情形，依法享有就担保财产优先受偿的权利，但是法律另有规定的除外。抵押权、质权与留置权是三种主要的担保物权。担保物权具有如下特征：①从属性。担保物权是从属于债权的从属物权，自身不能独立存在。②权利行使的附条件性。设立担保物权，目的是担保债的履行。担保物权的行使以债务人不履行到期债务或者发生当事人约定的实现担保物权的情形为条件。③优先受偿性。当债务人不履行到期债务或发生当事人约定的实现担保物权情形时，担保物权人可就担保物变价之后的价金优先于普通债权人得到清偿。

（二）担保物权的一般规定

1. 担保物权设立

债权人在借贷、买卖等民事活动中，为保障实现其债权，需要担保的，可以依照《民法典》和其他法律的规定设立担保物权。第三人为债务人向债权人提供担保的，可以要求债务人提供反担保。第三人提供担保，未经其书面同意，债权人允许债务人转移全部或者部分债务的，担保人不再承担相应的担保责任。

设立担保物权，应当依照《民法典》和其他法律的规定订立担保合同。担保合同包括抵押合同、质押合同和其他具有担保功能的合同。担保合同是主债权债务合同的从合同。主债权债务合同无效，担保合同无效，但法律另有规定的除外。担保合同被确认无效后，债务人、担保人、债权人有过错的，应当根据其过错各自承担相应的民事责任。

2. 担保物权的担保范围

担保物权的担保范围包括主债权及其利息、违约金、损害赔偿金、保管担保财产和实现担保物权的费用。当事人另有约定的，按照约定。

3. 担保物的毁损灭失

担保期间，担保财产毁损、灭失或者被征收等，担保物权人可以就获得的保险金、赔偿金或者补偿金等优先受偿。被担保债权的履行期未届满的，也可以提存该保险金、赔偿金或者补偿金等。

4. 人保与物保的竞合

被担保的债权既有物的担保又有人的担保的，债务人不履行到期债务或者发生当事人约定的实现担保物权的情形，债权人应当按照约定实现债权；没有约定或者约定不明确，债务人自己提供物的担保的，债权人应当先就该物的担保实现债权；第三人提供物的担保的，债权人可以就物的担保实现债权，也可以要求保证人承担保证责任。提供担保的第三人承担担保责任后，有权向债务人追偿。

5. 担保物权消灭

有下列情形之一的，担保物权消灭：主债权消灭；担保物权实现；债权人放弃担保物权；法律规定担保物权消灭的其他情形。

二、抵押权

抵押权是为担保债务的履行，债务人或者第三人不转移财产的占有，将该财产抵押给债权人，当债务人不履行到期债务或者发生当事人约定的实现抵押权的情形时，债权人有权就该财产优先受偿的权利。债务人或者第三人为抵押人，债权人为抵押权人，提供担保的财产为抵押财产。

（一）抵押权设立

1. 抵押权设定

抵押权依抵押行为设定。《民法典》物权编规定，设立抵押权，当事人应当采取书面形式订立抵押合同。抵押合同一般包括下列条款：被担保债权的种类和数额；债务人履行债务的期限；抵押财产的名称、数量等情况；担保的范围。抵押权人在债务履行期届满前，不得与抵押人约定债务人不履行到期债务时抵押财产归债权人所有。

2. 抵押权登记

以建筑物和其他土地附着物、建设用地使用权、海域使用权的财产，或者正在建造的建筑物抵押的，应当办理抵押登记。抵押权自登记时设立。以动产抵押的，抵押权自抵押合同生效时设立；未经登记，不得对抗善意第三人。以动产抵押的，不得对抗正常经营活动中已支付合理价款并取得抵押财产的买受人。

（二）抵押财产

1. 抵押财产范围

（1）一般规定。债务人或者第三人有权处分的下列财产可以抵押：建筑物和其他土地附着物；建设用地使用权；海域使用权；生产设备、原材料、半成品、产品；正在建造的建筑物、船舶、航空器；交通运输工具；法律、行政法规未禁止抵押的其他财产。

（2）动产浮动抵押。企业、个体工商户、农业生产经营者可以将现有的以及将有的生产设备、原材料、半成品、产品抵押，债务人不履行到期债务或者发生当事人约定的实现抵押权的情形，债权人有权就抵押财产确定时的动产优先受偿。依据上述规定设定抵押的，抵押财产自下列情形之一发生时确定：债务履行期届满，债权未实现；抵押人被宣告破产或者解散；当事人约定的实现抵押权的情形；严重影响债权实现的其他情形。

（3）房地一体原则。以建筑物抵押的，该建筑物占用范围内的建设用地使

用权一并抵押。以建设用地使用权抵押的，该土地上的建筑物一并抵押。抵押人未依照上述规定一并抵押的，未抵押的财产视为一并抵押。乡镇、村企业的建设用地使用权不得单独抵押。以乡镇、村企业的厂房等建筑物抵押的，其占用范围内的建设用地使用权一并抵押。建设用地使用权抵押后，该土地上新增的建筑物不属于抵押财产。该建设用地使用权实现抵押权时，应当将该土地上新增的建筑物与建设用地使用权一并处分。但是，新增建筑物所得的价款，抵押权人无权优先受偿。

（4）禁止抵押财产。下列财产不得抵押：土地所有权；宅基地、自留地、自留山等集体所有土地的使用权，但是法律规定可以抵押的除外；学校、幼儿园、医疗机构等为公益目的成立的非营利法人的教育设施、医疗卫生设施和其他公益设施；所有权、使用权不明或者有争议的财产；依法被查封、扣押、监管的财产；法律、行政法规规定不得抵押的其他财产。

2. 抵押财产出租与转让

（1）抵押财产出租。抵押权设立前，抵押财产已出租并转移占有的，原租赁关系不受该抵押权的影响。

（2）抵押财产转让。抵押期间，抵押人可以转让抵押财产。当事人另有约定的，按照其约定。抵押财产转让的，抵押权不受影响。抵押人转让抵押财产的，应当及时通知抵押权人。抵押权人能够证明抵押财产转让可能损害抵押权的，可以请求抵押人将转让所得的价款向抵押权人提前清偿债务或者提存。转让的价款超过债权数额的部分归抵押人所有，不足部分由债务人清偿。

抵押人的行为足以使抵押财产价值减少的，抵押权人有权要求抵押人停止其行为。抵押财产价值减少的，抵押权人有权要求恢复抵押财产的价值，或者提供与减少的价值相应的担保。抵押人不恢复抵押财产的价值也不提供担保的，抵押权人有权要求债务人提前清偿债务。

（三）抵押权放弃

抵押权人可以放弃抵押权或者抵押权的顺位。抵押权人与抵押人可以协议变更抵押权顺位以及被担保的债权数额等内容。但是，抵押权的变更未经其他抵押权人书面同意，不得对其他抵押权人产生不利影响。债务人以自己的财产设定抵押，抵押权人放弃该抵押权、抵押权顺位或者变更抵押权的，其他担保人在抵押权人丧失优先受偿权益的范围内免除担保责任，但是其他担保人承诺仍然提供担保的除外。

（四）抵押权实现

债务人不履行到期债务或者发生当事人约定的实现抵押权的情形，抵押权人可以与抵押人协议以抵押财产折价或者以拍卖、变卖该抵押财产所得的价款优先受偿。协议损害其他债权人利益的，其他债权人可以请求人民法院撤销该协议。抵押权人与抵押人未就抵押权实现方式达成协议的，抵押权人可以请求人民法院拍卖、变卖抵押财产。抵押财产折价或者变卖的，应当参照市场价格。抵押财产折价或者拍卖、变卖后，其价款超过债权数额的部分归抵押人所有，不足部分由债务人清偿。

同一财产向两个以上债权人抵押的，拍卖、变卖抵押财产所得的价款依照下列规定清偿：抵押权已登记的，按照登记的先后顺序清偿；抵押权已登记的先于未登记的受偿；抵押权未登记的，按照债权比例清偿。

债务人不履行到期债务或者发生当事人约定的实现抵押权的情形，致使抵押财产被人民法院依法扣押的，自扣押之日起，抵押权人有权收取该抵押财产的天然孳息或者法定孳息，但是抵押权人未通知应当清偿法定孳息的义务人的除外。上述规定的孳息应当先充抵收取孳息的费用。

抵押权人应当在主债权诉讼时效期间行使抵押权；未行使的，人民法院不予保护。

（五）最高额抵押权

最高额抵押是指抵押人与抵押权人协议，在最高债权额限度内，以抵押物对一定期间内连续发生的债权作担保。为担保债务的履行，债务人或者第三人对一定期间内将要连续发生的债权提供担保财产的，债务人不履行到期债务或者发生当事人约定的实现抵押权的情形，抵押权人有权在最高债权额限度内就该担保财产优先受偿。最高额抵押担保的债权确定前，部分债权可转让的，最高额抵押权不得转让，但是当事人另有约定的除外。

《民法典》物权编规定，有下列情形之一的，抵押权人的债权确定：约定的债权确定期间届满；没有约定债权确定期间或者约定不明确，抵押权人或者抵押人自最高额抵押权设立之日起满两年后请求确定债权；新的债权不可能发生；抵押权人知道或者应当知道抵押财产被查封、扣押；债务人、抵押人被宣告破产或者被撤销；法律规定债权确定的其他情形。

最高额抵押担保的债权确定前，抵押权人与抵押人可以通过协议变更债权确定的期间、债权范围以及最高债权额。但是，变更的内容不得对其他抵押权人产生不利影响。最高额抵押权设立前已经存在的债权，经当事人同意，可以转入最高额抵押担保的债权范围。

（六）抵押权消灭

有下列情形之一的，担保物权消灭：主债权消灭；担保物权实现；债权人放弃担保物权；法律规定担保物权消灭的其他情形。

三、质权

（一）质权的概念

质权是指债务人或第三人将其动产或权利移交债权人占有，将该动产或权利作为债权的担保，债务人不履行义务时，债权人享有以依法处置该动产或权利所得优先受偿的权利。其中，债务人或第三人为出质人，债权人为质权人，交付的动产为质押财产或称质物。质权以交付质押物的占有为前提，出质人交付质押物后，即失去使用该质押物的机会，而负有保管义务的质权人不得使用。

（二）质权的客体

质权的客体是动产或者权利。①动产质权。除法律、行政法规禁止转让的动产外，原则上所有动产均可出质。②权利质权。债务人或者第三人有权处分的下列权利可以出质：汇票、支票、本票；债券、存款单；仓单、提单；可以转让的基金份额、股权；可以转让的注册商标专用权、专利权、著作权等知识产权中的财产权；现有的以及将有的应收账款；法律、行政法规规定可以出质的其他财产权利。

（三）质权的设定

1. 质权设定行为

设立质权，当事人应当采取书面形式订立质押合同。

2. 交付或登记生效

（1）动产。质权自出质人交付质押财产时设立。金钱是作为支付手段的特殊动产，一般不能出质，但债务人或者第三人将其金钱以特户、封金、保证金等形式特定化后，移交债权人占有作为债权的担保，债务人不履行债务时，债权人亦可以该金钱优先受偿。若当事人约定出质人代质权人占有质物，则质权不生效。

（2）权利。以汇票、支票、本票、债券、存款单、仓单、提单出质的，质权自权利凭证交付质权人时设立；没有权利凭证的，质权自有关部门办理出质登记时设立。以基金份额、股权，以注册商标专用权、专利权、著作权等知识产权中的财产权，以及以应收账款出质的，质权均自办理出质登记时设立。

（四）质权的效力

1. 质押担保的范围

（1）所担保的债权范围。质权的担保范围包括主债权及其利息、违约金、损害赔偿金、保管担保财产和实现质权的费用。当事人另有约定的，按照约定。

（2）出质物的范围。动产质权的效力及于质物的从物。但是，从物未随同质物移交质权人占有的，质权的效力不及于从物。另外，以依法可以转让的股份、股票出质的，质权的效力及于股份、股票的法定孳息。

（3）出质物的物上代位。质押担保期间，质物毁损、灭失或者被征收等，质权人可以就获得的保险金、赔偿金或者补偿金等优先受偿。被担保债权的履行期未届满的，也可以提存该保险金、赔偿金或者补偿金等。

2. 质权人的优先受偿权

债务人不履行到期债务或者发生当事人约定的实现质权的情形，质权人可以与出质人协议以质押财产折价，也可以就拍卖、变卖质押财产所得的价款优先受偿。

3. 质权人的孳息收取权

质权人有权收取质押财产的孳息，但是合同另有约定的除外。上述规定的孳息应当先充抵收取孳息的费用。

4. 质权人的义务

（1）保管义务。质权人负有妥善保管质押财产的义务；因保管不善致使质押财产毁损、灭失的，应当承担赔偿责任。质权人的行为可能使质押财产毁损、灭失的，出质人可以要求质权人将质押财产提存，或者要求提前清偿债务并返还质押财产。

（2）返还义务。债务人履行债务或者出质人提前清偿所担保的债权的，质权人应当返还质押财产。

5. 质权之保全

因不能归责于质权人的事由可能使质押财产毁损或者价值明显减少，足以危害质权人权利的，质权人有权要求出质人提供相应的担保；出质人不提供的，质权人可以拍卖、变卖质押财产，并与出质人通过协议将拍卖、变卖所得的价款提前清偿债务或者提存。

6. 质物处分限制

（1）对质权人的限制。质权人在质权存续期间，未经出质人同意，擅自使用、处分质押财产，给出质人造成损害的，应当承担赔偿责任。质权人在质权存续期间，未经出质人同意转质，造成质押财产毁损、灭失的，应当承担赔偿责任。

（2）对出质人的限制。基金份额、股权出质后，不得转让，但是经出质人与质权人协商同意的除外。出质人转让基金份额、股权所得的价款，应当向质权人提前清偿债务或者提存。知识产权中的财产权出质后，出质人不得转让或者许可他人使用，但是经出质人与质权人协商同意的除外。出质人转让或者许可他人使用出质的知识产权中的财产权所得的价款，应当向质权人提前清偿债务或者提存。应收账款出质后，不得转让，但是出质人与质权人协商同意的除外。出质人转让应收账款所得的价款，应当向质权人提前清偿债务或者提存。

（五）质权的实现

质押财产折价或者拍卖、变卖后，其价款超过债权数额的部分归出质人所

有，不足部分由债务人清偿。出质人可以请求质权人在债务履行期届满后及时行使质权；质权人不行使的，出质人可以请求人民法院拍卖、变卖质押财产。出质人请求质权人及时行使质权，因质权人怠于行使权利造成损害的，由质权人承担赔偿责任。

（六）最高额质权

出质人与质权人可以协议设立最高额质权。最高额质权除适用《民法典》第三编物权编第十八章质权第一节动产质权有关规定外，其他准用第三编物权编第十七章抵押权第二节最高额抵押权的有关规定。

（七）质权的消灭

诸如债权消灭、质物消灭、质权实现等均与抵押权大致相同，特别之处在于质权人丧失质押物的占有。一般情况下，因不可归责于质权人的事由而丧失对质物的占有，质权人可以向不当占有人请求停止侵害、恢复原状、返还质物，但若质权人丧失质物占有后不能主张返还，或者质权人将质物返还于出质人，则质权消灭。

质权人可以放弃质权。债务人以自己的财产出质，质权人放弃该质权的，其他担保人在质权人丧失优先受偿权益的范围内免除担保责任，但是其他担保人承诺仍然提供担保的除外。

四、留置权

（一）留置权的概念与性质

债务人不履行到期债务，债权人可以留置已经合法占有的债务人的动产，并有权就该动产优先受偿。上述规定的债权人为留置权人，占有的动产为留置财产。留置权属于法定担保物权，不必有当事人之间的担保合同，只要具备法定要件，即可成立。但当事人可以特约排除留置权。

（二）留置权的成立

根据物权法律制度规定，留置权成立，需具备以下要件：债权人占有债务人之动产；债权已届清偿期；动产的占有与债权属同一法律关系。

（三）留置权的效力

1. 留置担保的范围

（1）所担保债权的范围。留置担保的范围包括主债权及利息、违约金、损害赔偿金、留置物保管费用和实现留置权的费用。

（2）留置物的范围。留置财产为可分物的，留置财产的价值应当相当于债务的金额。例如，甲为乙保管一批钢材，乙前来提取时拒付保管费，甲所留置的钢材价值应相当于保管费，而不得就所有钢材行使留置权。

2. 留置权人的优先受偿权

债务人逾期未履行的，留置权人可以与债务人协议以留置财产折价，也可以就拍卖、变卖留置财产所得的价款优先受偿。

3. 留置权人的孳息收取权

留置权人有权收取留置财产的孳息。上述规定的孳息应当先充抵收取孳息的费用。

4. 留置权人的保管义务

留置权人负有妥善保管留置财产的义务；因保管不善致使留置财产毁损、灭失的，应当承担赔偿责任。

5. 抵押权、质权与留置权的效力等级

同一动产上已设立抵押权或者质权，该动产又被留置的，留置权人优先受偿。同一财产既设立抵押权又设立质权的，拍卖、变卖该财产所得的价款按照登记、交付的时间先后确定清偿顺序。

（四）留置权的实现

留置权人与债务人应当约定留置财产后的债务履行期间；没有约定或者约定不明确的，留置权人应当给债务人 60 日以上履行债务的期间，但鲜活易腐等不易保管的动产除外。债务人逾期未履行的，留置权人可以与债务人协议以留置财产折价，也可以就拍卖、变卖留置财产所得的价款优先受偿。留置财产折价或者变卖的，应当参照市场价格。留置财产折价或者拍卖、变卖后，其价款超过债权数额的部分归债务人所有，不足部分由债务人清偿。债务人可以请求留置权人在债务履行期届满后行使留置权；留置权人不行使的，债务人可以请求人民法院拍卖、变卖留置财产。

（五）留置权的消灭

留置权人对留置财产丧失占有或者留置权人接受债务人另行提供担保的，留置权消灭。

第五节　占有

一、占有的概念与分类

占有是指人对于物进行实际控制的事实。对物实质控制的人成为占有人；被

控制之物成为占有物，包括不动产和动产。占有依不同划分标准，可分为以下几种：

（1）有权占有与无权占有。根据占有是否具有法律上的原因，可以将占有分为有权占有与无权占有。有权占有是指基于法律上的原因的占有；无权占有是指欠缺法律上原因的占有。《民法典》物权编规定，基于合同关系等产生的占有，有关不动产或者动产的使用、收益、违约责任等，按照合同约定；合同没有约定或者约定不明确的，依照有关法律规定。

（2）善意占有与恶意占有。根据占有人是否误信为有占有的权源，可以将无权占有分为善意占有与恶意占有。善意占有是指占有人误信其有占有权源；恶意占有是指占有人对物知其无占有的权源而占有该财产。

（3）自主占有与他主占有。根据占有人对物的占有是否具有所有的意思，可以将占有分为自主占有与他主占有。自主占有是指以所有的意思对物为占有；他主占有是指不以所有的意思占有。

（4）直接占有与间接占有。根据占有人在事实上是否直接占有物，可以将占有分为直接占有、间接占有。直接占有是指占有人事实上占有其物，直接对物有事实上的控制；间接占有是指自己不直接占有其物，基于一定的法律关系对事实上占有其物之人有返还请求权，因而对其物有间接控制力。

二、占有的保护

《民法典》物权编规定：①占有人因使用占有的不动产或者动产，致使该不动产或者动产受到损害的，恶意占有人应当承担赔偿责任。②不动产或者动产被占有人占有的，权利人可以请求返还原物及其孳息；但是，应当支付善意占有人因维护该不动产或者动产支出的必要费用。③占有的不动产或者动产毁损、灭失，该不动产或者动产的权利人请求赔偿的，占有人应当将因毁损、灭失取得的保险金、赔偿金或者补偿金等返还给权利人；权利人的损害未得到足够弥补的，恶意占有人还应当赔偿损失。④占有的不动产或者动产被侵占的，占有人有权请求返还原物；对妨害占有的行为，占有人有权请求排除妨害或者消除危险；因侵占或者妨害造成损害的，占有人有权依法请求损害赔偿。占有人返还原物的请求权，自侵占发生之日起一年内未行使的，该请求权消灭。

复习与思考

1. 物权法基本原则
2. 物权变动

3. 所有权取得
4. 按份共有与共同共有的区别
5. 相邻权与地役权的区别
6. 抵押财产范围
7. 留置权成立的条件

问题与案例

2019 年 4 月，甲公司因欠乙公司货款 100 万元不能按时偿还，向乙公司请求延期至 2020 年 4 月 1 日还款，并愿意以本公司所有的 3 台大型设备进行抵押和 1 辆轿车进行质押，为其履行还款义务提供担保。乙公司同意了甲公司的请求，并与甲公司订立了书面抵押和质押合同。甲公司将用于质押的轿车的机动车登记证书交给乙公司保管，但未就抵押和质押办理任何登记手续，也未向乙公司交付用于抵押的设备和质押的轿车。

2019 年 5 月，甲公司将用于抵押的 3 台设备出租给丙公司，将用于质押的轿车出租给丁公司，租期均为 1 年。

2019 年 8 月，甲公司隐瞒有关事实，与戊公司订立合同出售其用于抵押的 3 台设备。随后，甲公司通知丙公司：本公司已将出租的 3 台设备卖给戊公司，要求解除租赁合同，丙公司可不再支付剩余 9 个月的租金，并请其将这 3 台设备交付给戊公司。丙公司表示同意，且立即向戊公司交付了这 3 台设备。

2019 年 9 月 1 日，甲公司再次隐瞒了有关事实，与乙公司订立合同出售其用于质押的轿车。双方办理了过户登记手续，并约定于 2019 年 9 月 15 日之前交付。甲公司在通知丁公司向乙公司交付出租的轿车时，丁公司拒绝了甲公司的要求，并向甲公司主张同等条件下的优先购买权。2019 年 9 月 30 日，丁公司工作人员在驾驶该轿车外出时，遭遇罕见泥石流，车毁人亡。

2020 年 4 月 1 日，甲公司仍无力向乙公司偿还货款。乙公司在调查了解甲公司资产状况时得知：甲公司出资 200 万元设立的全资子公司庚经营状况良好，资金充裕；另外，庚公司欠甲公司到期货款 150 万元，尚未偿还。2020 年 4 月 15 日，乙公司发函给庚公司，要求其偿还甲公司所欠本公司债务。

根据上述内容，分别回答下列问题：

（1）甲公司是否有权将用于抵押的 3 台设备出租给丙公司？并说明理由。

（2）乙公司是否有权将用于抵押的 3 台设备向戊公司行使抵押权？并说明理由。

（3）在用于质押的轿车灭失前，谁是其所有权人？乙公司是否对该轿车享有质权？并分别说明理由。

(4) 丁公司就轿车向甲公司主张同等条件下的优先购买权是否成立？并说明理由。

(5) 甲公司是否有权要求丁公司对轿车的灭失承担赔偿责任？并说明理由。

(6) 乙公司是否有权要求甲公司对不能交付轿车承担赔偿责任？并说明理由。

第六章　债权

本章目标

学习过本章之后，你应能够：

1. 描述债的法律特征
2. 解析债的要素
3. 领会债履行规则
4. 应用债的保全与担保
5. 辨析债的转移与消灭

第一节　债与债的要素

一、债的内涵与外延

（一）债的概念与特征

债是按照合同的约定或者依照法律的规定，在当事人之间产生的特定的权利和义务关系。在债的关系中，一方享有请求对方为一定给付的权利，即债权，该方当事人称为债权人；另一方负有向对方为一定给付的义务，即债务，该方当事人称为债务人。债有以下几个特征：

（1）债反映财产流转关系。债的关系是建立于债权人与债务人之间的利益关系，这种利益关系或者直接表现为财产性质，或者最终与财产利益相关。物权关系、知识产权关系反映财产的归属和利用关系，其主要目的是保护财产的静态的安全；债的关系反映的是财产利益从一个主体移转到另一个主体的财产流转关系，目的在于保护财产的动态的安全。

（2）债为特定主体之间的法律关系。债的关系是特定主体之间的法律关系，其权利主体（债权人）和义务主体（债务人）都是特定的。债权人只能向特定的债务人主张权利，债务人也只对特定的债权人承担义务。

（3）债的客体是债务人的特定行为。债的客体，即债权债务指向的对象，是债务人应为的一定行为，统称为给付。债的客体并非财物、智力成果或劳务，而是债务人应当履行的交付财物、转让智力成果、提供劳务等行为。

（4）债的目的须通过债务人的特定行为实现。债的目的是一方从另一方取得一定的财产利益。这一目的，只能通过债务人的给付才能实现，没有债务人为其应为的特定行为，债权人的权利便不能实现。

（5）债的发生具有任意性和多样性。债的关系可因合法行为发生，也可因不法行为发生。对于合法行为设定的债，法律并不限定其种类，而是任由当事人自行设定。

（二）债的分类

1. 意定之债与法定之债

按照债的设定及其内容是否允许当事人以自由意思决定，债可以分为意定之债与法定之债。意定之债是债的发生及其内容由当事人依其自由意思决定的债；法定之债是指债的发生及其内容均由法律予以规定的债。

2. 特定之债与种类之债

根据债的标的物的不同属性，债可划分为特定之债和种类之债，以特定物为标的的债称为特定之债。债发生时，其标的物即已特定化；以种类物为标的的债称为种类之债，债成立时，其标的物尚未特定化，甚至尚不存在，当事人仅就其种类、数量、质量、规格或型号等达成协议。

3. 单一之债与多数人之债

根据债的主体双方是单一还是多数，债可分为单一之债和多数人之债。单一之债是指的主体双方均为一人的债；多数人之债是指债权人和债务人至少有一方为两人或两人以上的债。

4. 按份之债与连带之债

对于多数人之债，根据多数一方当事人之间权利义务关系的不同状态，可分为按份之债和连带之债。按份之债是指债的多数人一方当事人各自按照确定的份额享有权利或者承担义务的债。在按份债权中，各个债权人只能就自己享有的债权份额请求债务人给付和接受给付，无权请求和接受债务人的全部给付；在按份债务中，各债务人只对自己分担的债务额负责清偿，无须向债权人清偿全部债务。连带之债是指债的多数人一方当事人之间有连带关系的债。在连带之债中，享有连带权利的每个债权人都有权要求债务人履行义务，负有连带义务的每个债务人都负有清偿全部债务的义务。履行了债务的连带债务人，有权要求其他连带债务人偿付其应当承担的份额。

5. 简单之债与选择之债

根据债的标的有无选择性，债可分为简单之债和选择之债。简单之债是指债的履行标的只有一种，债务人只能按照该种标的履行、债权人也只能请求债务人按该种标的履行的债。选择之债是指债的履行标的有数种，债务人可从中选择其一履行或债权人可选择其一请求债务人履行的债。

6. 主债与从债

在存在从属关系的两个债中，根据其不同地位，可分为主债和从债。主债是指能够独立存在，不以其他债的存在为前提的债。从债是指不能独立存在，必须以主债的存在为存在前提的债。主债和从债是相互对应的，没有主债不发生从债，没有从债也无所谓主债。

7. 财物之债与劳务之债

根据债务人所负给付义务的不同内容，债可分为财物之债和劳务之债。凡债的标的为给付财物的为财物之债；债的标的为提供劳务的为劳务之债。当债务人不履行债务时，财物债务可强制履行，而劳务债务不得强制履行。

二、债的要素

债的要素，即债的构成。债由债的主体、内容和客体三部分构成。

（一）债的主体

债的主体也称债的当事人，是指参与债的关系的双方当事人，即债权人和债务人。其中，享有权利的一方当事人称为债权人，负有义务的一方当事人称为债务人。债权人和债务人是相互对立、相互依存的，缺少任何一方，债的关系便不能成立和存续。

（二）债的内容

债的内容是指债的主体所享有的权利和负担的义务，即债权和债务。

1. 债权

债权是债权人享有的请求债务人为特定行为的权利。债权具有以下特征：①债权为请求权。债权是典型的请求权，债权人取得其利益，只能通过请求债务人给付来完成。债权人既不能直接支配债务人应给付的特定物，也不能直接支配债务人的人身。②债权为相对权。债权人只能向特定的债务人主张权利，即请求特定债务人为给付，对于债务人以外的第三人，债权人不得主张权利。③债权具有相容性和平等性。债权的相容性和平等性，是指同一标的物上可以成立内容相

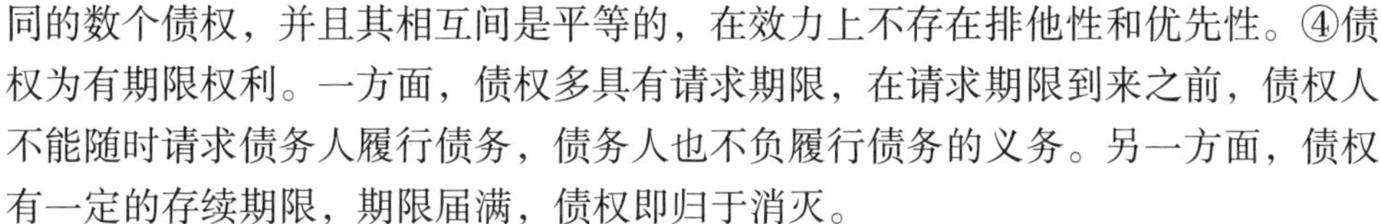

同的数个债权，并且其相互间是平等的，在效力上不存在排他性和优先性。④债权为有期限权利。一方面，债权多具有请求期限，在请求期限到来之前，债权人不能随时请求债务人履行债务，债务人也不负履行债务的义务。另一方面，债权有一定的存续期限，期限届满，债权即归于消灭。

2. 债务

债务是指债务人依当事人约定或法律规定应为特定行为的义务。债务的内容可以表现为实施特定的行为，也可以表现为不实施特定的行为。债务的本质，是债务人负担的不利益。债务的内容具有特定性。债务的内容或者由当事人协商确定，或者由法律直接规定。在每一个具体的债的关系中，债务都有具体、确定的标的及其质量、数量、履行期限等内容。债务的内容一经特定化，非经当事人协商或依法律规定，不得随意加以变更。债务不会永久存在。债务可因清偿、期限届满、债务人主体资格消灭等原因而消灭。债务不仅不能针对某一民事主体而永久存在，也不能当然延续到债务人的继承人。

（三）债的客体

债的客体是指债务人依当事人约定或法律规定应为或不应为的特定行为。作为债的客体，给付应具备以下要件：①合法。以违法行为为给付的，在当事人之间不能发生债权债务关系。给付违反公共秩序和善良风俗的，也属无效。②确定。给付如果不能确定，债权债务将无法实现。③适格。适格是指依事物的性质适于作为债的标的。一般而言，债的标的须与人的有意识的行为有关，具有法律意义。给付可以通过交付财物、支付金钱、移转权利、提供劳务或服务、提交工作成果、不作为等形态实现。

第二节 债的发生与履行

一、债的发生根据

债的发生根据是指引起债的关系产生的法律事实。合同、单方允诺、侵权行为、无因管理、不当得利均可引发债。

（一）合同

合同是民事主体之间设立、变更、终止民事法律关系的协议。其中的权利义务就是债权债务。合同是关于债权债务安排的协议。

（二）单方允诺

单方允诺是指表意人向相对人作出的为自己设定某种义务，使对方取得某种权利的意思表示。依意思自治原则，民事主体可基于某种物质上或精神上的需要为自己设定单方义务，同时放弃对于他方当事人的对价请求。因此，单方允诺能够引起债的发生。在社会生活中较为常见的单方允诺有悬赏广告、设立幸运奖和遗赠等。

（三）侵权行为

侵权行为是指不法侵害他人的合法民事权益的行为。依法律规定，侵权行为发生后，加害人负有赔偿受害人损失等义务，受害人享有请求加害人赔偿损失等权利。这种特定主体之间的权利义务关系，即侵权行为之债。侵权行为之债是除合同之债以外的另一类较为常见的债，它由非法行为引起，依法律规定而产生，以损害赔偿为主要内容。

（四）无因管理

无因管理，是指没有法定的或约定的义务，为避免他人利益受损失而为他人管理事务或提供服务的行为。无因管理一经成立，在管理人和本人之间即发生债权债务关系，管理人有权请求本人偿还其因管理而支出的必要费用，本人有义务偿还，即无因管理之债。无因管理之债与合同之债一样，都是因合法行为而发生的，两者的根本区别在于合同之债为意定之债，无因管理之债为法定之债。

（五）不当得利

不当得利，是指没有合法根据而获得利益并使他人利益遭受损失的事实。依法律规定，取得不当利益的一方应将所获利益返还于受损失的一方，双方因此形成债权债务关系，即不当得利之债。不当得利之债基于当事人之间的利益发生不当变动的法律事实而发生。

二、债的履行

1. 履行主体

债的履行主体，首先为债务人，包括单独债务人、连带债务人、不可分债务人、保证债务人。除法律规定、当事人约定或性质上必须由债务人本人履行的债务以外，履行可由债务人的代理人进行。但代理只有在履行行为为法律行为时方可适用。同时，合同双方当事人可以约定由第三人履行债务。当事人约定由第三人履行的，不得违反法律、行政法规的强制性规定。依此约定，债权人有权向第三人请求履行。第三人未履行或者履行不符合约定的，债务人应当向债权人承担不履行责任。债务人对债权人行使的一切抗辩权，该第三人均可行使。由于第三

人履行债务增加的费用，除当事人另有约定者外，由债务人承担。当事人也可约定由债务人向第三人履行债务。第三人在表示接受后，有权向债务人请求履行。债务人未向第三人履行或者履行不符合约定的，应当向债权人承担不履行责任。债务人对债权人行使的一切抗辩权，对该第三人均可行使。因向第三人履行债务增加的费用，除当事人另有约定外，一般由债权人承担。

债务人不履行债务，第三人对履行该债务具有合法利益的，第三人有权向债权人代为履行；但是，根据债务性质、按照当事人约定或者依照法律规定只能由债务人履行的除外。债权人接受第三人履行后，其对债务人的债权转让给第三人，但是债务人和第三人另有约定的除外。

2. 履行标的

履行标的，是指债务人应为履行的内容。它因债的关系的不同而存在差异，如交付财物、移转权利、提供劳务、完成工作等。

3. 履行期限

履行期限，当事人有约定时，依其约定；法律、法规有规定的，依其规定。当事人可以约定一宗债务划分为多个部分，每个部分各有一履行期限；也可以约定数个履行期限，届时可以选择确定。依上述规则不能确定履行期限的，为合同之债，应按照《民法典》合同编规定处理：债务人可以随时履行，债权人也可以随时请求履行，但是应当给对方必要的准备时间。

4. 履行地点

履行地点，是指债务人应为履行行为的地点。在履行地点履行，只要适当，即发生债的消灭的效力。当事人为多数人时，可以各自约定不同的履行地点。同一个债的数个给付不必约定相同的履行地点，尤其是双务合同中的两个债务，可以在两个履行地点履行。若有关于履行地点的交易习惯，应遵从习惯，除非当事人之间另有约定。在按上述规则仍不能确定履行地点时，应按照《民法典》合同编规定处理：履行地点不明确，给付货币的，在接受货币一方所在地履行；交付不动产的，在不动产所在地履行；其他标的，在履行义务一方所在地履行。

5. 履行方式

履行方式，即履行债务的方法，如标的物的交付方法、工作成果的完成方法、运输方法、价款或酬金的支付方法等。当事人有关于履行方式有约定时，依其约定；无约定时，按照有利于实现合同目的的方式履行，债权人可以拒绝债务人部分履行债务，但部分履行不损害债权人利益者除外。

6. 履行费用

在债务履行过程中所发生的费用，当事人有约定时按约定负担。履行费用负担约定不明确的，由履行义务一方负担；因债权人原因增加的履行费用，由债权人负担。

三、债的不履行和不适当履行

债权为请求权，债权人的利益需通过债务人履行债务的行为才能得到满足。而债的不履行和不适当履行会直接导致债权人的债权难以实现。债的不履行是指债务人根本未实施任何旨在清偿债务的给付行为，包括拒绝履行和履行不能；债的不适当履行是指债务人虽实施了给付行为，但其履行不符合当事人的约定或法律的规定，包括迟延履行和瑕疵履行。不履行债务虽有多种表现形态，但其结果都是未能满足债权。因而不履行债务的情况发生时，债的关系依然存在。为此，法律另设强制实际履行、损害赔偿、违约金责任等补救措施作为满足债权的救济。

（一）履行不能

履行不能是指债务人由于某种原因，事实上已不可能履行债务。履行不能使债的目的客观上无法实现，因而导致债务消灭或转化为损害赔偿之债，债权人无法请求继续履行。履行不能的原因多种多样，如特定标的物灭失、债务人失去劳动能力等。履行不能的法律后果，因其是否可归责于债务人而有所不同：①在因可归责于债务人的事由而致履行不能时，债务人免除履行原债务的义务，但应承担不履行的责任；债权因合同而生者，债权人可解除合同并请求损害赔偿。②在因不可归责于债务人的事由而致履行不能时，债务人免除履行原债务的义务，且不承担债务违反的责任；在双务合同中，债权人免除对待给付的义务，对待给付已经完成的，可依不当得利请求返还；履行不能由第三人造成或标的物已加入保险的，债务人虽可免除履行原债务的义务，但债权人有权请求其让与对第三人或保险人的损害赔偿请求权或交付其取得的赔偿金。

（二）拒绝履行

拒绝履行是指债务人能够履行债务而故意不履行。拒绝履行需满足以下条件：须有合法的债务存在；债务人向债权人作出拒绝履行的意思表示，这种拒绝可以是明示的，也可以是默示的，如债务人将特定标的物移转给第三人；拒绝履行表示须于履行期到来之后作出；拒绝履行无正当理由；债务人有履行能力。

拒绝履行的法律后果为：①债权人可解除合同，并请求支付违约金或赔偿损失，或债权人诉请法院强制执行，并请求支付违约金或赔偿损失。②在双务合同中，债务人丧失同时履行抗辩权，债权人有先履行义务的，有权拒绝自己的履行。③对于有保证担保的债，债权人有权请求保证人履行保证义务；对于有物的担保的债，债权人可依法行使担保物权。

（三）迟延履行

迟延履行包括给付迟延和受领迟延两种。给付迟延是指债务人在履行期限到来时，能够履行而没有按期履行债务。其构成要件为：①须有债务存在；②履行须为可能；③须债务履行期已届满；④须因可归责于债务人的事由而未履行；⑤须无法律上的正当理由。债务人给付迟延的，债权人可诉请强制执行，赔偿因迟延而给债权人造成的损失。在给付迟延后，如遇有不可抗力致使合同标的物毁损，债务人须承担履行不能的责任，不得以不可抗力为由主张免责。但如债务人能证明纵然没有给付迟延，损失仍将发生的，则可免责。受领迟延是指债权人对于债务人的履行应当受领而不为受领。其构成要件为：①须有债权存在；②须债务人的履行需要债权人的协助；③须债务已届履行期且债务人已履行或提出履行；④须债权人未受领给付且迟延受领无正当理由。在迟延受领的情况下，债权人应依法支付违约金，因此给债务人造成损害，则应负损害赔偿责任。在债权人受领迟延期间，债务人无须支付利息。

（四）瑕疵履行

瑕疵履行是指债务人虽然履行，但其履行不符合规定或约定的条件而致减少或丧失履行的价值或效用的情形。瑕疵履行的债务人有积极的履行行为，只是由于债务人履行有瑕疵，使债权人的利益遭受损害，故可称为积极的债务违反。其法律后果为：①瑕疵能补正的，债权人有权拒绝受领，要求补正，并不负受领迟延责任。因标的物的补正而构成债务人迟延的，债务人应当承担迟延给付的责任。②瑕疵不能补正的，债权人得拒绝受领，请求全部不履行的损害赔偿，并可解除合同。债权人如仍愿受领，则可请求部分不履行的损害赔偿。当债务人的瑕疵履行使债权人的其他人身利益或财产利益受到损害时，便构成加害给付。因加害给付而致债权人的其他利益遭受损害的，无论是人身伤害还是财产损失，无论是既得利益的损失还是可得利益的丧失，债务人均应赔偿。

第三节　债的保全与担保

一、债的保全

债的保全是指法律为防止因债务人的责任财产不当减少给债权人的债权带来损害，允许债权人代债务人之位向第三人行使债务人的权利，或者请求法院撤销债务人与第三人的法律行为的法律制度。债权人的代位权与撤销权是债的保全两种制度。

（一）债权人代位权

1. 代位权成立的要件

代位权是指因债务人怠于行使其债权或者与该债权有关的从权利，影响债权人的到期债权实现的，债权人为保全自己的债权，可以向人民法院请求以自己的名义代位行使债务人的债权的权利。债权人代位权成立应符合下列条件：

（1）债务人对次债务人享有到期债权。首先，债权人代位权的行使，以债务人对次债务人享有到期债权为前提，如债务人对次债务人的债权根本不存在，或虽已存在但并未到期，债权人均不可主张代位权。其次，从该到期债权的内容来看，必须是以金钱给付为内容的债权，对于以非金钱给付为内容的债权，如不作为债权或者以劳务为标的的债权，债权人不得行使代位权。最后，债权人代位行使的权利，必须是债务人的现有权利，对于非现实的权利，如将来债权，债权人不得请求代位行使。

（2）债务人怠于行使其到期债权。债务人怠于行使其到期债权，是指债务人应行使且能行使却不行使其到期债权。

（3）债务人已陷入履行迟延。债务定有履行期的，债务人届期不履行即构成迟延；债务未定履行期的，经债权人催告后，债务人仍不履行的，才构成迟延。然而债权人专为保存债务人权利的行为，如中断时效、申请登记、申报破产债权等，不必等债务人履行迟延即可行使。

（4）债务人怠于行使其到期债权的行为影响债权人的到期债权实现，即有保全债权的必要。只有在债务人怠于行使其到期债权的行为影响债权人的到期债权实现，即如果债权人不行使代位权，债权人享有的债权确有无法获得满足的危险时，债权人才有行使代位权以保全自己债权实现的必要。

2. 债权人代位权的行使

（1）代位权行使的主体是债权人，债权人以自己的名义行使代位权。多数人享有债权的，各债权人可独立行使代位权，也可共同行使代位权，如果其中一个债权人已就某项债权行使代位权而获得满足，则其他债权人不得再就该项债权行使代位权，然而这并不妨碍其就其他债权行使代位权或向债务人请求履行。债权人行使代位权，必须履行善良管理人的义务，否则因违反该项义务而给债务人造成损害的，由债权人予以赔偿。

（2）债权人代位权必须通过诉讼程序行使。债权人代位权的行使，必须借助国家司法机关的公力救济手段，禁止债权人的私力救济。

（3）债权人代位权行使的范围，以保全债权的必要范围为限。在必要范围内，可以同时或顺位代位行使债务人的数个债权，对一项债权行使代位权已足以保全债权的，债权人不得再代位行使债务人的其他权利。

（4）债权人行使代位权，原则上不得处分债务人的权利，擅自处分的，其行为无效。但其处分的行为可以使债务人的责任财产增加的，不在所限之列，如将不易保存的货物予以变卖处理。

3. 债权人代位权行使的效力

（1）对于债务人的效力。人民法院认定代位权成立的，由债务人的相对人向债权人履行义务，债权人接受履行后，债权人与债务人、债务人与相对人之间相应的权利义务终止。债务人对其债权的处分权因代位权的行使而受到限制，即不得再为妨害代位权行使的处分行为。在债权人已着手行使代位权且通知债务人后，债务人即不得为抛弃、免除、让与或其他足以使代位权的行使受到妨害的行为，债务人违反此限制而擅自处分的，债权人有权主张其处分无效。次债务人在代位权诉讼中处于被告地位，可以向债权人主张自己对债务人的一切抗辩。但是，次债务人对债权人的抗辩，不得在债权人行使代位权时对抗债权人。经人民法院审理后认定代位权成立的，由次债务人向债权人履行清偿义务。次债务人向债权人履行清偿义务后，债务人与次债务人之间的债权债务关系在清偿范围内归于消灭。在代位权诉讼中，债权人胜诉的，诉讼费用由次债务人负担，从实现的债权中优先支付。

（2）对债权人的效力。债权人依法提起代位权诉讼的，由被告住所地的人民法院管辖。债权人只能在其债权额内提起代位权诉讼，不得超出债务人权利的范围。经人民法院审理确认代位权成立并经次债务人向债权人履行清偿义务后，债权人与债务人之间的债权债务关系归于消灭。

（二）债权人撤销权

撤销权是指债权人对债务人所为的危害债权的行为，可以申请人民法院予以撤销的权利。

1. 撤销权成立的要件

（1）行为人行为时具有主观恶意，即债务人与第三人为法律行为时，明知行为有害于债权而为之的心理状态。债务人的恶意，以行为时为标准，行为后产生恶意的，不成立债权人撤销权。受益人的恶意是指受益人在取得利益时明知债务人的行为将有害于债权人的心理状态。受益人的恶意，以受益时为标准，受益后始为恶意的，债权人不能行使撤销权。受益人受益时间与债务人行为时间不一致的，即使受益人行为时无恶意，但受益时为恶意，仍可行使撤销权。受益人的恶意，虽一般要求由债权人承担举证责任，但如债权人能够证明依当时的具体情况，债务人有害于债权的事实应为受益人所知的，可以推定受益人为恶意。

（2）债务人实施了有害于债权的行为。债务人有下列情形之一的，债权人可以向人民法院提起撤销权诉讼：债务人以放弃其债权、放弃债权担保、无偿转让财产等方式无偿处分财产权益，或者恶意延长其到期债权的履行期限，影响债权人的债权实现的；债务人以明显不合理的低价转让财产、以明显不合理的高价受让他人财产或者为他人的债务提供担保，影响债权人的债权实现，债务人的相对人知道或者应当知道该情形的。

（3）债务人的行为必须以财产为标的。以财产为标的的行为是指财产上受其直接影响的行为。结婚、收养或解除收养、继承等不以财产为标的的行为，与债务人的责任财产无关，债权人不得撤销。

（4）债务人的行为须有害于债权人的债权。有害于债权人的债权是指债务人的行为减少了债务人的责任财产，致使债务人无足够的财产来清偿其对债权人的债务，而使债权人的债权无法得到满足，从而损害了债权人的利益。

2. 撤销权的行使

（1）债权人撤销权由债权人以自己的名义通过诉讼方式行使。在债权为连带债权的情况下各债权人可作为共同原告主张债权人撤销权，也可以由其中的一个债权人作为原告主张债权人撤销权，但在后一种情况下，其他共同债权人不得再就该撤销权的行使提起诉讼。

（2）债权人依法提起撤销权诉讼时，只以债务人为被告，未将受益人或受让人列为第三人的，人民法院可以追加该受益人或受让人为第三人。两个或两个以上债权人以同一债务人为被告，就同一标的提起撤销权诉讼的，人民法院可以合并审理。

（3）债权人撤销权的行使也受到一定限制。在行使范围上，以债权人的债权为限；在行使期限上，撤销权应自债权人知道或者应当知道撤销事由之日起一年内行使，自债务人的行为发生之日起五年内没有行使撤销权的，该撤销权消灭。

3. 撤销权行使的效力

（1）对债务人和受益人的效力。债务人影响债权人的债权实现的行为被撤销的，自始没有法律约束力。受益人已受领债务人财产的，负有返还的义务，原物不能返还的，应折价予以赔偿。受益人向债务人支付对价的，对债务人享有不当得利返还请求权。

（2）对行使撤销权的债权人的效力。行使撤销权的债权人有权请求受益人向自己返还所受利益，并有义务将所受利益加入债务人的一般财产，作为全体一般债权人的共同担保，债权人行使撤销权所支付的律师代理费、差旅费等必要费用，由债务人承担；第三人有过错的，应当适当分担。

二、债的担保

(一)债的担保及其种类

债的担保,是指为确保债权得到清偿而设立的各种法律措施。债的担保包括人的担保、物的担保、金钱担保和反担保。人的担保是指在债务人的全部财产之外,又附加第三人的一般财产作为债权实现的总担保。保证是典型的人的担保。物的担保是以债务人或第三人的特定财产作为抵偿债权的标的,在债务人不履行其债务时,债权人可以将财产变价,并从中优先受偿,主要有抵押、质押、留置等。金钱担保是债务人在约定给付以外交付一定数额的金钱,该金钱的返还和丧失与债务履行与否联系在一起,从而保障债权实现的制度。其主要方式有定金、押金。反担保是指为了换取担保人提供保证、抵押或质押等担保方式而由债务人或第三人向该担保人提供担保,该新设担保相对于原担保而言被称为反担保。

(二)保证

1. 保证的概念与特征

保证是指第三人和债权人约定,当债务人不履行或不能履行其债务时,该第三人按照约定或法律规定履行债务或者承担责任的担保方式。保证具有以下法律性质:①附从性。保证以主合同的成立为前提,于其存续中附从于主合同。主合同债务消灭时,保证债务也随之消灭。主合同债务变更时,保证责任一般随之变更。《民法典》规定,债权人和债务人未经保证人书面同意,协商变更主债权债务合同内容,减轻债务的,保证人仍对变更后的债务承担保证责任;加重债务的,保证人对加重的部分不承担保证责任。②独立性。保证责任虽附从于主合同债务,但并非主合同债务的一部分,而是另一个独立的债务,在附从主合同债务的范围内有独立性。③连带性。《民法典》规定,保证的方式包括一般保证和连带责任保证。在一般保证中,先由主债务人履行其债务,只有在对其财产强制执行而无效果时才由保证人承担保证责任。在连带责任保证中,主债务人不履行债务时,债权人可以请求主债务人履行债务,也可以请求保证人在其保证范围内承担保证责任。

2. 保证的设立

(1)保证人的条件。保证人的代为清偿能力。《民法典》规定,具有代为清偿债务能力的法人、其他组织或者公民,可以为保证人。机关法人,以公益为目的的非营利法人、非法人组织(如学校、幼儿园、医院等),不得为保证人。

(2)保证合同的内容。保证合同是指保证人与债权人约定,在主债务人不履行其债务时由保证人承担保证责任的协议。保证合同的内容一般包括被保证的主债权的种类、数额，债务人履行债务的期限，保证的方式、范围和期间等条款。保证合同可以是单独订立的书面合同，也可以是主债权债务合同中的保证条款。

3. 保证的效力

（1）保证担保的范围。保证的范围包括主债权及其利息、违约金、损害赔偿金和实现债权的费用。当事人另有约定的，按照其约定。

（2）保证人与主债权人、主债务人的关系。债权人对保证人享有请求承担保证责任的权利。保证期间是确定保证人承担保证责任的期间，不发生中止、中断和延长。债权人与保证人可以约定保证期间，但是约定的保证期间早于主债务履行期限或者与主债务履行期限同时届满的，视为没有约定；没有约定或者约定不明确的，保证期间为主债务履行期限届满之日起 6 个月。债权人与债务人对主债务履行期限没有约定或者约定不明确的，保证期间自债权人请求债务人履行债务的宽限期届满之日起计算。

保证人可以主张债务人对债权人的抗辩。债务人放弃抗辩的，保证人仍有权向债权人主张抗辩。债务人对债权人享有抵销权或者撤销权的，保证人可以在相应范围内拒绝承担保证责任。

保证人承担保证责任后，除当事人另有约定外，有权在其承担保证责任的范围内向债务人追偿，享有债权人对债务人的权利，但是不得损害债权人的利益。

4. 保证责任的免除

保证责任的免除，是指对已经存在的保证责任基于法律的规定或当事人的约定加以除去、保证人不承担保证责任的现象。《中华人民共和国民法典》与最高人民法院关于适用《中华人民共和国民法典》有关担保制度的解释规定，有下列情形之一的，保证人不承担民事责任：

（1）主合同当事人双方串通，骗取保证人提供保证的。

（2）主合同债权人采取欺诈、胁迫等手段，使保证人在违背真实意思的情况下提供保证的。

（3）保证人与债权人约定禁止债权转让，债权人未经保证人书面同意转让债权的，保证人对受让人不再承担保证责任。

（4）债权人未经保证人书面同意，允许债务人转移全部或者部分债务，保证人对未经其同意转移的债务不再承担保证责任，但是债权人和保证人另有约定的除外。第三人加入债务的，保证人的保证责任不受影响。

（5）债权人和债务人未经保证人书面同意，协商变更主债权债务合同内容，加重债务的，保证人对加重的部分不承担保证责任。

（6）一般保证的债权人未在保证期间对债务人提起诉讼或者申请仲裁的，

保证人不再承担保证责任。连带责任保证的债权人未在保证期间请求保证人承担保证责任的，保证人不再承担保证责任。

（7）一般保证的保证人在主债务履行期限届满后，向债权人提供债务人可供执行财产的真实情况，债权人放弃或者怠于行使权利致使该财产不能被执行的，保证人在其提供可供执行财产的价值范围内不再承担保证责任。

（8）在同一债权既有保证又有物的担保的情况下，债权人放弃物的担保时，保证人在债权人放弃权利的范围内免除保证责任。

（三）定金

1. 定金概念与性质

定金，是指合同当事人为了确保合同的履行，依据法律规定或者当事人双方的约定，由当事人一方在合同订立时或订立后、履行前，按合同标的额的一定比例，预先给付对方当事人的金钱或其他代替物。当事人交付留置金、担保金、保证金、订约金、押金或者订金等，但没有约定定金性质的，当事人主张定金权利的，人民法院不予支持。

定金合同是从合同，其成立和有效以主合同的成立和有效为前提。主合同无效或被撤销时，定金合同不发生效力，主合同因解除或其他原因消灭时，定金合同也消灭。

2. 定金的成立

定金合同自实际交付定金时成立。关于定金交付的时间，立约定金应于合同成立前交付，成约定金于合同订立时交付，违约定金和解约定金既可以在主合同成立同时交付，也可以在主合同成立后、履行前交付。

定金的数额由当事人约定；但是，不得超过主合同标的额的20%，超过部分不产生定金的效力。实际交付的定金数额多于或者少于约定数额的，视为变更约定的定金数额。

3. 定金的效力

定金作为合同担保方式之一，其担保功能主要是通过定金处罚来实现的。债务人履行债务的，定金应当抵作价款或者收回。给付定金的一方不履行债务或者履行债务不符合约定，致使不能实现合同目的的，无权请求返还定金；收受定金的一方不履行债务或者履行债务不符合约定，致使不能实现合同目的的，应当双倍返还定金。因不可抗力、意外事件致使主合同不能履行的，不适用定金罚则。因合同关系以外第三人的过错，致使主合同不能履行的，适用定金罚则，受定金处罚的一方当事人可以依法向第三人追偿。

第四节　债的移转与消灭

一、债的移转

（一）债的移转原因

债的移转是指债的主体发生变更，即由新的债权人、债务人代替原债权人、债务人，而债的内容保持同一性的法律事实。债的移转和债的变更虽然都是债的要素的改变，但前者改变的是债的主体，后者改变的是债的内容。债的移转，有的基于法律的直接规定而发生；有的基于法院的裁决而发生；有的基于民事法律行为而发生。

（二）债移转的方式

1. 债权让与

债权让与是指不改变债的关系的内容，债权人将其债权移转于第三人的法律行为。其中的债权人称为转让人，第三人称为受让人。

（1）债权让与条件。债权让与一般应具备以下条件：①须存在有效的债权。有效债权的存在，是债权让与的根本前提。②被让与的债权须具有可让与性。③让与人与受让人须就债权的转让达成协议，并且不得违反法律的有关规定。当事人关于债权转让的意思表示，应在自愿的基础上达成一致。④债权的让与须通知债务人。债权人转让权利的，应当通知债务人。未经通知，该转让对债务人不发生效力。

（2）债权让与效力。债权让与生效后，在债权全部让与时，该债权即由原债权人（让与人）移转于受让人，让与人丧失债权，受让人成为合同关系的新债权人。但在债权部分让与时，让与人和受让人共同享有债权。债权人让与权利的，受让人取得与债权有关的从权利，但该从权利专属于债权人自身的除外。受让人取得从权利不因该从权利未办理转移登记手续或者未转移占有而受到影响。让与人应将债权证明文件全部交付给受让人，并告知受让人行使债权所必要的相关情况。让与人对其让与的债权应负瑕疵担保责任。

债权让与对债务人的效力以债权让与通知为准，该通知不得迟于债务履行期。债务人接到债权转让通知时，债务人对让与人的抗辩，可以向受让人主张。债务人接到债权让与通知时，债务人对让与人享有债权的，仍然可以依法向受让

人主张抵销。

2. 债务承担

债务承担，是指在不改变债的内容的前提下，债务人通过与第三人订立转让债务的协议，将债务全部或部分移转给第三人的法律事实。

（1）债务承担的要件。债务承担一般须具备以下要件：①存在有效的债务，债务有效存在是债务承担的前提。②被移转的债务应具有可移转性。不具有可移转性的债务，不能成为债务承担合同的标的。③第三人须与债权人或者债务人就债务的移转达成合意。④债务承担须经债权人同意。

（2）债务承担的效力。债务人转移义务的，新债务人可以主张原债务人对债权人的抗辩；原债务人对债权人享有债权的，新债务人不得向债权人主张抵销。债务人转移义务的，新债务人应当承担与主债务有关的从债务，但是该从债务专属于原债务人自身的除外。

3. 债的概括承受

债的概括承受是指债的一方主体将其债权债务一并移转于第三人。债的概括承受，可为全部债权债务移转，也可为部分债权债务的移转。基于当事人之间的合同而产生的，为意定概括承受，如合同承受；基于法律的直接规定而产生的，为法定概括承受，如企业合并。合同承受是指合同当事人一方与第三人订立合同，将其合同权利义务全部或者部分地移转给该第三人，经对方当事人同意后，由该第三人承受其地位，全部或部分地享受合同权利，承担合同义务。合同承受必须经对方当事人的同意才能生效。企业合并是指两个或两个以上的企业合并为一个企业。企业的合并不同于企业破产，为了保证相对人和合并企业的利益，根据主体的承继性原则，企业合并之前的债权和债务应由合并后的企业承担。法人分立、合并，其权利和义务由变更后的法人享有和承担。

二、债的消灭

债的消灭是指债的关系在客观上不复存在。债消灭后，当事人仍应遵循诚实信用原则，根据交易习惯，履行通知、协助、保密等义务。当事人违反上述义务的，应承担损害赔偿责任。债的消灭原因有清偿、抵销、提存、免除、混同。

（一）清偿

清偿是指债务人实现债权目的的行为。债务人清偿债务，债权人的权利实现，债的目的达到，债自然消灭。对于清偿费用，法律无明文规定、当事人又无约定时，由债务人负担。但因债权人变更住所或其他行为而致清偿费用增加时，增加的费用也由债权人负担。

（二）抵销

抵销是指双方当事人互负债务时，各以其债权充当债务之清偿，而使其债务与对方的债务在对等额内相互消灭的制度。抵销依其产生的根据不同，可分为法定抵销与合意抵销。法定抵销必须具备以下成立要件：①双方当事人互负债务、互享债权。②双方互负的债务标的物的种类、品质相同。③债权已届清偿期。根据债务性质、按照当事人约定或者依照法律规定不得抵销的债务不得抵销。当事人互负债务，标的物种类、品质不相同的，经协商一致，也可以合意抵销。抵销使双方债权按照抵销数额消灭。抵销发生后，双方债权的担保及其他权利，自抵销时消灭；双方债权的利息债权，也自抵销时消灭。

（三）提存

提存，是指由于债权人的原因而无法向其交付债的标的物时，债务人将该标的物交给提存部门而消灭债务的制度。当债权人迟延受领、债权人下落不明、债权人死亡或者丧失行为能力，又未确定继承人、遗产管理人或者监护人时，债务人可以将应当交付的标的物提存。标的物不适于提存或者提存费用过高的，债务人依法可以拍卖或者变卖标的物，提存所得的价款。自提存之日起，债务人的债务归于消灭。提存部门应当采取适当的方法妥善保管提存标的物，以防毁损、变质或灭失。对不宜保存的，提存受领人到期不领取或超过保管期限的提存物品，提存部门可以拍卖，保存其价款。债权人可以随时领取提存物，但债权人对债务人负有到期债务的，在债权人未履行债务或者提供担保之前，提存部门根据债务人的要求应当拒绝其领取提存物。债权人领取提存物的权利，自提存之日起五年内不行使而消灭，提存物扣除提存费用后归国家所有。债权人未履行对债务人的到期债务，或者债权人向提存部门书面表示放弃领取提存物权利的，债务人负担提存费用后有权取回提存物。提存费用由提存受领人承担。提存部门未按法定或者当事人约定条件给付提存标的物给当事人造成损失的，提存部门负有连带赔偿责任。符合法定或当事人约定的给付条件，提存部门拒绝给付的，由其主管机关责令限期给付，给当事人造成损失的，提存部门负有赔偿责任。

（四）免除

免除，是指债权人抛弃债权从而全部或部分消灭债的关系的行为。免除应由债权人向债务人以意思表示为之，向第三人为免除的意思表示，不发生免除的法律效力。一旦债权人作出免除的意思表示，即不得撤回。免除发生债务绝对消灭的效力。因免除使债权消灭，故债权的从权利，如利息债权、担保权等，也同时归于消灭。债权人免除债务人全部债务的，债权债务全部终止；仅免除部分债务的，债权债务仅部分终止。

《民法典》规定，债权人免除债务人部分或全部债务的，债权债务部分或全

部终止，但是债务人在合理期限内拒绝的除外。这表明，债权人免除债务人义务，无需债务人明确同意，即可发生免除效力。但是，如果债务人在合理期限内拒绝，免除效力自始不发生。在绝大多数情况下，债务人是愿意接受由债权人作出的债务免除行为的法律后果的，但一味要求债务人承受免除的法律后果，没有尊重债务人，可能有不愿意受人恩惠之意思，因此允许债务人对免除予以拒绝。在此情况下，债务人免除行为相当于没有发生，即使债权人拒绝受领债务人的履行，而债务人通过提存的方式来履行，相应的提存利益也属于债权人，不会产生债务人的债权人通过代位权或撤销权等方式来介入的可能性。免除不得损害第三人的合法权益。

（五）混同

混同，是指债权和债务同归一人，致使债的关系消灭的事实。债权债务的混同，由债权或债务的承受而产生，债权债务的概括承受是发生混同的主要原因。例如，企业合并，合并前的两个企业之间有债权债务时，企业合并后，债权债务因同归一个企业而消灭。合同关系及其他债之关系，因混同而绝对地消灭。债权的消灭，也使从权利如利息债权、违约金债权、担保权等归于消灭。债权系他人权利的标的时，从保护第三人的合法权益出发，债权不消灭。例如，债权为他人质权的标的，为了保护质权人的利益，不使债权因混同而消灭。

复习与思考

1. 债的发生根据
2. 债的保全内容
3. 债的担保方式
4. 债的转移条件
5. 债的消灭情形

第七章　知识产权

本章目标

学习过本章之后，你应能够：

1. 描述知识产权的特征
2. 分析专利权客体差异
3. 比较专利与商标申请与授权
4. 评释专利权与商标权保护
5. 叙述著作权内容与保护

第一节　知识产权概述

一、知识产权概念与特征

知识产权是民事主体对特定智力劳动成果依法享有的专有权利。知识产权具有如下特征：

（一）无形性

知识产权的无形性是指作为知识产权客体的知识产品具有无形性。这是知识产权的本质属性，是知识产权区别于物权、债权等民事权利的首要特征。智力成果是人们通过智力劳动创造的精神财富或精神产品，本身凝结了人类的一般劳动，具有财产价值，可以成为权利标的。

（二）专有性

知识产权的权利主体依法享有独占使用智力成果的权利，他人不得侵犯。权利人垄断这种专有权利并受到严格保护，没有法律规定或权利人许可，任何人不得使用权利人的知识产品；对同一项知识产品，不允许有两个或两个以上同一属性的知识产权并存。

（三）地域性

知识产权只在特定的国家或地区的地域范围内有效，不具有域外效力。各国的知识产权立法基于主权原则必然呈现出独立性，各国的政治、经济、文化和社会制度的差异，也会使知识产权的规定有所不同。一国的知识产权要获得他国法律的保护，必须依照有关国际条约、双边协议或按互惠原则办理。

（四）时间性

依法产生的知识产权一般只在法律规定的期限内有效。超出知识产权法定保护期后，该知识产权权利消灭，有关智力成果进入公有领域，人们可以自由使用。但商标权的期限届满后可通过续展依法延长保护期；少数知识产权没有时间限制，只要符合有关条件，法律可长期予以保护，如商业秘密权、地理标志权、商号权等。

二、知识产权范围

知识产权有狭义与广义之分。狭义的知识产权是指著作权和工业产权；广义的知识产权是指由《建立世界知识产权组织公约》和《与贸易有关的知识产权协定》界定的知识产权。根据这两个国际公约及《中华人民共和国民法典》与《中华人民共和国反不正当竞争法》等国内立法，知识产权的范围主要包括以下内容：

（1）著作权和邻接权。著作权，又称版权，是指文学、艺术、科学作品的作者及其相关主体依法对作品所享有的人身权利和财产权利。邻接权是与著作权有关的权益。

（2）专利权。自然人、法人或其他组织依法对发明、实用新型和外观设计在一定期限内享有的独占实施权。

（3）商标权。商标权人或权利继受人在法定期限内对注册商标依法享有的各种权利。

（4）商业秘密权。民事主体对属于商业秘密的技术信息与经营信息依法享有的专有权利。

（5）植物新品种权。完成育种的单位和个人对其经授权的品种依法享有的排他使用权。

（6）集成电路布图设计权。自然人、法人或其他组织依法对集成电路布图设计享有的专有权。

（7）商号权。商事主体对商号在一定地域范围内依法享有的独占使用权。

第二节　专利权

一、专利权与专利法

专利法是确认发明人对其发明创造的技术方案的垄断权，促进本国科学技术发展的基本法律制度。《中华人民共和国专利法》（以下简称《专利法》）于1984年3月12日第六届全国人民代表大会常务委员会第四次会议通过，历经1992年、2000年、2008年、2020年四次修正，于2021年6月1日开始在全国施行。颁行《专利法》，旨在保护专利权人的合法权益，鼓励发明创造，推动发明创造的应用，提高创新能力，促进科学技术进步和经济社会发展。

二、专利权的主体

专利权是法律赋予权利人对其发明创造在一定期限内享有的专有权利。专利权的主体，即专利权人，是依法享有专利权并承担相应义务的人。专利权主体包括：

（一）发明人或者设计人

发明人或者设计人，是指对发明创造的实质性特点作出了创造性贡献的人。发明人是发明的完成人；设计人是实用新型或外观设计的完成人。发明人或者设计人，只能是自然人，不能是单位、集体或课题组。在完成发明创造过程中，只负责组织工作的人、为物质技术条件的利用提供方便的人或者从事其他辅助性工作的人，如试验员、描图员、机械加工人员等，均不是发明人或者设计人。

发明人或者设计人包括非职务发明创造的发明人或者设计人和职务发明创造的发明人或者设计人两类。非职务发明创造，是指既不是执行本单位的任务，也没有主要利用单位提供的物质技术条件所完成的发明创造。对于非职务发明创造，申请专利的权利属于发明人或者设计人。发明人或者设计人对非职务发明创造申请专利，任何单位或者个人不得压制。申请被批准后，该发明人或者设计人为专利权人。如果一项非职务发明创造是由两个或两个以上的发明人、设计人共同完成的，则完成发明创造的人称为共同发明人或共同设计人。共同发明创造的专利申请权和取得的专利权归全体共有人共同所有。

（二）发明人或设计人的单位

职务发明创造专利权的主体是该发明创造的发明人或者设计人所在的单位。职务发明创造是执行本单位的任务或者主要是利用本单位的物质技术条件所完成的发明创造。这里所称的"单位"，包括各种所有制类型和性质的内资企业和在中国境内的外商投资企业；从劳动关系上讲，既包括固定工作单位，也包括临时工作单位。

职务发明创造分为以下两类：

（1）执行本单位任务所完成的发明创造。包括以下三种情况：①在本职工作中作出的发明创造；②履行本单位交付的本职工作之外的任务所作出的发明创造；③退职、退休或者调动工作后1年内作出的，与其在原单位承担的本职工作或者原单位分配的任务有关的发明创造。

（2）主要利用本单位的物质技术条件所完成的发明创造。"本单位的物质技术条件"是指本单位的资金、设备、零部件、原材料或者不对外公开的技术资料等。一般认为，如果在发明创造过程中，全部或者大部分利用了单位的资金、设备、零部件、原料以及不对外公开的技术资料，这种利用对发明创造的完成起着必不可少的决定性作用，就可以认定为主要利用"本单位的物质技术条件"。对于利用本单位的物质技术条件所完成的发明创造，单位与发明人或者设计人订有合同，对申请专利的权利和专利权的归属作出约定的，从其约定。

职务发明创造的专利申请权和取得的专利权归发明人或设计人所在的单位，该单位可以依法处置其职务发明创造申请专利的权利和专利权，促进相关发明创造的实施和运用。发明人或设计人享有署名权和获得奖金、报酬的权利，即发明人和设计人有权在专利申请文件及有关专利文献中写明自己是发明人或设计人；被授予专利权的单位应当按规定向对职务发明创造的发明人或者设计人发给奖金；在发明创造专利实施后，单位应根据其推广应用的范围和取得的经济效益，对发明人或者设计人给予合理的报酬。发明人或设计人的署名权可以通过书面声明放弃。

国家鼓励被授予专利权的单位实行产权激励，采取股权、期权、分红等方式，使发明人或者设计人合理分享创新收益。

（三）受让人

受让人，是指通过合同或继承而依法取得专利权的单位或个人。专利申请权和专利权可以转让。专利申请权转让之后，如果获得了专利，那么受让人就是该专利权的主体；专利权转让后，受让人成为该专利权的新主体。

两个以上单位或者个人合作完成的发明创造、一个单位或者个人接受其他单位或者个人委托所完成的发明创造，除另有协议的外，申请专利的权利属于完成或者共同完成的单位或个人；申请被批准后，申请的单位或者个人为专利权人。如果单位或者个人之间没有协议，构成委托开发的，申请专利权以及取得的专利权委托人，但委托人可以免费实施该专利技术。

（四）外国人

外国人包括具有外国国籍的自然人和法人。在中国有经常居所或者营业所的外国人，享有与中国公民或单位同等的专利申请权和专利权。在中国没有经常居所或者营业所的外国人、外国企业或者外国其他组织在中国申请专利的，依照其所属国同中国签订的协议或者共同参加的国际条约，或者依照互惠原则，依照《专利法》办理，在中国申请专利和办理其他专利事务，应当委托依法设立的专利代理机构办理。

专利代理机构应当遵守法律、行政法规，按照被代理人的委托办理专利申请或者其他专利事务；对被代理人发明创造的内容，除专利申请已经公布或者公告的以外，负有保密责任。

三、专利权的客体

专利权的客体，也称《专利法》保护的对象，是指依法应授予专利的发明创造。《专利法》将专利权的客体分成两类：授予专利权的客体与不授予专利权的客体。

（一）授予专利权的客体

《专利法》规定，专利权的客体包括发明、实用新型和外观设计三类。

1. 发明

发明是指对产品、方法或者其改进所提出的新的技术方案。发明必须是一种技术方案，是发明人将自然规律在特定技术领域进行运用和结合的结果，而不是自然规律本身。根据发明的客体的不同，发明可以分为产品发明和方法发明两种。产品发明是发明人通过智力活动创造出的关于各种新产品、新材料、新物质的技术方案；方法发明是发明人为制造某种产品或者解决某个技术难题而研究开发出的操作方法、制造方法以及工艺流程等技术方案。

2. 实用新型

实用新型，是指对产品的形状、构造或者其结合所提出的适于实用的新的技术方案。

3. 外观设计

外观设计，是指对产品的整体或者局部的形状、图案或者其结合以及色彩与形状、图案的结合所作出的富有美感并适于工业应用的新设计。

（二）不授予专利权的客体

《专利法》规定，对下列各项，不授予专利权：科学发现；智力活动的规则和方法；疾病的诊断和治疗方法；动物和植物品种；原子核变换方法以及用原子核变换方法获得的物质；对平面印刷品的图案、色彩或者两者的结合作出的主要起标识作用的设计。但对动物和植物品种产品的生产方法，可以依照《专利法》规定授予专利权。此外，对违反法律、社会公德或妨害公共利益的发明创造，以及对违反法律、行政法规的规定获取或者利用遗传资源，并依赖该遗传资源完成的发明创造，也不授予专利权。

四、专利权的授予

（一）专利权授予的条件

1. 发明、实用新型授予专利权的条件

授予专利权的发明和实用新型，应当具备新颖性、创造性和实用性。①新颖性，是指该发明或者实用新型不属于现有技术；也没有任何单位或者个人就同样的发明或者实用新型在申请日以前向国务院专利行政部门提出过申请，并记载在申请日以后公布的专利申请文件或者公告的专利文件中。现有技术是指申请日以前在国内外为公众所知的技术。②创造性，是指与现有技术相比，该发明具有突出的实质性特点和显著的进步，该实用新型具有实质性特点和进步。③实用性，是指该发明或者实用新型能够制造或者使用，并且能够产生积极效果。《专利法》所称现有技术，是指申请日以前在国内外为公众所知的技术。

申请专利的发明创造在申请日以前 6 个月内，有下列情形之一的，不丧失新颖性：①在国家出现紧急状态或者非常情况时，为公共利益目的首次公开的；②在中国政府主办或者承认的国际展览会上首次展出的；③在规定的学术会议或者技术会议上首次发表的；④他人未经申请人同意而泄露其内容的。

2. 外观设计授予专利权的条件

授予专利权的外观设计，应当不属于现有设计；也没有任何单位或者个人就同样的外观设计在申请日以前向国务院专利行政部门提出过申请，并记载在申请日以后公告的专利文件中。

授予专利权的外观设计与现有设计或者现有设计特征的组合相比，应当具有明显区别。授予专利权的外观设计不得与他人在申请日以前已经取得的合法权利相冲突，即授予专利权的外观设计，不得与他人在申请日以前已经取得的商标权和美术作品著作权相冲突。《专利法》所称现有设计，是指申请日以前在国内外为公众所知的设计。

（二）专利权授予的程序

1. 专利的申请

（1）申请的原则。申请专利的原则包括诚实信用原则、先申请原则、单一性原则。①诚实信用原则。申请专利和行使专利权应当遵循诚实信用原则。不得滥用专利权损害公共利益或者他人合法权益。滥用专利权，排除或者限制竞争，构成垄断行为的，依照《中华人民共和国反垄断法》处理。②先申请原则。先申请原则是指两个以上的申请人分别就同样的发明创造申请专利的，专利权授给最先申请人。③单一性原则。同样的发明创造只能授予一项专利权。但是，同一申请人同日对同样的发明创造既申请实用新型专利又申请发明专利，先获得的实用新型专利权尚未终止，且申请人声明放弃该实用新型专利权的，可以授予发明专利权。

（2）专利申请文件。申请发明或者实用新型专利的，申请人应当提交请求书、说明书及其摘要和权利要求书等文件。请求书应当写明发明或者实用新型的名称，发明人的姓名，申请人姓名或者名称、地址，以及其他事项。说明书应当对发明或者实用新型作出清楚、完整的说明，以所属技术领域的技术人员能够实现为准；必要的时候，应当有附图。摘要应当简要说明发明或者实用新型的技术要点。权利要求书应当以说明书为依据，清楚、简要地限定要求专利保护的范围。依赖遗传资源完成的发明创造，申请人应当在专利申请文件中说明该遗传资源的直接来源和原始来源；申请人无法说明原始来源的，应当陈述理由。申请外观设计专利的，应当提交请求书、该外观设计的图片或者照片以及对该外观设计的简要说明等文件。申请人提交的有关图片或者照片应当清楚地显示要求专利保护的产品的外观设计。

申请人可以对其专利申请文件进行修改，但是，对发明和实用新型专利申请文件的修改不得超出原说明书和权利要求书记载的范围，对外观设计专利申请文件的修改不得超出原图片或者照片表示的范围。

（3）申请日和优先权。国务院专利行政机关收到专利申请文件之日为申请日。如果申请文件是邮寄的，以寄出的邮戳日为申请日。

申请人自发明或者实用新型在外国第一次提出专利申请之日起 12 个月内，或者自外观设计在外国第一次提出专利申请之日起 6 个月内，又在中国就相同主题提出专利申请的，依照该外国同中国签订的协议或者共同参加的国际条约，或者依照相互承认优先权的原则，可以享有优先权。

申请人要求发明、实用新型专利优先权的，应当在申请的时候提出书面声明，并且在第一次提出申请之日起 16 个月内，提交第一次提出的专利申请文件的副本。申请人要求外观设计专利优先权的，应当在申请的时候提出书面声明，并且在3个月内提交第一次提出的专利申请文件的副本。申请人未提出书面声明或者逾期未提交专利申请文件副本的，视为未要求优先权。

2. 专利申请的审查和批准

（1）发明专利的审批。①初步审查。国务院专利行政部门查明该申请是否符合《专利法》关于申请形式要求的规定。②早期公开。国务院专利行政部门收到发明专科申请后，经初步审查认为符合《专利法》要求的，自申请日起满18个月，即行公布。国务院专利行政部门可以根据申请人的请求早日公布其申请。③实质审查。发明专利申请自申请日起3年内，国务院专利行政部门可以根据申请人随时提出的请求，对其申请进行实质审查；申请人无正当理由逾期不请求实质审查的，该申请即被视为撤回。国务院专利行政部门认为必要的时候，可以自行对发明专利申请进行实质审查。④授权登记公告。发明专利申请经实质审查没有发现驳回理由的，由国务院专利行政部门作出授予发明专利权的决定，发给发明专利证书，同时予以登记和公告。发明专利权自公告之日起生效。

（2）实用新型和外观设计专利的审批。实用新型和外观设计专利申请经初步审查没有发现驳回理由的，由国务院专利行政部门作出授予实用新型专利权或者外观设计专利权的决定，发给相应的专利证书，同时予以登记和公告。实用新型专利权和外观设计专利权自公告之日起生效。

3. 专利的复审

专利申请人对国务院专利行政部门驳回申请的决定不服的，可以自收到通知之日起3个月内向国务院专利行政部门请求复审。国务院专利行政部门复审后，作出决定，并通知专利申请人。专利申请人对国务院专利行政部门的复审决定不服的，可以自收到通知之日起3个月内向人民法院起诉。

五、专利权内容与限制

（一）专利权的内容

1. 专利权人的权利

（1）独占实施权。发明和实用新型专利权被授予后，除《专利法》另有规定的以外，任何单位或者个人未经专利权人许可，都不得实施其专利，即不得为生产经营目的制造、使用、许诺销售、销售、进口其专利产品，或者使用其专利方法以及使用、许诺销售、销售、进口依照该专利方法直接获得的产品。外观设计专利权被授予后，任何单位或者个人未经专利权人许可，都不得实施其专利，即不得为生产经营目的制造、销售、进口其外观设计专利产品。可见，外观设计专利独占实施权的内容包括对外观设计专利产品的制造权、销售权和进口权。

（2）实施许可权。专利权人可以许可他人实施其专利技术并收取专利使用费。任何单位或者个人实施他人专利的，应当与专利权人订立实施许可合同，向专利权人支付专利使用费。

（3）转让权。专利申请权和专利权可以转让。转让专利申请权或者专利权的，当事人应当订立书面合同，并向国务院专利行政部门登记，由国务院专利行政部门予以公告。专利申请权或者专利权的转让自登记之日起生效。中国单位或者个人向外国人、外国企业或者其他组织转让专利申请权或者专利权的，应当依照有关法律、行政法规的规定办理手续。

（4）标示权。专利权人有权在其专利产品或者该产品的包装上标明专利标识。

2. 专利权人的义务

专利权人的义务主要是缴纳专利年费。专利权人应当自被授予专利权的当年开始缴纳年费。未按规定缴纳年费的，专利权在期限届满前终止。

（二）专利实施特别许可

国务院专利行政部门、地方人民政府管理专利工作的部门应当会同同级相关部门采取措施，加强专利公共服务，促进专利实施和运用。国有企业事业单位的发明专利，对国家利益或者公共利益具有重大意义的，国务院有关主管部门和省、自治区、直辖市人民政府报经国务院批准，可以决定在批准的范围内推广应用，允许指定的单位实施，由实施单位按照国家规定向专利权人支付使用费。

1. 开放许可

（1）开放许可。专利权人自愿以书面方式向国务院专利行政部门声明愿意许可任何单位或者个人实施其专利，并明确许可使用费支付方式、标准的，由国务院专利行政部门予以公告，实行开放许可。就实用新型、外观设计专利提出开放许可声明的，应当提供专利权评价报告。任何单位或者个人有意愿实施开放许可的专利的，以书面方式通知专利权人，并依照公告的许可使用费支付方式、标准支付许可使用费后，即获得专利实施许可。开放许可实施期间，对专利权人缴纳专利年费相应给予减免。实行开放许可的专利权人可以与被许可人就许可使用费进行协商后给予普通许可，但不得就该专利给予独占或者排他许可。

（2）开放许可撤回。专利权人撤回开放许可声明的，应当以书面方式提出，并由国务院专利行政部门予以公告。开放许可声明被公告撤回的，不影响在先给予的开放许可的效力。

（3）开放许可纠纷解决。当事人就实施开放许可发生纠纷的，由当事人协商解决；不愿协商或者协商不成的，可以请求国务院专利行政部门进行调解，也可以向人民法院起诉。

2. 强制许可

专利实施强制许可是国务院专利行政部门依照法律规定，不经专利权人的同意，直接许可具备实施条件的申请者实施发明或实用新型专利的一种行政措施。其目的是促进获得专利的发明创造得以实施，防止专利权人滥用专利权，维护国家利益和社会公共利益。

（1）强制许可情形。①《专利法》规定，有下列情形之一的，国务院专利行政部门根据具备实施条件的单位或者个人的申请，可以给予实施发明专利或者实用新型专利的强制许可：专利权人自专利权被授予之日起满 3 年，且自提出专利申请之日起满 4 年，无正当理由未实施或者未充分实施其专利的；专利权人行使专利权的行为被依法认定为垄断行为，为消除或者减少该行为对竞争产生的不利影响的。②在国家出现紧急状态或者非常情况时，或者为了公共利益的目的，国务院专利行政部门可以给予实施发明专利或者实用新型专利的强制许可。③为了公共健康目的，对取得专利权的药品，国务院专利行政部门可以给予制造并将其出口到符合中华人民共和国参加的有关国际条约规定的国家或者地区的强制许可。④一项取得专利权的发明或者实用新型比之前已经取得专利权的发明或者实用新型具有显著经济意义的重大技术进步，其实施又有赖于前一发明或者实用新型的实施的，国务院专利行政部门根据后一专利权人的申请，可以给予实施前一发明或者实用新型的强制许可。⑤强制许可涉及的发明创造为半导体技术的，其实施限于公共利益的目的和消除专利权人行使专利权构成垄断对竞争产生的不利影响。除了专利权人行使专利权的行为被依法认定为垄断行为，为消除或者减少该行为对竞争产生的不利影响的，或为了公共健康目的，对取得专利权的药品给予的强制许可外，强制许可的实施应当主要为了供应国内市场。

（2）强制许可程序。国务院专利行政部门作出的给予实施强制许可的决定，应当及时通知专利权人，并予以登记和公告。给予实施强制许可的决定，应当根据强制许可的理由规定实施的范围和时间。强制许可的理由消除并不再发生时，国务院专利行政部门应当根据专利权人的请求，经审查后作出终止实施强制许可的决定。取得实施强制许可的单位或者个人不享有独占的实施权，并且无权允许他人实施。取得实施强制许可的单位或者个人应当付给专利权人合理的使用费，或依照中华人民共和国参加的有关国际条约的规定处理使用费问题。付给使用费的，其数额由双方协商；双方不能达成协议的，由国务院专利行政部门裁决。

专利权人对国务院专利行政部门关于实施强制许可的决定不服的，专利权人和取得实施强制许可的单位或者个人对国务院专利行政部门关于实施强制许可的使用费的裁决不服的，可以自收到通知之日起 3 个月内向人民法院起诉。

六、专利权的期限、终止和无效

（一）专利权的期限

发明专利权的期限为 20 年，实用新型专利权的期限为 10 年，外观设计专利权的期限为 15 年，均自申请日起计算。自发明专利申请日起满 4 年，且自实质审查请求之日起满 3 年后授予发明专利权的，国务院专利行政部门应专利权人的请求，就发明专利在授权过程中的不合理延迟给予专利权期限补偿，但由申请人引起的不合理延迟除外。为补偿新药上市审评审批占用的时间，对在中国获得上市许可的新药相关发明专利，国务院专利行政部门应专利权人的请求给予专利权期限补偿。补偿期限不超过 5 年，新药批准上市后总有效专利权期限不超过 14 年。

（二）专利权终止

《专利法》规定，有下列情形之一的，专利权在期限届满前终止：没有按照规定缴纳年费的；专利权人以书面声明放弃其专利权的。专利权在期限届满前终止的，由国务院专利行政部门登记和公告。

（三）专利权无效

自国务院专利行政部门公告授予专利权之日起，任何单位或个人认为该专利权的授予不符合《专利法》有关规定的，可以请求国务院专利行政部门宣告该专利权无效。国务院专利行政部门对宣告专利权无效的请求应当及时审查和作出决定，并通知请求人和专利权人。宣告专利权无效的决定，由国务院专利行政部门登记和公告。对国务院专利行政部门宣告专利权无效或者维持专利权不服的，可以自收到通知 3 个月内向人民法院起诉。人民法院应当通知无效宣告请求程序的对方当事人作为第三人参加诉讼。

宣告无效的专利权视为自始即不存在。宣告专利权无效的决定，对在宣告专利权无效前人民法院作出并已执行的专利侵权的判决、裁定，已经履行或者强制执行的专利侵权纠纷处理决定，以及已经履行的专利实施许可合同和专利权转让合同，不具有追溯力。但是因专利权人的恶意给他人造成的损失，应当给予赔偿。依照上述规定不返还专利侵权赔偿金、专利使用费、专利权转让费，明显违反公平原则的，应当全部或者部分返还。

七、专利权保护

（一）专利权的保护范围

专利权的保护范围是指发明、实用新型和外观设计专利权的法律效力所及的范围。发明或者实用新型专利权的保护范围，以其权利要求的内容为准，说明书及附图可以用于解释权利要求。外观设计专利权的保护范围以表示在图片或者照片中的该外观设计专利产品为准，简要说明可以用于解释图片或者照片所表示的该产品的外观设计。

（二）专利侵权

1. 专利侵权行为

专利侵权行为是指在专利权有效期限内，行为人未经专利权人许可又无法律依据，以营利为目的实施他人专利的行为。

（1）侵权行为类别。①未经专利权人的许可，实施其专利的行为。这种侵权行为包括：未经专利权人许可，为生产经营目的制造、使用、许诺销售、销售、进口其专利产品，或者使用其专利方法以及使用、许诺销售、销售、进口依照该专利方法直接获得的产品；未经专利权人许可，为生产经营目的制造、许诺销售、销售、进口其外观设计产品。②假冒专利。假冒专利行为包括：在未被授予专利权的产品或者其包装上标注专利标识；专利权被宣告无效后或者终止后继续在产品或者其包装上标注专利标识，或者未经许可在产品或者产品包装上标注他人的专利号；销售前述产品；在产品说明书等材料中将未被授予专利权的技术或者设计称为专利技术或者专利设计，将专利申请称为专利，或者未经许可使用他人的专利号，使公众将所涉及的技术或者设计误认为是专利技术或者专利设计；伪造或者变造专利证书、专利文件或者专利申请文件；其他使公众混淆，将未被授予专利权的技术或者设计误认为是专利技术或者专利设计的行为。

（2）不视为专利侵权的行为。①专利产品或者依照专利方法直接获得的产品，由专利权人或者经其许可的单位、个人售出后，使用、许诺销售、销售、进口该产品的。②在专利申请日前已经制造相同产品、使用相同方法或者已经做好制造、使用的必要准备，并且仅在原有范围内继续制造、使用的。③临时通过中国领陆、领水、领空的外国运输工具，依照其所属国同中国签订的协议或者共同参加的国际条约，或者依照互惠原则，为运输工具自身需要而在其装置和设备中使用有关专利的。④专为科学研究和实验而使用有关专利的。⑤为提供行政审批所需要的信息，制造、使用、进口专利药品或者专利医疗器械的，以及专门为其制造、进口专利药品或者专利医疗器械的。此外，为生产经营目的使用、许诺销售或者销售不知道是未经专利权人许可而制造并售出的专利侵权产品，能证明该产品合法来源的，不承担赔偿责任。

2. 专利侵权行为法律后果

（1）专利纠纷解决方式。因专利侵权引起纠纷的，由当事人协商解决；不愿协商或者协商不成的，专利权人或者利害关系人可以向人民法院起诉，也可以请求管理专利工作的部门处理。管理专利工作的部门处理时，认定侵权行为成立的，可以责令侵权人立即停止侵权行为，当事人不服的，可以自收到处理通知之日起 15 日内依照《中华人民共和国行政诉讼法》向人民法院起诉；侵权人期满不起诉又不停止侵权行为的，管理专利工作的部门可以申请人民法院强制执行。进行处理的管理专利工作的部门应当事人的请求，可以就侵犯专利权的赔偿数额进行调解；调解不成的，当事人可以依照《中华人民共和国民事诉讼法》向人民法院起诉。

侵犯专利权的诉讼时效为 3 年，自专利权人或者利害关系人得知或者应当得知侵权行为之日起计算。发明专利申请公布后至专利权授予前使用该发明未支付适当使用费的，专利权人要求支付使用费的诉讼时效为 3 年，自专利权人得知或者应当得知他人使用其发明之日起计算，但是，专利权人于专利权授予之日前即已得知或者应当得知的，自专利权授予之日起计算。

（2）专利侵权举证与证据保全。专利侵权纠纷涉及新产品制造方法的发明专利的，制造同样产品的单位或者个人应当提供其产品制造方法不同于专利方法的证明。专利侵权纠纷涉及实用新型专利或者外观设计专利的，人民法院或者管理专利工作的部门可以要求专利权人或者利害关系人出具由国务院专利行政部门对相关实用新型或者外观设计进行检索、分析和评价后作出的专利权评价报告，作为审理、处理专利侵权纠纷的证据；专利权人、利害关系人或者被控侵权人也可以主动出具专利权评价报告。

为了制止专利侵权行为，在证据可能灭失或者以后难以取得的情况下，专利权人或者利害关系人可以在起诉前依法向人民法院申请保全证据。专利权人或者利害关系人有证据证明他人正在实施或者即将实施侵犯专利权、妨碍其实现权利的行为，如不及时制止将会使其合法权益受到难以弥补的损害的，可以在起诉前依法向人民法院申请采取财产保全、责令作出一定行为或者禁止作出一定行为的措施。

（3）专利侵权责任形式。专利侵权应依法承担民事责任。侵犯专利权的赔偿数额按照权利人因被侵权所受到的实际损失或者侵权人因侵权所获得的利益确定；权利人的损失或者侵权人获得的利益难以确定的，参照该专利许可使用费的倍数合理确定。对故意侵犯专利权，情节严重的，可以在按照上述方法确定数额的 1 倍以上 5 倍以下确定赔偿数额。权利人的损失、侵权人获得的利益和专利许可使用费均难以确定的，人民法院可以根据专利权的类型、侵权行为的性质和情节等因素，确定给予 3 万元以上 500 万元以下的赔偿。赔偿数额还应当包括权利人为制止侵权行为所支付的合理开支。人民法院为确定赔偿数额，在权利人已经尽力举证，而与侵权行为相关的账簿、资料主要由侵权人掌握的情况下，可以责令侵权人提供与侵权行为相关的账簿、资料；侵权人不提供或者提供虚假的账簿、资料的，人民法院可以参考权利人的主张和提供的证据判定赔偿数额。

假冒专利的，除依法承担民事责任外，由负责专利执法的部门责令改正并予公告，没收违法所得，可以处违法所得5倍以下的罚款；没有违法所得或者违法所得在5万元以下的，可以处25万元以下的罚款；构成犯罪的，依法追究刑事责任。

违反《专利法》规定向外国申请专利，泄露国家秘密的，由所在单位或者上级主管机关给予行政处分；构成犯罪的，依法追究刑事责任。

八、专利管理部门权利与责任

（一）专利行政管理部门职责

国务院专利行政部门应当按照客观、公正、准确、及时的要求，依法处理有关专利的申请和请求。任何单位或者个人将在中国完成的发明或者实用新型向外国申请专利的，应当事先报经国务院专利行政部门进行保密审查。保密审查的程序、期限等按照国务院的规定执行。

中国单位或者个人可以根据中华人民共和国参加的有关国际条约提出专利国际申请。申请人提出专利国际申请的，应当遵守上述规定。国务院专利行政部门依照中华人民共和国参加的有关国际条约、《专利法》和国务院有关规定处理专利国际申请。对违反《专利法》规定向外国申请专利的发明或者实用新型，在中国申请专利的，不授予专利权。

国务院专利行政部门应当加强专利信息公共服务体系建设，完整、准确、及时发布专利信息，提供专利基础数据，定期出版专利公报，促进专利信息传播与利用。在专利申请公布或者公告前，国务院专利行政部门的工作人员及有关人员对其内容负有保密责任。

（二）专利执法部门权限

负责专利执法的部门根据已经取得的证据，对涉嫌假冒专利行为进行查处时，有权采取下列措施：①询问有关当事人，调查与涉嫌违法行为有关的情况；②对当事人涉嫌违法行为的场所实施现场检查；③查阅、复制与涉嫌违法行为有关的合同、发票、账簿以及其他有关资料；④检查与涉嫌违法行为有关的产品；⑤对有证据证明是假冒专利的产品，可以查封或者扣押。

（三）专利管理部门与人员法律责任

管理专利工作的部门不得参与向社会推荐专利产品等经营活动。管理专利工作的部门违反上述规定的，由其上级机关或者监察机关责令改正，消除影响，有违法收入的予以没收；情节严重的，对直接负责的主管人员和其他直接责任人员依法给予处分。从事专利管理工作的国家机关工作人员以及其他有关国家机关工作人员玩忽职守、滥用职权、徇私舞弊，构成犯罪的，依法追究刑事责任；尚不构成犯罪的，依法给予处分。

第三节　商标权

一、商标与商标权

（一）商标及其分类

商标，是指经营者在商品或服务项目上使用的，将自己经营的商品或提供的服务与其他经营者经营的商品或提供的服务区别开来的一种商业识别标志。《中华人民共和国商标法》（以下简称《商标法》）规定，经商标局核准注册的商标为注册商标，包括商品商标、服务商标和集体商标、证明商标。

1. 商品商标和服务商标

这是根据商标标示对象的不同所做的划分。商品商标是使用于商品，用以区别不同经营者所提供的商品的专用标记；服务商标是提供服务的经营者为将自己提供的服务与他人提供的服务相区别而使用的商标。

2. 注册商标和未注册商标

根据商标是否登记注册，可将商标划分为注册商标和未注册商标。注册商标是指已经在商标注册主管机构获准注册的商标；未注册商标是指已经使用但未经商标注册主管机构获准注册的商标。

3. 集体商标和证明商标

集体商标，是指以团体、协会或者其他组织名义注册，供该组织成员在商事活动中使用，以表明使用者在该组织中的成员资格的标志。证明商标，是指由对某种商品或者服务具有监督能力的组织所控制，而由该组织以外的单位或者个人使用于其商品或者服务，用以证明该商品或者服务的原产地、原料、制造方法、质量或者其他特定品质的标志。

（二）商标权与商标法

1. 商标权及其内容

商标权是指商标注册人在法定期限内对其注册商标所享有的受国家法律保护的各种权利。从内容上看，商标权包括专用权、许可权、转让权、续展权、标示权和禁止权等，其中专用权是最重要的权利，其他权利均由其派生而来。

（1）专用权。专用权是商标权主体对其注册商标依法享有的自己在指定商品或服务项目上独占使用的权利。注册商标的专用权，以核准注册的商标和核定

使用的商品为限。

（2）许可权。许可权是指商标权人可以通过签订商标使用许可合同许可他人使用其注册商标的权利。商标使用许可主要有独占使用许可、排他使用许可、普通使用许可三类。许可人应当监督被许可人使用其注册商标的商品质量。被许可人应当保证使用该注册商标的商品质量。经许可使用他人注册商标的，必须在使用该注册商标的商品上标明被许可人的名称和商品产地。许可他人使用其注册商标的，许可人应当将其商标许可报商标局备案。商标使用许可未经备案不得对抗善意第三人。

（3）转让权。商标转让权是指商标权人依法享有的将其注册商标依法定程序和条件，转让给他人的权利。转让注册商标的，转让人和受让人应当签订转让协议，并共同向商标局提出申请。转让注册商标的，商标注册人对其在同一种或者类似商品上注册的相同或者近似的商标，应当一并转让；未一并转让的，由商标局通知其限期改正；期满不改正的，视为放弃转让该注册商标的申请，商标局应当书面通知申请人。转让注册商标经核准后，予以公告，受让人自公告之日起享有商标专用权。对容易导致混淆或者有其他不良影响的商标转让，商标局不予核准，书面通知申请人并说明理由。

（4）续展权。续展权是指商标权人在其注册商标有效期届满前，依法享有申请续展注册，从而延长其注册商标保护期的权利。注册商标的有效期为 10 年，自核准注册之日起计算。注册商标有效期满，需要继续使用的，应当在期满前 12 个月内申请续展注册；在此期间未能提出申请的，可以给予 6 个月的宽展期。每次续展注册的有效期为 10 年，自该商标上一届有效期满次日起计算。宽展期满仍未提出申请的，注销其注册商标。

（5）标示权。商标注册人有权标明“注册商标”字样或者注册标记。在商品上不便标明的，可以在商品包装或者说明书以及其他附着物上标明。

（6）禁止权。商标禁止权是商标权人依法享有的禁止他人不经过自己的许可而使用注册商标和与之相近似的商标的权利。商标法规定，注册商标权人有权禁止他人未经许可在同一种商品或者类似商品上使用与其注册商标相同或者近似的商标，商标禁止权的范围比商标专用权的范围广。

2. 商标法

商标法是调整在商标权确认、使用与保护过程中发生的各种社会关系的法律规范的总称。1982 年 8 月 23 日，第五届全国人民代表大会常务委员会第二十四次会议通过《商标法》。后经 1993 年、2001 年、2013 年、2019 年四次修正。现行《商标法》是 2019 年 11 月 1 日起在全国施行的《商标法》。颁行《商标法》旨在加强商标管理，保护商标专用权，促使生产、经营者保证商品和服务质量，维护商标信誉，以保障消费者和生产、经营者的利益，促进社会主义市场经济的发展。

二、商标权取得

商标注册是指自然人、法人或者其他组织在生产经营活动中，对其商品或者服务需要取得商标专用权，依照法定程序向国家商标局提出申请，经过审核予以注册的法律活动。经商标局注册的商标为注册商标，商标注册人享有商标专用权，受法律保护。商标注册人有权标明“注册商标”或者注册标记。

1. 商标注册原则

（1）自愿注册和强制注册相结合的原则。商标使用人是否申请商标注册完全取决于自己的意愿，但法律、行政法规规定必须使用注册商标的商品（卷烟、雪茄烟、有包装的烟丝）的生产经营者，必须申请商标注册，未经核准注册的，商品不得在市场销售。除必须使用注册商标的商品外，商标无论注册与否都可以使用，但只有注册商标才受到商标法律制度的保护。不以使用为目的的恶意商标注册申请，应当予以驳回。

（2）诚实信用原则。申请注册和使用商标，应当遵循诚实信用原则。商标使用人应当对其使用商标的商品质量负责。各级工商行政管理部门应当通过商标管理，制止欺骗消费者的行为。

（3）显著原则。申请注册的商标，应当具有显著性，便于识别，并不得与他人在先取得的合法权利相冲突。

（4）先申请原则。两个或者两个以上的商标注册申请人，在同一种商品或者类似商品上，以相同或者近似的商标申请注册的，初步审定并公告申请在先的商标；同一天申请的，初步审定并公告使用在先的商标，驳回其他人的申请，不予公告。

（5）商标合法原则。申请注册的商标不得使用法律禁止的标志。《商标法》规定，任何能够将自然人、法人或者其他组织的商品与他人的商品区别开的标志，包括文字、图形、字母、数字、三维标志、颜色组合和声音等，以及上述要素的组合，均可以作为商标申请注册。但下列标志不得作为商标使用：①同中华人民共和国的国家名称、国旗、国徽、国歌、军旗、军徽、军歌、勋章等相同或者近似的，以及同中央国家机关的名称、标志、所在地特定地点的名称或者标志性建筑物的名称、图形相同的；②同外国的国家名称、国旗、国徽、军旗等相同或者近似的，但经该国政府同意的除外；③同政府间国际组织的名称、旗帜、徽记等相同或者近似的，但经该组织同意或者不易误导公众的除外；④与表明实施控制、予以保证的官方标志、检验印记相同或者近似的，但经授权的除外；⑤同

"红十字""红新月"的名称、标志相同或者近似的；⑥带有民族歧视性的；⑦带有欺骗性，容易使公众对商品的质量等特点或者产地产生误认的；⑧有害于社会主义道德风尚或者有其他不良影响的。

县级以上行政区划的地名或者公众知晓的外国地名，不得作为商标。但是，地名具有其他含义或者作为集体商标、证明商标组成部分的除外；已经注册的使用地名的商标继续有效。

下列标志不得作为商标注册：仅有本商品的通用名称、图形、型号的；仅直接表示商品的质量、主要原料、功能、用途、重量、数量及其他特点的；其他缺乏显著特征的。

以三维标志申请注册商标的，仅由商品自身的性质产生的形状、为获得技术效果而需有的商品形状或者使商品具有实质性价值的形状，不得注册。

就相同或者类似商品申请注册的商标是复制、模仿或者翻译他人未在中国注册的驰名商标，容易导致混淆的，不予注册并禁止使用。就不相同或者不相类似商品申请注册的商标是复制、摹仿或者翻译他人已经在中国注册的驰名商标，误导公众，致使该驰名商标注册人的利益可能受到损害的，不予注册并禁止使用。

未经授权，代理人或者代表人以自己的名义将被代理人或者被代表人的商标进行注册，被代理人或者被代表人提出异议的，不予注册并禁止使用。

就同一种商品或者类似商品申请注册的商标与他人在先使用的未注册商标相同或者近似，申请人与该他人具有相关合同、业务往来关系或者其他关系而明知该他人商标存在，该他人提出异议的，不予注册。

商标中有商品的地理标志，而该商品并非来源于该标志所标示的地区，误导公众的，不予注册并禁止使用；但是，已经善意取得注册的继续有效。

2. 商标注册申请

（1）申请的代理。申请商标注册或者办理其他商标事宜，可以自行办理，也可以委托依法设立的商标代理机构办理。外国人或者外国企业在中国申请商标注册的，应当按其所属国和中华人民共和国签订的协议或者共同参加的国际条约办理，或者按对等原则办理。外国人或者外国企业在中国申请商标注册和办理其他商标事宜的，应当委托依法设立的商标代理机构办理。商标代理机构应当遵循诚实信用原则，遵守法律、行政法规，按照被代理人的委托办理商标注册申请或者其他商标事宜；对在代理过程中知悉的被代理人的商业秘密，负有保密义务。委托人申请注册的商标可能存在《商标法》规定不得注册情形的，商标代理机构应当明确告知委托人。

（2）注册申请。商标注册申请人应当按规定的商品分类表填报使用商标的商品类别和商品名称，提出注册申请。商标注册申请人可以通过一份申请就多个类别的商品申请注册同一商标。商标注册申请等有关文件，可以以书面方式或者数据电文方式提出。注册商标需要在核定使用范围之外的商品上取得商标专用权的，应当另行提出注册申请。注册商标需要改变其标志的，应当重新提出注册申请。为申请商标注册所申报的事项和所提供的材料应当真实、准确、完整。

商标注册申请人自其商标在外国第一次提出商标注册申请之日起 6 个月内，又在中国就相同商品以同一商标提出商标注册申请的，依照该外国同中国签订的协议或者共同参加的国际条约，或者按照相互承认优先权的原则，可以享有优先权。依照上述要求优先权的，应当在提出商标注册申请的时候提出书面声明，并且在 3 个月内提交第一次提出的商标注册申请文件的副本；未提出书面声明或者逾期未提交商标注册申请文件副本的，视为未要求优先权。商标在中国政府主办的或者承认的国际展览会展出的商品上首次使用的，自该商品展出之日起 6 个月内，该商标的注册申请人可以享有优先权。依照上述要求优先权的，应当在提出商标注册申请的时候提出书面声明，并且在 3 个月内提交展出其商品的展览会名称、在展出商品上使用该商标的证据、展出日期等证明文件；未提出书面声明或者逾期未提交证明文件的，视为未要求优先权。

3. 商标注册审查与核准

对申请注册的商标，商标局应当自收到商标注册申请文件之日起 9 个月内审查完毕，符合《商标法》有关规定的，予以初步审定公告。对初步审定的商标，自公告之日起 3 个月内，在先权利人、利害关系人或者任何人认为违反相关《商标法》规定的，可以向商标局提出异议。公告期满无异议的，予以核准注册，发给商标注册证，并予公告。

对驳回申请、不予公告的商标，商标局应当书面通知商标注册申请人。商标注册申请人不服的，可以自收到通知之日起 15 日内向商标评审委员会申请复审。商标评审委员会应当自收到申请之日起 9 个月内做出决定，并书面通知申请人。有特殊情况需要延长的，经国务院工商行政管理部门批准，可以延长 3 个月。当事人对商标评审委员会的决定不服的，可以自收到通知之日起 30 日内向人民法院起诉。

对初步审定公告的商标提出异议的，商标局应当听取异议人和被异议人陈述事实和理由，经调查核实后，自公告期满之日起 12 个月内做出是否准予注册的决定，并书面通知异议人和被异议人。有特殊情况需要延长的，经国务院工商行政管理部门批准，可以延长 6 个月。商标局做出准予注册决定的，发给商标注册证，并予公告。异议人不服的，可以依照《商标法》的规定向商标评审委员会请求宣告该注册商标无效。商标局做出不予注册决定，被异议人不服的，可以自收到通知之日起 15 日内向商标评审委员会申请复审。商标评审委员会应当自收到申请之日起 12 个月内做出复审决定，并书面通知异议人和被异议人。有特殊

情况需要延长的，经国务院工商行政管理部门批准，可以延长 6 个月。被异议人对商标评审委员会的决定不服的，可以自收到通知之日起 30 日内向人民法院起诉。人民法院应当通知异议人作为第三人参加诉讼。

商标评审委员会在依照上述规定进行复审的过程中，所涉及的在先权利的确定必须以人民法院正在审理或者行政机关正在处理的另一案件的结果为依据的，可以中止审查。中止原因消除后，应当恢复审查程序。

法定期限届满，当事人对商标局做出的驳回申请决定、不予注册决定不申请复审或者对商标评审委员会做出的复审决定不向人民法院起诉的，驳回申请决定、不予注册决定或者复审决定生效。经审查异议不成立而准予注册的商标，商标注册申请人取得商标专用权的时间自初步审定公告 3 个月期满之日起计算。自该商标公告期满之日起至准予注册决定做出前，对他人在同一种或者类似商品上使用与该商标相同或者近似的标志的行为不具有追溯力；但是，因该使用人的恶意给商标注册人造成的损失，应当给予赔偿。

商标注册申请人或者注册人发现商标申请文件或者注册文件有明显错误的，可以申请更正。商标局依法在其职权范围内作出更正，并通知当事人。上述所称更正错误不涉及商标申请文件或者注册文件的实质性内容。

三、注册商标的续展、变更、转让、使用许可

（一）注册商标续展

注册商标的有效期为 10 年，自核准注册之日起计算。注册商标有效期满，需要继续使用的，商标注册人应当在期满前 12 个月内按照规定办理续展手续；在此期间未能办理的，可以给予 6 个月的宽展期。每次续展注册的有效期为 10 年，自该商标上一届有效期满次日起计算。期满未办理续展手续的，注销其注册商标。商标局应当对续展注册的商标予以公告。注册商标需要变更注册人的名义、地址或者其他注册事项的，应当提出变更申请。

（二）注册商标变更

注册商标需要变更注册人的名义、地址或者其他注册事项的，应当提出变更申请。

（三）注册商标转让

转让注册商标的，转让人和受让人应当签订转让协议，并共同向商标局提出申请。受让人应当保证使用该注册商标的商品质量。转让注册商标的，商标注册人对其在同一种商品上注册的近似的商标，或者在类似商品上注册的相同或者近似的商标，应当一并转让。对容易导致混淆或者有其他不良影响的转让，商标局

不予核准，书面通知申请人并说明理由。转让注册商标经核准后，予以公告。受让人自公告之日起享有商标专用权。

（四）注册商标使用许可

商标注册人可以通过签订商标使用许可合同，许可他人使用其注册商标。许可人应当监督被许可人使用其注册商标的商品质量。被许可人应当保证使用该注册商标的商品质量。经许可使用他人注册商标的，必须在使用该注册商标的商品上标明被许可人的名称和商品产地。许可他人使用其注册商标的，许可人应当将其商标使用许可报商标局备案，由商标局公告。商标使用许可未经备案不得对抗善意第三人。

四、注册商标无效宣告

已经注册的商标，违反《商标法》规定的，或者是以欺骗手段或者其他不正当手段取得注册的，由商标局宣告该注册商标无效；其他单位或者个人可以请求商标评审委员会宣告该注册商标无效。商标局做出宣告注册商标无效的决定，应当书面通知当事人。当事人对商标局的决定不服的，可以自收到通知之日起15日内向商标评审委员会申请复审。商标评审委员会应当自收到申请之日起9个月内做出决定，并书面通知当事人。有特殊情况需要延长的，经国务院工商行政管理部门批准，可以延长3个月。当事人对商标评审委员会的决定不服的，可以自收到通知之日起30日内向人民法院起诉。

其他单位或者个人请求商标评审委员会宣告注册商标无效的，商标评审委员会收到申请后，应当书面通知有关当事人，并限期提出答辩。商标评审委员会应当自收到申请之日起9个月内做出维持注册商标或者宣告注册商标无效的裁定，并书面通知当事人。有特殊情况需要延长的，经国务院工商行政管理部门批准，可以延长3个月。当事人对商标评审委员会的裁定不服的，可以自收到通知之日起30日内向人民法院起诉。人民法院应当通知商标裁定程序的对方当事人作为第三人参加诉讼。

已经注册的商标，违反《商标法》规定的，自商标注册之日起5年内，在先权利人或者利害关系人可以请求商标评审委员会宣告该注册商标无效。对恶意注册的，驰名商标所有人不受5年的时间限制。商标评审委员会收到宣告注册商标无效的申请后，应当书面通知有关当事人，并限期提出答辩。商标评审委员会应当自收到申请之日起12个月内做出维持注册商标或者宣告注册商标无效的裁定，并书面通知当事人。有特殊情况需要延长的，经国务院工商行政管理部门批准，可以延长6个月。当事人对商标评审委员会的裁定不服的，可以自收到通知之日起 30 日内向人民法院起诉。人民法院应当通知商标裁定程序的对方当事人作为第三人参加诉讼。

商标评审委员会在依照前款规定对无效宣告请求进行审查的过程中，所涉及的在先权利的确定必须以人民法院正在审理或者行政机关正在处理的另一案件的结果为依据的，可以中止审查。中止原因消除后，应当恢复审查程序。

法定期限届满，当事人对商标局宣告注册商标无效的决定不申请复审或者对商标评审委员会的复审决定、维持注册商标或者宣告注册商标无效的裁定不向人民法院起诉的，商标局的决定或者商标评审委员会的复审决定、裁定生效。

依法宣告无效的注册商标，由商标局予以公告，该注册商标专用权视为自始即不存在。宣告注册商标无效的决定或者裁定，对宣告无效前人民法院做出并已执行的商标侵权案件的判决、裁定、调解书和工商行政管理部门做出并已执行的商标侵权案件的处理决定以及已经履行的商标转让或者使用许可合同不具有追溯力。但是，因商标注册人的恶意给他人造成的损失，应当给予赔偿。

五、商标使用管理

《商标法》所称的商标的使用，是指将商标用于商品、商品包装或者容器以及商品交易文书上，或者将商标用于广告宣传、展览以及其他商业活动中，用于识别商品来源的行为。

商标注册人在使用注册商标的过程中，自行改变注册商标、注册人名义、地址或者其他注册事项的，由地方工商行政管理部门责令限期改正；期满不改正的，由商标局撤销其注册商标。注册商标成为其核定使用的商品的通用名称或者没有正当理由连续 3 年不使用的，任何单位或者个人可以向商标局申请撤销该注册商标。商标局应当自收到申请之日起 9 个月内做出决定。有特殊情况需要延长的，经国务院工商行政管理部门批准，可以延长 3 个月。注册商标被撤销、被宣告无效或者期满不再续展的，自撤销、宣告无效或者注销之日起 1 年内，商标局对与该商标相同或者近似的商标注册申请，不予核准。

六、商标权的保护

（一）商标侵权

1. 商标侵权行为

注册商标的专用权，以核准注册的商标和核定使用的商品为限。有下列行为之一的，均属侵犯注册商标专用权：①未经商标注册人的许可，在同一种商品上使用与其注册商标相同的商标的；②未经商标注册人的许可，在同一种商品上使用与其注册商标近似的商标，或者在类似商品上使用与其注册商标相同或者近似的商标，容易导致混淆的；③销售侵犯注册商标专用权的商品的；④伪造、擅自制造他人注册商标标识或者销售伪造、擅自制造的注册商标标识的；⑤未经商标注册人同意，更换其注册商标并将该更换商标的商品又投入市场的；⑥故意为侵犯他人商标专用权行为提供便利条件，帮助他人实施侵犯商标专用权行为的；⑦给他人的注册商标专用权造成其他损害的。将他人注册商标、未注册的驰名商标作为企业名称中的字号使用，误导公众，构成不正当竞争行为的，依照《中华人民共和国反不正当竞争法》处理。

2. 商标权人无权禁止的行为

（1）注册商标中含有的本商品的通用名称、图形、型号，或者直接表示商品的质量、主要原料、功能、用途、重量、数量及其他特点，或者含有的地名，注册商标专用权人无权禁止他人正当使用。

（2）三维标志注册商标中含有的商品自身的性质产生的形状、为获得技术效果而需有的商品形状或者使商品具有实质性价值的形状，注册商标专用权人无权禁止他人正当使用。

（3）商标注册人申请商标注册前，他人已经在同一种商品或者类似商品上先于商标注册人使用与注册商标相同或者近似并有一定影响的商标的，注册商标专用权人无权禁止该使用人在原使用范围内继续使用该商标，但可以要求其附加适当区别标识。

（二）商标侵权处理

1. 商标侵权处理方式

侵犯他人注册商标专用权引起纠纷的，由当事人协商解决；不愿协商或者协商不成的，商标注册人或者利害关系人可以向人民法院起诉，也可以请求工商行政管理部门处理。对侵犯注册商标专用权的行为，工商行政管理部门有权依法查处；涉嫌犯罪的，应当及时移送司法机关依法处理。在查处商标侵权案件过程中，对商标权属存在争议或者权利人同时向人民法院提起商标侵权诉讼的，工商行政管理部门可以中止案件的查处。中止原因消除后，应当恢复或者终结案件查处程序。人民法院审理商标纠纷案件，应权利人请求，对属于假冒注册商标的商品，除特殊情况外，责令销毁；对主要用于制造假冒注册商标的商品的材料、工具，责令销毁，且不予补偿；或者在特殊情况下，责令禁止前述材料、工具进入商业渠道，且不予补偿。假冒注册商标的商品不得在仅去除假冒注册商标后进入商业渠道。

2. 商标侵权赔偿数额确定

侵犯商标专用权的赔偿数额，按照权利人因被侵权所受到的实际损失确定；

实际损失难以确定的，可以按照侵权人因侵权所获得的利益确定；权利人的损失或者侵权人获得的利益难以确定的，参照该商标许可使用费的倍数合理确定。对恶意侵犯商标专用权，情节严重的，可以在按照上述方法确定数额的 1 倍以上 5 倍以下确定赔偿数额。赔偿数额应当包括权利人为制止侵权行为所支付的合理开支。权利人因被侵权所受到的实际损失、侵权人因侵权所获得的利益、注册商标许可使用费难以确定的，由人民法院根据侵权行为的情节判决给予 500 万元以下的赔偿。

人民法院为确定赔偿数额，在权利人已经尽力举证，而与侵权行为相关的账簿、资料主要由侵权人掌握的情况下，可以责令侵权人提供与侵权行为相关的账簿、资料；侵权人不提供或者提供虚假的账簿、资料的，人民法院可以参考权利人的主张和提供的证据判定赔偿数额。对侵犯商标专用权的赔偿数额的争议，当事人可以请求进行处理的工商行政管理部门调解，也可以依照《中华人民共和国民事诉讼法》向人民法院起诉。经工商行政管理部门调解，当事人未达成协议或者调解书生效后不履行的，当事人可以依照《中华人民共和国民事诉讼法》向人民法院起诉。

注册商标专用权人请求赔偿，被控侵权人以注册商标专用权人未使用注册商标提出抗辩的，人民法院可以要求注册商标专用权人提供此前 3 年内实际使用该注册商标的证据。注册商标专用权人不能证明此前 3 年内实际使用过该注册商标，也不能证明因侵权行为受到其他损失的，被控侵权人不承担赔偿责任。销售不知道是侵犯注册商标专用权的商品，能证明该商品是自己合法取得并说明提供者的，不承担赔偿责任。

3. 诉前财产保全与证据保全

商标注册人或者利害关系人有证据证明他人正在实施或者即将实施侵犯其注册商标专用权的行为，如不及时制止将会使其合法权益受到难以弥补的损害的，可以依法在起诉前向人民法院申请采取责令停止有关行为和财产保全的措施。为制止侵权行为，在证据可能灭失或者以后难以取得的情况下，商标注册人或者利害关系人可以依法在起诉前向人民法院申请保全证据。

七、驰名商标

（一）驰名商标的认定

驰名商标，是指在一定地域范围内具有较高知名度并为相关公众知晓的商标。驰名商标的认定以当事人申请为原则。驰名商标的认定可以由特定的行政机关认定，也可以由人民法院在审理案件时进行认定。《商标法》规定，在商标注册审查、工商行政管理部门查处商标违法案件过程中，当事人依法主张权利的，商标局根据审查、处理案件的需要，可以对商标驰名情况作出认定。在商标争议处理过程中，当事人依法主张权利的商标评审委员会根据处理案件的需要，可以对商标驰名情况作出认定。在商标民事、行政案件审理过程中，当事人依法主张权利的，最高人民法院指定的人民法院根据审理案件的需要，可以对商标驰名情况作出认定。

认定驰名商标应当考虑下列因素：①相关公众对该商标的知晓程度；②该商标使用的持续时间；③该商标的任何宣传工作的持续时间、程度和地理范围；④该商标作为驰名商标受保护的记录；⑤该商标驰名的其他因素。这里的“相关公众”，是指与商标所标识的某类商品或者服务有关的消费者和与前述商品或者服务的营销有密切关系的其他经营者。

（二）驰名商标的特殊保护

就相同或类似商品申请注册的商标是复制、摹仿或者翻译他人未在中国注册的驰名商标，容易导致混淆的，不予注册并禁止使用。就不相同或者不相类似商品申请注册的商标是复制、幕仿或者翻译他人已经在中国注册的驰名商标，误导公众，致使该驰名商标注册人的利益可能受到损害的，不予注册并禁止使用。

第四节　著作权

一、著作权与著作权法

著作权又称版权，是指文学艺术和科学作品的作者及其相关主体依法对作品所享有的人身权利和财产权利。1990 年 9 月 7 日，第七届全国人民代表大会常务委员会第十五次会议通过《中华人民共和国著作权法》（以下简称《著作权法》）。历经 2001 年、2010 年、2020 年三次修正，现行《著作权法》于 2021 年 6 月 1 日起施行。颁行《著作权法》，旨在保护文学、艺术和科学作品作者的著作权，以及与著作权有关的权益，鼓励有益于社会主义精神文明、物质文明建设的作品的创作和传播，促进社会主义文化和科学事业的发展与繁荣。

二、著作权客体

（一）作品及其种类

著作权的客体是指著作权法保护的对象，即作品。《著作权法》所称的作品，是指文学、艺术和科学领域内具有独创性并能以一定形式表现的智力成果，包括：文字作品；口述作品；音乐、戏剧、曲艺、舞蹈、杂技艺术作品；美术、建筑作品；摄影作品；视听作品；工程设计图、产品设计图、地图、示意图等图形作品和模型作品；计算机软件；符合作品特征的其他智力成果。

（二）不予保护的对象

《著作权法》规定，下列内容不属于《著作权法》保护的对象：

（1）法律、法规，国家机关的决议、决定、命令和其他具有立法、行政、司法性质的文件，及其官方正式译文；

（2）单纯事实消息；

（3）历法、通用数表、通用表格和公式。

三、著作权主体

（一）一般意义上的著作权主体

1. 作者

创作作品的自然人是作者。创作，是指产生文学、艺术和科学作品的智力活动。为他人创作进行组织工作，提供咨询意见、物质条件，或者进行了其他辅助工作，均不视为创作。创作是一种事实行为，不受自然人行为能力状况的限制，但创作成果必须符合作品的条件，创作主体才能取得作者身份。由法人或者非法人组织主持，代表法人或者非法人组织意志创作，并由法人或者非法人组织承担责任的作品，法人或者非法人组织视为作者。如无相反证明，在作品上署名的公民、法人或非法人他组织为作者。当事人提供的涉及著作权的底稿、原件、合法出版物、著作权登记证书、认证机构出具的证明、取得权利的合同等，都可作为认定作者的证据。

2. 继受人

继受人是指因发生继承、赠与、遗赠或受让等法律事实而取得著作财产权的人。继受著作权人包括继承人、受赠人、受遗赠人、受让人、作品原件的合法持有人和国家。继受著作权人只能成为著作财产权的继受主体，而不能成为著作人身权的继受主体，因著作人身权具有不可转让性。

3. 外国人和无国籍人

外国人、无国籍人的作品根据其作者所属国或者经常居住地国同中国签订的协议或者共同参加的国际条约享有的著作权，受《著作权法》保护。外国人、无国籍人的作品首先在中国境内出版的，依照《著作权法》享有著作权。未与中国签订协议或者共同参加国际条约的国家的作者以及无国籍人的作品首次在中国参加的国际条约的成员国出版的，或者在成员国和非成员国同时出版的，受《著作权法》保护。

（二）演绎作品的著作权人

演绎作品，又称派生作品，是指在已有作品的基础上，经过改编、翻译、注释、整理等创造性劳动而产生的作品。演绎行为是演绎者的创造性劳动，演绎者创作所产生的作品，其著作权由演绎者享有，但行使著作权时不得侵犯原作品的著作权。

（三）合作作品著作权人

合作作品，是指两人以上合作创作的作品。合作作品的著作权由合作作者通过协商一致行使；不能协商一致，又无正当理由的，任何一方不得阻止他人行使除转让、许可他人专有使用、出质以外的其他权利，但是所得收益应当合理分配给所有合作作者。合作作品可以分割使用，作者对各自创作的部分可以单独享有著作权，但行使著作权时不得侵犯合作作品整体的著作权。

（四）汇编作品的著作权人

汇编若干作品、作品的片段或者不构成作品的数据或者其他材料，对其内容的选择或者编排体现独创性的作品，为汇编作品。汇编作品的著作权由汇编人享有，但行使著作权时，不得侵犯原作品的著作权。

（五）视听作品的著作权人

视听作品中的电影作品、电视剧作品的著作权由制作者享有，但编剧、导演、摄影、作词、作曲等作者享有署名权，并有权按照与制作者签订的合同获得报酬。上述规定以外的视听作品的著作权归属由当事人约定；没有约定或者约定不明确的，由制作者享有，但作者享有署名权和获得报酬的权利。视听作品中的剧本、音乐等可以单独使用的作品的作者有权单独行使其著作权。

（六）职务作品的著作权人

职务作品是指自然人为完成法人或者非法人组织工作任务所创作的作品。其中，单位作品著作权为单位享有。一般职务作品著作权由作者享有，但法人或者非法人组织有权在业务范围内优先使用。作品完成两年内，未经单位同意，作者不得许可第三人或者其他组织以与单位相同的方式使用该作品。

（七）委托作品的著作权人

委托作品，是指作者接受他人委托而创作的作品。委托作品的著作权归属由委托人和受托人通过合同约定。合同未作明确约定或者没有订立合同的，著作权属于受托人，但委托人在约定的使用范围内享有使用作品的权利；双方没有约定使用作品范围的，委托人可以在委托创作的特定目的范围内免费使用该作品。

（八）原件所有权转移的作品的著作权人

作品原件所有权的转移，不改变作品著作权的归属，但美术、摄影作品原件的展览权由原件所有人享有。作者将未发表的美术、摄影作品的原件所有权转让给他人，受让人展览该原件不构成对作者发表权的侵犯。

（九）作者身份不明的作品的著作权人

作者身份不明的作品，是指从通常途径不能了解作者身份的作品。归属作者身份不明的作品，由作品原件的所有人行使除署名权以外的著作权。作者身份确定后，由作者或者其继承人行使著作权。

四、著作权内容

（一）著作人身权

著作人身权，是指著作权人基于作品的创作依法享有的以人格利益为内容的权利。它与作者的人身不可分离，一般不能继承、转让，也不能被非法剥夺或成为强制执行中的执行标的。

（1）发表权。发表权是指决定作品是否公之于众的权利。其具体内容包括：决定作品是否公之于众；决定作品在何时何地公之于众；决定作品以何种方式公之于众。发表权是一次性权利。作品一旦发表，发表权即行消灭。

（2）署名权。署名权是指表明作者身份，在作品上署名的权利。其具体内容包括：决定是否在作品上署名；决定署名的方式；决定署名的顺序；禁止未参加创作的人在作品上署名；禁止他人假冒署名，即有权禁止他人盗用自己的姓名或笔名在他人作品上署名。

（3）修改权。修改权是指修改或授权他人修改作品的权利。修改通常是指内容的修改，报社、杂志社进行的不影响作品内容的文字性删节不属修改权控制的范围，可以不经作者同意。但对内容的修改，必须征得作者同意。修改既可针对未发表的作品，也可针对已发表的作品。

（4）保护作品完整权。保护作品完整权是指保护作品不受歪曲、篡改的权利。

（二）著作财产权

（1）使用权。使用权是指以复制、发行、出租、展览、放映、广播、网络传播、摄制、改编、翻译、汇编等方式使用作品的权利。具体包括以下内容：复制权、发行权、出租权、展览权、表演权、放映权、广播权、信息网络传播权、摄制权、改编权、翻译权、汇编权。

（2）许可使用权。许可使用权，是指著作权人依法享有的许可他人使用作品并获得报酬的权利。使用他人作品，应当同著作权人订立许可使用合同，但属于法定使用许可情形的除外。

（3）转让权。转让权是指著作权人依法享有的转让使用权中一项或多项权利并获得报酬的权利。转让的标的不能是人身权，只能是著作财产权中的使用权，可以转让使用权中的一项或多项或全部权利。

（4）获得报酬权。获得报酬权是指著作权人依法享有的因作品的使用或转让而获得报酬的权利。使用改编、翻译、注释、整理、汇编已有作品而产生的作品进行出版、演出和制作录音录像制品，应当取得该作品的著作权人和原作品的著作权人许可，并支付报酬。

五、著作权限制

著作权限制包括合理使用和法定许可使用两种情形。所谓合理使用，是指根据法律的明文规定，不必征得著作权人同意而无偿使用他人已发表作品的行为。法定许可使用，是指依照法律的明文规定，不经著作权人同意有偿使用他人已经发表作品的行为。合理使用是无偿使用，而法定许可是有偿使用，使用人必须按规定支付报酬。

（一）合理使用情形

《著作权法》规定，在下列情况下使用作品，可以不经著作权人许可，不向其支付报酬，但应当指明作者姓名或者名称、作品名称，并且不得影响该作品的正常使用，也不得不合理地损害著作权人的合法权益：①为个人学习、研究或者欣赏，使用他人已经发表的作品；②为介绍、评论某一作品或者说明某一问题，在作品中适当引用他人已经发表的作品；③为报道新闻，在报纸、期刊、广播电台、电视台等媒体中不可避免地再现或者引用已经发表的作品；④报纸、期刊、广播电台、电视台等媒体刊登或者播放其他报纸、期刊、广播电台、电视台等媒体已经发表的关于政治、经济、宗教问题的时事性文章，但著作权人声明不许刊登、播放的除外；⑤报纸、期刊、广播电台、电视台等媒体刊登或者播放在公众集会上发表的讲话，但作者声明不许刊登、播放的除外；⑥为学校课堂教学或者科学研究，翻译、改编、汇编、播放或者少量复制已经发表的作品，供教学或者科研人员使用，但不得出版发行；⑦国家机关为执行公务在合理范围内使用已经发表的作品；⑧图书馆、档案馆、纪念馆、博物馆、美术馆、文化馆等为陈列或者保存版本的需要，复制本馆收藏的作品；⑨免费表演已经发表的作品，该表演未向公众收取费用，也未向表演者支付报酬，且不以营利为目的；⑩对设置或者陈列在公共场所的艺术作品进行临摹、绘画、摄影、录像；⑪将中国公民、法人或者非法人组织已经发表的以国家通用语言文字创作的作品翻译成少数民族语言文字作品在国内出版发行；⑫以阅读障碍者能够感知的无障碍方式向其提供已经发表的作品；⑬法律、行政法规规定的其他情形。

（二）法定许可使用情形

根据有关规定，法定许可使用包括以下情形：①为实施义务教育和国家教育规划而编写出版教科书，可以不经著作权人许可，在教科书中汇编已经发表的作品片段或者短小的文字作品、音乐作品或者单幅的美术作品、摄影作品、图形作品；②作品被报社、期刊社刊登后，除著作权人声明不得转载、摘编的外，其他报刊可以转载或者作为文摘、资料刊登；③已在报刊上刊登或者网络上传播的作品，除著作权人声明或者上载该作品的网络服务提供者受著作权人的委托声明不得转载、摘编的以外，网站可以转载、摘编；④录音制作者使用他人已经合法录制为录音制品的音乐作品制作录音制品，著作权人声明不许使用的除外；⑤广播电台、电视台播放他人已经发表的作品；⑥广播电台、电视台播放已经出版的录音制品。法定许可使用应当按照规定向著作权人支付报酬，指明作者姓名或者名称、作品名称，并且不得侵犯著作权人依照《著作权法》享有的其他权利。

六、著作权保护

（一）著作权保护期限

1. 著作人身权的保护期限

著作人身权中的署名权、修改权和保护作品完整权的保护期不受限制，可以获得永久性保护。但著作人身权中的发表权的保护有时间限制。

2. 自然人作品的发表权和财产权的保护期

自然人的作品，其发表权和使用权的保护期分别为作者终生及其死后 50 年，截止于作者死亡之后第 50 年的 12 月 31 日；如果是合作作者，截止于最后死亡的作者死亡后第 50 年的 12 月 31 日。作者生前未发表的作品，如果作者未明确表示不发表，作者死亡后 50 年内，其发表权可由继承人或者受遗赠人行使；没有继承人又无人受遗赠的，由作品原件的所有人行使。

3. 法人或者非法人组织的作品的发表权和财产权的保护期

法人或者非法人组织的作品、著作权（署名权除外）由法人或非法人组织享有的职务作品，其发表权的保护期为 50 年，截止于作品创作完成后第 50 年的 12 月 31 日，但作品自创作完成后 50 年内未发表的，著作权不再保护。

4. 作者身份不明作品使用权的保护期

作者身份不明的作品，其使用权的保护期截止于作品发表后第 50 年的 12 月 31 日。作者身份确定后，适用《著作权法》关于公民作品保护的规定，按不同作品类型分别确定保护期。

（二）著作权侵权行为

著作权侵权行为，是指未经著作权人同意，又无法律上的依据，使用他人作品或行使著作权人专有权的行为。著作权侵权行为包括承担民事责任的侵权责任和承担综合责任的侵权行为。

1. 承担民事责任的侵权行为

有下列侵权行为的，应当根据具体情况，承担停止侵害、消除影响、赔礼道歉、赔偿损失等民事责任：①未经著作权人许可，发表其作品的；②未经合作作者许可，将与他人合作创作的作品当作自己单独创作的作品发表的；③没有参加创作，为谋取个人名利，在他人作品上署名的；④歪曲、篡改他人作品的；⑤剽窃他人作品的；⑥未经著作权人许可，以展览、摄制视听作品，或者以改编、翻译、注释等方式使用作品的，著作权法另有规定的除外；⑦使用他人作品，应当支付报酬而未支付的；⑧未经视听作品、计算机软件、录音录像制品的著作权人或者与著作权有关的权利人许可，出版其作品或者录音录像制品的，著作权法另有规定的除外；⑨未经出版者许可，使用其出版的图书、期刊的版式设计的；⑩未经表演者许可，从现场直播或者公开传送其现场表演，或者录制其表演的；⑪其他侵犯著作权以及与著作权有关的权利的行为。

2. 承担综合责任的侵权行为

有下列侵权行为的，应当根据情况，承担停止侵害、消除影响、赔礼道歉、赔偿损失等民事责任；侵权行为同时损害公共利益的，由主管著作权的部门责令停止侵权行为，予以警告，没收违法所得，没收、无害化销毁处理侵权复制品以及主要用于制作侵权复制品的材料、工具、设备等，违法经营额 5 万元以上的，可以并处违法经营额 1 倍以上 5 倍以下的罚款；没有违法经营额、违法经营额难以计算或者不足 5 万元的，可以并处 25 万元以下的罚款；构成犯罪的，依法追究刑事责任：①未经著作权人许可，复制、发行、表演、放映、广播、汇编、通过信息网络向公众传播其作品的，《著作权法》另有规定的除外；②出版他人享有专有出版权的图书的；③未经表演者许可，复制、发行录有其表演的录音录像制品，或者通过信息网络向公众传播其表演的，本法另有规定的除外；④未经录音录像制作者许可，复制、发行、通过信息网络向公众传播其制作的录音录像制品的，《著作权法》另有规定的除外；⑤未经许可，播放、复制或者通过信息网络向公众传播广播、电视的，《著作权法》另有规定的除外；⑥未经著作权人或者与著作权有关的权利人许可，故意避开或者破坏技术措施的，故意制造、进口或者向他人提供主要用于避开、破坏技术措施的装置或者部件的，或者故意为他人避开或者破坏技术措施提供技术服务的，法律、行政法规另有规定的除外；⑦未经著作权人或者与著作权有关的权利人许可，故意删除或者改变作品、版式设计、表演、录音录像制品或者广播、电视上的权利管理信息的，知道或者应当知道作品、版式设计、表演、录音录像制品或者广播、电视上的权利管理信息未经许可被删除或者改变，仍然向公众提供的，法律、行政法规另有规定的除外；⑧制作、出售假冒他人署名的作品的。

（三）著作权侵权赔偿与证据保全

1. 侵权赔偿数额确定

侵犯著作权或者与著作权有关的权利的，侵权人应当按照权利人因此受到的实际损失或者侵权人的违法所得给予赔偿；权利人的实际损失或者侵权人的违法所得难以计算的，可以参照该权利使用费给予赔偿。对故意侵犯著作权或者与著作权有关的权利，情节严重的，可以在按照上述方法确定数额的 1 倍以上 5 倍以下给予赔偿。

权利人的实际损失、侵权人的违法所得、权利使用费难以计算的，由人民法院根据侵权行为的情节，判决给予 500 元以上 500 万元以下的赔偿。赔偿数额还应当包括权利人为制止侵权行为所支付的合理开支。

人民法院为确定赔偿数额，在权利人已经尽了必要举证责任，而与侵权行为相关的账簿、资料等主要由侵权人掌握的，可以责令侵权人提供与侵权行为相关的账簿、资料等；侵权人不提供，或者提供虚假的账簿、资料等的，人民法院可以参考权利人的主张和提供的证据确定赔偿数额。

人民法院审理著作权纠纷案件，应权利人请求，对侵权复制品，除特殊情况外，责令销毁；对主要用于制造侵权复制品的材料、工具、设备等，责令销毁，且不予补偿；或者在特殊情况下，责令禁止前述材料、工具、设备等进入商业渠道，且不予补偿。

2. 证据保全

主管著作权的部门对涉嫌侵犯著作权和与著作权有关的权利的行为进行查处时，可以询问有关当事人，调查与涉嫌违法行为有关的情况；对当事人涉嫌违法行为的场所和物品实施现场检查；查阅、复制与涉嫌违法行为有关的合同、发票、账簿以及其他有关资料；对于涉嫌违法行为的场所和物品，可以查封或者扣押。主管著作权的部门依法行使前款规定的职权时，当事人应当予以协助、配合，不得拒绝、阻挠。

著作权人或者与著作权有关的权利人有证据证明他人正在实施或者即将实施侵犯其权利、妨碍其实现权利的行为，如不及时制止将会使其合法权益受到难以弥补的损害的，可以在起诉前依法向人民法院申请采取财产保全、责令作出一定行为或者禁止作出一定行为等措施。为制止侵权行为，在证据可能灭失或者以后难以取得的情况下，著作权人或者与著作权有关的权利人可以在起诉前向人民法院申请保全证据。

复习与思考

1. 知识产权及其特征
2. 专利授权条件
3. 专利权内容
4. 专利侵权行为
5. 商标申请原则
6. 商标禁用规定
7. 驰名商标认定
8. 著作权内容
9. 著作权保护

研究与探索

（1）亚伯拉罕·林肯曾把专利比作“浇在智慧之花上的利益之油”。经济学研究也认为，专利制度有助于保护技术创新的成果，推动经济增长。这已成为工业经济时代人们对专利的共识。这些观点在共享经济时代依然成立吗？面对共享经济，专利制度将迎接哪些挑战？运用 SWOT 分析工具剖析共享经济将引致中国公司知识产权管理发生怎样的变化？

（2）寻找一家行业领先的企业，通过企业财产构成透析其财产观；调查其知识财产的存量，结合企业具体情况，为其设计知识产权组合策略。

第四篇

企业交易规制法律制度

第八章　合同法

本章目标

学习过本章之后，你应能够：

1. 阐释合同的基本内容
2. 描述合同订立过程
3. 理解合同的效力
4. 说明合同履行的规则
5. 解释合同的解除与终止
6. 讨论合同违约责任

第一节　合同法律制度概述

一、合同

（一）合同及其分类

1. 合同概念与特征

合同是平等主体的自然人、法人、其他组织之间设立、变更、终止民事权利义务关系的协议。合同具有五个法律特点：①合同是一种民事法律行为。②合同是平等主体的自然人、法人、其他组织之间实施的一种法律行为。③合同是两方以上当事人意思表示一致的民事法律行为。一是合同的成立必须是两个以上的当事人；二是各方当事人都作出意思表示；三是各个意思表示一致。④合同是设立、变更、终止民事权利义务关系的协议。设立民事权利义务关系是指当事人通过订立合同，形成某种法律关系，从而具体地享受民事权利、承担民事义务；变更民事权利义务关系是指当事人通过订立合同使原有的合同关系在内容上发生变化；终止民事权利义务关系是指当事人通过订立合同消灭原合同关系。因此，合同是民事法律关系产生、变更、终止的原因。

2. 合同分类

（1）双务合同与单务合同。根据合同当事人是否相互负有对价义务，合同可分为双务合同与单务合同。双务合同是当事人双方相互负有对价义务的合同。单务合同是指仅有一方当事人承担义务的合同。

（2）诺成合同与实践合同。根据合同是否以交付标的物为生效要件划分，合同可分为诺成合同与实践合同。当事人意思表示一致即告成立且生效的合同为诺成合同，如动产买卖合同。除当事人意思表示一致外，需以实际交付标的物才能生效的合同为实践合同，如借款合同。

（3）要式合同与不要式合同。根据合同的成立是否需要特定的法律形式，合同可分为要式合同与不要式合同。要式合同是指必须采用特殊法定形式才能成立的合同，如不动产转让合同必须采用书面合同才能成立。法律没有特别规定，当事人也没有特别约定需要采用特殊形式的合同为不要式合同。要式合同，如缺乏形式要件，则不能成立生效。

（4）主合同与从合同。依据合同间的主从关系，合同可分为主合同与从合同。不依赖他合同而独立存在的合同为主合同。以他合同的存在为合同存在前提的合同为从合同，如为担保借款合同而订立的抵押合同，借款合同为主合同，抵押合同为从合同。

（二）合同的形式与内容

1. 合同形式

合同的形式是当事人合意的表现形式，是合同的外部表现。当事人订立合同，有书面形式、口头形式和其他形式。书面形式是合同书、信件、电报、电传、传真等可以有形地表现所载内容的形式。以电子数据交换、电子邮件等方式能够有形地表现所载内容，并可以随时调取查用的数据电文，视为书面形式。口头形式是指当事人双方就合同内容面对面或通过通信设备交谈达成的协议。其他形式分为推定形式和默示形式。当事人未用语言和文字明确表示意见，可根据当事人的行为或特定情形推定合同的成立。

2. 合同内容

合同的内容指合同的各项条款。《中华人民共和国民法典》（以下简称《民法典》）合同编规定了合同的一般条款、格式条款、免责条款。

（1）一般条款。《民法典》规定，合同的内容由当事人约定，一般包括以下条款：

1）当事人的名称或者姓名和住所。当事人是合同权利义务的承受者，明确当事人，是明确合同权利义务的承受者，一旦发生纠纷是确定诉讼管辖的依据。当事人的名称或姓名应和住所相结合，才能使当事人特定化、固定化。当事人的名称或姓名和住所应当规范，有依法核准登记的名称的，应使用依法核准登记的名称。

2）标的。标的是合同权利义务指向的对象，它决定合同权利义务的质和量。首先，标的应是法律规定可做标的的物、行为、智力成果、有价证券等；其次，标的应明确、具体。

3）数量。数量是标的量的规定，是以数字和计量单位衡量标的多少的尺度。标的数量要确切，首先，应使用国际标准单位制，在国际贸易合同中可以使用国际贸易中常用的一些计量单位；其次，确认计量方法；再次，对种类物应规定合理的溢短差；最后，毛重或净重。

4）质量。质量是标的质的规定，表示标的的物理属性、化学属性等。质量包括五个方面：物理和化学成分、规格、品质特性、性能、款式。

5）价金。价款是取得标的物所应支付的代价。酬金是获得服务所应支付的代价。在价金条款中，应明确计价方法；规定计价币种；规定其他费用由谁负担，怎样负担；在国际贸易合同中一般要规定“黄金条款”（保值条款）。

6）履行期限、地点和方式。履行期限是履行合同的时间界限。它关系合同义务完成的时间，是确定是否按时履行或迟延履行的依据。履行期限应具体，在双务合同中履行期限应是双方当事人的义务完成期限。履行地点是履行合同义务的地方。履行地点是确定验收地点、运输费用、风险负担、诉讼管辖的依据。履行地点应当明确具体，而且在双务合同中一般应规定双方当事人履行各自合同义务的地点。履行方式是合同义务履行的方式，它由合同的性质和内容决定。履行方式关系到合同义务完成的地点、费用、风险负担。

7）违约责任。违约责任是促使当事人履行债务，使非违约方免受或少受损失的法律措施。违约责任应明确违约方式、责任范围、计算方法等。

8）争议的解决方法。争议的解决方法是指有关解决争议运用什么程序、适用何种法律、选择哪家检验或鉴定机构等内容。当事人双方可在合同中约定仲裁条款、选择诉讼法院条款等。

（2）格式条款。格式条款是当事人为了重复使用而预先拟定，并在订立合同时未与对方协商的条款。采用格式条款订立合同的，提供格式条款的一方应当遵循公平原则确定当事人之间的权利和义务，并采取合理的方式提示对方注意免除或者减轻其责任等与对方有重大利害关系的条款，按照对方的要求，对该条款予以说明。提供格式条款的一方未履行提示或者说明义务，致使对方没有注意或者理解与其有重大利害关系条款的，对方可以主张该条款不成为合同的内容。

格式条款有下列情形之一的无效：①使用格式条款与无民事行为能力人订立合同；行为人与相对人以虚假的意思表示订立合同；恶意串通损害他人合法权益的合同；违反法律、行政法规的强制性规定或违背公序良俗的合同。②造成对方人身损害的免责格式条款；因故意或重大过失造成对方财产损失的免责格式条款。③提供格式条款一方不合理地免除或者减轻其责任、加重对方责任、限制对方主要权利。④提供格式条款一方排除对方主要权利。

对格式条款的理解发生争议的，应当按照通常理解予以解释。对格式条款有两种以上解释的，应当作出不利于提供格式条款一方的解释。格式条款和非格式条款不一致的，应当采用非格式条款。

二、《民法典》合同编的基本原则与调整范围

（一）基本原则

《民法典》合同编的基本原则是合同当事人在合同活动中应遵守的基本准则，也是司法机关处理合同纠纷时遵守的原则。合同编的基本原则包括：平等原则、自愿原则、公平原则、诚实信用原则、不得违反法律或公序良俗原则。

（二）适用范围

《民法典》合同编主要调整的是平等主体的自然人、法人、非法人组织间的经济合同关系，如买卖、租赁、借贷等合同关系。政府机关作为平等主体与对方签订的合同，适用合同编规定合同编或者其他法律没有明文规定的合同，适用合同编通则的规定；其他法律对合同另有规定的，依照其规定。婚姻、收养、监护等有关身份关系的协议，适用有关身份关系的法律规定；没有规定的，可以根据其性质参照适用合同编的规定。在中华人民共和国境内履行的中外合资经营企业合同、中外合作经营企业合同、中外合作勘探开发自然资源合同，适用中华人民共和国法律。非因合同产生的债权债务关系，适用有关该债权债务关系的法律规定；没有规定的，适用合同编通则的规定，但是根据其性质不能适用的除外。

第二节　合同的订立

一、要约

（一）要约及其构成要件

要约是一方当事人以缔结合同为目的，向对方当事人所作的希望订立合同的

意思表示。发出要约的人是要约人，接受要约的人是受要约人、相对人和承诺人。

有效的要约应符合下列规定：①要约人合格。要约人是独立作出要约并受要约约束的人。要约人应是特定的人，应具有相应的行为能力。②要约必须是向相对人发出的。相对人包括特定的人和不特定的人，特定的人即要约中明确了受要约人的名称或姓名等，可以是一人，也可以是多人。不特定的人一般是指社会公众，如悬赏广告、自动售货机等。③有明确的订约意图。要约人发出要约的目的是与他人订立合同，订约意图应充分、明确表达。④要约内容具体确定。“具体”指要约的内容必须有使合同成立的主要条款；“确定”就是要约内容必须明确，而不能模糊不清。⑤要约必须表明经受要约人承诺，要约人既受该意思表示约束。要约人必须向相对人表明，要约一经相对人承诺，合同即成立，要约人受其约束。

（二）要约的效力

（1）要约生效时间。要约采用到达主义。要约到达受要约人时生效。采用数据电文形式订立合同，收件人指定特定系统接收数据电文的，该数据电文进入该特定系统的时间，视为到达时间；未指定特定系统的，该数据电文进入收件人的任何系统的首次时间，视为到达时间。

（2）要约撤回与撤销。要约的撤回是要约人在要约发出后，尚未到达受要约人之前即要约生效前，将该要约取消的法律行为。撤回要约的通知应当在要约到达受要约人之前或者与要约同时到达受要约人。要约可以撤销。要约的撤销是要约人在要约到达受要约人并生效以后，作出最终承诺之前，将该要约取消，使要约效力归于消灭的法律行为。撤销要约的通知应当在受要约人发出承诺通知之前到达受要约人。有下列情形之一的，要约不得撤销：①要约人确定了承诺期限或者以其他形式明示要约不可撤销；②受要约人有理由认为要约是不可撤销的，并已经为履行合同作了准备工作。

（3）要约失效。要约的失效是指要约丧失了法律拘束力，不再对要约人和受要约人产生拘束。要约失效后，受要约人丧失了承诺权，即使其向要约人表示承诺，也不能导致合同成立。有下列情形之一的，要约失效：①拒绝要约的通知到达要约人；②要约人依法撤销要约；③承诺期限届满，受要约人未作出承诺；④受要约人对要约的内容作出实质性变更。

（4）要约邀请。要约邀请，又称引诱要约，是希望他人向自己发出要约的意思表示。要约邀请具有下列特征：①要约邀请是一方邀请对方向自己发出要约；②从法律性质看，要约邀请不是一种意思表示，而是一种事实行为，是当事人订立合同的预备行为，在发出要约邀请时，当事人仍处于订约的准备阶段；

③要约邀请只是引诱他人发出要约，要约邀请人撤回其邀请，一般不承担法律责任。《民法典》合同编明确规定寄送的价目表、拍卖公告、招标公告、招股说明书、商业广告等为要约邀请，商业广告的内容符合要约规定的，视为要约。

二、承诺

（一）承诺及其构成要件

承诺是受要约人同意要约的意思表示。其法律效力在于一经承诺，合同即告成立。有效的承诺必须符合四个条件：①承诺必须由受要约人向要约人作出。②承诺应当在要约确定的期限内作出并到达要约人。要约没有确定承诺期限的，承诺应当依照下列规定到达：要约以对话方式作出的，应当即时作出承诺，但当事人另有约定的除外；要约以非对话方式作出的，承诺应当在合理期限内到达。要约以信件或者电报作出的，承诺期限自信件载明的日期或者电报交发之日开始计算。信件未载明日期的，自投寄该信件的邮戳日期开始计算。要约以电话、传真等快速通信方式作出的，承诺期限自要约到达受要约人时开始计算。③承诺的内容必须与要约内容一致。承诺内容与要约一致，才构成合意，从而成立合同。《民法典》合同编规定，有关合同标的、数量、质量、价金、履行期限、履行地点和方式、违约责任、解决争端方法等的变更，是实质性变更，视为新要约；承诺对要约内容作出非实质性变更，除非要约人及时表示反对或要约表明承诺不得对要约内容作出任何变更，该承诺有效。合同的内容以承诺的内容为准。④承诺方式必须符合要约的要求。承诺应当以通知的方式作出，但根据交易习惯或者要约表明可以通过行为作出承诺的除外。

（二）承诺的生效

1. 承诺生效时间与地点

承诺的生效指承诺何时产生法律效力。承诺生效时合同即成立。承诺生效采用到达主义。承诺通知到达要约人时生效。承诺不需要通知的，根据交易习惯或者要约的要求作出承诺的行为时生效。采用数据电文形式订立合同的，收件人指定特定系统接收数据电文的，该数据电文进入该特定系统的时间，视为到达时间；未指定特定系统的，该数据电文进入收件人的任何系统的首次时间，视为到达时间。

2. 承诺的撤回

承诺的撤回是指受要约人在发出承诺通知后，在承诺正式生效前取消该承诺的法律行为。承诺可以撤回，撤回承诺的通知应当在承诺通知到达要约人之前或者与承诺通知同时到达要约人。

3. 承诺的迟延与迟到

受要约人超过承诺期限发出承诺的，为迟延承诺，除要约人及时通知受要约人该承诺有效的以外，迟延的承诺应视为新要约。受要约人在承诺期限内发出承诺，按照通常情形能够及时到达要约人，但因其他原因使承诺到达要约人时超过承诺期限的，为迟到承诺，除要约人及时通知受要约人因承诺超过期限不接受该承诺的以外，迟到的承诺为有效承诺。

受要约人超过承诺期限发出承诺的，除要约人及时通知受要约人该承诺有效的以外，为新要约。受要约人在承诺期限内发出承诺，按照通常情形能够及时到达要约人，但因其他原因承诺到达要约人时超过承诺期限的，除要约人及时通知受要约人因承诺超过期限不接受该承诺的以外，该承诺有效。

国家根据抢险救灾、疫情防控或者其他需要下达国家订货任务、指令性任务的，有关民事主体之间应当依照有关法律、行政法规规定的权利和义务订立合同。

依照法律、行政法规的规定负有发出要约义务的当事人，应当及时发出合理的要约。依照法律、行政法规的规定负有作出承诺义务的当事人，不得拒绝对方合理的订立合同要求。

当事人约定在将来一定期限内订立合同的认购书、订购书、预订书等，构成预约合同。当事人一方不履行预约合同约定的订立合同义务的，对方可以请求其承担预约合同的违约责任。

三、合同成立的时间与地点

（一）合同成立的时间

（1）当事人采用合同书形式订立合同的，自双方当事人签字、盖章或按指印时合同成立。在签名、盖章或者按指印之前，当事人一方已经履行主要义务，对方接受的，该合同成立。

（2）当事人采用信件、数据电文等形式订立合同要求签订确认书的，签订确认书时合同成立。

（3）当事人一方通过互联网等信息网络发布的商品或者服务信息符合要约条件的，对方选择该商品或者服务并提交订单成功时合同成立，但是当事人另有约定的除外。

（4）当事人以直接对话方式订立合同的，承诺生效时合同即成立。

（5）法律行政法规规定或当事人约定采用书面形式订立合同，当事人未采用书面形式但一方已履行主要义务并且对方接受的，该合同成立。

（6）当事人签订要式合同的，以法律、法规规定的特殊形式要求完成的时间为合同成立时间。

（二）合同成立的地点

承诺生效的地点为合同成立的地点。但是在特殊情况下，合同成立的地点会有所不同：

（1）采用数据电文形式订立合同的，收件人的主营业地为合同成立的地点；没有主营业地的，其住所地为合同成立的地点。当事人采用合同书确认书形式订立合同的，当事人签名、盖章或按手印的地点为合同成立的地点。当事人另有约定的除外。当事人签名、盖章或按手印不在同一地点的，最后人签名、盖章或按手印的地点为合同成立的地点。

（2）合同需要完成特殊的约定或法律形式才能成立的，以完成合同约定的形式或法定形式的地点为合同成立的地点。

（3）当事人对合同成立地点另有约定的，按照其约定。采用书面形式订立合同，合同约定的成立地点与实际签字或盖章地点不符的，应当认定约定地点为合同成立地点。

四、缔约过失责任

（一）缔约过失责任及其特点

缔约过失责任，又称先契约责任，是指当事人在订立合同过程中，因故意或者过失致使合同未成立、未生效、被撤销或无效，给他人造成损失而应承担的损害赔偿责任。缔约过失责任的法律特点有：①缔约过失责任发生于合同订立阶段。缔约过失责任发生于合同尚未成立，或虽然成立，但不符合法定生效要件被确认为无效或被撤销。②缔约过失责任以过错为归责原则。在订约阶段，当事人依诚实信用原则应负有诚实、保密等义务。不履行这些义务，即有过错。③缔约过失责任是对信赖利益损失的赔偿责任。信赖利益的损失主要是指一方实施某种行为后，另一方对此产生信赖并支付了一定的费用，因一方违反诚实原则使该费用不能得到补偿。

（二）承担缔约过失责任的情形

当事人在订立合同过程中有下列情形之一，给对方造成损失的，应当承担损害赔偿责任：①假借订立合同，恶意进行磋商；②故意隐瞒与订立合同有关的重要事实或提供虚假情况；③当事人泄露或不正当使用在订立合同过程中知悉的商业秘密或其他应保密的信息；④有其他违背诚实信用原则的行为。

第三节　合同的效力

一、合同生效时间

依法成立的合同，原则上自成立时生效。依照法律、行政法规的规定，合同应当办理批准等手续的，依照其规定。未办理批准等手续影响合同生效的，不影响合同中履行报批等义务条款以及相关条款的效力。应当办理申请批准等手续的当事人未履行义务的，对方可以请求其承担违反该义务的责任。

当事人对合同的效力可以附条件或者附期限。附生效条件的合同，自条件成就时生效。附解除条件的合同，自条件成就时失效。当事人为自己的利益不正当地阻止条件成就的，视为条件已成就；不正当地促成条件成就的，视为条件不成就。附生效期限的合同，自期限届至时生效。附终止期限的合同，自期限届满时失效。

二、合同生效要件

合同的生效要件是指已经成立的合同发生完全的法律效力所应具备的条件。根据《民法典》第一百四十三条关于民事法律行为有效的规定，合同的生效要件包括：①行为人具有相应的民事行为能力。②意思表示真实。意思表示真实是指当事人的表示行为应当真实地反映其内心的意思。③不违反法律、法规的强制性规定，不得违背公序良俗。

三、合同效力层次

合同根据其效力层次分为有效合同、效力待定合同、可撤销合同与无效合同。由于合同属于典型的民事法律行为，合同效力可适用《民法典》第六章第三节民事法律行为的效力相关规定，而《民法典》对合同效力规定强调以下三方面内容：

（1）无权代理人以被代理人的名义订立合同，被代理人已经开始履行合同义务或者接受相对人履行的，视为对合同的追认。

（2）法人的法定代表人或者非法人组织的负责人超越权限订立的合同，除相对人知道或者应当知道其超越权限外，该代表行为有效，订立的合同对法人或者非法人组织发生效力。

（3）当事人超越经营范围订立的合同的效力，应当依照《民法典》总则编和合同编有关规定确定，不得仅以超越经营范围确认合同无效。

合同中的下列免责条款无效：①造成对方人身损害的；②因故意或者重大过失造成对方财产损失的。

合同不生效、无效、被撤销或者终止的，不影响合同中有关解决争议方法的条款的效力。

第四节　合同的履行

一、合同履行原则

合同履行是当事人按合同约定全面、正确履行合同义务，使债权人的债权得以实现的行为。《民法典》规定，当事人应当按照约定全面履行自己的义务。当事人应当遵循诚信原则，根据合同的性质、目的和交易习惯履行通知、协助、保密等义务。在履行合同过程中，当事人应当避免浪费资源、污染环境和破坏生态。

合同成立后，合同的基础条件发生了当事人在订立合同时无法预见的、不属于商业风险的重大变化，继续履行合同对于当事人一方明显不公平的，受不利影响的当事人可以与对方重新协商；在合理期限内协商不成的，当事人可以请求人民法院或者仲裁机构变更或者解除合同。人民法院或者仲裁机构应当结合案件的实际情况，根据公平原则变更或者解除合同。

二、合同履行规则

（一）约定不明时合同内容的确定规则

合同生效后，当事人就质量、价款或者报酬、履行地点等内容没有约定或者约定不明确的，可以协议补充；不能达成补充协议的，按照合同有关条款或者交易习惯确定。依照上述规则仍不能确定的，依照下列规则确定：

（1）质量要求不明确的，按照国家标准、行业标准履行；没有国家标准、行业标准的，按照通常标准或者符合合同目的的特定标准履行。

（2）价款或者报酬不明确的，按照订立合同时履行地的市场价格履行；依法应当执行政府定价或者政府指导价的，按照规定履行。

（3）履行地点不明确，给付货币的，在接受货币一方所在地履行；交付不动产的，在不动产所在地履行；其他标的，在履行义务一方所在地履行。

（4）履行期限不明确的，债务人可以随时履行，债权人也可以随时要求履行，但应当给对方必要的准备时间。

（5）履行方式不明确的，按照有利于实现合同目的的方式履行。

（6）履行费用的负担不明确的，由履行义务一方负担；因债权人原因增加的履行费用，由债权人负担。

合同生效后，当事人不得因姓名、名称的变更或者法定代表人、负责人、承办人的变动而不履行合同义务。

（二）电子合同履行

通过互联网等信息网络订立的电子合同的标的为交付商品并采用快递物流方式交付的，收货人的签收时间为交付时间。电子合同的标的为提供服务的，生成的电子凭证或者实物凭证中载明的时间为提供服务时间；前述凭证没有载明时间或者载明时间与实际提供服务时间不一致的，以实际提供服务的时间为准。

电子合同的标的物为采用在线传输方式交付的，合同标的物进入对方当事人指定的特定系统且能够检索识别的时间为交付时间。

电子合同当事人对交付商品或者提供服务的方式、时间另有约定的，按照其约定。

（三）向第三人履行、由第三人履行与第三人代为履行

1. 向第三人履行

当事人约定由债务人向第三人履行债务，债务人未向第三人履行债务或者履行债务不符合约定的，应当向债权人承担违约责任。法律规定或者当事人约定第三人可以直接请求债务人向其履行债务，第三人未在合理期限内明确拒绝，债务人未向第三人履行债务或者履行债务不符合约定的，第三人可以请求债务人承担违约责任；债务人对债权人的抗辩，可以向第三人主张。

2. 由第三人履行

当事人约定由第三人向债权人履行债务，第三人不履行债务或者履行债务不符合约定的，债务人应当向债权人承担违约责任。

3. 第三人代为履行

债务人不履行债务，第三人对履行该债务具有合法利益的，第三人有权向债

权人代为履行；但是，根据债务性质、按照当事人约定或者依照法律规定只能由债务人履行的除外。债权人接受第三人履行后，其对债务人的债权转让给第三人，但是债务人和第三人另有约定的除外。

（四）中止履行、提前履行与部分履行

（1）中止履行。债权人分立、合并或者变更住所没有通知债务人，致使履行债务发生困难的，债务人可以中止履行或者将标的物提存。

（2）提前履行。债权人可以拒绝债务人提前履行债务，但提前履行不损害债权人利益的除外。债务人提前履行债务给债权人增加的费用，由债务人负担。

（3）债权人可以拒绝债务人部分履行债务，但部分履行不损害债权人利益的除外。债务人部分履行债务给债权人增加的费用，由债务人负担。

三、双务合同中的抗辩权

抗辩权是指对抗请求权或否认对方权利主张的权利，又称异议权。其功能在于通过行使这种权利而使对方的请求权消灭，或使其效力延期发生。《民法典》合同编规定了同时履行抗辩权、后履行抗辩权、不安抗辩权。

1. 同时履行抗辩权

同时履行抗辩权，是指双务合同的当事人应同时履行义务的，一方在对方未履行前，有拒绝对方请求自己履行合同的权利。《民法典》规定，当事人互负债务，没有先后履行顺序的，应当同时履行。一方在对方履行之前有权拒绝其履行请求。一方在对方履行债务不符合约定时，有权拒绝其相应的履行请求。

2. 后履行抗辩权

后履行抗辩权，是双务合同中应当先履行义务的一方当事人未履行时，对方当事人有拒绝对方请求履行的权利。《民法典》规定，当事人互负债务，有先后履行顺序，应当先履行债务一方未履行的，后履行一方有权拒绝其履行要求。先履行一方履行债务不符合约定的，后履行一方有权拒绝其相应的履行要求。

3. 不安抗辩权

不安抗辩权，又称先履行抗辩权，是指双务合同中应先履行义务的一方当事人，有确切证据证明相对人财产明显减少或欠缺信用，不能保证对待给付时，有暂时中止履行合同的权利。《民法典》规定，应当先履行债务的当事人，有确切证据证明对方有下列情形之一的，可以中止履行：经营状况严重恶化；转移财产、抽逃资金，以逃避债务；丧失商业信誉；有丧失或者可能丧失履行债务能力的其他情形。主张不安抗辩权的当事人如果没有确切证据中止履行的，则应当承担违约责任。

当事人行使不安抗辩权中止履行的，应当及时通知对方。对方提供适当担保时，应当恢复履行。中止履行后，对方在合理期限内未恢复履行能力并且未提供适当担保的，视为以自己的行为表明不履行主要债务，中止履行的一方可以解除合同并可以请求对方承担违约责任。

第五节 合同保全

一、代位权

代位权，是指债务人怠于行使其对第三人享有的到期债权，危及债权人债权实现时，债权人为保障自己的债权，可以向人民法院请求以自己的名义代位行使债务人对相对人的权利。

债权人行使代位权应符合以下条件：①债权人对债务人的债权合法；②债务人怠于行使其到期债权，对债权人造成损害；③债务人的债权已到期；④债务人的债权不是专属于债务人自身的债权。所谓专属于债务人自身的债权，是指基于扶养关系、抚养关系、赡养关系、继承关系产生的给付请求权和劳动报酬、退休金、养老金、抚恤金、安置费、人寿保险、人身伤害赔偿请求权等权利。代位权的行使范围以债权人的到期债权为限。债权人行使代位权的必要费用，由债务人负担。相对人对债务人的抗辩，可以向债权人主张。

债权人的债权到期前，债务人的债权或者与该债权有关的从权利存在诉讼时效期间即将届满或者未及时申报破产债权等情形，影响债权人的债权实现的，债权人可以代位向债务人的相对人请求其向债务人履行、向破产管理人申报或者作出其他必要的行为。

人民法院认定代位权成立的，由债务人的相对人向债权人履行义务，债权人接受履行后，债权人与债务人、债务人与相对人之间相应的权利义务终止。债务人对相对人的债权或者与该债权有关的从权利被采取保全、执行措施，或者债务人破产的，依照相关法律的规定处理。

二、撤销权

撤销权，又称废罢诉权，是指因债权人对债务人所为的危害债权的行为，请求法院予以撤销的权利。《民法典》规定，债务人以放弃其债权、放弃债权担保、无偿转让财产等方式无偿处分财产权益，或者恶意延长其到期债权的履行期限，影响债权人的债权实现的，债权人可以请求人民法院撤销债务人的行为。

债务人以明显不合理的低价转让财产、以明显不合理的高价受让他人财产或者为他人的债务提供担保，影响债权人的债权实现，债务人的相对人知道或者应当知道该情形的，债权人可以请求人民法院撤销债务人的行为。撤销权的行使范围以债权人的债权为限。债权人行使撤销权的必要费用，由债务人负担。撤销权自债权人知道或者应当知道撤销事由之日起 1 年内行使。自债务人的行为发生之日起 5 年内没有行使撤销权的，该撤销权消灭。债务人影响债权人的债权实现的行为被撤销的，自始没有法律约束力。

第六节　合同的变更和转让

一、合同变更

合同变更是指合同成立后，尚未履行或履行完毕前，当事人就合同内容达成修改或补充的协议，即合同内容的变更。当事人协商一致，可以变更合同。当事人对合同变更的内容约定不明确的，推定为未变更。合同变更后，双方当事人应按照变更后的合同履行，否则将构成违约。合同变更不发生溯及力。

二、合同转让

合同转让是指合同当事人一方依法将其合同的权利义务不加改变地全部或部分转让给第三人的行为。根据其转让的权利义务不同，可分为合同权利的转让、合同义务的转让、合同权利义务的概括承受。

（一）合同权利的转让

合同权利的转让，又称债权转让，指在不改变合同内容的前提下，将合同权利的全部或部分让与第三人的行为。

1. 债权转让的条件

债权人转让债权，未通知债务人的，该转让对债务人不发生效力。债权转让的通知不得撤销，但是经受让人同意的除外。

2. 债权转让的效力

债权人转让债权的，受让人取得与债权有关的从权利，但是该从权利专属于债权人自身的除外。受让人取得从权利不因该从权利未办理转移登记手续或者未转移占有而受到影响。

债务人接到债权转让通知后，债务人对让与人的抗辩，可以向受让人主张。

有下列情形之一的，债务人可以向受让人主张抵销：①债务人接到债权转让通知时，债务人对让与人享有债权，且债务人的债权先于转让的债权到期或者同时到期；②债务人的债权与转让的债权是基于同一合同产生。因债权转让增加的履行费用，由让与人负担。

3. 禁止债权转让的情形

债权人可以将债权的全部或者部分转让给第三人，但是有下列情形之一的除外：①根据债权性质不得转让；②按照当事人约定不得转让；③依照法律规定不得转让。当事人约定非金钱债权不得转让的，不得对抗善意第三人。当事人约定金钱债权不得转让的，不得对抗第三人。

（二）合同义务的转让

合同义务的转让，又称债务转让，是基于债权人、债务人与第三人之间达成协议，将债务移转给第三人承担。

1. 债务转让条件

债务人将债务的全部或者部分转移给第三人的，应当经债权人同意。债务人或者第三人可以催告债权人在合理期限内予以同意，债权人未作表示的，视为不同意。

2. 债务加入

债务加入是指第三人加入到债权债务关系中来，与债务人成为共同债务人。《民法典》规定，第三人与债务人约定加入债务并通知债权人，或者第三人向债权人表示愿意加入债务，债权人未在合理期限内明确拒绝的，债权人可以请求第三人在其愿意承担的债务范围内和债务人承担连带债务。

3. 债务转让的效力

债务人转移债务的，新债务人可以主张原债务人对债权人的抗辩；原债务人对债权人享有债权的，新债务人不得向债权人主张抵销。

债务人转移债务的，新债务人应当承担与主债务有关的从债务，但是该从债务专属于原债务人自身的除外。

（三）合同权利义务的概括承受

合同权利义务的概括承受，是指合同一方当事人将自己在合同中的权利和义务一并转让的法律制度。《民法典》规定，当事人一方经对方同意，可以将自己在合同中的权利和义务一并转让给第三人。合同的权利和义务一并转让的，适用债权转让、债务转移的有关规定。

第七节 合同的权利义务终止

合同权利义务关系的终止，又称合同的消灭，指合同关系不复存在，合同权利和合同义务归于消灭。

（一）合同权利义务关系终止的情形

1. 债务已经按照约定履行

债务已经按照约定履行是指为了实现合同目的，合同债务人依照合同的约定圆满完成约定义务的行为。它是合同消灭的最主要和最常见的情形。

2. 债务相互抵销

抵销是指当事人互负债务，各以其债权充当其债务清偿，而使债务与对方的债务在对等额内相互消灭。《民法典》规定，当事人互负债务，该债务的标的物种类、品质相同的，任何一方可以将自己的债务与对方的到期债务抵销；但是，根据债务性质、按照当事人约定或者依照法律规定不得抵销的除外。当事人主张抵销的，应当通知对方。通知自到达对方时生效。抵销不得附条件或者附期限。当事人互负债务，标的物种类、品质不相同的，经协商一致，也可以抵销。

3. 债务人依法将标的物提存

提存是由于债权人的原因，债务人无法向债权人交付债权的标的物时，债务人将该标的物提交给提存机关而消灭债务的一项制度。《民法典》规定有下列情形之一，难以履行债务的，债务人可以将标的物提存：①债权人无正当理由拒绝受领；②债权人下落不明；③债权人死亡未确定继承人、遗产管理人，或者丧失民事行为能力未确定监护人；④法律规定的其他情形。标的物不适于提存或者提存费用过高的，债务人依法可以拍卖或者变卖标的物，提存所得的价款。

债务人将标的物或者将标的物依法拍卖、变卖所得价款交付提存部门时，提存成立。提存成立的，视为债务人在其提存范围内已经交付标的物。

标的物提存后，债务人应当及时通知债权人或者债权人的继承人、遗产管理人、监护人、财产代管人。标的物提存后，毁损、灭失的风险由债权人承担。提存期间，标的物的孳息归债权人所有。提存费用由债权人负担。

债权人可以随时领取提存物。但是，债权人对债务人负有到期债务的，在债权人未履行债务或者提供担保之前，提存部门根据债务人的要求应当拒绝其领取提存物。债权人领取提存物的权利，自提存之日起五年内不行使而消灭，提存物扣除提存费用后归国家所有。但是，债权人未履行对债务人的到期债务，或者债权人向提存部门书面表示放弃领取提存物权利的，债务人负担提存费用后有权取回提存物。

4. 债权人免除债务

免除是债权人抛弃债权，对债务人做出意思表示从而发生债务消灭效力的单独行为。债权人免除债务人部分或者全部债务的，债权债务部分或者全部终止，但是债务人在合理期限内拒绝的除外。

5. 债权债务同归于一人

债权和债务同归于一人的，债权债务终止，但是损害第三人利益的除外。

6. 合同解除

合同的解除是指合同有效成立后，当具备相应条件时，因当事人一方或双方的意思表示而使合同关系自始消灭或向将来消灭的一种行为。

（1）合同解除情形。当事人协商一致，可以解除合同。当事人可以约定一方解除合同的事由。解除合同的事由发生时，解除权人可以解除合同。《民法典》规定有下列情形之一的，当事人可以解除合同：①因不可抗力致使不能实现合同目的；②在履行期限届满前，当事人一方明确表示或者以自己的行为表明不履行主要债务；③当事人一方迟延履行主要债务，经催告后在合理期限内仍未履行；④当事人一方迟延履行债务或者有其他违约行为致使不能实现合同目的；⑤法律规定的其他情形。

（2）合同解除条件。当事人一方依法主张解除合同的，应当通知对方。合同自通知到达对方时解除；通知载明债务人在一定期限内不履行债务则合同自动解除，债务人在该期限内未履行债务的，合同自通知载明的期限届满时解除。对方对解除合同有异议的，任何一方当事人均可以请求人民法院或者仲裁机构确认解除行为的效力。

当事人一方未通知对方，直接以提起诉讼或者申请仲裁的方式依法主张解除合同，人民法院或者仲裁机构确认该主张的，合同自起诉状副本或者仲裁申请书副本送达对方时解除。

（3）合同解除期限。以持续履行的债务为内容的不定期合同，当事人可以随时解除合同，但是应当在合理期限之前通知对方。法律规定或者当事人约定解除权行使期限，期限届满当事人不行使的，该权利消灭。法律没有规定或者当事人没有约定解除权行使期限，自解除权人知道或者应当知道解除事由之日起一年内不行使，或者经对方催告后在合理期限内不行使的，该权利消灭。

（4）合同解除后果。合同解除后，尚未履行的，终止履行；已经履行的，根据履行情况和合同性质，当事人可以请求恢复原状或者采取其他补救措施，并有权请求赔偿损失。合同因违约解除的，解除权人可以请求违约方承担违约责任，但是当事人另有约定的除外。主合同解除后，担保人对债务人应当承担的民事责任仍应当承担担保责任，但是担保合同另有约定的除外。

（二）合同权利义务终止效力

债权债务终止后，当事人应当遵循诚信等原则，根据交易习惯履行通知、协助、保密、旧物回收等义务。债权债务终止时，债权的从权利同时消灭，但是法律另有规定或者当事人另有约定的除外。合同的权利义务关系终止，不影响合同中结算和清理条款的效力。

第八节　违约责任

一、违约责任

违约责任是合同当事人不履行合同义务或履行合同义务不符合合同约定而应承担的否定性法律后果。《民法典》规定，当事人一方不履行合同义务或者履行合同义务不符合约定的，应当承担继续履行、采取补救措施或者赔偿损失等违约责任。

违约责任的承担采用严格责任原则，只要合同当事人有违约行为，并使相对人导致损失，就要承担违约责任。违约行为有三种形态：①预期违约，即在履行期限到来之前，一方当事人无正当理由而明确表示其在履行期到来后将不履行合同，或其行为表明在履行期到来后将不履行合同。《民法典》规定，当事人一方明确表示或者以自己的行为表明不履行合同义务的，对方可以在履行期限届满前请求其承担违约责任。②届期违约，即在履行期限到来后，当事人不履行或不完全履行合同义务。③受领迟延，受领迟延是指债权人对给付未受理或者未提供必要协助的事实。债务人按照约定履行债务，债权人无正当理由拒绝受领的，债务人可以请求债权人赔偿增加的费用。在债权人受领迟延期间，债务人无须支付利息。

二、违约责任承担的方式

（一）继续履行

继续履行，又称实际履行，是指债权人在债务人不履行合同义务时，可请求

人民法院或者仲裁机构强制债务人实际履行合同义务。《民法典》规定，当事人一方未支付价款、报酬、租金、利息，或者不履行其他金钱债务的，对方可以请求其支付。当事人一方不履行非金钱债务或者履行非金钱债务不符合约定的，对方可以请求履行，但是有下列情形之一的除外：①法律上或者事实上不能履行；②债务的标的不适于强制履行或者履行费用过高；③债权人在合理期限内未请求履行。有前款规定的除外情形之一，致使不能实现合同目的的，人民法院或者仲裁机构可以根据当事人的请求终止合同权利义务关系，但是不影响违约责任的承担。

（二）补救措施

补救措施，是债务人履行合同义务不符合约定，债权人在请求人民法院或者仲裁机构强制债务人实际履行合同义务的同时，可根据合同履行情况要求债务人采取的补救措施。《民法典》规定，当事人履行合同义务，质量不符合约定的，应当按照当事人的约定承担违约责任。对违约责任没有约定或者约定不明确，受损害方根据标的的性质以及损失的大小，可以合理选择要求对方承担修理、更换、重作、退货、减少价款或者报酬等违约责任。

（三）损害赔偿

当事人一方不履行合同义务或者履行合同义务不符合约定的，在履行义务或者采取补救措施后，对方还有其他损失的，应当承担损害赔偿责任。损害赔偿的具体方式主要有赔偿损失、支付违约金和适用定金罚则等。

1. 赔偿损失

损失赔偿额应当相当于因违约所造成的损失，包括合同履行后可以获得的利益，但不得超过违约方订立合同时预见到或者应当预见到的因违反合同可能造成的损失。当事人可以在合同中约定因违约产生的损失赔偿额的计算方法。

2. 支付违约金

违约金，是按照当事人约定或者法律规定，一方当事人违约时应当根据违约情况向对方支付的一定数额的货币。约定的违约金低于造成的损失的，当事人可以请求人民法院或者仲裁机构予以增加；约定的违约金过分高于造成的损失的，当事人可以请求人民法院或者仲裁机构予以适当减少。当事人以约定的违约金低于造成的损失为由请求增加的，应当以违约造成的损失确定违约金数额。当事人就迟延履行约定违约金的，违约方支付违约金后，还应当履行债务。

3. 定金

当事人可以约定一方向对方给付定金作为债权的担保。定金合同自实际交付定金时成立。定金的数额由当事人约定；但是，不得超过主合同标的额的 20%，超过部分不产生定金的效力。实际交付的定金数额多于或者少于约定数额的，视为变更约定的定金数额。债务人履行债务后，定金应当抵作价款或者收回。给付定金的一方不履行约定的债务的，无权要求返还定金；收受定金的一方不履行约定的债务的，应当双倍返还定金。

当事人既约定违约金，又约定定金的，一方违约时，对方可以选择适用违约金或者定金条款。定金不足以弥补一方违约造成的损失的，对方可以请求赔偿超过定金数额的损失。

三、免责事由

违约责任中的免责，是指在合同履行的过程中，因出现了法定的或合同约定的免责事由而导致合同不履行的，债务人的违约责任将被免除的情形。《民法典》规定，因不可抗力不能履行合同的，根据不可抗力的影响，可以部分或者全部免除责任，但法律另有规定的除外。所谓不可抗力，是指不能预见、不能避免并不能克服的客观情况。当事人迟延履行后发生不可抗力的，不能免除责任。当事人一方因不可抗力不能履行合同的，应当及时通知对方，以减轻可能给对方造成的损失，并应当在合理期限内提供证明。

当事人一方违约后，对方应当采取适当措施防止损失的扩大；没有采取适当措施致使损失扩大的，不得就扩大的损失请求赔偿。当事人因防止损失扩大而支出的合理费用，由违约方负担。当事人都违反合同的，应当各自承担相应的责任。当事人一方违约造成对方损失，对方对损失的发生有过错的，可以减少相应的损失赔偿额。

复习与思考

1. 合同的一般条款
2. 要约有效的条件
3. 要约的撤回与撤销
4. 承诺有效的条件
5. 缔约过失责任
6. 合同履行中的抗辩权
7. 合同权利义务终止的情形
8. 违约责任承担的方式

问题与案例

2021 年 9 月 8 日，甲公司与乙公司订立合同，以每台 30 万元的价格购买 20

台货车。双方约定，甲公司应在乙公司交货后半年内付清全部货款，并以甲公司通过划拨方式取得的某国有建设用地使用权提供抵押担保。甲乙双方办理了抵押登记。10 月 12 日，乙公司交付了 20 台货车；次日，甲乙双方办理了货车所有权登记。

2021 年 11 月，甲公司在已设定抵押的土地上开始建造办公楼，2022 年 6 月建成。2012 年 8 月，甲公司以该办公楼作抵押，从丙银行贷款 300 万元，期限为 6 个月。甲丙双方办理了抵押登记。

2022 年 1 月 26 日，甲公司将 20 台货车出租给丁公司，每台月租金 1 万元，租期 3 年，但甲丁双方未签订书面租赁合同。由于资金周转困难，甲公司于 2022 年 10 月 10 日以每台 20 万元的价格将 20 台货车卖给戊公司。戊公司受让货车后，通知丁公司向自己缴纳租金。丁公司主张：公司并非出租人，无权向其收取租金；甲公司侵害了其优先购买权，应承担相应责任。戊公司催收租金无果，遂通知丁公司解除租赁合同，要求其立刻交回货车。

甲公司未按期向乙公司支付购车款，乙公司遂提起诉讼，并主张实现抵押权。在强制执行过程中，甲公司已设定抵押的建设用地使用权连同地上的办公楼共拍卖得款 1200 万元，其中办公楼的对应价款为 350 万元。土地管理部门提出，应从拍卖款中优先补缴 650 万元的土地出让金。丙银行则主张对拍卖款中办公楼的对应价款享有优先受偿权。

根据上述内容，分别回答下列问题：

（1）甲公司何时从乙公司处取得货车所有权？并说明理由。

（2）甲公司与丁公司的货车租赁合同是否因未采用书面形式而无效？并说明理由。

（3）戊公司是否有权要求丁公司支付租金？并说明理由。

（4）戊公司是否有权要求丁公司交回货车？并说明理由。

（5）丁公司是否对货车享有优先购买权？并说明理由。

（6）土地管理部门是否有权要求从拍卖价款中优先补缴 650 万元土地出让金？并说明理由。

（7）乙公司在实现抵押权时享有优先受偿权的金额是多少？并说明理由。

研究与探索

商务部统计，在中国，企业每年签订合同约 40 亿份，而履约率仅约 50%，企业每年由此导致的损失高达 6000 亿元。相对于西方企业而言，中国的企业在合同签约与履行上，不够精确严谨。这是否说明中国企业缺少契约精神？如何解释中国企业与西方企业在合同签约与履行上存在的行为差异？

第九章　票据法

本章目标

学习过本章之后，你应能够：

1. 阐释票据特征
2. 刻画票据行为
3. 诠释票据权利与票据抗辩
4. 辨识票据伪造与变造
5. 熟悉汇票、本票与支票

第一节　票据法基础理论

一、票据与票据法

（一）票据概念、特征与分类

1. 票据的概念与特征

票据是指出票人签发的、承诺由本人或委托他人在见票时或者在票载日期无条件支付一定金额给持票人的有价证券。票据主要有以下特征：①票据为完全有价证券。票据权利完全证券化，票据权利与票据本身融为一体、不可分离。票据权利的产生、行使、转让和消灭都离不开票据。②票据为设权证券。票据并非是证明已存在的权利，而是创设票据权利。③票据为无因证券。票据权利人主张其权利，以提示票据为必要，而不必证明其取得票据的原因，票据关系一般不受原因关系的影响。④票据为文义证券。票据上的权利义务必须依票据上所记载的文义而定，不得以文义之外的任何事项来主张票据权利。⑤票据为要式证券。制作

票据必须严格依照《中华人民共和国票据法》（以下简称《票据法》）所规定的形式要件，否则该票据不产生《票据法》上的效力。⑥票据为金钱债权证券。票据上体现的权利性质是财产权而不是其他权利，财产权的内容是请求支付一定的金钱而不是物品。⑦票据为流通证券。票据上的权利可依背书或交付的方式自由流通转让，而无须经债务人同意。⑧票据为提示证券。票据权利人向票据债务人行使权利时，必须提示票据，否则，债务人有权拒绝履行其义务。⑨票据为返还证券。票据权利人的债权满足后，必须将票据交还给债务人，当事人之间的票据关系才告消灭。

2. 票据分类

（1）出票人是否直接对票据付款，票据可分为委托票据与自付票据。委托票据是指出票人不担任票据付款人，而是记载他人为付款人的票据。自付票据是指由出票人自己承担付款义务的票据。

（2）根据票据所记载的到期日的不同，票据可分为即期票据与远期票据。即期票据是持票人可以随时请求付款的票据。远期票据是在票据记载的特定日期或者以一定方法计算的日期到来时，才有权请求付款的票据。《票据法》规定，本票、支票是即期票据，汇票可以是即期票据，也可以是远期票据。

（二）票据法

票据法的概念也有广义和狭义之分。广义的票据法是指各种法律规范中有关票据规定的总称，包括专门的票据法律以及其他法律中有关票据的规定。例如，《中华人民共和国民法典》中有关民事法律行为、代理的规定等；《中华人民共和国刑法》中有关伪造有价证券罪的规定；《中华人民共和国民事诉讼法》中有关票据诉讼、公示催告等的规定等。狭义的票据法则仅是指票据的专门立法。第八届全国人民代表大会常务委员会第十三次会议于 1995 年 5 月 10 日通过《中华人民共和国票据法》，2004 年 8 月 28 日第十届全国人民代表大会常务委员会第十一次会议进行了第一次修订，并于当年实施生效。本章所述内容均属于狭义上的票据法。

二、票据法上的关系和票据基础关系

（一）票据法上的关系

票据法上的关系是指因票据行为及与票据行为有关的行为而产生的票据当事人之间的法律关系。票据法上的关系可分为票据法上的票据关系和票据法上的非票据关系。

1. 票据法上的票据关系

票据法上的票据关系，是指当事人基于票据行为而产生的票据权利义务关系。其中，票据的持有人（持票人）享有票据权利，对于在票据上签名的票据债务人可以主张行使《票据法》规定的相关权利。票据上签名的票据债务人负担票据责任（票据义务），依自己在票据上的签名按照票据上记载的文义承担相应的义务。票据关系当事人包括出票人、持票人、付款人、背书人、保证人等。出票人，也称发票人，是指依法定方式作成票据并在票据上签名盖章，并将票据交付给收款人的人。收款人，是指票据到期并经提示后收取票款的人。付款人，是指根据出票人的命令支付票款的人。持票人，即持有票据的人。承兑人，是指接受汇票出票人的付款委托，同意承担支付票款义务的人。背书人，是指在转让票据时，在票据背面签字或盖章，并将该票据交付给受让人的票据收款人或持有人。被背书人，是指被记名受让票据或接受票据转让的人。保证人，是指为票据债务提供担保的人。票据关系在不同的当事人间基于不同的票据行为而不同。在各种票据关系中，出票人、持票人、付款人三者之间的关系是票据的基本关系。

2. 票据法上的非票据关系

票据法上的非票据关系，是指由《票据法》直接规定的，不基于票据行为而发生的票据当事人之间与票据有关的法律关系。例如，票据上正当权利人对法律规定不得享有票据权利的人行使票据返还请求权而发生的关系，因时效届满或手续欠缺而丧失票据上权利的持票人对出票人或承兑人行使利益偿还请求权而发生的关系，票据付款人付款后请求持票人交还票据而发生的关系等。

（二）票据基础关系

票据基础关系，是指作为产生票据关系的事实和前提存在于票据关系之外而由民法规定的非基于票据行为产生的法律关系。票据基础关系主要有三种：票据原因关系、票据资金关系和票据预约关系。①票据原因关系是指票据当事人之间授受票据的理由，如出票人与收款人之间签发和接受票据的理由等。原因关系只存在于授受票据的直接当事人之间，票据一经转让，其原因关系对票据效力的影响力即被切断。②票据资金关系是指存在于汇票的发票人和付款人之间、支票的发票人和银行机构之间的票据基础关系。金钱、债权、信用都可以构成票据资金关系。③票据预约关系是指票据当事人在授受票据之前，就票据的种类、金额、到期日、付款地等事项达成协议而产生的法律关系。

三、票据行为

（一）票据行为概念与种类

票据行为是指票据当事人以发生票据债务为目的的、以在票据上签章为权利义务成立要件的法律行为。票据行为包括出票、背书、承兑、保证。

1. 出票

出票是指出票人签发票据并将其交付给收款人的票据行为。出票包括两个行为：一是出票人依照《票据法》的规定作成票据，即在原始票据上记载法定事项并签章；二是交付票据，即将作成的票据交付给他人占有。这两者缺一不可。

（1）出票的基本要求。出票人必须与付款人具有真实的委托付款关系，并且具有支付票据金额的可靠资金来源，不得签发无对价的票据用以骗取银行或者其他票据当事人的资金。

（2）票据的记载事项。票据记载事项是指依法在票据上记载的票据相关内容。票据记载事项一般分为必须记载事项、相对记载事项、任意记载事项和记载不产生《票据法》上效力的事项等。必须记载事项是指《票据法》明文规定必须记载的，如不记载，票据行为即为无效的事项。相对记载事项是指除了必须记载事项外，《票据法》规定的其他应记载的事项，这些事项如果未记载，由法律另作相应规定予以明确，并不影响票据的效力。任意记载事项是指《票据法》不强制当事人必须记载而允许当事人自行选择，不记载时不影响票据效力，记载时则产生票据效力的事项。记载不产生《票据法》上的效力的事项是指除了绝对记载事项、相对记载事项、任意记载事项外，票据上还可以记载其他一些事项，但这些事项不具有票据效力，银行不负审查责任。

（3）出票的效力。票据出票人制作票据，应当按照法定条件在票据上签章，并按照所记载的事项承担票据责任。出票人签发票据后，即承担该票据承兑或付款的责任。出票人在票据得不到承兑或者付款时，应当向持票人清偿法律规定的金额和费用。

2. 背书

背书是在票据背面或者粘单上记载有关事项并签章的票据行为。以背书的目的为标准，将背书分为转让背书和非转让背书。转让背书是指以转让票据权利为目的的背书；非转让背书是指以授予他人行使一定的票据权利为目的的背书。

（1）背书记载事项。背书由背书人签章并记载背书日期。背书未记载日期的，视为在票据到期日前背书。以背书转让或者以背书将一定的票据权利授予他人行使时，必须记载背书人名称。背书人未记载被背书人名称即将票据交付他人的，持票人在票据背书人栏内记载自己的名称与背书人记载具有同等法律效力。

委托收款背书应记载“委托收款”字样、被背书人和背书人签章。质押背书应记载“质押”字样、质权人和出质人签章。票据凭证不能满足背书人记载事项的需要，可以加附粘单，粘附于票据凭证上。粘单上的第一记载人，应当在票据和粘单的粘接处签章。

（2）背书连续及其效力。背书连续，是指在票据转让中，转让票据的背书人与受让票据的被背书人在票据上的签章依次前后衔接。具体来说，第一背书人为票据收款人，最后持票人为最后背书的被背书人，中间的背书人为前手背书的被背书人。以背书转让的票据，背书应当连续。持票人以背书的连续，证明其票据权利；非经背书转让，而以其他合法方式取得票据的，依法举证，证明其票据权利。

（3）不得进行的背书，包括条件背书、部分背书、限制背书和期后背书。条件背书是指背书不得附有条件，背书时附有条件的，所附条件不具有票据上的效力。部分背书是指将票据金额的一部分转让的背书或者将票据金额分别转让给两人以上的背书，部分背书属于无效背书。限制背书是指记载了“不得转让”，此时票据不得转让。期后背书是指票据被拒绝承兑、被拒绝付款或者超过付款提示期限的，不得背书转让；背书转让的，背书人应当承担票据责任。

（4）背书效力。背书人以背书转让票据后，即承担保证其后手所持票据承兑和付款的责任。

3. 承兑

承兑是指汇票付款人承诺在汇票到期日支付汇票金额并签章的行为，仅适用于商业汇票。承兑程序包括提示承兑、受理承兑、记载承兑事项、承兑效力。

（1）提示承兑。提示承兑是指持票人向付款人出示汇票，并要求付款人承诺付款的行为。定日付款或者出票后定期付款的汇票，持票人应当在汇票到期日前向付款人提示承兑。见票后定期付款的汇票，持票人应当自出票日起 1 个月内向付款人提示承兑。汇票未按照规定期限提示承兑的，持票人丧失对其前手的追索权。

（2）受理承兑。付款人收到持票人提示承兑的汇票时，应当向持票人签发收到汇票的回单。回单上应当记明汇票提示承兑日期并签章。付款人对向其提示承兑的汇票，应当自收到提示承兑的汇票之日起 3 日内承兑或者拒绝承兑。

（3）记载承兑事项。付款人承兑汇票的，应当在汇票正面记载“承兑”字样和承兑日期并签章；见票后定期付款的汇票，应当在承兑时记载付款日期。汇票未记载承兑日期的，应当以收到提示承兑的汇票之日起 3 日内的最后 1 日为承兑日期。

（4）承兑效力。付款人承兑汇票，不得附有条件；承兑附有条件的，视为拒绝承兑。付款人承兑汇票后，应当承担到期付款的责任。

4. 保证

保证是指票据债务人以外的人，为担保特定债务人履行票据债务而在票据上记载有关事项并签章的行为。

（1）保证的记载事项。保证人必须在票据或者粘单上记载下列事项：①表明“保证”的字样；②保证人名称和住所；③被保证人的名称；④保证日期；⑤保证人签章。保证人在票据或者粘单上未记载“被保证人名称”的，已承兑的票据，承兑人为被保证人；未承兑的票据，出票人为被保证人。保证人在票据或者粘单上未记载“保证日期”的，出票日期为保证日期。保证人未在票据或者粘单上记载“保证”字样而另行签订保证合同或者保证条款的，不属于票据保证。

（2）保证责任的承担。被保证的票据，保证人应当与被保证人对持票人承担连带责任。票据到期后得不到付款的，持票人有权向保证人请求付款，保证人应当足额付款。保证人为两人以上的，保证人之间承担连带责任。

（3）保证效力。保证人对合法取得票据的持票人所享有的票据权利，承担保证责任。但是，被保证人的债务因票据记载事项欠缺而无效的除外。保证不得附有条件；附有条件的，不影响对票据的保证责任。保证人清偿票据债务后，可以行使持票人对被保证人及其前手的追索权。

（二）票据行为成立要件

票据行为是一种特殊的要式民事法律行为，必须具备《票据法》规定的特别要件。票据行为的成立应符合以下条件：

1. 行为人必须具有票据权利能力和票据行为能力

票据权利能力是指行为人可以享有票据上的权利和承担票据上的义务的资格。只要具备民事主体资格，公民、法人和其他组织，都具有票据权利能力。票据行为能力是指行为人可以通过自己的票据行为取得票据上的权利和承担票据上的义务的资格。无民事行为能力人或者限制民事行为能力人不具有票据行为能力，只有具备完全民事行为能力的自然人才具有票据行为能力。法人的票据行为能力一般不受限制。

2. 行为人的意思表示必须真实、合法

《票据法》规定，票据活动应当遵守法律、行政法规，不得损害社会公共利益。票据的签发、取得和转让，应当遵循诚实信用的原则，具有真实的交易关系和债权债务关系。票据的取得，必须给付对价，即应当给付票据双方当事人认可的相对应的代价。以欺诈、偷盗或者胁迫等手段取得票据的，或者明知有前列情形，出于恶意取得票据的，不得享有票据权利。

3. 票据行为必须符合法定形式

票据行为是一种要式行为，必须符合法定形式。票据行为的形式要件有书面、签章、记载事项和交付四项。

（1）票据行为必须采用书面形式。票据为文义证券，各种票据行为都必须以书面形式作成才能生效。票据当事人应当使用中国人民银行规定的统一格式的票据，未使用按中国人民银行统一规定印制的票据，票据无效。

（2）票据签章。票据签章是票据的绝对必要记载事项。票据的签章因票据行为人不同，签章人也不同。票据签发时，由出票人签章；票据转让时，由背书人签章；票据承兑时，由承兑人签章；票据保证时，由保证人签章。票据上的签章，为签名、盖章或者签名加盖章。法人和其他使用票据的单位在票据上的签章，为该法人或者该单位的盖章加其法定代表人或者其授权的代理人的签章。在票据上的签名，应当为该当事人的本名。票据金额、日期、收款人名称不得更改，更改的票据无效。对票据上的其他记载事项，原记载人可以更改，更改时应当由原记载人签章证明。

（3）票据记载事项。票据记载事项可以分为必要记载事项、任意记载事项、不得记载事项等。

必要记载事项，是指根据《票据法》的规定必须记载的事项。根据效力不同又可分为绝对必要记载事项和相对必要记载事项。①绝对必要记载事项是指《票据法》规定必须记载，如无记载，票据即为无效的事项。各类票据绝对必要记载的事项主要有：一是票据种类的记载，即汇票、本票、支票的记载。二是票据金额的记载。票据金额以中文大写和数码同时记载，二者必须一致，二者不一致的，票据无效。三是票据收款人的记载。收款人是票据到期收取票款的人，并且是票据的主债权人，票据必须记载这一内容，否则票据无效。四是出票或签发日期的记载。这是判定票据权利义务发生、变更和终止的重要标准，票据必须将此作为必须记载的事项，否则票据无效。票据金额、出票或签发日期、收款人名称不得更改，更改的票据无效。②相对必要记载事项是指某些应该记载而未记载，适用法律的有关规定而不使票据失效的事项。例如，《票据法》规定付款地为相对必要记载事项，若行为人没有记载，则付款人的营业场所、住所或者经常居住地视为付款地。

任意记载事项，是指《票据法》规定由当事人选择记载的事项，该事项一经记载，即发生《票据法》上的效力。例如，出票人或背书人在汇票上记载“不得转让”，就属于任意记载事项，行为人不作记载，对票据效力不发生影响，一旦作了记载，就发生《票据法》规定的效力。

不得记载事项，是指《票据法》禁止行为人在票据上记载的事项，包括记载无效的事项和使票据无效的事项。记载无效的事项是指行为人虽作记载，但《票据法》上视作未记载，只是此项记载本身无效，票据的效力并不因此受到影响。例如，支票上记载付款日期的，该记载无效。使票据无效的事项是指行为人记载了此类事项，不仅记载本身无效，而且使整个票据无效。例如，在汇票上记载附条件支付委托的，汇票无效。

另外，票据上可以记载《票据法》规定事项以外的其他事项，但是该记载事项不具有票据上的效力，银行不负审查责任。

（4）票据交付。票据交付是指票据行为人将票据实际交付给对方持有。不同的票据行为，接受交付的相对人不同。出票人须将票据交付给收款人，背书人须将票据交付给被背书人，承兑人及保证人须将票据交付给持票人等。

（三）票据行为的代理

1. 票据行为代理

《票据法》规定，票据当事人可以委托其代理人在票据上签章，并应当在票据上表明其代理关系。票据行为的代理必须具备以下条件：①票据当事人必须有委托代理的意思表示。该种授权委托一般以书面形式，即授权委托书的方式为宜。②代理人必须按被代理的委托在票据上签章。代理人在行使代理权时，必须在票据上签章。如果代理人未在票据上签章，则不产生票据代理的效力。③代理人应在票据上表明代理关系，即注明“代理”字样或类似的文句。符合上述条件的，该票据行为的代理对被代理人产生法律效力，其后果由被代理人承担。没有代理权而以代理人名义在票据上签章的，应当由签章人承担票据责任；代理人超越代理权限的，应当就其超越权限的部分承担票据责任。

2. 票据无权代理

票据无权代理是指行为人没有被代理人的授权而以代理人名义在票据上签章的行为。《票据法》规定，没有代理权而以代理人名义在票据上签章的，应当由签章人承担票据责任。

3. 票据越权代理

票据越权代理是指代理人超越代理权限而使被代理人增加票据责任的代理行为。《票据法》规定，代理人超越代理权限的，应当就其超越权限的部分承担票据责任。

四、票据权利

票据权利，是指持票人向票据债务人请求支付票据金额的权利，包括付款请求权和追索权。付款请求权，是指持票人对主债务人所享有的、依票据而请求支付票据所载金额的权利，具有主票据权利的性质。追索权，是指付款请求权得不到满足时，向付款人以外的票据债务人要求清偿票据金额及有关费用的权利，又称为偿还请求权。付款请求权是第一次请求权，这是票据上的主权利；追索权是第二次请求权，是一种附条件的权利，它有赖于第一次请求权不能实现才得以行使的权利。

（一）票据权利取得与限制

1. 票据权利取得的情形

票据权利以持有票据为依据，行为人合法取得票据，即取得了票据权利。当事人基于以下情形取得票据权利：①出票取得。出票是创设票据权利的票据行为，从出票人处取得票据，即取得票据权利。②转让取得。票据通过背书或交付等方式可以转让他人，以此取得票据即获得票据权利。③通过税收、继承、赠与、企业合并等方式取得票据。《票据法》规定，票据的签发、取得和转让，应当遵循诚实信用的原则，具有真实的交易关系和债权债务关系。

2. 票据权利取得的限制

票据的取得，必须给付对价，即应当给付票据双方当事人认可的相对应的代价。因税收、继承、赠与可以依法无偿取得票据的，不受给付对价的限制。但是，所享有的票据权利不得优于其前手。前手是指在票据签章人或者持票人之前签章的其他票据债务人。以欺诈、偷盗或者胁迫等手段取得票据的，或者明知有前列情形，出于恶意取得票据的，不得享有票据权利。持票人因重大过失取得不符合法律规定的票据，也不得享有票据权利。

（二）票据权利的行使与保全

1. 票据权利的行使

票据权利的行使，是指票据权利人向票据债务人提示票据，请求实现票据权利的行为。例如，请求承兑、提示票据请求付款、行使追索权等。持票人行使票据权利，应当按照法定程序在票据上签章，并出示票据。

2. 票据权利的保全

票据权利的保全，是指票据权利人为防止票据权利丧失而实施的行为。例如，为防止付款请求权与追索权因时效而丧失，采取中断时效的行为；为防止追索权丧失而请求作成拒绝证明的行为等。

票据权利人为了防止票据权利丧失，在人民法院审理、执行票据纠纷案件时，可以请求人民法院依法对票据采取保全措施或者执行措施。根据有关规定，经当事人申请并提供担保，对具有下列情形之一的票据，可以依法采取保全措施和执行措施：①不履行约定义务，与票据债务人有直接债权债务关系的票据当事人所持有的票据；②持票人恶意取得的票据；③应付对价而未付对价的持票人持有的票据；④记载有“不得转让”字样而用于贴现的票据；⑤记载有“不得转让”字样而用于质押的票据；⑥法律或者司法解释规定有其他情形的票据。《票据法》规定，持票人对票据债务人行使票据权利，或者保全票据权利，应当在票据当事人的营业场所和营业时间内进行，票据当事人无营业场所的，应当在其住所进行。

（三）票据权利的补救

票据丧失会直接影响票据权利的实现。《票据法》规定，票据丧失后可采用以下三种补救措施：挂失止付、公示催告、普通诉讼。

1. 挂失止付

挂失止付是指失票人将票据丧失的情况通知付款人并由接受通知的付款人暂停支付的一种方法。《票据法》规定，票据丧失，失票人可以及时通知票据的付款人挂失止付，但是，未记载付款人或者无法确定付款人及其代理付款人的票据除外。挂失止付并不是票据丧失后票据权利补救的必经程序，而只是一种暂时的预防措施，最终要通过申请公示催告或提起普通诉讼来补救票据权利。

2. 公示催告

失票人在票据丧失后，向人民法院提出申请，请求人民法院以公告方法通知不确定的利害关系人限期申报权利，逾期未申报者，由人民法院宣告所丧失票据无效。《票据法》规定，失票人应当在通知挂失止付后3日内，也可以在票据丧失后，依法向票据支付地的基层人民法院申请公示催告。人民法院决定受理申请后，应当同时向付款人及其代理付款人发出止付通知，并自立案之日起3日内发出公告。止付通知是由人民法院向付款人发出的停止付款的通知，付款人接到停止付款通知后，应当停止支付，直至公示催告程序终结。

3. 普通诉讼

失票人丧失票据后，可以向人民法院提起民事诉讼，要求法院判定付款人向其支付票据金额。《票据法》规定，失票人应当在通知挂失止付后3日内，也可以在票据丧失后，依法向人民法院提起诉讼。失票人向法院起诉时，应当提供担保，以防由于付款人支付已丧失票据票款后可能出现的损失。担保的数额相当于票据载明的金额。在判决前，丧失的票据出现时，付款人应以该票据正处于诉讼阶段为由暂不付款，而将情况迅速通知失票人和人民法院，法院应终结诉讼程序。

（四）票据权利的消灭

票据权利的消灭，是指因发生一定的法律事实而使票据权利不复存在。一般情况下，票据权利可因付款、票据时效期间届满而消灭。《票据法》规定，票据权利在下列期限内不行使而消灭：①持票人对票据的出票人和承兑人的权利，自票据到期日起2年。见票即付的汇票、本票，自出票日起2年。②持票人对支票出票人的权利，自出票日起6个月。③持票人对前手的追索权，自被拒绝承兑或者被拒绝付款之日起6个月。④持票人对前手的再追索权，自清偿日或者被提起诉讼之日起3个月。此外，票据权利可因民事债权的消灭事由如免除、抵销等事由的发生而消灭。

五、票据抗辩

（一）票据抗辩类别

票据抗辩，是指票据债务人依照《票据法》的规定，对票据债权人拒绝履行义务的行为。根据抗辩原因及抗辩效力的不同，票据抗辩可分为对物抗辩和对人抗辩。

1. 对物抗辩

对物抗辩是指基于票据本身存在的事由发生的抗辩。票据债务人可以对任何持票人主张对物抗辩，与票据当事人之间的关系无关。对物抗辩主要包括以下情形：①票据行为不成立而为的抗辩，如票据应记载的内容有欠缺、票据债务人无行为能力、背书不连续等。②依票据记载不能提出请求而为的抗辩，如票据未到期、付款地不符等。③票据载明的权利已消灭或已失效而为的抗辩，如票据债权因付款、时效届满而消灭等。④票据权利的保全手续欠缺而为的抗辩。⑤票据上有伪造、变造情形而为的抗辩。

2. 对人抗辩

对人抗辩是指基于人的事由发生的抗辩，是基于票据债务人和特定票据债权人之间的关系发生的抗辩，多与票据基础关系有关。票据债务人可以对不履行约定义务的与自己有直接债权债务关系的持票人，进行抗辩。票据债务人只能对基础关系中的直接相对人不履行约定义务的行为进行抗辩，该基础关系必须是该票据赖以产生的民事法律关系，而不是其他的民事法律关系；如果该票据已被不履行约定义务的持票人转让给第三人，而该第三人属善意、已对价取得票据的持票人，则票据债务人不能对其进行抗辩。

（二）票据抗辩的限制

《票据法》规定，票据债务人不得以自己与出票人或者与持票人的前手之间的抗辩事由，对抗持票人。但是，持票人明知存在抗辩事由而取得票据的除外。

《票据法》中对票据抗辩的限制主要表现在以下四个方面：①票据债务人不得以自己与出票人之间的抗辩事由对抗持票人。如果票据债务人与出票人之间存在抗辩事由，该票据债务人不得以此抗辩事由对抗善意持票人。②票据债务人不得以自己与持票人的前手之间的抗辩事由对抗持票人，如票据债务人与持票人的前手（如背书人、保证人等）存在抵销关系，而持票人的前手将票据转让给了持票人，票据债务人就不能以其与持票人的前手存在抗辩事由而拒绝向持票人付款。③凡是善意的、已付对价的正当持票人可以向票据上的一切债务人请求付款，不受前手权利瑕疵和前手相互间抗辩的影响，如持票人不知道其前手取得票

据存在欺诈、偷盗、胁迫、重大过失等情形，并已为取得票据支付了相应的代价，那么票据债务人不能以持票人的前手存在权利瑕疵而对抗持票人。④持票人取得的票据是无对价或不相当对价的，由于其享有的权利不能优于其前手的权利，故票据债务人可以对抗持票人前手的抗辩事由对抗该持票人。

六、票据的伪造和变造

（一）票据的伪造

票据的伪造是指假冒他人名义或虚构人的名义而进行的票据行为，包括票据的伪造和票据上签章的伪造。前者是指假冒他人或虚构人的名义进行出票行为，如在空白票据上伪造出票人的签章或者盗盖出票人的印章而进行出票；后者是指假冒他人名义进行出票行为之外的其他票据行为，如伪造背书签章、承兑签章、保证签章等。《票据法》规定，票据上有伪造签章的，不影响票据上其他真实签章的效力。持票人依法提示承兑、提示付款或行使追索权时，在票据上真实签章人不能以票据伪造为由进行抗辩。

票据的伪造行为在法律上不具有任何票据行为的效力。由于其自始无效，故持票人即使是善意取得，对被伪造人也不能行使票据权利。对伪造人而言，由于票据上没有以自己名义所作的签章，因此也不承担票据责任。但是，如果伪造人的行为给他人造成损害的，应承担民事责任，构成犯罪的，还应承担刑事责任。

（二）票据的变造

票据的变造是指无权更改票据内容的人，对票据上签章以外的记载事项加以变更的行为。构票据的变造须符合以下条件：①变造的票据是合法成立的有效票据；②变造的内容是票据上所记载的除签章以外的事项；③变造人无权变更票据的内容。《票据法》规定，票据上其他记载事项被变造的，在变造之前签章的人，对原记载事项负责；在变造之后签章的人，对变造之后的记载事项负责；不能辨别是在票据被变造之前或者之后签章的，视同在变造之前签章。

第二节 汇票

一、汇票概念与分类

（一）汇票及其分类

汇票是出票人签发的，委托付款人在见票时或者在指定日期无条件支付确定的金额给收款人或者持票人的票据。它具有以下法律特征：①汇票有三个基本当事人，即出票人、付款人和收款人。出票人，是指依照法定方式签发汇票委托他人付款的人。付款人，是指按照出票人的付款委托无条件支付汇票金额的人。收款人，是指汇票上记载的收取票款的人。出票人和付款人为票据义务人，收款人为票据权利人。②汇票是由出票人委托他人支付的票据，是一种委付证券，而非自付证券。③汇票是在指定到期日付款的票据。指定到期日是指见票即付、定日付款、出票后定期付款、见票后定期付款四种形式。④汇票是付款人无条件支付票据金额给持票人的票据，此处的持票人包括收款人、被背书人或受让人。

（二）汇票分类

1. 根据汇票出票人的不同，可将汇票分为银行汇票和商业汇票

银行汇票是出票银行签发的，由其在见票时按照实际结算金额无条件支付给收款人或者持票人的票据。银行汇票的出票是出票银行签发的，由其在见票时按照实际结算金额无条件支付给收款人或者持票人的票据。银行汇票的出票银行为银行汇票的付款人。银行汇票一般由汇款人将款项交存当地银行，由银行签发给汇款人持往异地办理转账结算或支取现金。单位、个体经济户和个人需要使用各种款项，均可使用银行汇票。银行汇票可以用于转账，填明“现金”字样的银行汇票也可以用于支取现金。银行汇票的提示付款期限自出票日起一个月。商业汇票是出票人签发的，委托付款人在指定日期无条件支付确定的金额给收款人或者持票人的票据。商业汇票的出票人为银行以外的企业或其他组织；其付款人可以是银行，也可以是银行以外的企业或其他组织。凡由银行承兑的，称为银行承兑汇票；凡由银行以外的付款人承兑的，称为商业承兑汇票。商业汇票的付款期限，最长不得超过六个月；商业汇票的提示付款期限，自汇票到期日起十日。

2. 根据付款期限不同，可将汇票分为即期汇票和远期汇票

即期汇票是指见票即行付款的汇票，包括注明：见票即付的汇票、到期日与出票日相同的汇票以及未记载到期日的汇票。远期汇票是指约定一定的到期日付款的汇票，包括定期付款汇票、出票后定期付款汇票和见票后定期付款汇票。

二、出票

（一）出票及其基本要求

出票是指出票人签发票据并将其交付给收款人的票据行为。汇票的出票人必须与付款人具有真实的委托付款关系，并且具有支付汇票金额的可靠资金来源。不得签发无对价的汇票用以骗取银行或者其他票据当事人的资金。

（二）汇票记载事项

1. 绝对记载事项

《票据法》规定汇票必须记载下列事项：①表明“汇票”的字样；②无条件支付的委托；③确定的金额；④付款人名称；⑤收款人名称；⑥出票日期；⑦出票人签章。汇票上未记载前款规定事项之一的，汇票无效。

2. 相对记载事项

《票据法》规定汇票上记载付款日期、付款地、出票地等事项的，应当清楚、明确。汇票上未记载付款日期的，为见票即付。汇票上未记载付款地的，付款人的营业场所、住所或者经常居住地为付款地。汇票上未记载出票地的，出票人的营业场所、住所或者经常居住地为出票地。汇票上可以记载《票据法》规定事项以外的其他出票事项，但是该记载事项不具有汇票上的效力。

（三）出票效力

1. 对出票人的效力

出票是以创设票据权利为目的的票据行为。出票人依照《票据法》的规定完成出票行为之后，即对汇票当事人产生《票据法》上的效力。出票人签发汇票后，即承担保证该汇票承兑和付款的责任。出票人在汇票得不到承兑或者付款时，应当向持票人清偿法律规定的金额和费用。

2. 对付款人的效力

出票行为是单方行为，付款人并不因此而有付款义务。只是基于出票人的付款委托而使其具有承兑人的地位，只有在其对汇票进行承兑后，付款人才成为汇票上的主债务人。

3. 对收款人的效力

收款人取得出票人发出的汇票后，即取得票据权利，一方面，就票据金额享有付款请求权；另一方面，在付款请求权不能满足时，享有追索权。同时，收款人享有依法转让票据的权利。

三、背书

背书是指在票据背面或者粘单上记载有关事项并签章的票据行为。持票人可以将汇票权利转让给他人或者将一定的汇票权利授予他人行使。出票人在汇票上记载“不得转让”字样的，汇票不得转让。持票人行使前述权利时，应当背书并交付汇票。

（一）背书记载事项

1. 背书由背书人签章并记载背书日期

背书未记载日期的，视为在汇票到期日前背书。汇票以背书转让或者以背书将一定的汇票权利授予他人行使时，必须记载被背书人名称。背书人以背书转让汇票后，即承担保证其后手所持汇票承兑和付款的责任。背书人在汇票得不到承兑或者付款时，应当向持票人清偿法律规定的金额和费用。

2. 禁止背书的记载

背书人在汇票上记载“不得转让”字样，其后手再背书转让的，原背书人对后手的被背书人不承担保证责任。背书记载“委托收款”字样的，被背书人有权代背书人行使被委托的汇票权利。但是，被背书人不得再以背书转让汇票权利。

3. 背书不得记载内容

背书不得附有条件。背书时附有条件的，所附条件不具有汇票上的效力。将汇票金额的一部分转让的背书或者将汇票金额分别转让给二人以上的背书无效。

4. 法定禁止背书

法定禁止背书是指根据《票据法》的规定而禁止背书转让的情形。汇票被拒绝承兑、被拒绝付款或者超过付款提示期限的，不得背书转让；背书转让的，背书人应当承担汇票责任。

（二）背书形式要求

以背书转让的汇票，背书应当连续。背书连续是指在票据转让中，转让汇票的背书人与受让汇票的被背书人在汇票上的签章依次前后衔接。持票人以背书的连续，证明其汇票权利；非经背书转让，而以其他合法方式取得汇票的，依法举证，证明其汇票权利。以背书转让的汇票，后手应当对其直接前手背书的真实性负责。后手是指在票据签章人之后签章的其他票据债务人。

背书不连续的，付款人可以拒绝向持票人付款，否则付款人自行承担责任。背书连续主要是指背书在形式上连续，如果背书在实质上不连续，如有伪造签章等，付款人仍应对持票人付款。但是，如果付款人明知持票人不是真正票据权利人，则不得向持票人付款，否则应自行承担责任。

票据凭证不能满足背书人记载事项的需要，可以加附粘单，粘附于票据凭证上。粘单上的第一记载人，应当在汇票和粘单的粘接处签章。

（三）质押收款背书与质押背书

委托收款背书是指持票人以行使票据上的权利为目的，而授予被背书人以代理权的背书。质押背书是指持票人以票据权利设定质权为目的而在票据上作成的背书。背书人是原持票人，也是出质人，被背书人则是质权人。《票据法》规定，背书记载“委托收款”字样的，被背书人有权代背书人行使被委托的汇票权利。但是，被背书人不得再以背书转让汇票权利。汇票可以设定质押；质押时应当以背书记载“质押”字样。被背书人依法实现其质权时，可以行使汇票权利。

四、承兑

承兑是指汇票付款人承诺在汇票到期日支付汇票金额的票据行为。定日付款或者出票后定期付款的汇票，持票人应当在汇票到期日前向付款人提示承兑。提示承兑是指持票人向付款人出示汇票，并要求付款人承诺付款的行为。见票后定期付款的汇票，持票人应当自出票日起 1 个月内向付款人提示承兑。汇票未按照规定期限提示承兑的，持票人丧失对其前手的追索权。见票即付的汇票无需提示承兑。

付款人对向其提示承兑的汇票，应当自收到提示承兑的汇票之日起 3 日内承兑或者拒绝承兑。付款人收到持票人提示承兑的汇票时，应当向持票人签发收到汇票的回单。回单上应当记明汇票提示承兑日期并签章。

付款人承兑汇票的，应当在汇票正面记载“承兑”字样和承兑日期并签章；见票后定期付款的汇票，应当在承兑时记载付款日期。汇票上未记载承兑日期的，以前述规定期限的最后一日为承兑日期。付款人承兑汇票，不得附有条件；承兑附有条件的，视为拒绝承兑。付款人承兑汇票后，应当承担到期付款的责任。

五、保证

汇票的债务可以由保证人承担保证责任。保证人由汇票债务人以外的他人担当。保证人必须在汇票或者粘单上记载下列事项：①表明“保证”的字样；②保证人名称和住所；③被保证人的名称；④保证日期；⑤保证人签章。保证人在汇票或者粘单上未记载被保证人的名称的，已承兑的汇票，承兑人为被保证人；未承兑的汇票，出票人为被保证人。保证人在汇票或者粘单上未记载保证日期的，出票日期为保证日期。保证不得附有条件；附有条件的，不影响对汇票的保证责任。保证人对合法取得汇票的持票人所享有的汇票权利，承担保证责任。但是，被保证人的债务因汇票记载事项欠缺而无效的除外。

被保证的汇票，保证人应当与被保证人对持票人承担连带责任。汇票到期后得不到付款的，持票人有权向保证人请求付款，保证人应当足额付款。保证人为二人以上的，保证人之间承担连带责任。保证人清偿汇票债务后，可以行使持票人对被保证人及其前手的追索权。

六、付款

（一）付款提示

付款提示是指持票人向付款人出示票据，请求付款的行为。《票据法》规定，见票即付的汇票，自出票日起 1 个月内向付款人提示付款；定日付款、出票后定期付款或者见票后定期付款的汇票，自到期日起 10 日内向承兑人提示付款。持票人未按照规定期限提示付款的，在作出说明后，承兑人或者付款人仍应当继续对持票人承担付款责任。通过委托收款银行或者通过票据交换系统向付款人提示付款的，视同持票人提示付款。

（二）支付票款

持票人依照规定提示付款的，付款人必须在当日足额付款。持票人获得付款的，应当在汇票上签收，并将汇票交给付款人。持票人委托银行收款的，受委托的银行将代收的汇票金额转账收入持票人账户，视同签收。持票人委托的收款银行的责任，限于按照汇票上记载事项将汇票金额转入持票人账户。付款人委托的付款银行的责任，限于按照汇票上记载事项从付款人账户支付汇票金额。

付款人及其代理付款人付款时，应当审查汇票背书的连续，并审查提示付款人的合法身份证明或者有效证件。付款人及其代理付款人以恶意或者有重大过失付款的，应当自行承担责任。对定日付款、出票后定期付款或者见票后定期付款的汇票，付款人在到期日前付款的，由付款人自行承担所产生的责任。汇票金额为外币的，按照付款日的市场汇价，以人民币支付。汇票当事人对汇票支付的货币种类另有约定的，从其约定。

（三）付款效力

付款人依法足额付款后，全体汇票债务人的责任解除。付款人依照票据记载的文义，及时足额支付汇票金额后，票据关系随之消灭，汇票上的全体债务人的票据责任予以解除。

七、追索权

（一）行使追索权的情形

汇票到期被拒绝付款的，持票人可以对背书人、出票人以及汇票的其他债务人行使追索权。汇票到期日前，有下列情形之一的，持票人也可以行使追索权：①汇票被拒绝承兑的；②承兑人或者付款人死亡、逃匿的；③承兑人或者付款人被依法宣告破产的或者因违法被责令终止业务活动的。

（二）追索权的主体与客体

1. 追索权的主体

追索权的主体包括追索权人和被追索人。追索权人包括最后持票人和已为清偿的汇票债务人。最后持票人是汇票上的唯一债权人，也是最初追索权人；其他汇票债务人被持票人追索而清偿债务后，享有与持票人同一权利，可以向自己的前手行使再追索权。被追索人是指追索权人行使追索权所针对的义务人，包括出票人、背书人和其他债务人。

2. 追索权的客体

追索权的客体是指追索权人有权取得的、被追索人应当支付的金额和费用，包括汇票金额、法定利息和行使追索权的费用。追索权的客体包括两种：①最初追索权的客体。持票人行使追索权，可以请求被追索人支付下列金额和费用：被拒绝付款的汇票金额；汇票金额自到期日或者提示付款日起至清偿日止，按照中国人民银行规定的流动资金贷款利率计算的利息；取得有关拒绝证明和发出通知书的费用。②再追索权的客体。被追索人行使再追索权，可以请求其他汇票债务人支付下列金额和费用：已清偿的全部金额及其自清偿日起至再追索清偿日止，按照中国人民银行规定的流动资金贷款利率计算的利息；发出通知书的费用。

（三）追索权的要件

行使追索权必须具备一定的要件，包括实质要件和形式要件两个方面。

1. 实质要件

行使追索权的实质要件是指持票人行使追索权的法定原因。根据《票据法》的规定，追索权发生的实质要件包括：①汇票到期被拒绝付款；②汇票在到期日前被拒绝承兑；③在汇票到期日前，承兑人或付款人死亡、逃匿的；④在汇票到期日前，承兑人或付款人被依法宣告破产或因违法被责令终止业务活动。发生上述情形之一的，持票人可以对背书人、出票人以及汇票的其他债务人行使追索权。

2. 形式要件

行使追索权的形式要件是指行使追索权必须遵循一定的程序、履行法定的保全追索权的手续、具备相应的条件。①提供被拒绝承兑或者被拒绝付款的有关证明。《票据法》规定，持票人行使追索权时，应当提供被拒绝承兑或者被拒绝付款的有关证明。②持票人因承兑人或者付款人死亡、逃匿或者其他原因，不能取得拒绝证明的，可以依法取得其他有关证明。承兑人或者付款人被人民法院依法宣告破产的，人民法院的有关司法文书具有拒绝证明的效力。承兑人或者付款人因违法被责令终止业务活动的，有关行政主管部门的处罚决定具有拒绝证明的效力。持票人不能出示拒绝证明、退票理由书或者未按照规定期限提供其他合法证明的，丧失对其前手的追索权。但是，承兑人或者付款人仍应当对持票人承担责任。

（四）追索权的行使

持票人应当自收到被拒绝承兑或者被拒绝付款的有关证明之日起 3 日内，将被拒绝事由书面通知其前手；其前手应当自收到通知之日起 3 日内书面通知其再前手。持票人也可以同时向各汇票债务人发出书面通知。未按照规定期限通知的，持票人仍可以行使追索权。因延期通知给其前手或者出票人造成损失的，由没有按照规定期限通知的汇票当事人，承担对该损失的赔偿责任，但是所赔偿的金额以汇票金额为限。在规定期限内将通知按照法定地址或者约定的地址邮寄的，视为已经发出通知。

被追索人清偿债务后，其票据责任解除。同时，被追索人清偿债务后，与持票人享有同一追索权利，可以向其他汇票债务人行使再追索权，请求其他汇票债务人支付相应的金额和费用。

第三节　本票与支票

一、本票

（一）本票概念特征与类别

1. 本票概念与特征

本票是出票人签发的，承诺自己在见票时无条件支付确定的金额给收款人或者持票人的票据。与汇票相比，本票具有下列特征：①本票是自付证券。本票是由出票人约定自己付款的一种自付证券，其基本当事人有两个，即出票人和收款人，在出票人之外不存在独立的付款人。②本票无须承兑。在出票人完成出票行为之后，即承担了到期日无条件支付票据金额的责任，不需要在到期日前进行承兑。

2. 本票的种类

《票据法》规定，本票仅限于银行本票。银行本票是银行签发的，承诺自己在见票时无条件支付确定的金额给收款人或者持票人的票据。单位和个人在同一票据交换区域需要支付各种款项，均可以使用银行本票。银行本票可以用于转账，标明“现金”字样的银行本票可以用于支取现金。

（二）本票的记载事项

本票必须记载事项：表明“本票”的字样；无条件支付的承诺；确定的金额；收款人名称；出票日期；出票人签章。本票上未记载前述规定事项之一的，本票无效。

本票上记载付款地、出票地等事项的，应当清楚、明确。本票上未记载付款地的，出票人的营业场所为付款地。本票上未记载出票地的，出票人的营业场所为出票地。本票的出票人在持票人提示见票时，必须承担付款的责任。

（三）见票付款

本票自出票日起，付款期限最长不得超过 2 个月。本票的持票人未按照规定期限提示见票的，丧失对出票人以外的前手的追索权。

本票的背书、保证、付款行为和追索权的行使，适用《票据法》有关汇票的规定。

二、支票

（一）支票概念、特征与分类

1. 支票概念特征

支票是出票人签发的，委托银行或者其他金融机构在见票时无条件支付一定金额给收款人或者持票人的票据。支票与汇票和本票相比，有两个显著特征：①以银行或者其他金融机构作为付款人；②见票即付。支票有出票人、付款人和收款人。

2. 支票的种类

《票据法》按照支付票款方式，将支票分为现金支票、转账支票和普通支票。①现金支票。支票正面印有“现金”字样的为现金支票，现金支票只能用于支取现金。②转账支票。支票正面印有“转账”字样的为转账支票，转账支票只能用于转账，不得支取现金。③普通支票。支票上未印有“现金”或“转账”字样的为普通支票，普通支票可以用于支取现金，也可以用于转账。普通支票用于转账时，应当在支票正面注明，即在普通支票左上角划两条平行线。有该划线标志的支票，也称为划线支票，划线支票只能用于转账，不得支取现金。

（二）支票的出票

1. 支票签发的条件

支票的出票是指出票人委托银行或者其他金融机构无条件向持票人支付一定金额的票据行为。支票出票人为在经中国人民银行当地分支行批准办理支票业务的银行机构开立可以使用支票的存款账户的单位和个人，签发支票必须具备一定的条件：①开立账户。开立支票存款账户，申请人必须使用其本名，并提交证明其身份的合法证件。②存入足够支付的款项。开立支票存款账户和领用支票，应当有可靠的资信，并存入一定的资金。③预留印鉴。开立支票存款账户，申请人应当预留其本名的签名式样和印鉴。

2. 支票的记载事项

支票必须记载下列事项：表明“支票”的字样；无条件支付的委托；确定

的金额；付款人名称；出票日期；出票人签章。支票上未记载绝对必要记载事项之一的，支票无效。

支票上的金额可以由出票人授权补记，未补记前的支票，不得使用。支票上未记载收款人名称的，经出票人授权，可以补记。支票上未记载付款地的，付款人的营业场所为付款地。支票上未记载出票地的，出票人的营业场所、住所或者经常居住地为出票地。出票人可以在支票上记载自己为收款人。

此外，支票上可以记载非法定记载事项，但这些事项并不发生支票上的效力。

3. 出票的其他法定条件

支票的出票人所签发的支票金额不得超过其付款时在付款人处实有的存款金额。出票人签发的支票金额超过其付款时在付款人处实有的存款金额的，为空头支票。禁止签发空头支票。支票的出票人不得签发与其预留本名的签名式样或者印鉴不符的支票。

4. 支票出票的效力

支票出票的效力，是指出票人签发支票后，出票人、付款人和收款人所承担的责任或享有的权利。出票人必须按照签发的支票金额承担保证向该持票人付款的责任。出票人在付款人处的存款足以支付支票金额时，付款人应当在当日足额付款。付款人依法支付支票金额的，对出票人不再承担受委托付款的责任，对持票人不再承担付款的责任。但是，付款人以恶意或者有重大过失付款的除外。

5. 付款

支票限于见票即付，不得另行记载付款日期。另行记载付款日期的，该记载无效。支票的持票人应当自出票日起十日内提示付款；异地使用的支票，其提示付款的期限由中国人民银行另行规定。超过提示付款期限的，付款人可以不予付款；付款人不予付款的，出票人仍应当对持票人承担票据责任。

支票的背书、付款行为和追索权的行使，适用《票据法》有关汇票的规定。

第四节　法律责任

一、票据欺诈行为的法律责任

票据欺诈行为，是指以票据为载体，以非法占有为目的，采用伪造、变造，

或者故意使用伪造、变造的票据等欺骗手段，骗取他人财物的行为。

有下列票据欺诈行为之一的，依法追究刑事责任：①伪造、变造票据；②故意使用伪造、变造的票据；③签发空头支票或者故意签发与其预留的本名签名式样或者印鉴不符的支票，骗取财物；④签发无可靠资金来源的汇票、本票，骗取资金；⑤汇票、本票的出票人在出票时作虚假记载，骗取财物；⑥冒用他人的票据，或者故意使用过期或者作废的票据，骗取财物；⑦付款人同出票人、持票人恶意串通，实施前述行为之一的。行为人实施上述票据欺诈行为之一，情节轻微，不构成犯罪的，依照国家有关规定给予行政处罚。

二、金融机构及其工作人员的法律责任

金融机构工作人员在票据业务中玩忽职守，对违反《票据法》规定的票据予以承兑、付款或者保证的，给予处分；造成重大损失，构成犯罪的，依法追究刑事责任。由于金融机构工作人员因前款行为给当事人造成损失的，由该金融机构和直接责任人员依法承担赔偿责任。

三、付款人故意压票，拖延支付的法律责任

票据的付款人对见票即付或者到期的票据，故意压票、拖延支付的，由金融行政管理部门处以罚款，对直接责任人员给予处分。票据的付款人故意压票，拖延支付，给持票人造成损失的，依法承担赔偿责任。

复习与思考

1. 票据特征
2. 票据的记载事项
3. 票据权利取得与限制
4. 票据权利行使与保全
5. 票据抗辩与限制
6. 票据伪造与变造
7. 追索权行使的条件

问题与案例

甲系A公司业务员，负责A公司与B公司的业务往来事宜。2014年2月，甲离职，但A公司并未将这一情况通知B公司。2014年3月3日，甲仍以A公

司业务员名义到B公司购货，并向B公司交付了一张出票人为A公司、金额为30万元的支票，用于支付货款，但未在支票上记载收款人名称。之后，甲提走货物。后查明，支票上所盖A公司公章及其财务负责人名章均系甲伪造。

B公司于2月20日与公益机构C基金会签订书面协议，约定捐赠30万元用于救灾。3月4日，B公司将该支票交付C基金会，但未在支票上作任何记载。

3月5日，C基金会为向D公司支付购买救灾物品的货款，将自己记载为收款人后，将该支票背书转让给D公司。

3月6日，D公司将该支票背书转让给E公司，用于购买生产原料。后发现，E公司向D公司出售的原料存在严重质量问题。

3月10日，E公司将该支票背书转让给F大学，用于设立奖学金。

3月11日，F大学向支票所记载的付款银行请求付款时，银行发现支票上的A公司及其财务负责人的签章系伪造，遂拒绝付款。

F大学先后向E公司、D公司追索，均遭拒绝。后F大学向C基金会追索，C基金会向F大学承担票据责任后，分别向B公司和A公司追索，均遭拒绝。

根据上述内容，分别回答下列问题：

(1) D公司是否有权拒绝F大学的追索请求？并说明理由。

(2) C基金会向F大学承担票据责任后，是否有权向B公司追索？是否有权要求B公司继续履行赠与义务？并分别说明理由。

(3) C基金会是否有权向A公司追索？并说明理由。

(4) C基金会是否有权向甲追索？并说明理由。

第十章　证券法

本章目标

学习过本章之后，你应能够：

1. 列举证券发行与上市的条件
2. 阐明证券交易的限制
3. 叙述禁止的证券交易行为
4. 了解证券交易所与证券中介机构

第一节　证券与证券法

一、证券及其分类

证券是证明持有者享有一定权益的凭证，用来证明证券持有者按其所载取得相应权益。《中华人民共和国证券法》（以下简称《证券法》）规定的证券为股票、公司债券、可转换公司债、存托凭证。

1. 股票

股票是公司签发的证明股东所持股份的凭证。股东凭股票取得股息、行使管理权、参与剩余财产的分配。股票具有收益性、流通性、非返还性、风险性特点。

2. 公司债券

公司债券是债券发行人对债券持有人按照债券约定承担偿还债券本息义务的凭证。公司债券具有如下特点：公司债券是债权凭证、有偿还期限、利率固定、公司破产时持有人享有优于股东的剩余资产索取权。

3. 可转换公司债

可转换公司债券是指发行人依照法定程序发行，在一定期间内依据约定条件可以转换为股份的公司债券。可转换公司债券是一种无担保、无追索权、信用级别较低，兼具债权性和股权性的中长期混合型投资工具。

4. 存托凭证

存托凭证是由存托人签发，以境外证券为基础在中国境内发行，代表境外基础证券权益的证券。存托凭证持有人依法享有存托凭证代表的境外基础证券权益，并按照存托协议约定通过存托人行使其权利。承托人依照存托协议约定，根据存托凭证持有人意愿行使境外基础证券相应权利，办理存托凭证分红、派息等业务。

二、证券法及其原则

（一）证券法

《证券法》是规范证券发行、交易及监管过程中产生的各种法律关系的基本法。1998 年 12 月 29 日，第九届全国人民代表大会常务委员会第六次会议通过了《证券法》，1999 年 7 月 1 日起施行。此后，《证券法》历经 2004 年、2013 年、2014 年三次修正和 2005 年、2019 年两次修订，现行《证券法》于 2019 年 12 月 28 日由第十三届全国人民代表大会常务委员会第十五次会议通过。

（二）证券法的基本原则

《证券法》的基本原则是贯穿证券发行和证券交易活动全过程的基本准则。《证券法》总则确定了下列基本原则：

1. 公开、公平、公正原则

公开原则，是指有关证券发行、交易的信息要公开，让投资者在充分了解真实情况的基础上自行作出投资决策。贯彻公开原则的基本要求是，公开的信息必须真实、完整，不得有虚假记载、误导性陈述或者重大遗漏，信息公开要及时，要有使用价值。除了信息公开外，办事程序、办事规则也要公开。公开的形式包括：向社会公告，将有关信息刊登在报纸或刊物上，将有关资料置备于有关场所，供公众随时查阅。

公平原则，是指证券市场的所有参与者在法律上都具有平等地位，在市场中机会平等。公平原则的基本要求是，投资者能够公平地参与竞争，公平地面对机会和风险。

公正原则，是指证券的发行、交易活动执行统一的规则，适用统一的规范。贯彻公正原则的基本要求是，证券市场参与者的合法权益同样受法律保护，违法行为同样受法律制裁。

2. 平等、自愿、有偿、诚实信用原则

平等是指证券发行、交易活动的当事人具有平等的法律地位。自愿指当事人有权按照自己的意愿参与证券发行与证券交易活动，任何机构、组织或个人都不得非法干预，任何一方都不得把自己的意志强加给对方。有偿指在证券发行和交易活动中，一方当事人不得无偿占有他方当事人的财产和劳动。诚实信用是指有关各方当事人应当自觉遵守社会公德，参与民事活动要诚实守信、客观公正、信守承诺，不弄虚作假，不欺骗人。

3. 守法原则

证券发行、交易活动，必须遵守法律、行政法规；禁止欺诈、内幕交易和操纵证券交易市场的行为。根据《证券法》的规定，在中国境内，股票、公司债券、存托凭证和国务院依法认定的其他证券的发行和交易，适用《证券法》的规定；《证券法》未规定的，适用《中华人民共和国公司法》（以下简称《公司法》）和其他法律、行政法规的规定。政府债券、证券投资基金份额的上市交易，适用《证券法》；其他法律、行政法规另有规定的，适用其规定。

4. 分业经营、分业管理原则

证券业和银行业、信托业、保险业实行分业经营、分业管理，证券公司与银行、信托、保险业务机构分别设立。在中国，证券业、银行业、信托业、保险业都属金融行业，但又都有各自的业务领域，由于中国现阶段整个金融行业正处于市场化改革的发展进程中，实行分业经营、分业管理，将有利于提高经营水平，加强监督管理，化解金融风险。

5. 政府集中统一监督

国务院证券监督管理机构依法对全国证券市场实行集中统一监督管理。国务院证券监督管理机构根据需要可以设立派出机构，按照授权履行监督管理职责。

6. 国家审计监督原则

国家审计机关对证券交易所、证券公司、证券登记结算机构、证券监督管理机构，在证券发行、交易及监管活动中有无违法违规情况依法进行审计监督，以保护投资者的权益与证券市场的健康发展。

第二节　证券发行

证券发行是指经批准符合条件的证券发行人，以筹集资金为目的，按照法定程序将证券销售给投资者的行为。《证券法》规定，公开发行证券，必须符合法律、行政法规规定的条件，并依法报经国务院证券监督管理机构或者国务院授权的部门核准或者审批；未经依法核准或者审批，任何单位和个人不得向社会公开发行证券。

一、证券发行类别

（一）公开发行

1. 公开发行的情形

公开发行证券必须符合法律、行政法规规定的条件，并依法报经国务院证券监督管理机构或者国务院授权的部门注册。未经依法注册，任何单位和个人不得公开发行证券。有下列情形之一的，为公开发行：①向不特定对象发行证券；②向特定对象发行证券累计超过200人，但依法实施员工持股计划的员工人数不计算在内；③法律、行政法规规定的其他发行行为。非公开发行证券，不得采用广告、公开劝诱和变相公开方式。

2. 公开发行证券实行保荐制度

《证券法》规定，发行人申请公开发行股票、可转换为股票的公司债券，依法采取承销方式的或者公开发行法律、行政法规规定实行保荐制度的其他证券的，应当聘请具有保荐资格的机构担任保荐人。保荐人应当遵守业务规则和行业规范，诚实守信，勤勉尽责，对发行人的申请文件和信息披露资料进行审慎核查，督导发行人规范运作。保荐人的资格及其管理办法由国务院证券监督管理机构规定。

（二）股票的发行

1. 公开发行新股条件

设立股份有限公司公开发行股票，应当符合《中华人民共和国公司法》规定的条件和经国务院批准的国务院证券监督管理机构规定的其他条件。公司首次公开发行新股，应当符合下列条件：①具备健全且运行良好的组织机构；②具有持续经营能力；③最近3年财务会计报告被出具无保留意见审计报告；④发行人及其控股股东、实际控制人最近3年不存在贪污、贿赂、侵占财产、挪用财产或者破坏社会主义市场经济秩序的刑事犯罪；⑤经国务院批准的国务院证券监督管理机构规定的其他条件。

2. 公开发行新股报送文件

公司公开发行新股，应当报送募股申请和下列文件：①公司营业执照；②公司章程；③股东大会决议；④招股说明书或者其他公开发行募集文件；⑤财务会计报告；⑥代收股款银行的名称及地址。依法规聘请保荐人的，还应当报送保荐人出具的发行保荐书。依法实行承销的，还应当报送承销机构名称及有关的协议。

3. 公开发行募集资金用途

公司对公开发行股票所募集资金，必须按照招股说明书或者其他公开发行募集文件所列资金用途使用；改变资金用途，必须经股东大会作出决议。擅自改变用途，未作纠正的，或者未经股东大会认可的，不得公开发行新股。

（三）公开发行公司债券

1. 公开发行公司债券的条件

公开发行公司债券，应当符合下列条件：①具备健全且运行良好的组织机构；②最近 3 年平均可分配利润足以支付公司债券 1 年的利息；③国务院规定的其他条件。公开发行公司债券筹集的资金，必须按照公司债券募集办法所列资金用途使用；改变资金用途，必须经债券持有人会议作出决议。公开发行公司债券筹集的资金，不得用于弥补亏损和非生产性支出。

2. 公开发行公司债券报送的文件

申请公开发行公司债券，应当向国务院授权的部门或者国务院证券监督管理机构报送下列文件：①公司营业执照；②公司章程；③公司债券募集办法；④国务院授权的部门或者国务院证券监督管理机构规定的其他文件。依照《证券法》规定聘请保荐人的，还应当报送保荐人出具的发行保荐书。

3. 不得再次公开发行公司债券的情形

《证券法》规定，有下列情形之一的，不得再次公开发行公司债券：①对已公开发行的公司债券或者其他债务有违约或者延迟支付本息的事实，仍处于继续状态；②违反《证券法》规定，改变公开发行公司债券所募资金的用途。

二、证券发行的程序

（一）证券发行的核准

发行人依法申请公开发行证券所报送的申请文件的格式、报送方式，由依法负责注册的机构或者部门规定。发行人报送的证券发行申请文件，应当充分披露投资者作出价值判断和投资决策所必需的信息，内容应当真实、准确、完整。为证券发行出具有关文件的证券服务机构和人员，必须严格履行法定职责，保证所出具文件的真实性、准确性和完整性。发行人申请首次公开发行股票的，在提交申请文件后，应当按照国务院证券监督管理机构的规定预先披露有关申请文件。

国务院证券监督管理机构或者国务院授权的部门，依照法定条件负责证券发行申请的注册。证券公开发行注册的具体办法由国务院规定。按照国务院的规定，证券交易所等可以审核公开发行证券申请，判断发行人是否符合发行条件、信息披露要求，督促发行人完善信息披露内容。参与证券发行申请注册的人员，不得与发行申请人有利害关系，不得直接或者间接接受发行申请人的馈赠，不得持有所注册的发行申请的证券，不得私下与发行申请人进行接触。国务院证券监督管理机构或者国务院授权的部门应当自受理证券发行申请文件之日起3个月内，依照法定条件和法定程序作出予以注册或者不予注册的决定，发行人根据要求补充、修改发行申请文件的时间不计算在内。不予注册的，应当说明理由。

证券发行申请经注册后，发行人应当依照法律、行政法规的规定，在证券公开发行前公告公开发行募集文件，并将该文件置备于指定场所供公众查阅。发行证券的信息依法公开前，任何知情人不得公开或者泄露该信息。发行人不得在公告公开发行募集文件前发行证券。

国务院证券监督管理机构或者国务院授权的部门对已作出的证券发行注册的决定，发现不符合法定条件或者法定程序，尚未发行证券的，应当予以撤销，停止发行。已经发行尚未上市的，撤销发行注册决定，发行人应当按照发行价并加算银行同期存款利息返还证券持有人；发行人的控股股东、实际控制人以及保荐人，应当与发行人承担连带责任，但是能够证明自己没有过错的除外。

股票的发行人在招股说明书等证券发行文件中隐瞒重要事实或者编造重大虚假内容，已经发行并上市的，国务院证券监督管理机构可以责令发行人回购证券，或者责令负有责任的控股股东、实际控制人买回证券。

股票依法发行后，发行人经营与收益的变化，由发行人自行负责；由此变化引致的投资风险，由投资者自行负责。

（二）证券的承销

1. 证券承销方式

发行人向不特定对象发行的证券，法律、行政法规规定应当由证券公司承销的，发行人应当同证券公司签订承销协议。证券承销业务采取代销或者包销方式。证券代销是指证券公司代发行人发售证券，在承销期结束时，将未售出的证券全部退还给发行人的承销方式。证券包销是指证券公司将发行人的证券按照协议全部购入或者在承销期结束时将售后剩余证券全部自行购入的承销方式。公开发行证券的发行人有权依法自主选择承销的证券公司。向不特定对象发行证券聘请承销团承销的，承销团应当由主承销和参与承销的证券公司组成。

2. 证券承销协议

证券公司承销证券，应当同发行人签订代销或者包销协议，载明下列事项：①当事人的名称、住所及法定代表人姓名；②代销、包销证券的种类、数量、金额及发行价格；③代销、包销的期限及起止日期；④代销、包销的付款方式及日期；⑤代销、包销的费用和结算办法；⑥违约责任；⑦国务院证券监督管理机构规定的其他事项。

证券公司承销证券，应当对公开发行募集文件的真实性、准确性、完整性进行核查。发现有虚假记载、误导性陈述或者重大遗漏的，不得进行销售活动；已经销售的，必须立即停止销售活动，并采取纠正措施。

证券公司承销证券，不得有下列行为：①进行虚假的或者误导投资者的广告宣传或者其他宣传推介活动；②以不正当竞争手段招揽承销业务；③其他违反证券承销业务规定的行为。证券公司有前款所列行为，给其他证券承销机构或者投资者造成损失的，应当依法承担赔偿责任。

3. 证券承销的期限

证券的代销、包销期限最长不得超过 90 日。证券公司在代销、包销期内，对所代销、包销的证券应当保证先行出售给认购人，证券公司不得为本公司预留所代销的证券和预先购入并留存所包销的证券。股票发行采取溢价发行的，其发行价格由发行人与承销的证券公司协商确定。股票发行采用代销方式，代销期限届满，向投资者出售的股票数量未达到拟公开发行股票数量 70%的，为发行失败。发行人应当按照发行价并加算银行同期存款利息返还股票认购人。公开发行股票，代销、包销期限届满，发行人应当在规定的期限内将股票发行情况报国务院证券监督管理机构备案。

第三节　证券交易与上市

一、证券交易

（一）证券交易的一般规则

证券交易是指已发行的证券在不同的证券投资者之间进行的有偿转让的行为。证券交易中应遵守以下一般规则：

1. 证券交易的标的合法

证券交易当事人依法买卖的证券，必须是依法发行并交付的证券。非依法发行的证券，不得买卖。

2. 证券交易的方式合法

根据《证券法》的规定，证券在证券交易所上市交易，应当采用公开的集中交易方式或者国务院证券监督管理机构批准的其他方式。通过计算机程序自动生成或者下达交易指令进行程序化交易的，应当符合国务院证券监督管理机构的规定，并向证券交易所报告，不得影响证券交易所系统安全或者正常交易秩序。

3. 证券交易的场所合法

公开发行的证券，应当在依法设立的证券交易所上市交易或者在国务院批准的其他全国性证券交易场所交易。非公开发行的证券，可以在证券交易所、国务院批准的其他全国性证券交易场所、按照国务院规定设立的区域性股权市场转让。

4. 证券交易当事人买卖的证券可以采用纸面形式或者国务院证券监督管理部门规定的其他形式

5. 证券从业人员和管理人员和其他有关人员在任期或法定期限内不得持有、买卖股票

证券交易场所、证券公司和证券登记结算机构的从业人员，证券监督管理机构的工作人员以及法律、行政法规规定禁止参与股票交易的其他人员，在任期或者法定限期内，不得直接或者以化名、借他人名义持有、买卖股票或者其他具有股权性质的证券，也不得收受他人赠送的股票或者其他具有股权性质的证券。任何人在成为前款所列人员时，其原已持有的股票或者其他具有股权性质的证券，必须依法转让。实施股权激励计划或者员工持股计划的证券公司的从业人员，可以按照国务院证券监督管理机构的规定持有、卖出本公司股票或者其他具有股权性质的证券。

6. 证券交易服务机构和专业人员买卖股票应遵守有关限制性规定

依法发行的证券，《中华人民共和国公司法》和其他法律对其转让期限有限制性规定的，在限定的期限内不得转让。上市公司持有5%以上股份的股东、实际控制人、董事、监事、高级管理人员，以及其他持有发行人首次公开发行前发行的股份或者上市公司向特定对象发行的股份的股东，转让其持有的本公司股份的，不得违反法律、行政法规和国务院证券监督管理机构关于持有期限、卖出时间、卖出数量、卖出方式、信息披露等规定，并应当遵守证券交易所的业务规则。

为证券发行出具审计报告或者法律意见书等文件的证券服务机构和人员，在该证券承销期内和期满后6个月内，不得买卖该证券。为发行人及其控股股东、实际控制人，或者收购人、重大资产交易方出具审计报告或者法律意见书等文件的证券服务机构和人员，自接受委托之日起至上述文件公开后5日内，不得买卖该证券。实际开展上述有关工作之日早于接受委托之日的，自实际开展上述有关工作之日起至上述文件公开后5日内，不得买卖该证券。

上市公司、股票在国务院批准的其他全国性证券交易场所交易的公司持有5%以上股份的股东、董事、监事、高级管理人员（包括其配偶、父母、子女），将其持有的该公司的股票或者其他具有股权性质的证券在买入后6个月内卖出，或者在卖出后6个月内又买入，由此所得收益归该公司所有，公司董事会应当收回其所得收益。但是，证券公司因购入包销售后剩余股票而持有5%以上股份，以及有国务院证券监督管理机构规定的其他情形的除外。公司董事会不按照规定执行的，股东有权要求董事会在30日内执行。公司董事会未在上述期限内执行的，股东有权为了公司的利益以自己的名义直接向人民法院提起诉讼。公司董事会不依法执行的，负有责任的董事依法承担连带责任。

7. 证券交易所、证券公司、证券登记结算机构必须依法为客户保密

证券交易场所、证券公司、证券登记结算机构、证券服务机构及其工作人员应当依法为投资者的信息保密，不得非法买卖、提供或者公开投资者的信息。证券交易场所、证券公司、证券登记结算机构、证券服务机构及其工作人员不得泄露所知悉的商业秘密。

8. 证券交易收费必须合理

《证券法》规定证券交易的收费必须合理，并公开收费项目、收费标准和收费方法。证券交易的收费项目、收费标准和管理办法由国务院有关管理部门统一规定。

（二）禁止的交易行为

1. 内幕交易行为

《证券法》禁止证券交易内幕信息的知情人和非法获取内幕信息的人利用内幕信息从事证券交易活动。

（1）内幕信息知情人。证券交易内幕信息知情人包括：①发行人及其董事、监事、高级管理人员；②持有公司5%以上股份的股东及其董事、监事、高级管理人员，公司的实际控制人及其董事、监事、高级管理人员；③发行人控股或者实际控制的公司及其董事、监事、高级管理人员；④由于所任公司职务或者因与公司业务往来可以获取公司有关内幕信息的人员；⑤上市公司收购人或者重大资产交易方及其控股股东、实际控制人、董事、监事和高级管理人员；⑥因职务、工作可以获取内幕信息的证券交易场所、证券公司、证券登记结算机构、证券服务机构的有关人员；⑦因职责、工作可以获取内幕信息的证券监督管理机构工作人员；⑧因法定职责对证券的发行、交易或者对上市公司及其收购、重大资产交易进行管理可以获取内幕信息的有关主管部门、监管机构的工作人员；⑨国务院证券监督管理机构规定的可以获取内幕信息的其他人员。

（2）内幕信息。证券交易活动中，涉及发行人的经营、财务或者对该发行

人证券的市场价格有重大影响的尚未公开的信息，为内幕信息。

发生可能对上市公司、股票在国务院批准的其他全国性证券交易场所交易的公司的股票交易价格产生较大影响的重大事件为内幕信息，包括：①公司的经营方针和经营范围的重大变化；②公司的重大投资行为，公司在 1 年内购买、出售重大资产超过公司资产总额 30%，或者公司营业用主要资产的抵押、质押、出售或者报废一次超过该资产的 30%；③公司订立重要合同、提供重大担保或者从事关联交易，可能对公司的资产、负债、权益和经营成果产生重要影响；④公司发生重大债务和未能清偿到期重大债务的违约情况；⑤公司发生重大亏损或者重大损失；⑥公司生产经营的外部条件发生的重大变化；⑦公司的董事、1/3 以上监事或者经理发生变动，董事长或者经理无法履行职责；⑧持有公司 5%以上股份的股东或者实际控制人持有股份或者控制公司的情况发生较大变化，公司的实际控制人及其控制的其他企业从事与公司相同或者相似业务的情况发生较大变化；⑨公司分配股利、增资的计划，公司股权结构的重要变化，公司减资、合并、分立、解散及申请破产的决定，或者依法进入破产程序、被责令关闭；⑩涉及公司的重大诉讼、仲裁，股东大会、董事会决议被依法撤销或者宣告无效；⑪公司涉嫌犯罪被依法立案调查，公司的控股股东、实际控制人、董事、监事、高级管理人员涉嫌犯罪被依法采取强制措施；⑫国务院证券监督管理机构规定的其他事项。

发生可能对上市交易公司债券的交易价格产生较大影响的重大事件为内幕信息，包括：①公司股权结构或者生产经营状况发生重大变化；②公司债券信用评级发生变化；③公司重大资产抵押、质押、出售、转让、报废；④公司发生未能清偿到期债务的情况；⑤公司新增借款或者对外提供担保超过上年末净资产的20%；⑥公司放弃债权或者财产超过上年末净资产的 10%；⑦公司发生超过上年末净资产 10%的重大损失；⑧公司分配股利，作出减资、合并、分立、解散及申请破产的决定，或者依法进入破产程序、被责令关闭；⑨涉及公司的重大诉讼、仲裁；⑩公司涉嫌犯罪被依法立案调查，公司的控股股东、实际控制人、董事、监事、高级管理人员涉嫌犯罪被依法采取强制措施；⑪国务院证券监督管理机构规定的其他事项。

（3）禁止进行内幕交易的行为。证券交易内幕信息的知情人和非法获取内幕信息的人，在内幕信息公开前，不得买卖该公司的证券，或者泄露该信息，或者建议他人买卖该证券。内幕交易行为给投资者造成损失的，应当依法承担赔偿责任。持有或者通过协议、其他安排与他人共同持有公司 5%以上股份的自然人、法人、非法人组织收购上市公司的股份，按照《证券法》有关上市公司收购的规定办理。

禁止证券交易场所、证券公司、证券登记结算机构、证券服务机构和其他金融机构的从业人员、有关监管部门或者行业协会的工作人员，利用因职务便利获取的内幕信息以外的其他未公开的信息，违反规定，从事与该信息相关的证券交易活动，或者明示、暗示他人从事相关交易活动。利用未公开信息进行交易给投资者造成损失的，应当依法承担赔偿责任。

2. 操纵市场行为

操纵市场是单位或个人以获取不正当利益或者转嫁风险、减少损失为目的，利用其资金信息等优势或者滥用职权影响证券交易价格或者交易量，制造证券市场假象，诱导或者致使投资者在不了解事实真相的情况下作出错误的投资判断的行为。

《证券法》禁止任何人以下列手段操纵证券市场，影响或者意图影响证券交易价格或者证券交易量：①单独或者通过合谋，集中资金优势、持股优势或者利用信息优势联合或者连续买卖；②与他人串通，以事先约定的时间、价格和方式相互进行证券交易；③在自己实际控制的账户之间进行证券交易；④不以成交为目的，频繁或者大量申报并撤销申报；⑤利用虚假或者不确定的重大信息，诱导投资者进行证券交易；⑥对证券、发行人公开作出评价、预测或者投资建议，并进行反向证券交易；⑦利用在其他相关市场的活动操纵证券市场；⑧操纵证券市场的其他手段。操纵证券市场行为给投资者造成损失的，应当依法承担赔偿责任。

3. 虚假陈述行为

虚假陈述是指行为人在提交公布的信息文件中做出违背事实真相的虚假记载、误导性陈述、发生重大遗漏、不正当披露的行为。

《证券法》禁止任何单位和个人编造、传播虚假信息或者误导性信息，扰乱证券市场。禁止证券交易场所、证券公司、证券登记结算机构、证券服务机构及其从业人员，证券业协会、证券监督管理机构及其工作人员，在证券交易活动中作出虚假陈述或者信息误导。各种传播媒介传播证券市场信息必须真实、客观，禁止误导。传播媒介及其从事证券市场信息报道的工作人员不得从事与其工作职责发生利益冲突的证券买卖。编造、传播虚假信息或者误导性信息，扰乱证券市场，给投资者造成损失的，应当依法承担赔偿责任。

4. 欺诈客户行为

欺诈客户是指证券公司及其从业人员在证券交易中违背客户的真实意愿严重侵害客户利益的违法行为。

《证券法》禁止证券公司及其从业人员从事下列损害客户利益的行为：①违背客户的委托为其买卖证券；②不在规定时间内向客户提供交易的确认文件；

③未经客户的委托，擅自为客户买卖证券，或者假借客户的名义买卖证券；④为牟取佣金收入，诱使客户进行不必要的证券买卖；⑤其他违背客户真实意思表示，损害客户利益的行为。违反规定给客户造成损失的，应当依法承担赔偿责任。

5. 其他禁止的交易行为

其他禁止交易行为主要有：①任何单位和个人不得违反规定，出借自己的证券账户或者借用他人的证券账户从事证券交易。②依法拓宽资金入市渠道，禁止资金违规流入股市。禁止投资者违规利用财政资金、银行信贷资金买卖证券。③国有独资企业、国有独资公司、国有资本控股公司买卖上市交易的股票，必须遵守国家有关规定。④证券交易场所、证券公司、证券登记结算机构、证券服务机构及其从业人员对证券交易中发现的禁止的交易行为，应当及时向证券监督管理机构报告。

二、证券上市

（一）证券上市交易的一般规定

申请证券上市交易，应当向证券交易所提出申请，由证券交易所依法审核同意，并由双方签订上市协议。证券交易所根据国务院授权的部门的决定安排政府债券上市交易。申请证券上市交易，应当符合证券交易所上市规则规定的上市条件。证券交易所上市规则规定的上市条件，应当对发行人的经营年限、财务状况、最低公开发行比例和公司治理、诚信记录等提出要求。

上市交易的证券，有证券交易所规定的终止上市情形的，由证券交易所按照业务规则终止其上市交易。证券交易所决定终止证券上市交易的，应当及时公告，并报国务院证券监督管理机构备案。对证券交易所作出的不予上市交易、终止上市交易决定不服的，可以向证券交易所设立的复核机构申请复核。

（二）股票上市

股票上市是指已经发行的股票按照法律规定的条件和程序，在依法设立的证券交易所挂牌公开买卖。国家鼓励符合产业政策并符合上市条件的公司股票上市交易。

1. 股票上市交易的条件与程序

股份有限公司申请股票上市交易应当符合下列条件：①股票经国务院证券监督管理机构核准已公开发行；②公司股本总额不少于人民币 3000 万元；③公开发行的股份达到公司股份总数的 25%以上，公司股本总额超过人民币 4 亿元的，公开发行股份的比例为 10%以上；④公司最近 3 年无重大违法行为，财务会计报告无虚假记载。证券交易所可以规定高于前款规定的上市条件，并报国务院证券监督管理机构批准。

股份有限公司申请其股票上市交易，必须报经国务院证券监督管理机构核准。国务院证券监督管理机构可以授权证券交易所依照法定条件和法定程序核准股票上市申请。向国务院证券监督管理机构提出股票上市交易申请时，应当提交下列文件：上市报告书；申请上市的股东大会决议；公司章程；公司营业执照；依法经会计师事务所审计的公司最近3年财务会计报告；法律意见书和证券公司的上市推荐书；最近一次的招股说明书；其他文件。

股票上市交易申请经证券交易所审核同意后，签订上市协议的公司应当在规定的期限内公告股票上市的有关文件，并将该文件置备于指定场所供公众查阅。签订上市协议的公司除公告上述文件外，还应当公告下列事项：股票获准在证券交易所交易的日期；持有公司股份最多的前十名股东的名单和持股数额；董事、监事、经理及有关高级管理人员的姓名及其持有本公司股票和债券的情况。

2. 股票暂停上市交易和终止上市交易

上市公司有下列情形之一的，由证券交易所决定暂停其股票上市交易：①公司股本总额股权分布等发生变化，不再具备上市条件；②公司不按规定公开其财务状况，或者对财务会计报告作虚假记载，可能误导投资者；③公司有重大违法行为；④公司最近3年连续亏损；⑤证券交易所上市规则规定的其他情形。

上市公司有下列情形之一的，由证券交易所决定终止其股票上市交易：①公司股本总额、股权分布等发生变化，不再具备上市条件，在证券交易所规定的期限内仍不能达到上市条件；②公司不按规定公开其财务状况，或者对财务会计报告作虚假记载且拒绝纠正；③公司最近3年连续亏损，在其后一个年度内未能恢复盈利；④公司解散或者被宣告破产；⑤证券交易所上市规则规定的其他情形。

（三）公司债券上市

公司债券上市是指已发行的公司债券依法律规定的条件和程序，在证券交易所挂牌公开进行买卖。

1. 公司债券上市的条件及程序

公司债券上市交易的条件公司申请公司债券上市交易应当符合下列条件：①公司债券的期限为1年以上；②公司债券实际发行额不少于人民币5000万元；③公司申请债券上市时仍符合法定的公司债券发行条件。

申请公司债券上市交易，必须报经国务院证券监督管理机构核准。国务院证券监督管理机构可以授权证券交易所依照法定条件和法定程序核准公司债券上市申请。向国务院证券监督管理机构提出公司债券上市交易申请时，应当提交下列文件：上市报告书；申请上市的董事会决议；公司章程；公司营业执照；公司债券募集办法；公司债券的实际发行数额；证券交易所上市规则规定的其他条件。

公司债券上市交易申请经国务院证券监督管理机构核准后，其发行人应当向证券交易所提交核准文件和有关文件。证券交易所应当自接到该债券发行人提交的申请文件之日起3个月内，安排该债券上市交易。公司债券上市交易申请经证券交易所同意后，发行人应当在公司债券上市交易的5日前公告公司债券上市报告、核准文件及有关上市申请文件，并将其申请文件置备于指定场所供公众查阅。

公司债券上市交易申请，经证券交易所审核同意后，签订上市协议的公司应当在规定的期限内公告公司债券上市文件及有关文件，并将其申请文件置备于指定场所供公众查阅。

2. 公司债券暂停上市交易和终止

公司债券上市交易后，有下列情形之一的，由国务院证券监督管理机构决定暂停其公司债券上市交易：①公司有重大违法行为；②公司情况发生重大变化不符合公司债券上市条件；③公司债券所募集资金不按照审批机关批准的用途使用；④未按照公司债券募集办法履行义务；⑤公司最近两年连续亏损。

公司有重大违法行为，或公司未按照公司债券募集办法履行义务，公司有前经查实后果严重的；或者公司有情况发生重大变化不符合公司债券上市条件、公司债券所募集资金不按照审批机关批准的用途使用、公司最近两年连续亏损3种情形之一，在限期内未能消除的，由证券交易所决定终止其公司债券上市交易。公司解散或者被宣告破产的，由证券交易所终止其公司债券上市交易。

（四）证券投资基金上市

1. 基金上市交易的条件与程序

申请上市的基金必须符合下列条件：①基金的募集符合《中华人民共和国证券投资基金法》的规定；②基金合同期限为5年以上；③基金募集金额不低于2亿元人民币；④基金持有人不少于1000人；⑤基金份额上市交易规则规定的其他条件。

向证券交易所提出投资基金上市申请，并提交有关文件。证券交易所接到基金上市申请后，应当进行审查，认为符合上市条件的，将审查意见以及拟订的上市时间连同相关文件一并报国务院证券监督管理机构批准，获得国务院证券监督管理机构批准后，由证券交易所出具上市通知书。获准上市的基金于上市首日前3个工作日内，至少在国务院证券监督管理机构指定的报刊上刊登。

2. 基金的暂停上市或终止

有下列情形之一的，基金暂停上市：①发生重大变更，而不符合上市条件；②违反国家法律、法规，国务院证券监督管理机构决定暂停上市；③严重违反投资基金上市规则；④国务院证券监督管理机构和证券交易所认为须暂停上市的其他情形。基金上市期间，有下列情形之一的将终止上市：①不再具备证券投资基金法规定的上市交易条件；②基金合同期限届满；③基金份额持有人大会决定提前终止上市交易；④基金合同约定的或者基金份额上市交易规则规定的终止上市交易的其他情形。开放式基金在销售机构的营业场所销售及赎回，不上市交易。

第四节　上市公司收购

上市公司收购是指投资者为达到对股份有限公司控股或兼并，依法购买其已发行上市的股份的行为。《证券法》规定，上市公司收购可以采取要约收购、协议收购及其他合法方式。

一、要约收购

（一）收购要约的发出与公告

要约收购，是指收购方通过向被收购方股东发出收购要约的方式进行收购。通过证券交易所的证券交易，投资者持有或者通过协议、其他安排与他人共同持有一个上市公司已发行的有表决权股份达到5%时，应当在该事实发生之日起3日内，向国务院证券监督管理机构、证券交易所作出书面报告，通知该上市公司，并予公告。在上述期限内不得再行买卖该上市公司的股票，但国务院证券监督管理机构规定的情形除外。投资者持有或者通过协议、其他安排与他人共同持有一个上市公司已发行的有表决权股份达到5%后，其所持该上市公司已发行的有表决权股份比例每增加或者减少5%，应当依照前款规定进行报告和公告，在该事实发生之日起至公告后3日内，不得再行买卖该上市公司的股票，但国务院证券监督管理机构规定的情形除外。违反前款规定买入上市公司有表决权的股份的，在买入后的36个月内，对该超过规定比例部分的股份不得行使表决权。

投资者持有或者通过协议、其他安排与他人共同持有一个上市公司已发行的有表决权股份达到5%后，其所持该上市公司已发行的有表决权股份比例每增加或者减少1%，应当在该事实发生的次日通知该上市公司，并予公告。公告应当包括下列内容：①持股人的名称、住所；②持有的股票的名称、数额；③持股达到法定比例或者持股增减变化达到法定比例的日期、增持股份的资金来源；④在上市公司中拥有有表决权的股份变动的时间及方式。

通过证券交易所的证券交易，投资者持有或者通过协议、其他安排与他人共同持有一个上市公司已发行的有表决权股份达到30%时，继续进行收购的，应当依法向该上市公司所有股东发出收购上市公司全部或者部分股份的要约。收购上市公司部分股份的要约应当约定，被收购公司股东承诺出售的股份数额超过预定收购的股份数额的，收购人按比例进行收购。依照前述规定发出收购要约的，收购人必须公告上市公司收购报告书。

（二）收购要约撤销

收购要约约定的收购期限不得少于30日，并不得超过60日。在收购要约确定的承诺期限内，收购人不得撤销其收购要约。收购人需要变更收购要约的，应当及时公告，载明具体变更事项，且不得存在下列情形：①降低收购价格；②减少预定收购股份数额；③缩短收购期限；④国务院证券监督管理机构规定的其他情形。

收购要约提出的各项收购条件，适用于被收购公司的所有股东。上市公司发行不同种类股份的，收购人可以针对不同种类股份提出不同的收购条件。采取要约收购方式的，收购人在收购期限内，不得卖出被收购公司的股票，也不得采取要约规定以外的形式和超出要约的条件买入被收购公司的股票。

二、协议收购

协议收购，是指收购方依据法律行政法规的规定同被收购公司的特定股东以协议方式进行收购。采取协议收购方式的，收购人可以依照法律、行政法规的规定同被收购公司的股东以协议方式进行股份转让。以协议方式收购上市公司时，达成协议后，收购人必须在3日内将该收购协议向国务院证券监督管理机构及证券交易所作出书面报告，并予公告。在公告前不得履行收购协议。协议双方可以临时委托证券登记结算机构保管协议转让的股票，并将资金存放于指定的银行。收购人收购或者通过协议、其他安排与他人共同收购一个上市公司已发行的有表决权股份达到30%时，继续进行收购的，应当依法向该上市公司所有股东发出收购上市公司全部或者部分股份的要约。但是，按照国务院证券监督管理机构的规定免除发出要约的除外。

三、上市公司收购的法律后果

收购期限届满，被收购公司股权分布不符合证券交易所规定的上市交易要求的，该上市公司的股票应当由证券交易所依法终止上市交易；其余仍持有被收购公司股票的股东，有权向收购人以收购要约的同等条件出售其股票，收购人应当收购。收购行为完成后，被收购公司不再具备股份有限公司条件的，应当依法变更企业形式。收购人持有的被收购的上市公司的股票，在收购行为完成后的 18 个月内不得转让。收购行为完成后，收购人与被收购公司合并，并将该公司解散的，被解散公司的原有股票由收购人依法更换。收购行为完成后，收购人应当在 15 日内将收购情况报告国务院证券监督管理机构和证券交易所，并予公告。上市公司分立或者被其他公司合并，应当向国务院证券监督管理机构报告，并予公告。

第五节 信息披露与投资者保护

一、信息披露

信息披露是证券法强制性要求证券发行人和其他法定负有信息公开义务的人在证券发行交易过程中，依法向社会公众公开与证券有关的一切信息，以便投资者能够获得真实信息而做出投资判断的法律制度。《证券法》规定，发行人、上市公司依法披露的信息必须真实、准确、完整，不得有虚假记载、误导性陈述或者重大遗漏。经国务院证券监督管理机构核准依法公开发行股票，或者经国务院授权的部门核准依法公开发行公司债券，应当公告招股说明书、公司债券募集办法。依法发行新股或者公司债券的，还应当公告财务会计报告。

（一）信息披露义务人

信息披露义务人的范围由《证券法》规定。发行人、控股股东等实际控制人、保荐人、证券承销商等，均应及时依法履行信息披露义务。

（二）信息披露要求

（1）信息披露义务人披露的信息，应当真实、准确、完整，简明清晰，通俗易懂，不得有虚假记载、误导性陈述或者重大遗漏。

（2）证券同时在境内境外公开发行、交易的，其信息披露义务人在境外披露的信息，应当在境内同时披露。

（3）信息披露义务人可以自愿披露与投资者作出价值判断和投资决策有关的信息，但不得与依法披露的信息相冲突，不得误导投资者。发行人及其控股股东、实际控制人、董事、监事、高级管理人员等作出公开承诺的，应当披露。不履行承诺给投资者造成损失的，应当依法承担赔偿责任。

(4) 信息披露义务人披露的信息应当同时向所有投资者披露，不得提前向任何单位和个人泄露。但是，法律、行政法规另有规定的除外。任何单位和个人不得非法要求信息披露义务人提供依法需要披露但尚未披露的信息。任何单位和个人提前获知的前述信息，在依法披露前应当保密。

(5) 依法披露的信息，应当在证券交易场所的网站和符合国务院证券监督管理机构规定条件的媒体发布，同时将其置备于公司住所、证券交易场所，供社会公众查阅。

(三) 信息披露内容

(1) 上市公司、公司债券上市交易的公司、股票在国务院批准的其他全国性证券交易场所交易的公司，应当按照国务院证券监督管理机构和证券交易场所规定的内容和格式编制定期报告，并按照以下规定报送和公告：①在每一会计年度结束之日起4个月内，报送并公告年度报告，其中的年度财务会计报告应当经符合《证券法》规定的会计师事务所审计；②在每一会计年度的上半年结束之日起2个月内，报送并公告中期报告。

(2) 发生可能对上市公司、股票在国务院批准的其他全国性证券交易场所交易的公司的股票交易价格产生较大影响的重大事件，投资者尚未得知时，公司应当立即将有关该重大事件的情况向国务院证券监督管理机构和证券交易场所报送临时报告，并予公告，说明事件的起因、目前的状态和可能产生的法律后果。公司的控股股东或者实际控制人对重大事件的发生、进展产生较大影响的，应当及时将其知悉的有关情况书面告知公司，并配合公司履行信息披露义务。

(3) 发生可能对上市交易公司债券的交易价格产生较大影响的重大事件，投资者尚未得知时，公司应当立即将有关该重大事件的情况向国务院证券监督管理机构和证券交易场所报送临时报告，并予公告，说明事件的起因、目前的状态和可能产生的法律后果。

(四) 董事、监事、高管信息披露职责

发行人的董事、高级管理人员应当对证券发行文件和定期报告签署书面确认意见。发行人的监事会应当对董事会编制的证券发行文件和定期报告进行审核并提出书面审核意见。监事应当签署书面确认意见。发行人的董事、监事和高级管理人员应当保证发行人及时、公平地披露信息，所披露的信息真实、准确、完整。董事、监事和高级管理人员无法保证证券发行文件和定期报告内容的真实性、准确性、完整性或者有异议的，应当在书面确认意见中发表意见并陈述理由，发行人应当披露。发行人不予披露的，董事、监事和高级管理人员可以直接申请披露。

（五）信息披露的监督与责任

国务院证券监督管理机构对信息披露义务人的信息披露行为进行监督管理。证券交易场所应当对其组织交易的证券的信息披露义务人的信息披露行为进行监督，督促其依法及时、准确地披露信息。信息披露义务人未按照规定披露信息，或者公告的证券发行文件、定期报告、临时报告及其他信息披露资料存在虚假记载、误导性陈述或者重大遗漏，致使投资者在证券交易中遭受损失的，信息披露义务人应当承担赔偿责任；发行人的控股股东、实际控制人、董事、监事、高级管理人员和其他直接责任人员以及保荐人、承销的证券公司及其直接责任人员，应当与发行人承担连带赔偿责任，但是能够证明自己没有过错的除外。

二、投资者保护

（一）投资者适当性管理

证券公司向投资者销售证券、提供服务时，应当按照规定充分了解投资者的基本情况、财产状况、金融资产状况、投资知识和经验、专业能力等相关信息；如实说明证券、服务的重要内容，充分揭示投资风险；销售、提供与投资者上述状况相匹配的证券、服务。证券公司前述规定导致投资者损失的，应当承担相应的赔偿责任。投资者在购买证券或者接受服务时，应当按照证券公司明示的要求提供前款所列真实信息。拒绝提供或者未按照要求提供信息的，证券公司应当告知其后果，并按照规定拒绝向其销售证券、提供服务。

（二）证券公司自证清白制度

《证券法》规定，根据财产状况、金融资产状况、投资知识和经验、专业能力等因素，投资者可以分为普通投资者和专业投资者。普通投资者与证券公司发生纠纷的，证券公司应当证明其行为符合法律、行政法规以及国务院证券监督管理机构的规定，不存在误导、欺诈等情形。证券公司不能证明的，应当承担相应的赔偿责任。

（三）股东代理权征集

上市公司董事会、独立董事、持有1%以上有表决权股份的股东或者依照法律、行政法规或者国务院证券监督管理机构的规定设立的投资者保护机构，可以作为征集人，自行或者委托证券公司、证券服务机构，公开请求上市公司股东委托其代为出席股东大会，并代为行使提案权、表决权等股东权利。依照前述规定征集股东权利的，征集人应当披露征集文件，上市公司应当予以配合。禁止以有偿或者变相有偿的方式公开征集股东权利。公开征集股东权利违反法律、行政法规或者国务院证券监督管理机构有关规定，导致上市公司或者其股东遭受损失的，应当依法承担赔偿责任。

（四）上市公司现金分红

上市公司应当在章程中明确分配现金股利的具体安排和决策程序，依法保障股东的资产收益权。上市公司当年税后利润，在弥补亏损及提取法定公积金后有盈余的，应当按照公司章程的规定分配现金股利。

（五）债券持有人会议与债券受托管理

公开发行公司债券的，应当设立债券持有人会议，并应当在募集说明书中说明债券持有人会议的召集程序、会议规则和其他重要事项。

公开发行公司债券的，发行人应当为债券持有人聘请债券受托管理人，并订立债券受托管理协议。受托管理人应当由本次发行的承销机构或者其他经国务院证券监督管理机构认可的机构担任，债券持有人会议可以决议变更债券受托管理人。债券受托管理人应当勤勉尽责，公正履行受托管理职责，不得损害债券持有人利益。债券发行人未能按期兑付债券本息的，债券受托管理人可以接受全部或者部分债券持有人的委托，以自己名义代表债券持有人提起、参加民事诉讼或者清算程序。

（六）先行赔付

发行人因欺诈发行、虚假陈述或者其他重大违法行为给投资者造成损失的，发行人的控股股东、实际控制人、相关的证券公司可以委托投资者保护机构，就赔偿事宜与受到损失的投资者达成协议，予以先行赔付。先行赔付后，可以依法向发行人以及其他连带责任人追偿。

（七）普通投资者与证券公司纠纷的强制调解

投资者与发行人、证券公司等发生纠纷的，双方可以向投资者保护机构申请调解。普通投资者与证券公司发生证券业务纠纷，普通投资者提出调解请求的，证券公司不得拒绝。投资者保护机构对损害投资者利益的行为，可以依法支持投资者向人民法院提起诉讼。

（八）投资者保护机构的代表诉讼

发行人的董事、监事、高级管理人员执行公司职务时违反法律、行政法规或者公司章程的规定给公司造成损失，发行人的控股股东、实际控制人等侵犯公司合法权益给公司造成损失，投资者保护机构持有该公司股份的，可以为公司的利益以自己的名义向人民法院提起诉讼，持股比例和持股期限不受《中华人民共和国公司法》规定的限制。

（九）代表人诉讼

投资者提起虚假陈述等证券民事赔偿诉讼时，诉讼标的是同一种类，且当事人一方人数众多的，可以依法推选代表人进行诉讼。对按照上述规定提起的诉讼，可能存在有相同诉讼请求的其他众多投资者的，人民法院可以发出公告，说明该诉讼请求的案件情况，通知投资者在一定期间向人民法院登记。人民法院作出的判决、裁定，对参加登记的投资者发生效力。投资者保护机构受 50 名以上投资者委托，可以作为代表人参加诉讼，并为经证券登记结算机构确认的权利人依照上述规定向人民法院登记，但投资者明确表示不愿意参加该诉讼的除外。

第六节　证券交易所与证券中介机构

一、证券交易所

证券交易所是为证券集中交易提供场所和设施，组织监督证券交易，实行自律管理的法人。《证券法》规定，证券交易所履行自律管理职能，应当遵守社会公共利益优先原则，维护市场的公平、有序、透明。

（一）证券交易所的设立

证券交易所的设立和解散由国务院决定。申请设立证券交易所，首先由中国证监会进行审核，再报国务院进行批准。设立证券交易所必须制定章程。证券交易所必须在其名称中标明证券交易所字样。证券交易所可以自行支配的各项费用收入，应当首先用于保证其证券交易场所和设施的正常运行并逐步改善。实行会员制的证券交易所的财产积累归会员所有，其权益由会员共同享有，在其存续期间，不得将其财产积累分配给会员。

（二）证券交易所的组织机构

实行会员制的证券交易所设理事会、监事会。证券交易所设总经理 1 人，由国务院证券监督管理机构任免。

（三）证券交易所从业人员

1. 证券交易所负责人

有《中华人民共和国公司法》关于董事、监事、高级管理人员任职资格限制性规定或者下列情形之一的，不得担任证券交易所的负责人：①因违法行为或者违纪行为被解除职务的证券交易场所、证券登记结算机构的负责人或者证券公司的董事、监事、高级管理人员，自被解除职务之日起未逾 5 年；②因违法行为或者违纪行为被吊销执业证书或者被取消资格的律师、注册会计师或者其他证券服务机构的专业人员，自被吊销执业证书或者被取消资格之日起未逾 5 年。

2. 证券交易所从业人员

因违法行为或者违纪行为被开除的证券交易场所、证券公司、证券登记结算机构、证券服务机构的从业人员和被开除的国家机关工作人员，不得招聘为证券交易所的从业人员。

（四）证券交易所职责

（1）为投资者提供服务。进入实行会员制的证券交易所参与集中交易的，必须是证券交易所的会员。证券交易所不得允许非会员直接参与股票的集中交易。投资者应当与证券公司签订证券交易委托协议，并在证券公司实名开立账户，以书面、电话、自助终端、网络等方式，委托该证券公司代其买卖证券。证券公司为投资者开立账户，应当按照规定对投资者提供的身份信息进行核对。证券公司不得将投资者的账户提供给他人使用。投资者应当使用实名开立的账户进行交易。证券公司根据投资者的委托，按照证券交易规则提出交易申报，参与证券交易所场内的集中交易，并根据成交结果承担相应的清算交收责任。证券登记结算机构根据成交结果，按照清算交收规则，与证券公司进行证券和资金的清算交收，并为证券公司客户办理证券的登记过户手续。

（2）为组织公平的竞价交易提供保障。证券交易所应当为组织公平的集中交易提供保障，实时公布证券交易即时行情，并按交易日制作证券市场行情表，予以公布。证券交易即时行情的权益由证券交易所依法享有。未经证券交易所许可，任何单位和个人不得发布证券交易即时行情。

（3）采取技术性停牌、临时停市措施。上市公司可以向证券交易所申请其上市交易股票的停牌或者复牌，但不得滥用停牌或者复牌损害投资者的合法权益。证券交易所可以按照业务规则的规定，决定上市交易股票的停牌或者复牌。因不可抗力、意外事件、重大技术故障、重大人为差错等突发性事件而影响证券交易正常进行时，为维护证券交易正常秩序和市场公平，证券交易所可以按照业务规则采取技术性停牌、临时停市等处置措施，并应当及时向国务院证券监督管理机构报告。因上述规定的突发性事件导致证券交易结果出现重大异常，按交易结果进行交收将对证券交易正常秩序和市场公平造成重大影响的，证券交易所按照业务规则可以采取取消交易、通知证券登记结算机构暂缓交收等措施，并应当及时向国务院证券监督管理机构报告并公告。证券交易所对其依照《证券法》相关规定采取措施造成的损失，不承担民事赔偿责任，但存在重大过错的除外。

（4）监控和监督证券交易和上市公司信息披露。证券交易所对证券交易实行实时监控，并按照国务院证券监督管理机构的要求，对异常的交易情况提出报告。证券交易所根据需要，可以按照业务规则对出现重大异常交易情况的证券账户的投资者限制交易，并及时报告国务院证券监督管理机构。

证券交易所应当加强对证券交易的风险监测，出现重大异常波动的，证券交易所可以按照业务规则采取限制交易、强制停牌等处置措施，并向国务院证券监督管理机构报告；严重影响证券市场稳定的，证券交易所可以按照业务规则采取临时停市等处置措施并公告。证券交易所对其依照《证券法》相关规定采取措施造成的损失，不承担民事赔偿责任，但存在重大过错的除外。

（5）筹集并管理证券风险基金。证券交易所应当从其收取的交易费用和会员费、席位费中提取一定比例的金额设立风险基金。风险基金由证券交易所理事会管理。风险基金提取的具体比例和使用办法，由国务院证券监督管理机构会同国务院财政部门规定。证券交易所应当将收存的风险基金存入开户银行专门账户，不得擅自使用。

（6）证券交易所可以自行支配的各项费用收入，应当首先用于保证其证券交易场所和设施的正常运行并逐步改善。实行会员制的证券交易所的财产积累归会员所有，其权益由会员共同享有，在其存续期间，不得将其财产积累分配给会员。

（7）证券交易所依照法律、行政法规和国务院证券监督管理机构的规定，制定上市规则、交易规则、会员管理规则和其他有关业务规则，并报国务院证券监督管理机构批准。在证券交易所从事证券交易，应当遵守证券交易所依法制定的业务规则。违反业务规则的，由证券交易所给予纪律处分或者采取其他自律管理措施。证券交易所的负责人和其他从业人员执行与证券交易有关的职务时，与其本人或者其亲属有利害关系的，应当回避。按照依法制定的交易规则进行的交易，不得改变其交易结果。对交易中违规交易者应负的民事责任不得免除；在违规交易中所获利益，依照有关规定处理。

二、证券公司

（一）证券公司的设立

1. 证券公司设立条件

证券公司是依照《公司法》和《证券法》设立的规定从事经营证券业务的有限责任公司或股份有限公司。设立证券公司，应当具备下列条件，并经国务院证券监督管理机构批准：①有符合法律、行政法规规定的公司章程。②主要股东及公司的实际控制人具有良好的财务状况和诚信记录，最近 3 年无重大违法违规记录。③有符合《证券法》规定的公司注册资本：从事证券经纪、证券投资咨询与证券交易、证券投资活动有关的财务顾问业务的，注册资本最低限额为人民币 5000 万元；经营证券承销与保荐、证券融资融券、证券做市交易、证券自营业务之一的，注册资本最低限额为人民币1亿元；经营证券承销与保荐、证券融资融券、证券做市交易、证券自营业务中两项以上的，注册资本最低限额为人民币5亿元。证券公司的注册资本应当是实缴资本。④董事、监事、高级管理人员、从业人员符合《证券法》规定的条件。⑤有完善的风险管理与内部控制制度。⑥有合格的经营场所、业务设施和信息技术系统。⑦法律、行政法规和经国务院批准的国务院证券监督管理机构规定的其他条件。未经国务院证券监督管理机构批准，任何单位和个人不得以证券公司名义开展证券业务活动。

2. 证券公司设立程序

国务院证券监督管理机构应当自受理证券公司设立申请之日起6个月内，依照法定条件和法定程序并根据审慎监管原则进行审查，作出批准或者不予批准的决定，并通知申请人；不予批准的，应当说明理由。证券公司设立申请获得批准的，申请人应当在规定的期限内向公司登记机关申请设立登记，领取营业执照。证券公司应当自领取营业执照之日起15日内，向国务院证券监督管理机构申请经营证券业务许可证。未取得经营证券业务许可证，证券公司不得经营证券业务。

（二）证券公司业务

经国务院证券监督管理机构核准，取得经营证券业务许可证，证券公司可以经营下列部分或者全部证券业务：①证券经纪；②证券投资咨询；③与证券交易、证券投资活动有关的财务顾问；④证券承销与保荐；⑤证券融资融券；⑥证券做市交易；⑦证券自营；⑧其他证券业务。

国务院证券监督管理机构应当自受理前款规定事项申请之日起3个月内，依照法定条件和程序进行审查，作出核准或者不予核准的决定，并通知申请人；不予核准的，应当说明理由。

证券公司经营证券资产管理业务的，应当符合《中华人民共和国证券投资基金法》等法律、行政法规的规定。除证券公司外，任何单位和个人不得从事证券承销、证券保荐、证券经纪和证券融资融券业务。证券公司从事证券融资融券业务，应当采取措施，严格防范和控制风险，不得违反规定向客户出借资金或者证券。

证券公司变更证券业务范围，变更主要股东或者公司的实际控制人，合并、分立、停业、解散、破产，应当经国务院证券监督管理机构核准。

（三）证券公司的经营管理

1. 从业人员的任职限制

证券公司的董事、监事、高级管理人员，应当正直诚实、品行良好，熟悉证券法律、行政法规，具有履行职责所需的经营管理能力。证券公司任免董事、监事、高级管理人员，应当报国务院证券监督管理机构备案。有下列情形之一的，不得担任证券公司的董事、监事、高级管理人员：①因违法行为或者违纪行为被解除职务的证券交易场所、证券登记结算机构的负责人或者证券公司的董事、监事、高级管理人员，自被解除职务之日起未逾5年；②因违法行为或者违纪行为被吊销执业证书或者被取消资格的律师、注册会计师或者其他证券服务机构的专业人员，自被吊销执业证书或者被取消资格之日起未逾5年。

证券公司从事证券业务的人员应当品行良好，具备从事证券业务所需的专业能力。因违法行为或者违纪行为被开除的证券交易场所、证券公司、证券登记结算机构、证券服务机构的从业人员和被开除的国家机关工作人员，不得招聘为证券公司的从业人员。国家机关工作人员和法律、行政法规规定的禁止在公司中兼职的其他人员，不得在证券公司中兼任职务。

2. 分支机构管理

证券公司设立、收购或者撤销分支机构，变更业务范围或者注册资本，变更持有5%以上股权的股东、实际控制人，变更公司章程中的重要条款，合并分立、变更公司形式、停业、解散、破产，或者在境外设立、收购或参股经营机构，必须经国务院证券监督管理机构批准。

3. 禁止办理的业务

证券公司不得为其股东或者股东的关联人提供融资和担保。

4. 内部管理制度

证券公司应当建立健全内部控制制度，采取有效隔离措施，防范公司与客户之间、不同客户之间的利益冲突。证券公司必须将其证券经纪业务、证券承销业务、证券自营业务、证券做市业务和证券资产管理业务分开办理，不得混合操作。

5. 自营业务管理

证券公司的自营业务必须以自己的名义进行，不得假借他人名义或者以个人名义进行。证券公司的自营业务必须使用自有资金和依法筹集的资金。证券公司不得将其自营账户借给他人使用。

6. 经纪业务管理

证券公司办理经纪业务，应当置备统一制定的证券买卖委托书，供委托人使用采取其他委托方式的，必须作出委托记录。客户的证券买卖委托，不论是否成交，其委托记录应当按照规定的期限，保存于证券公司。证券公司办理经纪业务，不得接受客户的全权委托而决定证券买卖、选择证券种类、决定买卖数量或者买卖价格。

7. 与客户的关系

证券公司客户的交易结算资金应当存放在商业银行，以每个客户的名义单独立户管理。证券公司不得将客户的交易结算资金和证券归入其自有财产。禁止任何单位或者个人以任何形式挪用客户的交易结算资金和证券。证券公司破产或者清算时，客户的交易结算资金和证券不属于其破产财产或者清算财产。非因客户本身的债务或者法律规定的其他情形，不得查封、冻结、扣划或者强制执行客户的交易结算资金和证券。证券公司接受证券买卖的委托，应当根据委托书载明的证券名称、买卖数量、出价方式、价格幅度等，按照交易规则代理买卖证券，如实进行交易记录；买卖成交后，应当按照规定制作买卖成交报告单交付客户。证券交易中确认交易行为及其交易结果的对账单必须真实，并由交易经办人员以外的审核人员逐笔审核，保证账面证券余额与实际持有的证券相一致。证券公司为客户买卖证券提供融资融券服务，应当按照国务院的规定并经国务院证券监督管理机构批准。

证券公司不得以任何方式对客户证券买卖的收益或者赔偿证券买卖的损失作出承诺。证券公司及其从业人员不得未经过其依法设立的营业场所私下接受客户委托买卖证券。证券公司的从业人员在证券交易活动中，执行所属的证券公司的指令或者利用职务违反交易规则的，由所属的证券公司承担全部责任。

8. 资料管理

证券公司应当妥善保存客户开户资料、委托记录、交易记录和与内部管理、业务经营有关的各项资料，任何人不得隐匿、伪造、篡改或者毁损。上述资料的保存期限不得少于20年。

（四）证券公司的监督管理

1. 监管内容与资料报送

国务院证券监督管理机构认为有必要时，可以委托会计师事务所、资产评估机构对证券公司的财务状况、内部控制状况、资产价值进行审计或者评估，证券公司应当配合。证券公司应当按照规定向国务院证券监督管理机构报送业务、财务等经营管理信息和资料。国务院证券监督管理机构有权要求证券公司及其股东、实际控制人在指定的期限内提供有关信息、资料。证券公司及其股东、实际控制人向国务院证券监督管理机构报送或者提供的信息、资料，必须真实、准确、完整。

2. 监督管理措施

证券公司违法经营或者出现重大风险，严重危害证券市场秩序、损害投资者利益的，国务院证券监督管理机构可以对该证券公司采取停业整顿、指定其他机构托管、接管或者撤销等监管措施。

证券公司的董事、监事、高级管理人员未能勤勉尽责，致使证券公司存在重大违法违规行为或者重大风险的，国务院证券监督管理机构可以责令公司予以更换。

国务院证券监督管理机构应当对证券公司的净资本，净资本与负债的比例，净资本与净资产的比例，净资本与自营、承销、资产管理等业务规模的比例，负债与净资产的比例，以及流动资产与流动负债的比例等风险控制指标作出规定。证券公司的净资本或者其他风险控制指标不符合规定的，国务院证券监督管理机构应当责令其限期改正，逾期未改正，或者其行为严重危及该证券公司的稳健运行、损害客户合法权益的，国务院证券监督管理机构可以区别情形，对其采取以下措施：①限制业务活动，责令暂停部分业务，停止批准新业务；②限制分配红利，限制向董事、监事、高级管理人员支付报酬、提供福利；③限制转让财产或者在财产上设定其他权利；④责令更换董事、监事、高级管理人员或者限制其权利；⑤撤销有关业务许可；⑥认定负有责任的董事、监事、高级管理人员为不适当人选；⑦责令控股股东转让股权或者限制有关股东行使股东权利。证券公司整改后，应当向国务院证券监督管理机构提交报告。国务院证券监督管理机构经验收，符合有关风险控制指标的，应当自验收完毕之日起 3 日内解除对其采取的有关措施。

证券公司的股东有虚假出资、抽逃出资行为的，国务院证券监督管理机构应当责令其限期改正，并可责令其转让所持证券公司的股权。在股东按照要求改正违法行为、转让所持证券公司的股权前，国务院证券监督管理机构可以限制其股东权利。证券公司的董事、监事、高级管理人员未能勤勉尽责，致使证券公司存在重大违法违规行为或者重大风险的，国务院证券监督管理机构可以责令公司予以更换。

证券公司违法经营或者出现重大风险，严重危害证券市场秩序、损害投资者利益的，国务院证券监督管理机构可以对该证券公司采取责令停业整顿、指定其他机构托管、接管或者撤销等监管措施。在证券公司被责令停业整顿、被依法指定托管、接管或者清算期间，或者出现重大风险时，经国务院证券监督管理机构批准，可以对该证券公司直接负责的董事、监事、高级管理人员和其他直接责任人员采取以下措施：①通知出境管理机关依法阻止其出境；②申请司法机关禁止其转移、转让或者以其他方式处分财产，或者在财产上设定其他权利。

三、证券登记结算机构

（一）证券登记结算机构的设立

证券登记结算机构是为证券交易提供集中登记、存管与结算服务，不以营利为目的的法人。设立证券登记结算机构，必须经国务院证券监督管理机构批准，并符合证券法规定的条件：①自有资金不少于人民币 2 亿元；②具有证券登记、存管和结算服务所必须的场所和设施；③主要管理人员和从业人员必须具有证券从业资格；④国务院证券监督管理机构规定的其他条件。证券登记结算机构的名称中应当标明证券登记结算字样。

（二）证券登记结算机构的职能

《证券法》规定，证券登记结算机构履行下列职能：①证券账户、结算账户的设立；②证券的存管和过户；③证券持有人名册登记；④证券交易所上市证券交易的清算和交收；⑤受发行人的委托派发证券权益；⑥办理与上述业务有关的查询；⑦国务院证券监督管理机构批准的其他业务。

（三）证券登记结算机构的经营管理

证券登记结算采取全国集中统一的运营方式。证券登记结算机构章程、业务规则应当依法制定，并经国务院证券监督管理机构批准。证券持有人持有的证券，在上市交易时，应当全部存管在证券登记结算机构。证券登记结算机构不得挪用客户的证券。证券登记结算机构应当向证券发行人提供证券持有人名册及其有关资料。证券登记结算机构应当根据证券登记结算的结果，确认证券持有人持有证券的事实，提供证券持有人登记资料。证券登记结算机构应当保证证券持有人名册和登记过户记录真实、准确、完整，不得隐匿、伪造、篡改或者毁损。

证券登记结算机构应当采取下列措施保证业务的正常进行：①具有必备的服务设备和完善的数据安全保护措施；②建立完善的业务、财务和安全防范等管理制度；③建立完善的风险管理系统。证券登记结算机构应当妥善保存登记、存管和结算的原始凭证及有关文件和资料，其保存期限不得少于20年。

证券登记结算机构应当设立结算风险基金，用于垫付或者弥补因违约交收、技术故障、操作失误、不可抗力造成的证券登记结算机构的损失。证券结算风险基金从证券登记结算机构的业务收入和收益中提取，并可以由结算参与人按照证券交易业务量一定比例缴纳。证券结算风险基金应当存入指定银行的专门账户，实行专项管理。证券登记结算机构以风险基金赔偿后，应当向有关责任人追偿。

投资者委托证券公司进行证券交易，应当申请开立证券账户。证券登记结算机构应当按照规定以投资者本人的名义为投资者开立证券账户。投资者申请开立账户，必须持有证明中国公民身份或者中国法人资格的合法证件。国家另有规定的除外。

证券登记结算机构为证券交易提供净额结算服务时，应当要求结算参与人按照货银对付的原则，足额交付证券和资金，并提供交收担保。在交收完成之前，任何人不得动用用于交收的证券、资金和担保物。结算参与人未按时履行交收义务的，证券登记结算机构有权按照业务规则处理前款所述财产。证券登记结算机构按照业务规则收取的各类结算资金和证券，必须存放于专门的清算交收账户，只能按业务规则用于已成交的证券交易的清算交收，不得被强制执行。

四、证券服务机构

证券服务机构是指为证券交易提供证券投资咨询和资信评估的机构，包括专业的证券服务机构和其他证券服务机构。专业的证券服务机构包括证券投资咨询机构、资产评估机构；其他证券服务机构主要是指经批准可以兼营证券投资咨询服务的律师事务所、会计师事务所和资产评估机构等。《证券法》规定，投资咨询机构、财务顾问机构、资信评级机构、资产评估机构、事务所从事证券服务业务，必须经国务院证券监督管理机构和有关主管部门批准。

（一）证券服务机构从业人员的条件

根据相关规定，投资咨询机构、财务顾问机构、资信评级机构从事证券服务业务的人员，必须具备证券专业知识和从事证券业务或者证券服务业务 2 年以上的经验。投资咨询机构及其从业人员从事证券服务业务不得有下列行为：①代理委托人从事证券投资；②与委托人约定分享证券投资收益或者分担证券投资损失；③买卖本证券投资咨询机构提供服务的证券；④法律、行政法规禁止的其他行为。有上述行为，给投资者造成损失的，依法承担赔偿责任。

（二）证券服务机构从业要求

从事证券服务业务的投资咨询机构和资信评级机构，应当按照国务院有关主管部门规定的标准或收费办法收取服务费用。证券服务机构为证券的发行、上市、交易等证券业务活动制作、出具审计报告及其他鉴证报告、资产评估报告、财务顾问报告、资信评级报告或者法律意见书等文件，应当勤勉尽责，对所依据的文件资料内容的真实性、准确性、完整性进行核查和验证。否则给他人造成的损失，应当与发行人、上市公司承担连带赔偿责任，但是能够证明自己没有过错的除外。

五、证券业协会

证券业协会是证券业的自律性组织，是社会团体法人。证券公司应当加入证券业协会。证券业协会的权力机构为全体会员组成的会员大会。证券业协会设理事会，理事会成员依章程的规定由选举产生。证券业协会章程由会员大会制定，并报国务院证券监督管理机构备案。

证券业协会履行下列职责：①教育和组织会员遵守证券法律、行政法规组织开展证券行业诚信建设，督促证券行业履行社会责任；②依法维护会员合法权益，向证券监督管理机构反映会员的建议和要求；③督促会员开展投资者教育和保护活动，维护投资者合法权益；④制定和实施证券行业自律规则，监督、检查会员及其从业人员行为，对违反法律、行政法规、自律规则或者协会章程的，按规定给予纪律处分或者实施其他自律管理措施；⑤制定证券行业业务规范，组织从业人员的业务培训；⑥组织会员就证券业的发展、运作及有关内容进行研究，收集整理、发布证券相关信息，提供会员服务，组织行业交流，引导行业创新发展；⑦对会员之间、会员与客户之间发生的证券业务纠纷进行调解；⑧证券业协会章程规定的其他职责。

六、证券监督管理机构

国务院证券监督管理机构是依法对证券发行和交易及其相关活动行使监督管理职权的机构。《证券法》规定，国务院证券监督管理机构依法对证券市场实行监督管理，维护证券市场公开、公平、公正，防范系统性风险，维护投资者合法权益，促进证券市场健康发展。因此，国务院证券监督管理机构是全国证券市场的监督管理机构。

（一）国务院证券监督管理机构监督管理职责

国务院证券监督管理机构在对证券市场实施监督管理中履行下列职责：①依法制定有关证券市场监督管理的规章、规则，并依法进行审批、核准、注册，办理备案；②依法对证券的发行、交易、登记、托管、结算，进行监督管理；③依法对证券发行人、证券公司、证券服务机构、证券交易场所、证券登记结算机构的证券业务活动，进行监督管理；④依法制定从事证券业务人员的行为准则，并监督实施；⑤依法监督检查证券发行、上市、交易的信息披露；⑥依法对证券业协会的自律管理活动进行指导和监督；⑦依法监测并防范、处置证券市场风险；⑧依法开展投资教育；⑨依法对证券违法行为进行查处；⑩法律、行政法规规定的其他职责。国务院证券监督管理机构依法履行职责，发现证券违法行为涉嫌犯罪的，应当将事件移送司法机关处理。

（二）国务院证券监督管理机构依法履职权限措施

国务院证券监督管理机构依法履行职责，有权采取下列措施：①对证券发行人、证券公司、证券服务机构、证券交易所、证券登记结算机构进行现场检查。②进入涉嫌违法行为发生场所调查取证。③询问当事人和与被调查事件有关的单位和个人，要求其对与被调查事件有关的事项作出说明；或者要求其按照指定的方式报送与被调查事件有关的文件和资料。④查阅、复制与被调查事件有关的财产权登记、通信记录等资料。⑤查阅、复制当事人和与被调查事件有关的单位和个人的证券交易记录、登记过户记录、财务会计资料及其他相关文件和资料；对可能被转移、隐匿或者毁损的文件和资料，可以予以封存。⑥查询当事人和与被

调查事件有关的单位和个人的资金账户、证券账户和银行账户以及其他具有支付、托管、结算等功能的账户信息，可以对有关文件和资料进行复制；对有证据证明已经或者可能转移或者隐匿违法资金、证券等涉案财产或者隐匿、伪造、毁损重要证据的，经国务院证券监督管理机构主要负责人或者其授权的其他负责人批准，可以冻结或者查封，期限为6个月；因特殊原因需要延长的，每次延长期限不得超过3个月，冻结、查封期限最长不得超过2年。⑦在调查操纵证券市场、内幕交易等重大证券违法行为时，经国务院证券监督管理机构主要负责人或者其授权的其他负责人批准，可以限制被调查事件当事人的证券买卖，但限制的期限不得超过3个月；案情复杂的，可以延长3个月。⑧通知出境入境管理机关依法阻止涉嫌违法人员、涉嫌违法单位的主管人员和其他直接责任人员出境。

（三）国务院证券监督管理机构的内部管理

《证券法》对国务院监督管理部门的内部管理，作出了以下规定：①国务院证券监督管理机构依法履行职责，进行监督检查或者调查，其监督检查、调查的人员不得少于2人，并应当出示合法证件和监督检查、调查通知书或者其他执法文书。监督检查、调查的人员少于2人或者未出示合法证件和监督检查、调查通知书或者其他执法文书的，被检查、调查的单位和个人有权拒绝。②国务院证券监督管理机构工作人员必须忠于职守，依法办事，公正廉洁，不得利用职务便利牟取不正当利益，不得泄露所知悉的有关单位和个人的商业秘密。③国务院证券监督管理机构依法履行职责，被检查、调查的单位和个人应当配合，如实提供有关文件和资料，不得拒绝、阻碍和隐瞒。④国务院证券监督管理机构依法制定的规章、规则和监督管理工作制度应当公开。国务院证券监督管理机构依据调查结果，对证券违法行为做出的处罚决定，应当公开。国务院证券监督管理机构应当与国务院其他金融监督管理机构建立监督管理信息共享机制。⑤国务院证券监督管理机构依法履行职责，进行监督检查或者调查时，有关部门应当予以配合。国务院证券监督管理机构依法履行职责，发现证券违法行为涉嫌犯罪的，应当将案件移送司法机关处理。国务院证券监督管理的人员不得在被监管的机构中任职。

第七节　法律责任

一、证券发行违法的法律责任

（一）发行人违法的法律责任

①发行人擅自公开或者变相公开发行证券的，责令停止发行，退还所募资金

并加算银行同期存款利息，处以非法所募资金金额5%以上50%以下的罚款；对擅自公开或者变相公开发行证券设立的公司，由依法履行监督管理职责的机构或者部门会同县级以上地方人民政府予以取缔。对直接负责的主管人员和其他直接责任人员给予警告，并处以50万元以上500万元以下的罚款。②发行人在其公告的证券发行文件中隐瞒重要事实或者编造重大虚假内容，尚未发行证券的，处以200万元以上2000万元以下的罚款；已经发行证券的，处以非法所募资金金额10%以上1倍以下的罚款。对直接负责的主管人员和其他直接责任人员，处以100万元以上1000万元以下的罚款。发行人的控股股东、实际控制人组织、指使从事前款违法行为的，没收违法所得，并处以违法所得10%以上1倍以下的罚款；没有违法所得或者违法所得不足2000万元的，处以200万元以上2000万元以下的罚款。对直接负责的主管人员和其他直接责任人员，处以100万元以上1000万元以下的罚款。③发行人擅自改变公开发行证券所募集资金的用途的，责令改正，处以50万元以上500万元以下的罚款；对直接负责的主管人员和其他直接责任人员给予警告，并处以10万元以上100万元以下的罚款。④发行人的控股股东、实际控制人从事或者组织、指使从事前款违法行为的，给予警告，并处以50万元以上500万元以下的罚款；对直接负责的主管人员和其他直接责任人员，处以10万元以上100万元以下的罚款。在限制转让期内违法转让证券，或者转让股票不符合法律、行政法规和国务院证券监督管理机构规定的，责令改正，给予警告，没收违法所得，并处以买卖证券等值以下的罚款。

（二）保荐人违法的法律责任

保荐人出具有虚假记载、误导性陈述或者重大遗漏的保荐书，或者不履行其他法定职责的，责令改正，给予警告，没收业务收入，并处以业务收入1倍以上10倍以下的罚款；没有业务收入或者业务收入不足100万元的，处以100万元以上1000万元以下的罚款；情节严重的，并处暂停或者撤销保荐业务许可。对直接负责的主管人员和其他直接责任人员给予警告，并处以50万元以上500万元以下的罚款。

（三）证券承销违法的法律责任

证券公司承销或者销售擅自公开发行或者变相公开发行的证券的，责令停止承销或者销售，没收违法所得，并处以违法所得1倍以上10倍以下的罚款；没有违法所得或者违法所得不足100万元的，处以100万元以上1000万元以下的罚款；情节严重的，并处暂停或者撤销相关业务许可。给投资者造成损失的，应当与发行人承担连带赔偿责任。对直接负责的主管人员和其他直接责任人员给予警告，并处以50万元以上500万元以下的罚款。

证券公司承销证券违反证券法规定的，责令改正，给予警告，没收违法所得，可以并处 50 万元以上 500 万元以下的罚款；情节严重的，暂停或者撤销相关业务许可。对直接负责的主管人员和其他直接责任人员给予警告，可以并处 20 万元以上 200 万元以下的罚款；情节严重的，并处以 50 万元以上 500 万元以下的罚款。

二、证券交易违法的法律责任

（一）股票交易相关人员法律责任

法律、行政法规规定禁止参与股票交易的人员，直接或者以化名、借他人名义持有、买卖股票或者其他具有股权性质的证券的，责令依法处理非法持有的股票、其他具有股权性质的证券，没收违法所得，并处以买卖证券等值以下的罚款；属于国家工作人员的，还应当依法给予处分。证券服务机构及其从业人员，违法买卖证券的，责令依法处理非法持有的证券，没收违法所得，并处以买卖证券等值以下的罚款。上市公司、股票在国务院批准的其他全国性证券交易场所交易的公司的董事、监事、高级管理人员、持有该公司 5%以上股份的股东，违法买卖该公司股票或者其他具有股权性质的证券的，给予警告，并处以 10 万元以上 100 万元以下的罚款。

（二）内幕交易法律责任

证券交易内幕信息的知情人或者非法获取内幕信息的人违法从事内幕交易的，责令依法处理非法持有的证券，没收违法所得，并处以违法所得 1 倍以上 10 倍以下的罚款；没有违法所得或者违法所得不足 50 万元的，处以 50 万元以上 500 万元以下的罚款。单位从事内幕交易的，还应当对直接负责的主管人员和其他直接责任人员给予警告，并处以 20 万元以上 200 万元以下的罚款。国务院证券监督管理机构工作人员从事内幕交易的，从重处罚。

（三）操纵市场法律责任

操纵证券市场的，责令依法处理其非法持有的证券，没收违法所得，并处以违法所得 1 倍以上 10 倍以下的罚款；没有违法所得或者违法所得不足 100 万元的，处以 100 万元以上 1000 万元以下的罚款。单位操纵证券市场的，还应当对直接负责的主管人员和其他直接责任人员给予警告，并处以 50 万元以上 500 万元以下的罚款。

（四）虚假宣传法律责任

编造、传播虚假信息或者误导性信息，扰乱证券市场的，没收违法所得，并处以违法所得 1 倍以上 10 倍以下的罚款；没有违法所得或者违法所得不足 20 万元的，处以 20 万元以上 200 万元以下的罚款。在证券交易活动中作出虚假陈述或者信息误导的，责令改正，处以20万元以上200万元以下的罚款；属于国家工作人员的，还应当依法给予处分。传播媒介及其从事证券市场信息报道的工作人员违法从事与其工作职责发生利益冲突的证券买卖的，没收违法所得，并处以买卖证券等值以下的罚款。

（五）欺诈客户法律责任

证券公司及其从业人员有损害客户利益的行为的，给予警告，没收违法所得，并处以违法所得1倍以上10倍以下的罚款；没有违法所得或者违法所得不足10万元的，处以10万元以上100万元以下的罚款；情节严重的，暂停或者撤销相关业务许可。出借自己的证券账户或者借用他人的证券账户从事证券交易的，责令改正，给予警告，可以处50万元以下的罚款。

三、上市公司收购违法的法律责任

收购人未按照《证券法》规定履行上市公司收购的公告、发出收购要约义务的，责令改正，给予警告，并处以50万元以上500万元以下的罚款。对直接负责的主管人员和其他直接责任人员给予警告，并处以20万元以上200万元以下的罚款。收购人及其控股股东、实际控制人利用上市公司收购，给被收购公司及其股东造成损失的，应当依法承担赔偿责任。

四、信息披露违法的法律责任

信息披露义务人未按照《证券法》规定报送有关报告或者履行信息披露义务的，责令改正，给予警告，并处以50万元以上500万元以下的罚款；对直接负责的主管人员和其他直接责任人员给予警告，并处以20万元以上200万元以下的罚款。发行人的控股股东、实际控制人组织、指使从事上述违法行为，或者隐瞒相关事项导致发生上述情形的，处以50万元以上500万元以下的罚款；对直接负责的主管人员和其他直接责任人员，处以20万元以上200万元以下的罚款。

信息披露义务人报送的报告或者披露的信息有虚假记载、误导性陈述或者重大遗漏的，责令改正，给予警告，并处以100万元以上1000万元以下的罚款；对直接负责的主管人员和其他直接责任人员给予警告，并处以50万元以上500万元以下的罚款。发行人的控股股东、实际控制人组织、指使从事上述违法行为，或者隐瞒相关事项导致发生上述情形的，处以100万元以上1000万元以下的罚款；对直接负责的主管人员和其他直接责任人员，处以50万元以上500万

元以下的罚款。

五、违反投资者保护规定的法律责任

证券公司未履行或者未按照规定履行投资者适当性管理义务的，责令改正，给予警告，并处以10万元以上100万元以下的罚款。对直接负责的主管人员和其他直接责任人员给予警告，并处以20万元以下的罚款。违法征集股东权利的，责令改正，给予警告，可以处50万元以下的罚款。

六、证券中介机构违法的法律责任

（一）证券交易所违法的法律责任

非法开设证券交易场所的，由县级以上人民政府予以取缔，没收违法所得，并处以违法所得1倍以上10倍以下的罚款；没有违法所得或者违法所得不足100万元的，处以100万元以上1000万元以下的罚款。对直接负责的主管人员和其他直接责任人员给予警告，并处以20万元以上200万元以下的罚款。允许非会员直接参与股票的集中交易的，责令改正，可以并处50万元以下的罚款。

（二）证券公司违法的法律责任

证券公司未对投资者开立账户提供的身份信息进行核对的，责令改正，给予警告，并处以5万元以上50万元以下的罚款。对直接负责的主管人员和其他直接责任人员给予警告，并处以10万元以下的罚款。证券公司将投资者的账户提供给他人使用的，责令改正，给予警告，并处以10万元以上100万元以下的罚款。对直接负责的主管人员和其他直接责任人员给予警告，并处以20万元以下的罚款。

擅自设立证券公司、非法经营证券业务或者未经批准以证券公司名义开展证券业务活动的，责令改正，没收违法所得，并处以违法所得1倍以上10倍以下的罚款；没有违法所得或者违法所得不足100万元的，处以100万元以上1000万元以下的罚款。对直接负责的主管人员和其他直接责任人员给予警告，并处以20万元以上200万元以下的罚款。对擅自设立的证券公司，由国务院证券监督管理机构予以取缔。

证券公司违法提供证券融资融券服务的，没收违法所得，并处以融资融券等值以下的罚款；情节严重的，禁止其在一定期限内从事证券融资融券业务。对直接负责的主管人员和其他直接责任人员给予警告，并处以20万元以上200万元以下的罚款。

提交虚假证明文件或者采取其他欺诈手段骗取证券公司设立许可、业务许可或者重大事项变更核准的，撤销相关许可，并处以100万元以上1000万元以下的罚款。对直接负责的主管人员和其他直接责任人员给予警告，并处以20万元以上200万元以下的罚款。

证券公司未经核准变更证券业务范围，变更主要股东或者公司的实际控制人，合并、分立、停业、解散、破产的，责令改正，给予警告，没收违法所得，并处以违法所得1倍以上10倍以下的罚款；没有违法所得或者违法所得不足50万元的，处以50万元以上500万元以下的罚款；情节严重的，并处撤销相关业务许可。对直接负责的主管人员和其他直接责任人员给予警告，并处以20万元以上200万元以下的罚款。

证券公司违法为其股东或者股东的关联人提供融资或者担保的，责令改正，给予警告，并处以50万元以上500万元以下的罚款。对直接负责的主管人员和其他直接责任人员给予警告，并处以10万元以上100万元以下的罚款。股东有过错的，在按照要求改正前，国务院证券监督管理机构可以限制其股东权利；拒不改正的，可以责令其转让所持证券公司股权。

证券公司未采取有效隔离措施防范利益冲突，或者未分开办理相关业务、混合操作的，责令改正，给予警告，没收违法所得，并处以违法所得1倍以上10倍以下的罚款；没有违法所得或者违法所得不足50万元的，处以50万元以上500万元以下的罚款；情节严重的，并处撤销相关业务许可。对直接负责的主管人员和其他直接责任人员给予警告，并处以20万元以上200万元以下的罚款。

证券公司违法从事证券自营业务的，责令改正，给予警告，没收违法所得，并处以违法所得1倍以上10倍以下的罚款；没有违法所得或者违法所得不足50万元的，处以50万元以上500万元以下的罚款；情节严重的，并处撤销相关业务许可或者责令关闭。对直接负责的主管人员和其他直接责任人员给予警告，并处以20万元以上200万元以下的罚款。

将客户的资金和证券归入自有财产，或者挪用客户的资金和证券的，责令改正，给予警告，没收违法所得，并处以违法所得1倍以上10倍以下的罚款；没有违法所得或者违法所得不足100万元的，处以100万元以上1000万元以下的罚款；情节严重的，并处撤销相关业务许可或者责令关闭。对直接负责的主管人员和其他直接责任人员给予警告，并处以50万元以上500万元以下的罚款。

证券公司违法接受客户的全权委托买卖证券的，或者对客户的收益或者赔偿客户的损失作出承诺的，责令改正，给予警告，没收违法所得，并处以违法所得1倍以上10倍以下的罚款；没有违法所得或者违法所得不足50万元的，处以50万元以上500万元以下的罚款；情节严重的，并处撤销相关业务许可。对直接负责的主管人员和其他直接责任人员给予警告，并处以20万元以上200万元以下的罚款。

证券公司违法允许他人以证券公司的名义直接参与证券的集中交易的，责令改正，可以并处50万元以下的罚款。

证券公司的从业人员违法私下接受客户委托买卖证券的，责令改正，给予警告，没收违法所得，并处以违法所得1倍以上10倍以下的罚款；没有违法所得的，处以50万元以下的罚款。

证券公司及其主要股东、实际控制人违法未报送、提供信息和资料，或者报送、提供的信息和资料有虚假记载、误导性陈述或者重大遗漏的，责令改正，给予警告，并处以100万元以下的罚款；情节严重的，并处撤销相关业务许可。对直接负责的主管人员和其他直接责任人员，给予警告，并处以50万元以下的罚款。

（三）证券登记结算机构法律责任

擅自设立证券登记结算机构的，由国务院证券监督管理机构予以取缔，没收违法所得，并处以违法所得1倍以上10倍以下的罚款；没有违法所得或者违法所得不足50万元的，处以50万元以上500万元以下的罚款。对直接负责的主管人员和其他直接责任人员给予警告，并处以20万元以上200万元以下的罚款。

证券投资咨询机构擅自从事证券服务业务，或者从事证券服务业务有《证券法》第一百六十一条规定行为的，责令改正，没收违法所得，并处以违法所得1倍以上10倍以下的罚款；没有违法所得或者违法所得不足50万元的，处以50万元以上500万元以下的罚款。对直接负责的主管人员和其他直接责任人员，给予警告，并处以20万元以上200万元以下的罚款。

会计师事务所、律师事务所以及从事资产评估、资信评级、财务顾问、信息技术系统服务的机构违法从事证券服务业务未报备案的，责令改正，可以处20万元以下的罚款。

证券服务机构未勤勉尽责，所制作、出具的文件有虚假记载、误导性陈述或者重大遗漏的，责令改正，没收业务收入，并处以业务收入1倍以上10倍以下的罚款，没有业务收入或者业务收入不足50万元的，处以50万元以上500万元以下的罚款；情节严重的，并处暂停或者禁止从事证券服务业务。对直接负责的主管人员和其他直接责任人员给予警告，并处以20万元以上200万元以下的罚款。

发行人、证券登记结算机构、证券公司、证券服务机构未按照规定保存有关文件和资料的，责令改正，给予警告，并处以10万元以上100万元以下的罚款；泄露、隐匿、伪造、篡改或者毁损有关文件和资料的，给予警告，并处以20万元以上 200 万元以下的罚款；情节严重的，处以 50 万元以上 500 万元以下的罚款，并处暂停、撤销相关业务许可或者禁止从事相关业务。对直接负责的主管人员和其他直接责任人员给予警告，并处以 10 万元以上 100 万元以下的罚款。

（四）国务院证券监督管理机构法律责任

国务院证券监督管理机构依法将有关市场主体遵守《证券法》的情况纳入证券市场诚信档案。

国务院证券监督管理机构或者国务院授权的部门有下列情形之一的，对直接负责的主管人员和其他直接责任人员，依法给予处分：①对不符合《证券法》规定的发行证券、设立证券公司等申请予以核准、注册、批准的；②违反《证券法》规定采取现场检查、调查取证、查询、冻结或者查封等措施的；③违反《证券法》规定对有关机构和人员采取监督管理措施的；④违反《证券法》规定对有关机构和人员实施行政处罚的；⑤其他不依法履行职责的行为。

国务院证券监督管理机构或者国务院授权的部门的工作人员，不履行《证券法》规定的职责，滥用职权、玩忽职守，利用职务便利牟取不正当利益，或者泄露所知悉的有关单位和个人的商业秘密的，依法追究法律责任。

拒绝、阻碍证券监督管理机构及其工作人员依法行使监督检查、调查职权的，由证券监督管理机构责令改正，处以 10 万元以上 100 万元以下的罚款，并由公安机关依法给予治安管理处罚。证券违法行为构成犯罪的，依法追究刑事责任。违反《证券法》规定，应当承担民事赔偿责任和缴纳罚款、罚金、违法所得，违法行为人的财产不足以支付的，优先用于承担民事赔偿责任。依法收缴的罚款和没收的违法所得，全部上缴国库。

违反法律、行政法规或者国务院证券监督管理机构的有关规定，情节严重的，国务院证券监督管理机构可以对有关责任人员采取证券市场禁入的措施。证券市场禁入，是指在一定期限内直至终身不得从事证券业务、证券服务业务，不得担任证券发行人的董事、监事、高级管理人员，或者一定期限内不得在证券交易所、国务院批准的其他全国性证券交易场所交易证券的制度。

当事人对证券监督管理机构或者国务院授权的部门的处罚决定不服的，可以依法申请行政复议，或者依法直接向人民法院提起诉讼。

复习与思考

1. 证券法的基本原则
2. 公开发行新股的条件
3. 证券承销基本要求
4. 证券交易的一般规定

5. 股票与公司债券上市的条件
6. 信息披露与投资者保护法律要求
7. 禁止的交易行为
8. 上市公司收购方式
9. 证券交易所与证券中介机构

问题与案例

某机构投资者对已在上海证券交易所上市的A公司进行调研时，发现A公司以下信息：

（1）甲为A公司的实际控制人，通过B公司持有A公司34%的股份。甲担任A公司的董事长、法定代表人。2019年8月7日，经董事会决议（甲回避表决），A公司为B公司向C银行借款4000万元提供连带责任保证，并发布公告予以披露。2020年3月1日，C银行通知A公司，B公司的借款到期未还，要求A公司承担保证责任。A公司为此向C银行支付了4000万元借款本息。

（2）乙在2019年12月至2020年2月底连续买入A公司股票，持有A公司股份总额达到3%。A公司为B公司承担保证责任后，乙于2020年3月5日直接向人民法院提起股东代表诉讼，要求甲赔偿A公司因承担保证责任造成的损失。甲则辩称：乙在起诉前未向公司监事会提出书面请求，故请求人民法院驳回乙的起诉。

（3）2020年3月10日，A公司公告拟于4月1日召开年度股东大会。董事会推荐了3名独立董事候选人，其中，候选人丙为B公司财务主管，候选人丁持有A公司股份总额1%的股份。

（4）2020年3月24日，乙向A公司董事会书面提出年度股东大会临时提案，要求罢免甲的董事职务。A公司董事会当即拒绝将该临时提案列为年度股东大会审议事项。3月25日，乙联合持有A公司股份总额8%的股东张某，共同公告拟于4月1日在同一地点召开A公司临时股东大会。4月1日，A公司的两个“股东大会”在同一酒店同时召开。出席“年度股东大会”的股东所持A公司股份总额为35%；出席“临时股东大会”的股东所持A公司股份总额为40%。后者通过了对甲的董事罢免案，并选举乙为A公司董事。

（5）2020年4月21日，B公司与乙达成股权转让协议。4月23日，A公司、B公司和乙联合公布了该协议内容：B公司将所持A公司27%的股份转让给乙，转让后B公司仍持有A公司7%的股份；同时，乙向A公司全体股东发出要约，拟另行收购A公司已发行股份的4%。随后，甲辞职，乙被股东大会选举为董事。

（6）2020年6月3日，A公司董事会通过决议，决定购买乙控制的C公司100%的股权，该交易金额达到A公司资产总额的25%。12月6日，A公司董事会又通过决议，决定购买乙所持D公司的全部股权，该交易金额达到A公司资产总额的20%。上述两项交易完成后，A公司的主营业务转换为汽车零配件生产。

（7）在上述两项股权交易公告前，A公司的股价均出现了异常波动。经调查发现：乙借用他人账户，于2020年6月1日至12月3日大量买入A公司的股票；董事戊于12月6日董事会开会期间，电话委托买入A公司股票1万股；A公司秘书庚在电梯中听到公司高管议论公司重组事宜后，于12月3日买入公司股票2000股。因受市场环境影响，上述人员买入A公司股票后均未获利，其中，乙账面亏损达3亿元；戊账面亏损2万元；庚已卖出股票，亏损2000元。

根据上述内容，分别回答下列问题：

（1）A公司董事会为B公司提供担保的决议是否有效？并说明理由。

（2）乙是否具备对甲提起股东代表诉讼的资格？甲请求人民法院驳回乙起诉的理由是否成立？并分别说明理由。

（3）丙、丁是否符合A公司独立董事的任职资格？并分别说明理由。

（4）2020年3月24日，乙提出的临时提案是否应被列为A公司年度股东大会审议事项？4月1日，乙与股东张某共同召集A公司临时股东大会的程序是否合法？并分别说明理由。

（5）乙在受让B公司转让的A公司27%的股份时，向A公司全体股东发出要约收购4%的股份是否符合法律规定？并说明理由。

（6）2020年12月6日，A公司董事会通过的购买乙所持D公司股权的决议是否有效？并说明理由。

（7）乙、戊、庚是否存在内幕交易行为？并分别说明理由。

第十一章　反不正当竞争与反垄断法

本章目标

学习过本章之后，你应能够：

1. 界定不正当竞争
2. 识别垄断及其特征
3. 列举不正当竞争行为种类
4. 剖析法律禁止的垄断行为

第一节　反不正当竞争法

一、不正当竞争行为与反不正当竞争法

（一）不正当竞争行为

1. 不正当竞争的概念与特征

不正当竞争是指经营者在生产经营活动中，违反《中华人民共和国反不正当竞争法》（以下简称《反不正当竞争法》）规定，扰乱市场竞争秩序，损害其他经营者或者消费者的合法权益的行为。其中，经营者是指从事商品生产、经营或者提供服务（以下所称商品包括服务）的自然人、法人和非法人组织。不正当竞争行为具有以下特征：

（1）不正当竞争行为的主体是经营者。非经营者不是竞争行为主体，不能成为不正当竞争行为的主体。但是在有些情况下，非经营者的某些行为也会妨害经营者的正当经营活动，侵害经营者的合法权益，这种行为也是反不正当竞争法的规制对象。比如，政府及其所属部门滥用行政权力妨害经营者的正当竞争行为

就是这种类型。

（2）不正当竞争行为是违法行为。不正当竞争行为的违法性，主要表现为违反了《反不正当竞争法》的规定，但违反了自愿、平等、公平、诚实信用原则或违反了公认的商业道德，损害了其他经营者的合法权益，扰乱社会经济秩序，也应认定为不正当竞争行为。

（3）不正当竞争行为侵害的客体是其他经营者的合法权益和经济秩序。不正当竞争行为危害公平竞争的市场秩序、阻碍技术进步和社会生产力的发展、损害其他经营者的正常经营和合法权益，最终损害市场经济秩序。

（二）反不正当竞争法

反不正当竞争法，是指调整在制止不正当竞争行为过程中发生的经济关系的法律规范的总称。1993 年 9 月 2 日，第八届全国人民代表大会常务委员会第三次会议通过了《反不正当竞争法》，自 1993 年 12 月 1 日起施行。后经 2017 年修订、2019 年修正，于 2019 年 11 月 1 日施行。颁行《反不正当竞争法》旨在为保障社会主义市场经济健康发展，鼓励和保护公平竞争，制止不正当竞争行为，保护经营者和消费者的合法权益。

二、不正当竞争行为类别

（一）混淆行为

经营者不得实施下列混淆行为，引人误认为是他人商品或者与他人存在特定联系：①擅自使用与他人有一定影响的商品名称、包装、装潢等相同或者近似的标识；②擅自使用他人有一定影响的企业名称（包括简称、字号等）、社会组织名称（包括简称等）、姓名（包括笔名、艺名、译名等）；③擅自使用他人有一定影响的域名主体部分、网站名称、网页等；④其他足以引人误认为是他人商品或者与他人存在特定联系的混淆行为。

（二）商业贿赂

经营者不得采用财物或者其他手段贿赂下列单位或者个人，以谋取交易机会或者竞争优势：①交易相对方的工作人员；②受交易相对方委托办理相关事务的单位或者个人；③利用职权或者影响力影响交易的单位或者个人。

经营者在交易活动中，可以以明示方式向交易相对方支付折扣，或者向中间人支付佣金。经营者向交易相对方支付折扣、向中间人支付佣金的，应当如实入账。接受折扣、佣金的经营者也应当如实入账。经营者的工作人员进行贿赂的，应当认定为经营者的行为；但是，经营者有证据证明该工作人员的行为与为经营者谋取交易机会或者竞争优势无关的除外。

（三）虚假宣传

经营者不得对其商品的性能、功能、质量、销售状况、用户评价、曾获荣誉等作虚假或者引人误解的商业宣传，欺骗、误导消费者。经营者不得通过组织虚假交易等方式，帮助其他经营者进行虚假或者引人误解的商业宣传。

（四）侵犯商业秘密

1. 商业秘密及其特征

商业秘密，是指不为公众所知悉、能为权利人带来经济利益、具有实用性，并经权利人采取保密措施的技术信息和经营信息。商业秘密具有三个特征：秘密性、实用性、保密性。

2. 侵犯商业秘密的行为

经营者不得实施下列侵犯商业秘密的行为：①以盗窃、贿赂、欺诈、胁迫、电子侵入或者其他不正当手段获取权利人的商业秘密；②披露、使用或者允许他人使用以前项手段获取的权利人的商业秘密；③违反保密义务或者违反权利人有关保守商业秘密的要求，披露、使用或者允许他人使用其所掌握的商业秘密；④教唆、引诱、帮助他人违反保密义务或者违反权利人有关保守商业秘密的要求，获取、披露、使用或者允许他人使用权利人的商业秘密。

经营者以外的其他自然人、法人和非法人组织实施前款所列违法行为的，视为侵犯商业秘密。第三人明知或者应知商业秘密权利人的员工、前员工或者其他单位、个人实施本条第一款所列违法行为，仍获取、披露、使用或者允许他人使用该商业秘密的，视为侵犯商业秘密。

商业秘密权利人提供初步证据合理表明商业秘密被侵犯，且提供以下证据之一的，涉嫌侵权人应当证明其不存在侵犯商业秘密的行为：①有证据表明涉嫌侵权人有渠道或者机会获取商业秘密，且其使用的信息与该商业秘密实质上相同；②有证据表明商业秘密已经被涉嫌侵权人披露、使用或者有被披露、使用的风险；③有其他证据表明商业秘密被涉嫌侵权人侵犯。

（五）不当有奖销售

经营者进行有奖销售不得存在下列情形：①所设奖的种类、兑奖条件、奖金金额或者奖品等有奖销售信息不明确，影响兑奖；②采用谎称有奖或者故意让内定人员中奖的欺骗方式进行有奖销售；③抽奖式的有奖销售，最高奖的金额超过5万元。

（六）诋毁商誉行为

诋毁商誉行为，是指经营者自己或利用他人捏造、散布虚假的事实，损害竞争对手的商业信誉、商品声誉，从而削弱其竞争力，为自己取得竞争优势的行为。诋毁商誉行为的构成要件包括：①行为主体是经营者；②行为人主观上存在故意，其目的是占领市场，排挤竞争对手；③诋毁行为已经或者可能造成竞争对手的商誉损害。因此，侵权人与受害人之间应具有竞争关系，诋毁商誉的主要手段是捏造和散布虚假事实。

《反不正当竞争法》规定，经营者不得编造、传播虚假信息或者误导性信息，损害竞争对手的商业信誉、商品声誉。

（七）网络不正当竞争

经营者利用网络从事生产经营活动，应当遵守《反不正当竞争法》的各项规定。经营者不得利用技术手段，通过影响用户选择或者其他方式，实施下列妨碍、破坏其他经营者合法提供的网络产品或者服务正常运行的行为：①未经其他经营者同意，在其合法提供的网络产品或者服务中，插入链接、强制进行目标跳转；②误导、欺骗、强迫用户修改、关闭、卸载其他经营者合法提供的网络产品或者服务；③恶意对其他经营者合法提供的网络产品或者服务实施不兼容；④其他妨碍、破坏其他经营者合法提供的网络产品或者服务正常运行的行为。

三、不正当竞争行为监督检查

（一）监督检查部门

各级人民政府应当采取措施，制止不正当竞争行为，为公平竞争创造良好的环境和条件。国务院建立反不正当竞争工作协调机制，研究决定反不正当竞争重大政策，协调处理维护市场竞争秩序的重大问题。县级以上人民政府履行工商行政管理职责的部门对不正当竞争行为进行查处；法律、行政法规规定由其他部门查处的，依照其规定。

国家鼓励、支持和保护一切组织和个人对不正当竞争行为进行社会监督。国家机关及其工作人员不得支持、包庇不正当竞争行为。行业组织应当加强行业自律，引导、规范会员依法竞争，维护市场竞争秩序。

（二）监督检查职权

监督检查部门调查涉嫌不正当竞争行为，可以采取下列措施：①进入涉嫌不正当竞争行为的经营场所进行检查；②询问被调查的经营者、利害关系人及其他有关单位、个人，要求其说明有关情况或者提供与被调查行为有关的其他资料；③查询、复制与涉嫌不正当竞争行为有关的协议、账簿、单据、文件、记录、业务函电和其他资料；④查封、扣押与涉嫌不正当竞争行为有关的财物；⑤查询涉嫌不正当竞争行为的经营者的银行账户。采取上述措施，应当向监督检查部门主要负责人书面报告，并经批准。

监督检查部门调查涉嫌不正当竞争行为，应当遵守《中华人民共和国行政强

制法》和其他有关法律、行政法规的规定，并应当将查处结果及时向社会公开。监督检查部门调查涉嫌不正当竞争行为，被调查的经营者、利害关系人及其他有关单位、个人应当如实提供有关资料或者情况。监督检查部门及其工作人员对调查过程中知悉的商业秘密负有保密义务。对涉嫌不正当竞争行为，任何单位和个人有权向监督检查部门举报，监督检查部门接到举报后应当依法及时处理。监督检查部门应当向社会公开受理举报的电话、信箱或者电子邮件地址，并为举报人保密。对实名举报并提供相关事实和证据的，监督检查部门应当将处理结果告知举报人。

第二节 反垄断法

一、垄断与反垄断法

（一）垄断的概念与特征

垄断是经营者以独占或有组织的联合行为等方式，凭借经济优势或行政权力，操纵或支配市场，排斥、限制或妨碍竞争的各种行为的总称。垄断具有以下几个特征：①控制市场是垄断的本质特征。垄断者凭借自己在市场中的独占地位，靠操纵市场来牟取非法利润；不具有独占地位的经营者则依靠有组织的联合性行为，通过不合理的企业规模和减少竞争者数量，以及对具有竞争性的企业实行控制等方式排挤竞争对手，控制市场。②垄断者凭借其经济优势或行政权力形成垄断势力。凭借经济优势形成的垄断属于经济性垄断，凭借行政权力形成的垄断属于行政性垄断。③垄断的后果是限制与排斥竞争。垄断的直接结果是垄断者控制市场、垄断价格、排挤了竞争对手。市场主体为了自身的生存和发展，应该通过提高产品和服务质量扩大市场份额、增加利润。居于市场支配地位的经营者仅通过滥用其支配地位的行为，在局部或整个相关市场中通过限制或排除竞争机制，获取超额利润。这扭曲了市场价格机制，破坏了市场规律。④垄断具有违法性。被称为垄断的行为，应当是违法行为。在经济学上被界定为垄断的市场行为，如果依法不构成垄断或者依法适用除外的规定，不具有或不应当具有法律垄断的意义。明确法律意义上的垄断是非法的并应予以制裁的行为，可以使垄断的法律概念的内涵和外延更清晰，使《中华人民共和国反垄断法》的实施更富效率。

（二）反垄断法

1. 反垄断法及其宗旨

反垄断法是规制垄断与限制竞争行为的各种法律规范的总称。2007 年 8 月 30 日，第十届全国人民代表大会常务委员会第二十九次会议通过了《中华人民共和国反垄断法》（以下简称《反垄断法》），自 2008 年 8 月 1 日起施行。2022 年 6 月 24 日第十三届全国人民代表大会常务委员会第三十五次会议修正，2022 年 8 月 1 日实施。颁行《反垄断法》旨在预防和制止垄断行为，保护市场公平竞争，鼓励创新，提高经济运行效率，维护消费者利益和社会公共利益，促进社会主义市场经济健康发展。

2.《反垄断法》适用

法的适用范围是指一部法律发挥其调整功能的边界，具体包括适用的主体和行为的范围、适用的时间和空间范围。《反垄断法》的适用范围就是《反垄断法》的规制范围。合理界定《反垄断法》规制范围，对于有效遏制和打击不法垄断行为，避免国家对市场的不当干预，保证市场对资源配置的决定性作用，具有十分重要的意义。

（1）《反垄断法》适用的时间与地域范围。《反垄断法》适用的时间范围解决的是该法律规范生效、时效的时间，现行《反垄断法》自 2022 年 8 月 1 日生效。《反垄断法》适用的地域范围主要解决其法律规范是只适用于本国国内，还是同时也适用于国外的问题。《反垄断法》规定："中华人民共和国境内经济活动中的垄断行为，适用本法。""中华人民共和国境外的垄断行为，对境内市场竞争产生排除、限制影响的，适用本法。"可见，《反垄断法》的效力不仅及于发生在境内的垄断行为，而且还及于发生在境外的对境内市场竞争产生排除、限制影响的垄断行为。这里所称"境内"，不含中国港、澳、台地区。

（2）《反垄断法》适用的主体和行为类型。《反垄断法》对以"经营者"为行为主体的下列垄断行为予以规制：经营者达成垄断协议；经营者滥用市场支配地位；具有或者可能具有排除、限制竞争效果的经营者集中。这三种垄断行为的主体是"经营者"，即指从事商品生产、经营或者提供服务的自然人、法人和其他组织。这是《反垄断法》适用的主体。《反垄断法》所禁止或限制的垄断协议、滥用市场支配地位行为以及经营者集中，为《反垄断法》适用的行为类型。每一种行为均具有特定含义、构成要件和适用条件，并非所有的类似行为均为非法。

（3）《反垄断法》的适用除外。《反垄断法》上的适用除外是指将特定领域排除在《反垄断法》的适用范围之外，不予适用的制度。这是从消极方面界定《反垄断法》的适用范围。《反垄断法》规定了知识产权和农业领域的《反垄断

法》适用除外制度。知识产权的正当行使、农业生产中的联合或者协同行为不适用《反垄断法》。但是，经营者滥用知识产权或农业生产中的联合或者协同行为，排除、限制竞争的行为，不可排除《反垄断法》的适用。

3. 竞争政策与公平竞争审查制度

反垄断工作坚持中国共产党的领导。国家坚持市场化、法治化原则，强化竞争政策基础地位，制定和实施与社会主义市场经济相适应的竞争规则，完善宏观调控，健全统一、开放、竞争、有序的市场体系。经营者可以通过公平竞争、自愿联合，依法实施集中，扩大经营规模，提高市场竞争能力。国家建立健全公平竞争审查制度。行政机关和法律、法规授权的具有管理公共事务职能的组织在制定涉及市场主体经济活动的规定时，应当进行公平竞争审查。行业协会应当加强行业自律，引导本行业的经营者依法竞争，合规经营，维护市场竞争秩序。

4. 反垄断机构

（1）国务院反垄断委员会。国务院设立反垄断委员会，负责组织、协调、指导反垄断工作，履行下列职责：①研究拟订有关竞争政策；②组织调查、评估市场总体竞争状况，发布评估报告；③制定、发布反垄断指南；④协调反垄断行政执法工作；⑤国务院规定的其他职责。国务院反垄断委员会的组成和工作规则由国务院规定。

（2）国务院反垄断执法机构。国家健全完善反垄断规则制度，强化反垄断监管力量，提高监管能力和监管体系现代化水平，加强反垄断执法司法，依法公正高效审理垄断案件，健全行政执法和司法衔接机制，维护公平竞争秩序。国务院反垄断执法机构负责反垄断统一执法工作。国务院反垄断执法机构根据工作需要，可以授权省、自治区、直辖市人民政府相应的机构，依照《反垄断法》规定负责有关反垄断执法工作。

二、垄断行为

（一）垄断协议

1. 垄断协议的概念

垄断协议是指排除、限制竞争的协议、决定或者其他协同行为。按照市场交易的一般原则，经营者相互间可以按照公平、自愿的原则订立合同，开展联合，扩大经营规模，提高市场竞争能力。但是，如果该联合行为具有排除、限制竞争的意图，就会成为《反垄断法》规制的行为。

2. 垄断协议种类

根据参与联合的经营者所处的产业链环节是相同还是相续，可以分为横向垄断协议行为和纵向垄断协议行为。垄断协议行为的主体为经营者、行业协会。

（1）横向垄断协议。横向垄断协议是指具有竞争关系的经营者，签订目的在于划分销售市场、规定产品数量和价格、减少或限制竞争的协议。

《反垄断法》规定，横向垄断协议主要包括下列情形：①固定或者变更商品价格。这种“价格联盟”在现实生活中比较常见，比如，某地网吧统一确定上网价格、某地餐馆统一提高牛肉面价格等。②限制商品的生产数量或者销售数量。同类产品的经营者商定对产品生产数量和销售数量进行限制。③分割销售市场或者原材料采购市场。所谓瓜分“地盘”而形成割据垄断，通过地域卡特尔，每个企业在各自领域处于垄断地位，消费者没有选择的可能性，这样维持产品高价就会严重损害消费者利益。④限制购买新技术、新设备或者限制开发新技术、新产品。垄断企业为了自身的经济利益，相互之间签订协议，对购买新技术、新设备或者开发新技术、新产品进行内部限制。这种做法，阻碍了科技的进步和生产效率的提高，最终会制约社会经济的发展。⑤联合抵制交易。两个或两个以上的经营者约定不与第三方进行业务交往的行为。⑥国务院反垄断执法机构认定的其他垄断协议。

（2）纵向垄断协议。纵向垄断协议是指在同一产业中两个或两个以上处于不同经济层次、没有直接竞争关系，但存在买卖关系的经营者（如供应商与销售商、批发商与零售商之间），通过明示或者默示的方式达成的排除、限制竞争的协议。这种协议可能会造成上游企业对下游企业的控制，不利于下游企业的有效竞争。

《反垄断法》规定，纵向垄断协议主要包括下列情形：①固定向第三人转售商品的价格。②限定向第三人转售商品的最低价格。③国务院反垄断执法机构认定的其他垄断协议。对①②项规定的协议，经营者能够证明其不具有排除、限制竞争效果的，不予禁止。经营者能够证明其在相关市场的市场份额低于国务院反垄断执法机构规定的标准，并符合国务院反垄断执法机构规定的其他条件的，不予禁止。

（3）组织垄断协议。组织垄断协议是指经营者组织其他经营者达成垄断协议或者为其他经营者达成垄断协议提供实质性帮助。《反垄断法》规定，经营者不得组织其他经营者达成垄断协议或者为其他经营者达成垄断协议提供实质性帮助。

（4）垄断协议排除情形。经营者达成的垄断协议如果符合国家鼓励或者许可的产业政策的，可以适用豁免制度。《反垄断法》规定，经营者能够证明所达成的协议属于下列情形之一的，不属于垄断行为：①为改进技术、研究开发新产品的；②为提高产品质量、降低成本、提高效率，统一产品规格、标准或者实行

专业化分工的；③为提高中小经营者经营效率，增强中小经营者竞争力的；④为实现节约能源、保护环境、救灾救助等社会公共利益的；⑤因经济不景气，为缓解销售量严重下降或者生产明显过剩的；⑥为保障对外贸易和对外经济合作中的正当利益的；⑦法律和国务院规定的其他情形。①至⑤项情形的豁免，经营者还应当证明所达成的协议不会严重限制相关市场的竞争，并且能够使消费者分享由此产生的利益。

（5）行业协会的禁止行为。行业协会作为非政府组织机构，是由同行业内的全部或者部分企业按照自愿原则组成的自律性组织。行业协会的基本功能是为本行业企业提供信息沟通平台，为本行业发展提供规划和咨询服务，协调行业内企业之间的关系。根据《反垄断法》规定，行业协会不得组织本行业的经营者从事《反垄断法》禁止的垄断行为。

（二）滥用市场支配地位

1. 市场支配地位的概念与认定

（1）市场支配地位的概念。市场支配地位是指经营者在相关市场内具有能够控制商品价格、数量或者其他交易条件，或者能够阻碍、影响其他经营者进入相关市场能力的市场地位。所谓相关市场，是指与经营者的产品和服务之间存在竞争关系的产品和服务市场认定市场支配地位，首先要界定相关市场。相关市场的相关性，是指与经营者的产品和服务存在相互竞争关系的特性，具体表现为在产品和服务种类上的相关性、空间上的相关性和时间上的相关性。要界定相关市场，需要运用经济学的方法，需要有会计、审计人员协助进行市场调查。

（2）市场支配地位的认定。认定市场支配地位的依据，一般以市场份额为主，兼顾市场行为及其他相关因素。《反垄断法》规定，认定经营者具有市场支配地位，应当依据下列因素：①该经营者在相关市场的市场份额，以及相关市场的竞争状况；②该经营者控制销售市场或者原材料采购市场的能力；③该经营者的财力和技术条件；④其他经营者对该经营者在交易上的依赖程度；⑤其他经营者进入相关市场的难易程度；⑥与认定该经营者市场支配地位有关的其他因素。

（3）推定经营者具有市场支配地位。经营者是否具有市场支配地位，可以依据下列情形推定：①一个经营者在相关市场的市场份额达到1/2的；②两个经营者在相关市场的市场份额合计达到2/3的；③三个经营者在相关市场的市场份额合计达到3/4的。有②③项规定的情形，其中有的经营者市场份额不足1/10的，不应当推定该经营者具有市场支配地位。被推定具有市场支配地位的经营者，有证据证明不具有市场支配地位的，不应当认定其具有市场支配地位。

2. 滥用市场支配地位行为

（1）滥用市场支配地位的概念。滥用市场支配地位是指拥有市场支配地位的经营者采用不正当的方式，排除、限制竞争的行为。实践中，该行为通常只有竞争实力雄厚的经营者或者政府特许的商品经营者才有可能实施，前者如美国微软公司在销售其 Windows 操作系统时“捆绑”销售浏览器，后者如电信部门使消费者购买其指定的电话机。

（2）滥用市场支配地位的行为。《反垄断法》规定下列禁止滥用市场支配地位的行为：①以不公平的高价销售商品或者以不公平的低价购买商品；②没有正当理由，以低于成本的价格销售商品；③没有正当理由，拒绝与交易相对人进行交易；④没有正当理由，限定交易相对人只能与其进行交易或者只能与其指定的经营者进行交易；⑤没有正当理由搭售商品，或者在交易时附加其他不合理的交易条件；⑥没有正当理由，对条件相同的交易相对人在交易价格等交易条件上实行差别待遇；⑦国务院反垄断执法机构认定的其他滥用市场支配地位的行为。具有市场支配地位的经营者不得利用数据和算法、技术以及平台规则等从事前款规定的滥用市场支配地位的行为。

（三）经营者集中

1. 经营者集中的概念与情形

经营者集中是指以获得企业的控制权或从企业获得重大经济利益为目的，通过合并、股份购买、资产购买、经营协议等方式实施的对竞争构成重大影响的行为的总称。经营者集中，一方面对扩大经营者规模，提高生产经营效益，强化在市场上的竞争力，促进经济发展和产业结构优化等有着重要作用；另一方面也可能形成垄断，产生排除、限制竞争的后果。

《反垄断法》规定了三种经营者集中形式：①经营者合并；②经营者通过取得股权或者资产的方式取得对其他经营者的控制权；③经营者通过合同等方式取得对其他经营者的控制权或者能够对其他经营者施加决定性影响。

2. 经营者集中申报

（1）申报情形。《反垄断法》规定，经营者集中达到国务院规定的申报标准的，经营者应当事先向国务院反垄断执法机构申报，未申报的不得实施集中。经营者集中未达到国务院规定的申报标准，但有证据证明该经营者集中具有或者可能具有排除、限制竞争效果的，国务院反垄断执法机构可以要求经营者申报。经营者未依照上述规定进行申报的，国务院反垄断执法机构应当依法进行调查。

经营者集中有下列情形之一的，可以不向国务院反垄断执法机构申报：①参与集中的一个经营者拥有其他每个经营者 50%以上有表决权的股份或者资产的；②参与集中的每个经营者 50%以上有表决权的股份或者资产被同一个未参与集中的经营者拥有的。

（2）申报资料。经营者向国务院反垄断执法机构申报集中，应当提交下列文件、资料：①申报书；②集中对相关市场竞争状况影响的说明；③集中协议；④参与集中的经营者经会计师事务所审计的上一会计年度财务会计报告；⑤国务院反垄断执法机构规定的其他文件、资料。申报书应当载明参与集中的经营者的名称、住所、经营范围、预定实施集中的日期和国务院反垄断执法机构规定的其他事项。经营者提交的文件、资料不完备的，应当在国务院反垄断执法机构规定的期限内补交文件、资料。经营者逾期未补交文件、资料的，视为未申报。

3. 国务院反垄断执法机构审查

（1）审查内容。包括：①参与集中的经营者在相关市场的市场份额及其对市场的控制力；②相关市场的市场集中度；③经营者集中对市场进入、技术进步的影响；④经营者集中对消费者和其他有关经营者的影响；⑤经营者集中对国民经济发展的影响；⑥国务院反垄断执法机构认为应当考虑的影响市场竞争的其他因素。

经营者集中具有或者可能具有排除、限制竞争效果的，国务院反垄断执法机构应当作出禁止经营者集中的决定。但是，经营者能够证明该集中对竞争产生的有利影响明显大于不利影响，或者符合社会公共利益的，国务院反垄断执法机构可以作出对经营者集中不予禁止的决定。对不予禁止的经营者集中，国务院反垄断执法机构可以决定附加减少集中对竞争产生不利影响的限制性条件。国务院反垄断执法机构应当将禁止经营者集中的决定或者对经营者集中附加限制性条件的决定，及时向社会公布。

（2）审查期限。①初审。国务院反垄断执法机构应当自收到经营者提交的符合《反垄断法》规定的文件、资料之日起 30 日内，对申报的经营者集中进行初步审查，作出是否实施进一步审查的决定，并书面通知经营者。国务院反垄断执法机构作出决定前，经营者不得实施集中。国务院反垄断执法机构作出不实施进一步审查的决定或者逾期未作出决定的，经营者可以实施集中。②再审。国务院反垄断执法机构决定实施进一步审查的，应当自决定之日起 90 日内审查完毕，作出是否禁止经营者集中的决定，并书面通知经营者。作出禁止经营者集中的决定，应当说明理由。审查期间，经营者不得实施集中。③延审。有下列情形之一的，国务院反垄断执法机构经书面通知经营者，可以延长审查期限，但最长不得超过 60 日：经营者同意延长审查期限的；经营者提交的文件、资料不准确，需要进一步核实的；经营者申报后有关情况发生重大变化的。国务院反垄断执法机构逾期未作出决定的，经营者可以实施集中。④审期中止。有下列情形之一的，国务院反垄断执法机构可以决定中止计算经营者集中的审查期限，并书面通知经营者：经营者未按照规定提交文件、资料，导致审查工作无法进行；出现对经营者集中审查具有重大影响的新情况、新事实，不经核实将导致审查工作无法进行；需要对经营者集中附加的限制性条件进一步评估，且经营者提出中止请求。自中止计算审查期限的情形消除之日起，审查期限继续计算，国务院反垄断执法机构应当书面通知经营者。

（3）分类分级审查制度。国务院反垄断执法机构应当健全经营者集中分类分级审查制度，依法加强对涉及国计民生等重要领域的经营者集中的审查，提高审查质量和效率。对外资并购境内企业或者以其他方式参与经营者集中，涉及国家安全的，除依照《反垄断法》规定进行经营者集中审查外，还应当按照国家有关规定进行国家安全审查。

（四）滥用行政权力排除、限制竞争

1. 滥用行政权力排除、限制竞争的概念

滥用行政权力排除、限制竞争，是指国家行政机关或者法律、法规授权的具有管理公共事务职能的组织，利用其拥有的社会经济管理权，对经营者、消费者的市场交易行为进行限制或者控制，从而影响有效竞争秩序、影响政府公信力的行为。该类行为实际上就是行政垄断，一般表现为政府机构滥用职权，而不是商品经营者的市场行为。

2. 滥用行政权力排除、限制竞争的情形

（1）限定交易。即滥用行政权力，限定或者变相限定单位或者个人经营、购买、使用其指定的经营者提供的商品的行为。

（2）限定准入。即滥用行政权力，通过与经营者签订合作协议、备忘录等方式，妨碍其他经营者进入相关市场或者对其他经营者实行不平等待遇，排除、限制竞争。

（3）地区封锁。即滥用行政权力，实施下列妨碍商品在地区之间自由流通的行为，主要包括对外地商品设定歧视性收费项目、实行歧视性收费标准，或者规定歧视性价格；对外地商品规定与本地同类商品不同的技术要求、检验标准，或者对外地商品采取重复检验、重复认证等歧视性技术措施，限制外地商品进入本地市场；采取专门针对外地商品的行政许可，限制外地商品进入本地市场；设置关卡或者采取其他手段，阻碍外地商品进入或者本地商品运出等。

（4）阻碍跨地区招投标。即滥用行政权力，以设定歧视性资质要求、评审标准或者不依法发布信息等方式，排斥或者限制外地经营者参加本地的招标投标活动。

（5）阻碍跨地区投资。即滥用行政权力，采取与本地经营者不平等待遇等方式，排斥或者限制外地经营者在本地投资或者设立分支机构。

（6）强制经营者从事垄断行为。即滥用行政权力，强制经营者从事《反垄断法》规定的垄断行为。

（7）制定含有排除、限制竞争内容的规定。即滥用行政权力，制定含有排除、限制竞争内容的规定。

三、反垄断执法

（一）反垄断执法主体

《反垄断法》的执行，也称反垄断执法，是指反垄断主管机构实施反垄断法的行为。反垄断法执法主体是指反垄断法执行职责的承担者和相应权力的享有者。在中国，国务院反垄断委员会和国务院反垄断执法机构共同承担反垄断职责。

1. 国务院反垄断委员会

国务院设立反垄断委员会，负责组织、协调、指导反垄断工作，履行下列职责：①研究拟订有关竞争政策；②组织调查、评估市场总体竞争状况，发布评估报告；③制定、发布反垄断指南；④协调反垄断行政执法工作；⑤国务院规定的其他职责。国务院反垄断委员会的组成和工作规则由国务院规定。

2. 国务院反垄断执法机构

国家健全完善反垄断规则制度，强化反垄断监管力量，提高监管能力和监管体系现代化水平，加强反垄断执法司法，依法公正高效审理垄断案件，健全行政执法和司法衔接机制，维护公平竞争秩序。国务院反垄断执法机构负责反垄断统一执法工作。国务院反垄断执法机构根据工作需要，可以授权省、自治区、直辖市人民政府相应的机构，依照《反垄断法》规定负责有关反垄断执法工作。

（二）反垄断执法主体执法措施

反垄断法执行主体为履行职责可采取的措施包括：检查权、询问权、资料调阅复制权、查封和扣押证据权、账户查询权等。采取上述规定的措施，应当向反垄断执法机构主要负责人书面报告，并经批准。反垄断执法机构调查涉嫌垄断行为，执法人员不得少于2人，并应当出示执法证件。执法人员进行询问和调查，应当制作笔录，并由被询问人或者被调查人签字。反垄断执法机构及其工作人员对执法过程中知悉的商业秘密负有保密义务。

（三）反垄断执法的一般程序

1. 启动

反垄断案件因垄断行为受害人的申请或控告、其他组织或个人举报和主管机关自行启动两种。《反垄断法》规定，反垄断执法机构依法对涉嫌垄断行为进行调查。对涉嫌垄断行为，任何单位和个人有权向反垄断执法机构举报。反垄断执法机构应当为举报人保密。举报采用书面形式并提供相关事实和证据的，反垄断执法机构应当进行必要的调查。

2. 调查

被调查的经营者、利害关系人或者其他有关单位或者个人应当配合反垄断执法机构依法履行职责，不得拒绝、阻碍反垄断执法机构的调查。被调查的经营者、利害关系人有权陈述意见。反垄断执法机构应当对被调查的经营者、利害关系人提出的事实、理由和证据进行核实。反垄断执法机构对涉嫌垄断行为调查核实后，认为构成垄断行为的，应当依法作出处理决定，并可以向社会公布。对反垄断执法机构调查的涉嫌垄断行为，被调查的经营者承诺在反垄断执法机构认可的期限内采取具体措施消除该行为后果的，反垄断执法机构可以决定中止调查。中止调查的决定应当载明被调查的经营者承诺的具体内容。反垄断执法机构决定中止调查的，应当对经营者履行承诺的情况进行监督。经营者履行承诺的，反垄断执法机构可以决定终止调查。有下列情形之一的，反垄断执法机构应当恢复调查：经营者未履行承诺的；作出中止调查决定所依据的事实发生重大变化的；中止调查的决定是基于经营者提供的不完整或者不真实的信息作出的。

反垄断执法机构依法对涉嫌滥用行政权力排除、限制竞争的行为进行调查，有关单位或者个人应当配合。经营者、行政机关和法律、法规授权的具有管理公共事务职能的组织，涉嫌违反《反垄断法》规定的，反垄断执法机构可以对其法定代表人或者负责人进行约谈，要求其提出改进措施。

3. 审议

在调查取证的基础上，主管机构组织审议。

4. 决定

反垄断执法机构对涉嫌垄断行为调查核实后，应当作出违法与否的认定、违法处罚和合法许可的决定。反垄断执法机构认为构成垄断行为的，应当依法作出处理决定，并可以向社会公布。对垄断协议、经营者集中、滥用市场支配地位行为规定的罚款，反垄断执法机构确定具体罚款数额时，应当考虑违法行为的性质、程度、持续时间和消除违法行为后果的情况等因素。违法情节特别严重、影响特别恶劣、造成特别严重后果的，国务院反垄断执法机构可以在法定的罚款数额的 2 倍以上 5 倍以下确定具体罚款数额。经营者因违反《反垄断法》规定受到行政处罚的，按照国家有关规定记入信用记录，并向社会公示。经营者实施垄断行为，给他人造成损失的，依法承担民事责任。经营者实施垄断行为，损害社会公共利益的，设区的市级以上人民检察院可以依法向人民法院提起民事公益诉讼。

5. 执行

对反垄断执法机构依据《反垄断法》经营者集中审查与禁止决定不服的，

可以先依法申请行政复议；对行政复议决定不服的，可以依法提起行政诉讼。对反垄断执法机构作出的上述规定以外的决定不服的，可以依法申请行政复议或者提起行政诉讼。

四、违反《反垄断法》的法律责任

（一）违法垄断协议的法律责任

经营者违法达成并实施垄断协议的，由反垄断执法机构责令停止违法行为，没收违法所得，并处上一年度销售额1%以上10%以下的罚款，上一年度没有销售额的，处500万元以下的罚款；尚未实施所达成的垄断协议的，可以处300万元以下的罚款。经营者的法定代表人、主要负责人和直接责任人员对达成垄断协议负有个人责任的，可以处100万元以下的罚款。经营者组织其他经营者达成垄断协议或者为其他经营者达成垄断协议提供实质性帮助的，适用上述规定。经营者主动向反垄断执法机构报告达成垄断协议的有关情况并提供重要证据的，反垄断执法机构可以酌情减轻或者免除对该经营者的处罚。行业协会违反《反垄断法》规定，组织本行业的经营者达成垄断协议的，由反垄断执法机构责令改正，可以处300万元以下的罚款；情节严重的，社会团体登记管理机关可以依法撤销登记。

（二）违法滥用市场支配地位的法律责任

经营者违法滥用市场支配地位的，由反垄断执法机构责令停止违法行为，没收违法所得，并处上一年度销售额1%以上10%以下的罚款。

（三）违法实施经营者集中的法律责任

经营者实施集中，且具有或者可能具有排除、限制竞争效果的，由国务院反垄断执法机构责令停止实施集中、限期处分股份或者资产、限期转让营业以及采取其他必要措施恢复到集中前的状态，处上一年度销售额10%以下的罚款；不具有排除、限制竞争效果的，处500万元以下的罚款。

（四）滥用行政权力排除、限制竞争的法律责任

行政机关和法律、法规授权的具有管理公共事务职能的组织滥用行政权力，实施排除、限制竞争行为的，由上级机关责令改正；对直接负责的主管人员和其他直接责任人员依法给予处分。反垄断执法机构可以向有关上级机关提出依法处理的建议。行政机关和法律、法规授权的具有管理公共事务职能的组织应当将有关改正情况书面报告上级机关和反垄断执法机构。法律、行政法规对行政机关和法律、法规授权的具有管理公共事务职能的组织滥用行政权力实施排除、限制竞争行为的处理另有规定的，依照其规定。

（五）拒绝配合反垄断调查的法律责任

对反垄断执法机构依法实施的审查和调查，拒绝提供有关材料、信息，或者

提供虚假材料、信息，或者隐匿、销毁、转移证据，或者有其他拒绝、阻碍调查行为的，由反垄断执法机构责令改正，对单位处上一年度销售额1%以下的罚款，上一年度没有销售额或者销售额难以计算的，处500万元以下的罚款；对个人处50万元以下的罚款。

（六）反垄断执法机构工作人员违法的法律责任

反垄断执法机构工作人员滥用职权、玩忽职守、徇私舞弊或者泄露执法过程中知悉的商业秘密、个人隐私和个人信息的，依法给予处分。

复习与思考

1. 不正当竞争行为及其特征
2. 不正当竞争行为种类
3. 商业贿赂及其特征
4. 商业秘密及侵犯商业秘密的行为
5. 垄断协议类别
6. 滥用市场支配地位的行为
7. 经营者集中
8. 行政性垄断行为

研究与探索

（1）中国企业高层管理者出国谈并购，要经过国家安全部门的保密培训。企业自身对于自己的商业信息也是高度警惕，严防泄密。但是等到谈判结束回国，多数企业会发现企业信息被窃取。这就是西方企业所谓的“偷你于无形”。西方企业到中国来，却少有此类情况发生。你认为出现这种差异的原因是什么？企业商业秘密遗失的途径有哪些？当前商业间谍活动呈现怎样的特点？企业能否在守法的前提下获取他人的商业秘密？

（2）商业贿赂是一种上了中国“两会”的不正当竞争行为。在中国，南方企业与北方企业商业贿赂行为是否相同？若不同，解释这种差异的成因，进而思考北方难以造就企业家的问题。

（3）2021年1月4日，市场监管总局对腾讯控股有限公司（以下简称腾讯）申报的虎牙公司（以下简称虎牙）与斗鱼国际控股有限公司（以下简称斗鱼）合并案，依法进行经营者集中反垄断审查，最终做出禁止虎牙公司与斗鱼国际控股有限公司合并的决定。请结合该案从经济效率与垄断规制两个层面阐释你对二者合并的看法。

第五篇

企业社会责任法律制度

第十二章　产品质量与消费者权益保护法

本章目标

学习过本章之后，你应能够：

1. 定义产品与产品质量
2. 描述中国产品质量监督管理体制
3. 阐明生产者与销售者产品质量义务
4. 剖析生产者与销售者产品质量责任
5. 解析消费者权利与经营者的义务

第一节　产品质量法

一、产品质量与产品质量法

（一）产品、产品标准与产品质量

1. 产品

产品，是指经过加工、制作，用于销售的产品。就《中华人民共和国产品质量法》（以下简称《产品质量法》）而言，产品要义有三：①产品必须是经过加工、制造的物品，未经过加工的天然形成的产品，如原矿、原煤、天然气等，不属于《产品质量法》所指“产品”。②产品必须是用于销售的，那些非用于销售目的的产品不在该法调整范围之内。③产品必须是动产，不动产不属于该法调整范围。《产品质量法》规定，建设工程不适用《产品质量法》规定，但建设工程所用的建筑材料、建筑构配件和设备，适用该法规定。

2. 产品标准

产品标准是对产品所做的技术规定，它是判断产品合格与否的主要依据。《产品质量法》规定，产品质量应当检验合格。所谓合格，是指产品的质量状况符合标准中规定的具体指标。中国现行的标准分为国家标准、行业标准、地方标准和经备案的企业标准。凡有国家标准、行业标准的，必须符合该标准；没有国家标准、行业标准的，允许适用其他标准，但必须符合保障人体健康及人身、财产安全的要求。同时，国家鼓励企业赶超国际先进水平。对不符合国家标准、行业标准的产品，不符合保障人体健康和人身、财产安全标准和要求的工业产品，禁止生产和销售。

3. 产品质量

国际标准化组织（ISO）将产品质量定义为：产品能满足规定的或者潜在需要的特性和特性的总和。所谓总和是指在标准中规定的产品的安全性、适用性、可靠性、维修性、有效性、经济性等质量指标，它反映、代表了产品的质量状况。根据产品标准进行检验，符合标准的即是合格产品，方可认为达到了质量要求。

（二）产品质量法

产品质量法，是调整产品质量监督管理关系和产品质量责任关系的法律规范的总称。广义的产品质量法包括所有调整产品质量及产品责任关系的法律法规。狭义的产品质量法仅指《中华人民共和国产品质量法》。1993 年 2 月 22 日，第七届全国人民代表大会常务委员会第三十次会议通过《产品质量法》，后经 2000 年、2009 年、2018 年修正。颁行《产品质量法》，旨在加强对产品质量的监督管理，提高产品质量水平，明确产品质量责任，保护消费者的合法权益，维护社会经济秩序。

1. 产品质量法调整对象

法的调整对象是指法律调整的社会关系。《产品质量法》调整的法律关系包括三方面：产品质量监督管理关系，产品质量责任关系，产品质量检验、认证关系。①产品质量监督管理关系即各级技术质量监督部门、工商行政管理部门在产品质量的监督检查、行使行政处罚权时，与市场经营主体所发生的法律关系。②产品质量责任关系即因产品质量问题引起的消费者与生产者、销售者之间的法律关系，包括因产品缺陷导致的人身、财产损害在生产者、销售者、消费者之间所产生的损害赔偿法律关系。③产品质量检验、认证关系即因中介服务所产生的中介机构与市场经营主体之间的法律关系，因产品质量检验和认证不实损害消费者利益而产生的法律关系。

2. 产品质量法适用范围

（1）人的适用范围。《产品质量法》规定，生产者、销售者依照本法规定承

担产品质量责任。《产品质量法》对人的适用范围包括：产品生产者和销售者、消费者、法律授权的有关监督管理机关。①产品生产者与销售者。产品生产者与销售者是指在中华人民共和国境内从事产品生产活动，或在中国市场销售活动的企业和个体工商户。从境外进口产品企业视为进口产品的生产者。提供货源的批发企业或者从事批发业务的个体工商户，也是销售者。②消费者一般是指为满足本人或家庭的生活需要而购买使用产品的个人或单位。③法律授权的有关监督管理机关包括：产品质量监督管理部门、卫生行政部门、计量行政部门，以及法律法规规定的其他部门。

（2）地域适用范围与时间效力范围。地域适用范围是指法律在多大的地域内适用。《产品质量法》规定，在中华人民共和国境内从事产品生产、销售活动，都适用该法。但在香港、澳门地区从事产品生产、销售活动，不适用《产品质量法》规定。时间效力范围是指法律在什么时间内发生效力。2018 年 12 月 29 日第十三届全国人民代表大会常务委员会第七次会议修正生效。

二、产品质量监督管理

（一）政府对产品质量宏观监督

1. 加强统筹规划和组织领导

《产品质量法》要求各级人民政府应当把提高产品质量纳入国民经济和社会发展规划，加强对产品质量工作的统筹规划和组织领导，引导、督促生产者、销售者加强产品质量管理，提高产品质量，组织各有关部门依法采取措施，制止产品生产、销售中违反该法规定的行为，保障该法的实施。

2. 鼓励与奖励

鼓励推行科学的质量管理方法，采用先进的科学技术，鼓励企业产品质量达到并超过行业标准、国家标准和国际标准；对产品质量管理先进和产品质量达到国际先进水平、成绩显著的单位和个人，给予奖励。

3. 运用法律手段，强化个人责任

各级人民政府工作人员和其他国家机关工作人员不得滥用职权、玩忽职守或者徇私舞弊，包庇、放纵本地区、本系统发生的产品生产、销售中违反该法规定的行为，或者阻挠、干预依法对这些行为进行查处。各级地方人民政府和国家机关包庇、放纵产品生产、销售中违反该法规定的行为的，依法追究其主要负责人的法律责任。

（二）产品质量的行政监督

1. 产品质量行政监督

（1）产品质量行政监督部门。国务院市场监督管理部门主管全国产品质量

监督工作。国务院有关部门在各自的职责范围内负责产品质量监督工作。县级以上地方市场监督管理部门主管本行政区域内的产品质量监督工作。县级以上地方人民政府有关部门在各自的职责范围内负责产品质量监督工作。法律对产品质量的监督部门另有规定的，依照有关法律的规定执行。

（2）质量监督部门的职权。县级以上市场监督管理部门根据已经取得的违法嫌疑证据或者举报，对涉嫌违反《产品质量法》规定的行为进行查处时，可以行使下列职权：①对当事人涉嫌从事违反《产品质量法》的生产、销售活动的场所实施现场检查；②向当事人的法定代表人、主要负责人和其他有关人员调查、了解与涉嫌从事违反《产品质量法》的生产、销售活动有关的情况；③查阅、复制当事人有关的合同、发票、账簿以及其他有关资料；④对有根据认为不符合保障人体健康和人身、财产安全的国家标准、行业标准的产品或者有其他严重质量问题的产品以及直接用于生产、销售该项产品的原材料、包装物、生产工具，予以查封或者扣押。

2. 产品质量监督管理制度

（1）产品质量管理制度。

1）标准化管理制度。标准化管理制度要求对可能危及人体健康和人身、财产安全的工业产品，必须符合保障人体健康和人身、财产安全的国家标准、行业标准；未制定国家标准、行业标准的，必须符合保障人体健康和人身、财产安全的要求。禁止生产、销售不符合保障人体健康和人身、财产安全的标准和要求的工业产品。

2）质量状况信息发布制度。为使质量监督管理工作公开、透明，使社会公众及时了解产品质量状况，引导和督促市场经营主体切实提高产品质量，国务院和省、自治区、直辖市人民政府的市场监督管理部门应当定期发布其监督抽查的产品的质量状况公告。政府质量信息发布是消费者知情权的基本要求，也是行使监督权的前提条件，政府有关部门必须依法履行该项职责。

3）企业质量体系认证制度。国家根据国际通用的质量管理标准，推行企业质量体系认证制度。企业根据自愿原则可以向国务院市场监督管理部门认可的或者国务院市场监督管理部门授权的部门认可的认证机构申请企业质量体系认证。经认证合格的，由认证机构颁发企业质量体系认证证书。

4）产品质量认证制度。根据《产品质量法》规定，国家参照国际先进的产品标准和技术要求，推行产品质量认证制度。企业根据自愿原则可以向国务院市场监督管理部门认可的或者国务院市场监督管理部门授权的部门认可的认证机构申请产品质量认证。经认证合格的，由认证机构颁发产品质量认证证书，准许企业在产品或者其包装上使用产品质量认证标志。

（2）产品质量监督制度。《产品质量法》规定，国家对产品质量实行以抽查为主要方式的监督检查制度，对可能危及人体健康和人身、财产安全的产品，影响国计民生的重要工业产品以及消费者、有关组织反映有质量问题的产品进行抽查。抽查的样品应当在市场上或者企业成品仓库内的待销产品中随机抽取。监督抽查工作由国务院市场监督管理部门规划和组织。县级以上地方市场监督管理部门在本行政区域内也可以组织监督抽查。法律对产品质量的监督检查另有规定的，依照有关法律的规定执行。国家监督抽查的产品，地方不得另行重复抽查；上级监督抽查的产品，下级不得另行重复抽查。

根据监督抽查的需要，可以对产品进行检验。检验抽取样品的数量不得超过检验的合理需要，并不得向被检查人收取检验费用。监督抽查所需检验费用按照国务院规定列支。生产者、销售者对抽查检验的结果有异议的，可以自收到检验结果之日起 15 日内向实施监督抽查的市场监督管理部门或者其上级市场监督管理部门申请复检，由受理复检的市场监督管理部门作出复检结论。对依法进行的产品质量监督检查，生产者、销售者不得拒绝。

监督抽查的产品质量不合格的，由实施监督抽查的市场监督管理部门责令其生产者、销售者限期改正。逾期不改正的，由省级以上人民政府市场监督管理部门予以公告；公告后经复查仍不合格的，责令停业，限期整顿；整顿期满后经复查产品质量仍不合格的，吊销营业执照。监督抽查的产品有严重质量问题的，依法处罚。

（3）产品质量检验、认证机构。

1）产品质量检验机构。产品质量检验机构是指专门承担产品质量检验工作的法定技术机构。产品质量检验机构必须具备相应的检测条件和能力，经省级以上人民政府市场监督管理部门或者其授权的部门考核合格后，方可承担产品质量检验工作。法律、行政法规对产品质量检验机构另有规定的，依照有关法律、行政法规的规定执行。

2）产品质量认证机构。产品质量认证工作应由专门的机构进行，中国的产品质量认证是由专门的认证委员会完成的；认证委员会在国务院标准化行政主管部门统一管理下，以独立于生产者、销售者的第三方身份开展认证活动。

3）对产品质量检验、认证机构的基本要求：从事产品质量检验、认证的社会中介机构必须依法设立，不得与行政机关和其他国家机关存在隶属关系或者其他利益关系；产品质量检验机构必须具备相应的检测条件和能力，经省级以上人民政府市场监督管理部门或者其授权的部门考核合格后，方可承担产品质量检验工作；产品质量检验机构、认证机构必须依法按照有关标准，客观、公正地出具检验结果或者认证证明。认证机构还应对准许使用认证标志的产品进行认证后的跟踪检查，对不符合标准的，可要求其改正；情节严重的，取消其使用认证标志的资格。市场监督管理部门或者其他国家机关以及产品质量检验机构不得向社会推荐生产者的产品；不得以对产品进行监制、监销等方式参与产品经营活动。

（三）产品质量社会监督

1. 公民个人的监督权

消费者有权就产品质量问题，向产品的生产者、销售者查询，向市场监督管理部门及有关部门申诉，接受申诉的部门应当负责处理。

2. 社会组织的监督权

保护消费者权益的社会组织可以就消费者反映的产品质量问题建议有关部门负责处理，支持消费者对因产品质量造成的损害向人民法院起诉。

3. 公众的检举权

任何单位和个人有权对违反本法规定的行为，向市场监督管理部门或者其他有关部门检举，市场监督管理部门和有关部门应当为检举人保密，并按照省、自治区、直辖市人民政府的规定给予奖励。

三、生产者、销售者产品质量义务

（一）生产者产品质量义务

（1）产品质量应符合下列要求。①不存在危及人身、财产安全的不合理危险，有保障人体健康和人身、财产安全的国家标准、行业标准的，应当符合该标准。②具备产品应当具备的使用性能，但是，对产品存在使用性能的瑕疵作出说明的除外。③符合在产品或者其包装上注明采用的产品标准，符合以产品说明、实物样品的方式表明的质量状况。

（2）包装及产品标识应当符合下列要求。①特殊产品（如易碎、易燃、易爆的物品，有毒、有腐蚀性、有放射性的物品，其他危险物品，储运中不能倒置和有其他特殊要求的产品）其标识、包装质量必须符合相应的要求，依照国家有关规定作出警示标志或者中文警示说明，标明储运注意事项。②普通产品，应有产品质量检验合格证明；有中文标明的产品名称、生产厂厂名和厂址；根据产品的特点和使用要求，需要标明产品规格、等级、所含主要成分的名称和含量的，用中文相应予以标明；需要事先让消费者知晓的，应当在外包装上标明，或者预先向消费者提供有关资料；限期使用的产品，应当在显著位置清晰地标明生产日期和安全使用期或者失效日期；使用不当，容易造成产品本身损坏或者可能危及人身、财产安全的产品，应当有警示标志或者中文警示说明。裸装的食品和其他根据产品的特点难以附加标识的裸装产品，可以不附加产品标识。

（3）生产者不得：①生产国家明令淘汰的产品；②不得伪造产地，不得伪造或者冒用他人的厂名、厂址；③不得伪造或者冒用认证标志等质量标志；④生产产品不得掺杂、掺假，不得以假充真、以次充好，不得以不合格产品冒充合格产品。

（二）销售者产品质量义务

1. 进货验收义务

销售者应当建立并执行进货检查验收制度，验明产品合格证明和其他标识。该制度相对消费者及国家市场管理秩序而言是销售者的义务，相对供货商而言则是销售者的权利。严格执行进货验收制度，可以防止不合格产品进入市场，可以为准确判断和区分生产者及销售者的产品质量责任提供依据。

2. 保持产品质量的义务

销售者应当采取措施，保持销售产品的质量。销售者进货后应对保持产品质量负责，以防止产品变质、腐烂，丧失或降低使用性能，产生危害人身、财产的瑕疵等。如果进货时的产品符合质量要求，销售时发生质量问题的，销售者应当承担相应的责任。

3. 有关产品标识的义务

销售者销售的产品的标识应当符合产品包装标识的规定。销售者在销售产品时，应保证产品标识符合《产品质量法》对产品标识的要求，符合进货时验收的状态，不得更改、覆盖、涂抹产品标识，以保证产品标识的真实性。

4. 不得违反禁止性规范

对销售者而言，法律规定的禁止性规范有以下各项：①销售者不得销售国家明令淘汰并停止销售的产品和失效、变质的产品；②不得伪造产地，不得伪造或者冒用他人的厂名、厂址；③不得伪造或者冒用认证标志等质量标志；④销售产品不得掺杂、掺假，不得以假充真、以次充好，不得以不合格产品冒充合格产品。

四、产品责任

（一）产品质量瑕疵担保责任

1. 产品瑕疵界定

“瑕疵”，是指产品不具备良好的特征和特性，不符合明示采用的产品标准、实物样品等方式表明的质量状况。产品瑕疵具有以下表现方式：①产品不具备应当具备的使用性能且事先未作说明。产品的使用性能是指产品在一定条件下，实现预定目的或者规定用途的能力。产品的使用性能是质量的核心性能之一，是衡量产品质量的重要标准。具备产品应当具备的使用性能，是产品应当具备适合用户目的的程度。②产品不符合明示担保的条件。明示担保，是指义务人对产品质量作出的明确保证和承诺。这种保证和承诺可以用多种方式来表达。例如，运用标识、合同、产品说明、实物样品、广告宣传等方式对产品特征和特性的指标或者质量状况进行明确的声明或者陈述。这些明示的保证、承诺、声明、陈述等即是义务人对产品质量向社会、向公众提供的明示担保条件。产品质量不符合在产品或者其包装上注明采用的产品标准，不符合以产品说明、实物样品等方式表明的质量状况，即为产品不符合明示担保的条件。

2. 产品瑕疵担保责任的形式

《产品质量法》规定，售出的产品不具备产品应当具备的使用性能而事先未作说明的，不符合在产品或者包装上注明采用的产品标准的，不符合以产品说明、实物样品等方式表明的质量状况的，销售者应当负责修理、更换、退货，给购买产品的用户、消费者造成损失的，销售者应当赔偿损失。

（1）修理。修理是指已经售出的产品具有瑕疵，并且销售者在销售时未事先公告、声明，那么销售者对具有瑕疵的产品进行的修复工作。目的是使产品恢复原状，达到明示担保的条件要求。对具有瑕疵的产品的具体修复工作，可以由销售者进行，也可以由销售者与生产者通过各种方式确认的特约维修服务单位进行。但是，销售者是承担该责任的第一责任主体。

（2）更换。更换是指对应当符合规定质量要求而未达到该要求的产品，用同一种类，相同规格、型号且无瑕疵的产品进行替换。这是一种具有补偿性质的义务。

（3）重作。重作是指对产品质量未达到规定要求，且该具有瑕疵的产品无法通过修理等方法满足约定的使用性能的产品，采用重新加工、制作的方法进行补救。这是一项具有补偿性质的义务。重作一般在消费者需要的特定物不能满足约定的要求情况下采用该方式。

（4）退货。退货是指对具有瑕疵的产品，进行收回原物、退还货款的行为。如果产品的瑕疵严重影响了产品的使用效果，使产品失去了原有的使用性能；或者由于修理、重作、更换时间的延误，用户和消费者已不再需要该产品；或者产品虽然经过修理、重作、更换，但产品质量仍未达到明示的担保条件等，那么，销售者应当负责履行该义务，不得加以拒绝。

（5）赔偿损失。赔偿损失是指由于用户、消费者购买的产品存在瑕疵，并因此进行修理、更换、重作、退货的过程中，给购买产品的人造成了如运输费、交通费等损失的，责任人对损失以货币或实物的形式进行赔偿的行为。

销售的产品出现质量问题后，由销售者依法对购买产品的消费者承担瑕疵担保责任。销售者在承担瑕疵担保责任后，属于产品生产者的责任或者属于供货者的责任的，销售者有权向生产者、供货者追偿。销售者未按照规定给予修理、更换、退货或者赔偿损失的，由市场监督管理部门责令改正。

（二）产品缺陷损害赔偿责任

1. 产品缺陷损害赔偿责任的构成条件

构成产品缺陷损害赔偿责任必须具备以下条件：产品存在缺陷；受害人受到人身伤害和缺陷产品以外的财产损失；产品缺陷与损害事实之间存在因果关系。这三项条件缺一不可。

（1）产品存在缺陷。“缺陷”是《产品质量法》中的重要概念。《产品质量法》规定：本法所称缺陷，是指产品存在危及人身、他人财产安全的不合理危险；产品有保障人体健康、人身财产安全的国家标准、行业标准的，是指不符合该标准。缺陷的实质是产品缺乏合理的安全性，即存在危及人身、他人财产安全的不合理危险。这种危险可能出自产品的设计、产品的制造或者产品的标识不符合规定。“缺陷”与“瑕疵”是两个含义不同的概念，能否造成人身财产损害是本质的区别。产品存在缺陷，可能造成人身伤害和缺陷产品以外的财产损失；产品存在瑕疵，不能造成人身伤害和缺陷产品以外的财产损失。如果产品仅是本身受到损坏，产品只存在瑕疵，不存在缺陷。

判定产品是否存在缺陷的依据，主要是产品是否存在危及人身财产安全的不合理危险，存在不合理危险的，即认定为存在缺陷；不存在不合理的危险的，产品即不存在缺陷。为了便于对缺陷的认定，《产品质量法》规定了简易的判定方法，即对于有保障人体健康，人身、财产安全的国家标准、行业标准的产品，如果不符合该标准，即可认定产品存在缺陷。

（2）产品及其缺陷造成的损害。产品缺陷造成损害，是受害人受到人身伤害和缺陷产品以外的财产损失。只有产品缺陷造成了受害人的实际损害，才构成产品缺陷损害赔偿责任。否则，产品即使存在缺陷，也不构成产品缺陷损害赔偿责任。损害包括人身伤害和财产损失。人身伤害包括：①一般伤害，指通过医疗等方式，受害人的身体可以恢复健康未造成残疾的轻伤害。②致人残疾，是指使人的肌体和功能丧失或不正常、全部或部分丧失以正常方式从事某种活动能力。残疾包括视力残疾、听力残疾、言语残疾、肢体残疾等。③致人死亡。④精神损伤，是指人身伤害后所引起精神损害以及受害人死亡后其家属精神上痛苦和感情上的悲伤。财产损失是指缺陷产品本身以外的一切财产损失，包括缺陷产品造成的财产损毁和直接减少，以及由此产生的可得利益的损失。前者称为直接损失，后者称为间接损失。

（3）产品缺陷与损害事实之间存在因果关系。因果关系是各种社会现象间的内在必然联系。产品缺陷损害赔偿中的因果关系是指产品缺陷与损害结果之间的客观联系，即特定的损害结果是否是行为人的行为必然引起的结果。只有二者间存在因果关系时，行为人才承担相应的民事赔偿责任。

2. 归责原则

归责原则是指确定行为人承担法律责任的理由和根据。《产品质量法》则对生产者、销售者的产品缺陷责任分别作了不同的规定。

（1）生产者的严格责任。严格责任是指无论生产者处于什么样的主观心理状态，因产品存在缺陷造成人身、他人财产损害，生产者都应当承担赔偿责任。《产品质量法》同时规定了法定免责条件，即生产者能够证明有下列情形之一的，不承担赔偿责任：未将产品投入流通的；产品投入流通时，引起损害的缺陷尚不存在的；将产品投入流通时的科学技术水平尚不能发现缺陷的存在的。

（2）销售者的过错责任。由于销售者的过错使产品存在缺陷，造成人身、他人财产损害的，销售者应当承担赔偿责任。销售者如果能够证明自己没有过错，则不必承担赔偿责任。销售者不能指明缺陷产品的生产者，也不能指明缺陷产品的供货者的，应当承担赔偿责任。

《产品质量法》规定，因产品存在缺陷造成人身、他人财产损害的，受害人可以向产品的生产者要求赔偿，也可以向产品的销售者要求赔偿。属于产品的生产者的责任，产品的销售者赔偿的，产品的销售者有权向产品的生产者追偿。属于产品的销售者的责任，产品的生产者赔偿的，产品的生产者有权向产品的销售者追偿。

3. 赔偿范围

（1）人身伤害的赔偿范围。分为三种情况：①产品缺陷造成受害人人身伤害的，侵害人应当赔偿医疗费、治疗期间的护理费、因误工减少的收入等费用；②造成残疾的，还应支付残疾者的生活自助具费、生活补助费、残疾赔偿金及由其扶养的人所必需的生活费等；③造成受害人死亡的，并应当支付丧葬费、死亡赔偿金及由死者生前扶养的人所必需的生活费等。

（2）财产损害的赔偿范围。对于因产品缺陷造成受害人财产损失的，《产品质量法》规定侵害人应当恢复原状或者折价赔偿；受害人因此遭受重大损失的，侵害人应当赔偿损失。

4. 诉讼时效与请求权

（1）诉讼时效。因产品缺陷造成损害要求赔偿的诉讼时效期间为 2 年，自当事人知道或者应当知道其权益受到损害时起计算。

（2）请求权。损害赔偿的请求权是指权利人的权利受到侵害时，受害人享有的要求侵权人给予赔偿损失的权利。《产品质量法》规定，因产品存在缺陷造

成损害要求赔偿的请求权，在造成损害的缺陷产品交付最初消费者满 10 年丧失；但是，尚未超过明示的安全使用期的除外。

五、违反产品质量法的法律责任

（一）生产者、销售者违法的法律责任

（1）生产、销售不符合保障人体健康和人身、财产安全的国家标准、行业标准的产品的，责令停止生产、销售，没收违法生产、销售的产品，并处违法生产、销售产品（包括已售出和未售出的产品，下同）货值金额等值以上 3 倍以下的罚款；有违法所得的，并处没收违法所得；情节严重的，吊销营业执照；构成犯罪的，依法追究刑事责任。

（2）在产品中掺杂、掺假，以假充真，以次充好，或者以不合格产品冒充合格产品的，责令停止生产、销售，没收违法生产、销售的产品，并处违法生产、销售产品货值金额 50%以上 3 倍以下的罚款；有违法所得的，并处没收违法所得；情节严重的，吊销营业执照；构成犯罪的，依法追究刑事责任。

（3）生产国家明令淘汰的产品的，销售国家明令淘汰并停止销售的产品的，责令停止生产、销售，没收违法生产、销售的产品，并处违法生产、销售产品货值金额等值以下的罚款；有违法所得的，并处没收违法所得；情节严重的，吊销营业执照。

（4）销售失效、变质的产品的，责令停止销售，没收违法销售的产品，并处违法销售产品货值金额 2 倍以下的罚款；有违法所得的，并处没收违法所得；情节严重的，吊销营业执照；构成犯罪的，依法追究刑事责任。

（5）伪造产品产地的，伪造或者冒用他人厂名、厂址的，伪造或者冒用认证标志等质量标志的，责令改正，没收违法生产、销售的产品，并处违法生产、销售产品货值金额等值以下的罚款；有违法所得的，并处没收违法所得；情节严重的，吊销营业执照。

（6）产品标识不符合《产品质量法》规定的，责令改正；限期使用的产品未在显著位置清晰地标明生产日期和安全使用期或者失效日期、使用不当容易造成产品本身损坏或者可能危及人身、财产安全的产品，没有警示标志或者中文警示说明的，情节严重，责令停止生产、销售，并处违法生产、销售产品货值金额 30%以下的罚款；有违法所得的，并处没收违法所得。

（7）销售者销售《产品质量法》禁止销售的产品，有充分证据证明其不知道该产品为禁止销售的产品并如实说明其进货来源的，可以从轻或者减轻处罚。

（8）拒绝接受依法进行的产品质量监督检查的，给予警告，责令改正；拒不改正的，责令停业整顿；情节特别严重的，吊销营业执照。

（9）隐匿、转移、变卖、损毁被市场监督管理部门查封、扣押的物品的，处被隐匿、转移、变卖、损毁物品货值金额等值以上 3 倍以下的罚款；有违法所得的，并处没收违法所得。

（10）以暴力、威胁方法阻碍市场监督管理部门的工作人员依法执行职务的，依法追究刑事责任；拒绝、阻碍未使用暴力、威胁方法的，由公安机关依照治安管理处罚法的规定处罚。

生产者、销售者违反《产品质量法》应当承担民事赔偿责任和缴纳罚款、罚金，其财产不足以同时支付时，先承担民事赔偿责任。对生产者、销售者依法进行行政处罚由市场监督管理部门决定。法律、行政法规对行使行政处罚权的机关另有规定的，依照有关法律、行政法规的规定执行。

（二）产品质量检验机构、认证机构违法的法律责任

（1）产品质量检验机构、认证机构伪造检验结果或者出具虚假证明的，责令改正，对单位处 5 万元以上 10 万元以下的罚款，对直接负责的主管人员和其他直接责任人员处 1 万元以上 5 万元以下的罚款；有违法所得的，并处没收违法所得；情节严重的，取消其检验资格、认证资格；构成犯罪的，依法追究刑事责任。

（2）产品质量检验机构、认证机构出具的检验结果或者证明不实，造成损失的，应当承担相应的赔偿责任；造成重大损失的，撤销其检验资格、认证资格。

（3）产品质量认证机构对不符合认证标准而使用认证标志的产品，未依法要求其改正或者取消其使用认证标志资格的，对因产品不符合认证标准给消费者造成的损失，与产品的生产者、销售者承担连带责任；情节严重的，撤销其认证资格。

（4）产品质量检验机构向社会推荐生产者的产品或者以监制、监销等方式参与产品经营活动的，由市场监督管理部门责令改正，消除影响，有违法收入的予以没收，可以并处违法收入 1 倍以下的罚款；情节严重的，撤销其质量检验资格。

（三）社会团体与中介机构违法的法律责任

社会团体、社会中介机构对产品质量作出承诺、保证，而该产品又不符合其承诺、保证的质量要求，给消费者造成损失的，与产品的生产者、销售者承担连带责任。

（四）政府及市场监督管理部门违法的法律责任

（1）各级人民政府工作人员和其他国家机关工作人员有下列情形之一的，

依法给予行政处分；构成犯罪的，依法追究刑事责任：①包庇、放纵产品生产、销售中违反《产品质量法》规定行为的；②向从事违反《产品质量法》规定的生产、销售活动的当事人通风报信，帮助其逃避查处的；③阻挠、干预市场监督管理部门依法对产品生产、销售中违反《产品质量法》规定的行为进行查处，造成严重后果的。

（2）市场监督管理部门在产品质量监督抽查中超过规定的数量索取样品或者向被检查人收取检验费用的，由上级市场监督管理部门或者监察机关责令退还；情节严重的，对直接负责的主管人员和其他直接责任人员依法给予行政处分。

（3）市场监督管理部门或者其他国家机关违反规定，向社会推荐生产者的产品或者以监制、监销等方式参与产品经营活动的，由其上级机关或者监察机关责令改正，消除影响，有违法收入的予以没收；情节严重的，对直接负责的主管人员和其他直接责任人员依法给予行政处分。

（4）市场监督管理部门的工作人员滥用职权、玩忽职守、徇私舞弊，构成犯罪的，依法追究刑事责任；尚不构成犯罪的，依法给予行政处分。

（五）其他相关人员违法的法律责任

（1）对生产者专门用于生产产品或者以假充真的产品的原辅材料、包装物、生产工具，应当予以没收。

（2）知道或者应当知道属于《产品质量法》规定禁止生产、销售的产品而为其提供运输、保管、仓储等便利条件的，或者为以假充真的产品提供制假生产技术的，没收全部运输、保管、仓储或者提供制假生产技术的收入，并处违法收入50%以上3倍以下的罚款；构成犯罪的，依法追究刑事责任。

（3）服务业的经营者将禁止销售的产品用于经营性服务的，责令停止使用；对知道或者应当知道所使用的产品属于《产品质量法》规定禁止销售的产品的，按照违法使用的产品（包括已使用和尚未使用的产品）的货值金额，依照《产品质量法》对销售者的处罚规定处罚。

第二节　消费者权益保护法

一、《消费者权益保护法》立法宗旨与适用对象

（一）《消费者权益保护法》立法宗旨

消费者权益保护法，是调整在保护公民消费权益过程中所产生的社会关系的

法律规范的总称。1993年10月31日，第八届全国人民代表大会常务委员会第四次会议通过《中华人民共和国消费者权益保护法》（以下简称《消费者权益保护法》），经2009年8月27日第十一届全国人民代表大会常务委员会第十次会议、2013年10月25日第十二届全国人民代表大会常务委员会第五次会议修正后在全国实施。《消费者权益保护法》的立法目的在于保护消费者的合法权益，维护社会经济秩序，促进社会主义市场经济的健康发展。

（二）《消费者权益保护法》适用对象

（1）消费者为生活消费需要购买、使用商品或者接受服务的，适用《消费者权益保护法》。所谓消费者，是指为个人生活消费需要购买、使用商品和接受服务的自然人。从事消费活动的社会组织、企事业单位不属于消费者保护法意义上的“消费者”。

（2）农民购买、使用直接用于农业生产的生产资料时，参照《消费者权益保护法》执行。农民购买直接用于农业生产的生产资料，虽然不是为个人生活消费，但是作为经营者的相对方，其弱者地位是不言而喻的。所以，《消费者权益保护法》将农民购买、使用直接用于农业生产的生产资料行为纳入该法的保护范围。

（3）经营者为消费者提供其生产、销售的商品或者提供服务，适用《消费者权益保护法》。《消费者权益保护法》以保护消费者利益为核心，在处理经营者与消费者的关系时，经营者应当遵守该法的有关规定；该法未作规定的，应当遵守其他有关法律、行政法规的规定。

二、消费者的权利

消费者的权利，是指在生活消费领域，消费者依法享有的各项权利的总和，是公民的基本权利在生活消费领域的具体化。《消费者权益保护法》规定了消费者的九项权利。

（一）安全保障权

安全保障权是消费者最基本的权利，是指消费者在购买、使用商品和接受服务时，所享有的保障其人身、财产安全不受损害的权利。经营者应当做到对可能危及人身、财产安全的商品和服务，应作出真实说明和明确的警示，标明正确使用及防止危害发生的方法。经营者发现其提供的商品或者服务存在严重缺陷，即使正确使用或接受服务仍然可能对人身、财产造成危害的，应立即向政府有关部门报告和告知消费者，并采取相应的防范措施。

（二）知悉真情权

知悉真情权，是指消费者享有知悉其购买、使用的商品或者接受服务的真实

情况的权利。消费者有权根据商品或服务的不同情况，要求经营者提供关于商品或服务的基本情况，如商品的名称、商标、产地，生产者名称、生产日期，服务的内容、规格等，以及关于商品的技术状况，如商品用途、性能、规格、等级、所含成分、有效期限、使用说明书、检验合格证等有关情况。经营者应当向消费者提供有关商品和服务的真实信息，不得作引人误解的虚假宣传。此外，商店提供商品应明码标价，即明确单位数量的价格，以便于消费者选择，同时防止经营者在单位数量或重量价格上随意更改。经营者应当标明其真实名称和标记。租赁他人柜台或者场地的经营者，应当标明其真实名称和标记。

（三）自主选择权

自主选择权，是指消费者享有自主选择商品或者服务的权利，是知悉真情权的延伸。该权利包括有权自主选择提供商品或者服务的经营者、自主选择商品品种或者服务方式、自主决定是否购买任何一种商品或接受任何一项服务等。

（四）公平交易权

公平交易权，是指消费者在消费中享有的公平合理对待的权利。公平交易权意味着消费者在购买商品或接受服务时，有权获得质量保证、价格合理、计量正确等公平对待，并禁止强制交易行为。经营者不得以格式条款、通知、声明、店堂告示等方式作出对消费者不公平、不合理的规定，或者减轻、免除其损害消费者合法权益应当承担的民事责任，否则内容无效。

（五）求偿权

求偿权，是指消费者在购买、使用商品或者接受服务受到人身、财产损害时，享有依法请求并获得赔偿的权利。消费者因购买、使用商品或者接受服务受到人身、财产损害的，享有依法获得赔偿的权利。享有求偿权的主体包括：商品的购买者和使用者、服务的接受者以及因他人购买、使用商品或者接受服务而受到损害的第三人。

（六）结社权

结社权，是指消费者享有依法成立维护自身合法权益的社会团体的权利。中国消费者协会及地方各级消费者协会已经成立，并在消费者维权方面发挥了重要作用。

（七）获得相关消费知识权

消费者享有获得有关消费和消费者权益保护方面的知识的权利。消费知识，主要指有关商品和服务的知识；消费者权益保护知识，主要指有关消费者权益保护方面及权益受到损害时如何有效解决方面的法律知识。

（八）受尊重权

消费者在购买、使用商品和接受服务时，享有其人格尊严、民族风俗习惯得到尊重的权利。经营者不得对消费者进行侮辱、诽谤，不得搜查消费者的身体及其携带的物品，消费者人身自由不受经营者的非法限制和剥夺。

（九）监督批评权

消费者享有对商品和服务以及保护消费者权益工作进行监督的权利。消费者有权对经营者的商品和服务进行监督，在权利受到侵害时有权提出检举或控告；有权对国家机关及工作人员进行监督，对其在保护消费者权益工作中的违法失职行为进行检举、控告；有对消费者权益工作的批评和建议权。

三、经营者的义务

在消费法律关系中，消费者的权利就是经营者的义务。《消费者权益保护法》规定了以下十项经营者的义务：

（一）履行法定义务及约定义务

经营者向消费者提供商品和服务，应依照法律、法规的规定履行义务。双方有约定的，应按照约定履行义务，但双方的约定不得违背法律、法规的规定。

（二）接受监督的义务

经营者应当听取消费者对其提供的商品或服务的意见，接受消费者的监督。

（三）保证商品和服务安全的义务

经营者应当保证其提供的商品或服务符合保障人身、财产安全的要求。经营者应当做到：对可能危及人身、财产安全的商品和服务，应作出真实说明和明确的警示，并说明和标明正确使用商品或接受服务的方法及防止危害发生的方法；经营者发现其提供的商品或者服务存在缺陷，有危及人身、财产安全危险的，应立即向政府有关部门报告和告知消费者，并采取相应的防范措施。

（四）提供真实信息的义务

经营者应当向消费者提供有关商品和服务的真实信息，不得作引人误解的虚假宣传。真实的信息是消费者自主选择商品或服务的前提和基础，经营者不得以虚假宣传误导甚至欺骗消费者。对消费者关于质量、使用方法等问题的询问，经营者应作出明确的、完备的、符合实际的答复。此外，商店提供商品应明码标价，即明确单位数量的价格，以便于消费者选择，同时防止经营者在单位数量或重量价格上随意更改。

（五）标明真实名称和标记的义务

经营者应当标明其真实名称和标记。租赁他人柜台或者场地的经营者，应当标明其真实名称和标记。经营者的名称和标记，其主要功能是区别商品和服务的来源。如果名称和标记不实，就会使消费者误认，无法正确选择喜欢或信任的经

营者。在发生纠纷时，则无法准确地确定求偿主体。

（六）出具凭证或单据的义务

经营者提供商品或者服务，应按照国家规定或商业惯例向消费者出具购货凭证或者服务单据；消费者索要购货凭证或者单据的，经营者必须出具。

（七）保证质量的义务

经营者有义务保证商品和服务的质量。经营者应当保证在正常使用商品或者接受服务的情况下其提供的商品或者服务应当具有的质量、性能、用途和有效期限；但消费者在购买该商品或者接受服务前已经知道其存在瑕疵的除外。经营者以广告、产品说明、实物样品或者其他方式表明商品或者服务的质量状况的，应当保证提供的商品或者服务的实际质量与表明的质量状况相符。

（八）履行“三包”或其他责任的义务

经营者提供商品或者服务，按照国家规定或者与消费者的约定，承担包修、包换、包退或者其他责任的，应当按照规定或者约定履行，不得故意拖延或者无理拒绝。这里的包修、包换、包退就是人们常说的“三包”。

（九）不得单方面作出对消费者不利规定的义务

经营者不得以格式条款、通知、声明、店堂告示等方式作出对消费者不公平、不合理的规定，或者减轻、免除其损害消费者合法权益应当承担的民事责任。

（十）不得侵犯消费者人格权的义务

消费者的人格尊严和人身自由理应依法获得保障。经营者不得对消费者进行侮辱、诽谤，不得搜查消费者的身体及其携带的物品，不得侵犯消费者的人身自由。

四、消费者权益保护的途径

（一）消费者权益保护的途径

1. 与经营者协商和解

当消费者和经营者因商品或服务发生争议时，协商和解应作为首选方式，特别是因误解产生的争议，通过解释、谦让及其他补救措施，便可化解矛盾，平息争议。协商和解必须在自愿平等的基础上进行。重大纠纷，双方立场对立严重，要求相去甚远的，可寻求其他解决方式。

2. 请求消费者协会调解

消费者协会是依法成立的对商品和服务进行社会监督的保护消费者合法权益的社会团体。《消费者权益保护法》明确消费者协会具有八项职能，其中之一是对消费者的投诉事项进行调查、调解。消费者协会作为保护消费者权益的社会团体，调解经营者和消费者之间的争议，应依照法律、行政法规及公认的商业道德从事，并由双方自愿接受和执行。

3. 向有关行政部门申诉

政府有关行政部门依法具有规范经营者的经营行为，维护消费者合法权益和市场经济秩序的职能。消费者权益争议涉及的领域很广，当权益受到侵害时，消费者可根据具体情况，向不同的行政职能部门，如物价部门、工商行政管理部门、技术质量监督部门等提出申诉。

4. 提请仲裁

消费者权益争议可通过仲裁途径予以解决。仲裁必须具备的前提条件是双方订有书面仲裁协议，或书面仲裁条款。双方将争议提请仲裁机构仲裁。

5. 向人民法院提起诉讼

消费者权益保护法及相关法律都规定，消费者权益受到损害时，可向人民法院起诉，也可因不服行政处罚决定而向人民法院起诉。司法审判具有权威性、强制性，是解决各种争议的最后手段。消费者为求公正解决争议，可依法行使诉权。

（二）侵犯消费者权益应承担责任

1. 民事责任

（1）责任主体。①消费者在购买、使用商品时，其合法权益受到损害的，可以向销售者要求赔偿。销售者赔偿后，属于生产者的责任或者属于向销售者提供商品的其他销售者的责任的，销售者有权向生产者或者其他销售者追偿。②消费者或者其他受害人因商品缺陷造成人身、财产损害的，可以向销售者要求赔偿，也可以向生产者要求赔偿。属于生产者责任的，销售者赔偿后，有权向生产者追偿。属于销售者责任的，生产者赔偿后，有权向销售者追偿。③消费者接受服务时，其权益受到损害的，有权向服务的提供者要求赔偿。④消费者在展览会、租赁柜台购买商品或者接受服务，其合法权益受到损害的，可以向销售者或者服务者要求赔偿。展览会结束或者柜台租赁期满后，也可以向展览会的举办者、柜台的出租者要求赔偿。展览会的举办者、柜台的出租者赔偿后，有权向销售者追偿。⑤消费者在购买、使用商品或者接受服务时，其合法权益受到损害，因原企业分立、合并的，可以向变更后承受其权利义务的企业追偿。

（2）特殊情况下经营者的责任。①“三包”责任。对于国家规定或者经营者与消费者约定包修、包换、包退的商品，经营者应当负责修理、更换或者退货。在保修期内两次修理仍不能正常使用的，经营者应当负责更换或者退货。对于“三包”的大件商品，消费者要求经营者修理、更换、退货的，经营者应当

承担运输等合理费用。②经营者以邮购方式提供商品的，应当按照约定提供；未按照约定提供的，应当按照消费者的要求履行约定或者退回货款，并承担消费者必须支付的合理费用。③经营者以预收款方式提供商品或者服务的，应当按照约定提供；未按照约定提供的，应当按照消费者的要求履行约定或者退回预付款，并应当承担预付款的利息、消费者必须支付的合理费用。④依法经有关行政部门认定为不合格的产品，消费者要求退货的，经营者应当负责退货。⑤惩罚性赔偿责任。经营者提供商品或服务有欺诈行为的，应当按照消费者的要求增加赔偿其受到的损失，增加的赔偿金额为消费者购买商品的价款或是接受服务的费用的3倍；增加赔偿的金额不足500元的，为500元。法律另有规定的，依照其规定。

（3）责任范围。①人身伤害的民事责任。经营者提供商品或服务，造成消费者或其他人受伤、残疾、死亡的，应承担下列责任：造成消费者或者其他受害人人身伤害的，应当支付医疗费、治疗期间的护理费、因误工减少的收入等费用；造成残疾的，除上述费用外，还应支付残疾者生活自助具费、生活补助费、残疾赔偿金以及由其抚养的人所必需的生活费等费用；造成消费者或其他受害人死亡的，应当支付丧葬费、死亡赔偿金以及由死者生前抚养的人所必需的生活费用。②侵犯消费者人格尊严、人身自由的民事责任。经营者应当停止侵害、恢复名誉、消除影响、赔礼道歉，并赔偿损失。③财产损害的民事责任。经营者提供商品或者服务，造成消费者财产损害的，应当以修理、重作、更换、退货、补足商品数量、退还货款和服务费用或者赔偿损失等方式承担民事责任。同时，《消费者权益保护法》承认并尊重消费者与经营者的自由订约权。当双方对财产损害的补偿有约定的，可按照约定履行。

2. 行政责任

经营者有下列情形之一的，应当承担行政责任：①生产、销售的商品不符合保障人身、财产安全要求的；②在商品中掺杂、掺假，以假充真、以次充好，或者以不合格商品冒充合格产品的；③生产国家明令淘汰的商品或者销售失效、变质的商品的；④伪造商品的产地，伪造或者冒用他人的厂名、厂址，伪造或者冒用认证标志、名优标志等质量标志的；⑤销售的商品应当检验、检疫而未检验、检疫，或者伪造检验、检疫结果的；⑥对商品或者服务作引人误解的虚假宣传的；⑦拒绝或者拖延有关部门责令对缺陷商品或者服务采取停止销售、警示、召回、无害化处理、销毁、停止生产或者服务措施的；⑧对消费者提出的修理、重作、更换、退货、补足商品数量、退还货款和服务费用或者赔偿损失的要求故意拖延或者无理拒绝的；⑨侵犯消费者人格尊严或者侵犯消费者人身自由的；⑩法律、法规规定的对损害消费者权益应当予以处罚的其他情形。

以上违法行为，《中华人民共和国产品质量法》和其他有关法律、法规对处罚机关和处罚方式有规定的，依照法律法规的规定执行；法律法规未作规定的，由工商行政管理部门或者其他有关行政部门责令改正，可以根据情节单处罚金或并处警告、没收违法所得，对违法所得处以1倍以上5倍以下罚款，没有违法所得的，处以1万元以下的罚款；情节严重的，责令停业整顿、吊销营业执照。

3. 刑事责任

经营者有以下严重侵害消费者权益或他人合法权益的情形之一，构成犯罪的，应承担刑事责任：经营者提供商品或者服务，侵害消费者合法权益，构成犯罪的；以暴力、威胁等方式阻碍有关行政部门工作人员依法执行公务的；国家机关工作人员玩忽职守或者包庇经营者侵害消费者合法权益的行为，情节严重，构成犯罪的。

复习与思考

1. 生产者与销售者产品质量义务
2. 产品瑕疵担保责任
3. 产品缺陷损害赔偿责任
4. 消费者权利
5. 经营者的义务

问题与案例

2022年9月25日，栾某在某家居商场一店铺内购买某品牌室内木门及五金附件三套，每套1790元，合计5370元，并购买其他货品，货款总额14788元。当日，栾某与店主刘某签订《某家居广场商品销售合同》，并向刘某支付定金4000元。2022年10月18日，栾某向刘某支付7000元，2023年1月12日，向刘某支付3000元，后因踢脚线存在纠纷未安装，余款未付。三套木门安装后，栾某以存在质量问题为由拨打该品牌售后电话，售后人员告知栾某在售后系统中无其购买记录，根据木门外观及细节照片判断，案涉木门并非该品牌木门。栾某遂将某家居商场起诉至F法院，要求被告对其销售假冒某品牌木门的欺诈行为退一赔三，并收回踢脚线，退还原告已付货款。

问题：该案中某家居商场作为店铺出租人是否应当承担法律责任？为什么？

研究与探索

研究一：

2022年2月6日，中共中央、国务院印发的《质量强国建设纲要》指出，建设质量强国是推动高质量发展、促进我国经济由大向强转变的重要举措，是满

足人民美好生活需要的重要途径。为此，全国人民应树立质量发展绿色导向。开展重点行业和重点产品资源效率对标提升行动，加快低碳零碳负碳关键核心技术攻关，推动高耗能行业低碳转型。全面推行绿色设计、绿色制造、绿色建造，健全统一的绿色产品标准、认证、标识体系，大力发展绿色供应链。优化资源循环利用技术标准，实现资源绿色、高效再利用。建立健全碳达峰、碳中和标准计量体系，推动建立国际互认的碳计量基标准、碳监测及效果评估机制。建立实施国土空间生态修复标准体系。建立绿色产品消费促进制度，推广绿色生活方式。

资料来源：中共中央 国务院印发《质量强国建设纲要》[EB/OL].（2023-02-08）. https：//www. cca. org. cn/Detail？ catalogId = 496359181533253&contentType = article&contentId = 522178193039429.

结合上述资料，思考如下问题：

（1）什么是绿色产品？什么是绿色制造？什么是绿色供应链？你在日常生活中遇到过哪些绿色产品？说一说你了解的绿色供应链。

（2）什么是碳交易？个人参与碳排放权交易的条件有哪些？如何在网上完成碳排放权交易？

研究二：

请阅读《中华人民共和国电子商务法》《网络交易监督管理办法》《网络购买商品七日无理由退货暂行办法》《网络直播营销管理办法（试行）》，分析下列问题：

（1）电商平台能删除消费者评价吗？

（2）《中华人民共和国电子商务法》能制约“大数据杀手”吗？

（3）七日无理由退货时赠品也要一起退吗？

（4）直播营销行为有哪八条“红线”？

第十三章　劳动合同法

本章目标

学习过本章之后，你应能够：

1. 讨论劳动合同性质
2. 厘定劳动合同内容
3. 辨析劳动合同效力
4. 区分劳动合同解除
5. 应用劳动争议处理程序
6. 分辨劳务派遣用工

第一节　劳动合同与劳动合同法

一、劳动合同概念、特征与分类

（一）劳动合同概念与特征

劳动合同是劳动者和用人单位之间依法确立劳动关系，明确双方权利义务的书面协议。劳动关系是指劳动者与用人单位依法签订劳动合同而在劳动者与用人单位之间产生的法律关系。劳动者接受用人单位的管理，从事用人单位安排的工作，成为用人单位的成员，从用人单位领取劳动报酬和受劳动保护。劳动合同具有如下法律特征：①劳动合同主体特定，当事人之间具有隶属关系；②劳动合同主体双方在实现劳动过程中具有支配与被支配、领导与服从的从属关系；③劳动合同内容具有较强的法定性；④劳动合同具有人身性。

（二）劳动合同分类

根据劳动合同的期限不同，《中华人民共和国劳动合同法》将劳动合同分为

三种：固定期限劳动合同、无固定期限劳动合同和以完成一定工作任务为期限的劳动合同。

1. 固定期限的劳动合同

固定期限的劳动合同是指用人单位与劳动者约定合同终止时间的劳动合同。合同期限届满，合同即告终止。用人单位与劳动者协商一致，可以订立固定期限劳动合同。

2. 无固定期限劳动合同

无固定期限劳动合同是指用人单位与劳动者约定无确定终止时间的劳动合同。用人单位与劳动者协商一致，可以订立无固定期限劳动合同。有下列情形之一，劳动者提出或者同意续订、订立劳动合同的，除劳动者提出订立固定期限劳动合同外，应当订立无固定期限劳动合同：①劳动者在该用人单位连续工作满10年的；②用人单位初次实行劳动合同制度或者国有企业改制重新订立劳动合同时，劳动者在该用人单位连续工作满10年且距法定退休年龄不足10年的；③连续订立二次固定期限劳动合同，且劳动者没有过错性解除、医疗期满不能从事原工作的情形，续订劳动合同的。此外，用人单位自用工之日起满1年不与劳动者订立书面劳动合同的，视为用人单位与劳动者已订立无固定期限劳动合同。

3. 以完成一定工作任务为期限的劳动合同

以完成一定工作任务为期限的劳动合同是指用人单位与劳动者约定以某项工作的完成为合同期限的劳动合同。例如，以完成某项科研工作以及带有临时性、季节性工作任务为期限的劳动合同。

二、劳动合同法概念与适用范围

（一）劳动合同法的概念与立法宗旨

劳动合同法是调整劳动者与用人单位之间因签订劳动合同而产生的权利义务关系的法律规范的总称。劳动合同法有狭义与广义之分。狭义的劳动合同法仅指2007年6月29日第十届全国人民代表大会常务委员会第二十八次会议通过、2012年12月28日第十一届全国人民代表大会常务委员会第三十次会议修正实施的《中华人民共和国劳动合同法》（以下简称《劳动合同法》）。广义的劳动合同法包括一系列调整劳动关系的相关法律、法规和规章，如《中华人民共和国劳动合同法实施条例》《中华人民共和国劳动争议调解仲裁法》《职工带薪年休假条例》等。这些法律、法规构成了中国劳动合同法律制度的主要内容，为明确劳动合同双方当事人的权利和义务，保护劳动者的合法权益，构建和发展和谐稳定的劳动关系发挥不可替代的作用。

（二）劳动合同法的适用范围

根据《劳动合同法》的有关规定，中华人民共和国境内的企业、个体经济组织、民办非企业单位、依法成立的会计师事务所、律师事务所等合伙组织和基金会等组织（以下简称用人单位）与劳动者建立劳动关系，订立、履行、变更、解除或者终止劳动合同，适用《劳动合同法》。国家机关、事业单位、社会团体和与其建立劳动关系的劳动者，订立、履行、变更、解除或者终止劳动合同，依照《劳动合同法》执行。事业单位与实行聘用制的工作人员订立、履行、变更、解除或者终止劳动合同，法律、行政法规或者国务院另有规定的，依照其规定；未作规定的，依照《劳动合同法》有关规定执行。

第二节　劳动合同订立

一、劳动合同订立原则

劳动合同的订立是指劳动者和用人单位经过相互选择与平等协商，就劳动合同的各项条款协商一致，并以书面形式明确规定双方权利、义务，从而确立劳动关系的法律行为。劳动合同订立的原则是订立劳动合同的基本准则。《劳动合同法》规定，订立劳动合同，应当遵循合法、公平、平等自愿、协商一致、诚实信用的原则。

（一）合法原则

合法原则是指劳动合同的形式和内容必须符合法律、法规的规定。劳动合同的形式要合法。劳动合同需以书面形式订立，如发生争议时，用人单位须承担不订立书面合同的法律后果；劳动合同内容要合法，用人单位和劳动者须在法律规定限度内对合同内容作出具体规定，如劳动合同内容违法，当事人则要承担相应的法律责任。

（二）公平原则

公平原则要求劳动合同在符合法律规定前提下，双方当事人应公正、合理地确立双方的权利和义务。《劳动合同法》将公平原则作为劳动合同订立原则，可以防止劳动合同当事人尤其是用人单位滥用优势地位，迫使劳动者订立不公平的合同，损害劳动者的权利，有利于平衡劳动合同双方当事人利益并建立和谐稳定的劳动关系。

（三）平等自愿原则

平等原则就是劳动者和用人单位在订立劳动合同时在法律地位是平等的，不存在命令和服从、管理和被管理的关系；自愿原则是指订立劳动合同完全是出于劳动者和用人单位双方协商一致达成的真实意愿，任何一方不得把自己的意志强加给另一方。

（四）协商一致原则

协商一致原则是指当事人双方订立劳动合同时，必须就合同中约定的相关事项，经过充分协商并达成一致。协商一致的原则关键在一致，一致是目的；协商是手段、是过程。协商一致是平等自愿原则的体现，只有通过协商达到一致，才能体现出平等自愿的结果。

（五）诚实信用原则

诚实信用是《劳动合同法》的一项基本原则，要求在订立劳动合同时要诚实守信，双方都不得有隐瞒或欺诈行为。用人单位招用劳动者时应如实告知劳动者应知悉的工作情况，用人单位也有权了解劳动者与劳动合同直接相关的基本情况。

二、劳动合同订立的主体

（一）劳动合同订立主体的资格要求

1. 劳动者需有劳动权利能力和行为能力

禁止用人单位招用未满 16 周岁的未成年人。文艺、体育和特种工艺单位招用未满 16 周岁的未成年人，必须依照国家有关规定，履行审批手续，并保障其接受义务教育的权利。

2. 用人单位有用人权利能力和行为能力

用人单位设立的分支机构，依法取得营业执照或者登记证书的，可以作为用人单位与劳动者订立劳动合同；未依法取得营业执照或者登记证书的，受用人单位委托可以与劳动者订立劳动合同。

劳动者就业，不因民族、种族、性别、宗教信仰不同而受歧视。妇女享有与男子平等的就业权利。在录用职工时，除国家规定的不适合妇女的工种或者岗位外，不得以性别为由拒绝录用妇女或者提高对妇女的录用标准。

（二）劳动合同订立主体的义务

1. 用人单位的义务和责任

用人单位招用劳动者时，应当如实告知劳动者工作内容、工作条件、工作地点、职业危害、安全生产状况、劳动报酬，以及劳动者要求了解的其他情况。

用人单位招用劳动者，不得扣押劳动者的居民身份证和其他证件，不得要求劳动者提供担保或者以其他名义向劳动者收取财物。

用人单位扣押劳动者居民身份证等证件的，由劳动行政部门责令限期退还劳动者本人，并依照有关法律规定给予处罚。用人单位以担保或者其他名义向劳动者收取财物的，由劳动行政部门责令限期退还劳动者本人，并以每人500元以上2000元以下的标准对用人单位处以罚款；给劳动者造成损害的，应当承担赔偿责任。

2. 劳动者的义务

用人单位有权了解劳动者与劳动合同直接相关的基本情况，劳动者应当如实说明。

三、劳动合同形式与内容

（一）劳动合同的形式

劳动合同的形式是指订立劳动合同的方式。劳动合同的形式一般有书面形式和口头形式两种。

1. 书面劳动合同

书面合同是由双方当事人达成协议后，将协议内容以文字方式记载并经双方签字的合同。《劳动合同法》规定，建立劳动关系，应当订立书面劳动合同。已建立劳动关系，未同时订立书面劳动合同的，应当自用工之日起1个月内订立书面劳动合同。用人单位与劳动者在用工前订立劳动合同的，劳动关系自用工之日起建立。劳动合同法规定了劳动合同双方当事人未依照法律规定签订书面劳动合同的责任：

（1）自用工之日起1个月内，经用人单位书面通知后，劳动者不与用人单位订立书面劳动合同的，用人单位应当书面通知劳动者终止劳动关系，无须向劳动者支付经济补偿，但是应当依法向劳动者支付其实际工作时间的劳动报酬。

（2）用人单位自用工之日起超过1个月不满1年未与劳动者订立书面劳动合同的，应当向劳动者每月支付2倍的工资，并与劳动者补订书面劳动合同；劳动者不与用人单位订立书面劳动合同的，用人单位应当书面通知劳动者终止劳动关系，并支付经济补偿。

（3）用人单位向劳动者每月支付2倍工资的起算时间为用工之日起满1个月的次日，截止时间为补订书面劳动合同的前一日。

（4）用人单位自用工之日起满1年未与劳动者订立书面劳动合同的，自用工之日起满1个月的次日至满1年的前一日应当向劳动者每月支付2倍的工资补偿，并视为自用工之日起满1年的当日已经与劳动者订立无固定期限劳动合同，应当立即与劳动者补订书面劳动合同。

（5）用人单位违反《劳动合同法》规定，不与劳动者订立无固定期限劳动合同的，自应当订立无固定期限劳动合同之日起向劳动者每月支付2倍的工资。

（6）用人单位未在用工的同时订立书面劳动合同，与劳动者约定的劳动报酬不明确的，新招用的劳动者的劳动报酬按照集体合同规定的标准执行；没有集体合同或者集体合同未规定的，实行同工同酬。

用人单位应当建立职工名册备查。职工名册应当包括劳动者姓名、性别、居民身份证号码、户籍地址及现住址、联系方式、用工形式、用工起始时间、劳动合同期限等内容。用人单位违反《劳动合同法》有关建立职工名册规定的，由劳动行政部门责令限期改正；逾期不改正的，由劳动行政部门处2000元以上2万元以下的罚款。

2. 口头劳动合同

口头劳动合同是双方当事人口头承诺即告成立的合同。非全日制用工双方当事人可以订立口头协议。劳动合同期限在1个月以下的，经双方协商同意，可以订立口头劳动合同。但劳动者提出订立书面劳动合同的，应当以书面形式订立。

（二）劳动合同内容

劳动合同的内容是反映劳动者与用人单位依照法律规定和双方协商约定的劳动权利与义务的条款。劳动合同条款是双方合意协商的结果，内容包括法定条款和约定条款。

1. 法定条款

法定条款又称必备条款，是指由法律明文规定劳动者和用人单位必须遵守的合同条款。劳动合同应当具备以下条款：

（1）用人单位的名称、住所和法定代表人或者主要负责人。用人单位的名称是指用人单位注册登记时所登记的名称，是代表用人单位的符号。用人单位的住所是用人单位发生法律关系的中心区域。劳动合同文本中要标明用人单位的具体地址。用人单位有两个以上办事机构的，以主要办事机构所在地为住所。具有法人资格的用人单位，要注明单位的法定代表人；不具有法人资格的用人单位，必须在劳动合同中写明该单位的主要负责人。

（2）劳动者的姓名、住址和居民身份证或者其他有效身份证件号码。劳动者的姓名以户籍登记，即身份证上所载为准。劳动者的住址，以其户籍所在的居住地为住址，其经常居住地与户籍所在地不一致的，以经常居住地为住址。居民身份证号码是每个公民唯一的、终身不变的身份代码，由公安机关按照居民身份号码国家标准编制。

（3）劳动合同期限。劳动合同分为固定期限劳动合同、无固定期限劳动合同和以完成一定工作任务为期限的劳动合同。

（4）工作内容和工作地点。工作内容包括劳动者从事劳动的工种、岗位和劳动定额、产品质量标准的要求等。这是劳动者判断自己是否胜任该工作、是否愿意从事该工作的关键信息。工作地点是指劳动者可能从事工作的具体地理位置。劳动者为用人单位提供劳动是在工作地点，劳动者生活是在居住地点，这两个地方的距离，决定着劳动者上下班所需时间，进而影响劳动者的生活，关系到劳动者的切身利益，这也是劳动者判断是否订立劳动合同必不可少的信息，是用人单位必须告知劳动者的内容。

（5）工作时间和休息休假。工作时间通常是指劳动者在一昼夜或一周内从事生产或工作的时间，即劳动者每天应工作的时数或每周应工作的天数。休息是指劳动者在任职期间，在国家规定的法定工作时间以外，无须履行劳动义务而自行支配的时间，包括工作日内的间歇时间、工作日之间的休息时间和公休假日。休假是指劳动者无须履行劳动义务且一般有工资保障的法定休息时间。

目前中国实行的工时制度主要有标准工时制、不定时工作制和综合计算下时制三种类型。①标准工时制，也称标准工作日，是指国家法律统一规定的劳动者从事工作或劳动的时间。国家实行劳动者每日工作 8 小时、每周工作 40 小时的标准工时制度。有些企业因工作性质和生产特点不能实行标准工时制度，应保证劳动者每天工作不超过 8 小时，每周工作不超过 40 小时，每周至少休息 1 天。用人单位由于生产经营需要，经与工会和劳动者协商后可以延长工作时间，一般每日不得超过 1 小时；因特殊原因需要延长工作时间的，在保障劳动者身体健康的条件下延长工作时间，每日不得超过 3 小时，每月不得超过 36 小时。对于发生自然灾害、事故或者因其他原因，威胁劳动者生命健康和财产安全，需要紧急处理的；生产设备、交通运输线路、公共设施发生故障，影响生产和公众利益，必须及时抢修的；以及法律、行政法规规定的其他情形，延长工作时间不受上述规定的限制。②不定时工作制，是指没有固定工作时间限制的工作制度，主要适用于因工作性质或工作条件不受标准工作时间限制的工作岗位。③综合计算工时制，是指用人单位根据生产和工作的特点，分别以周、月、季、年等为周期，综合计算劳动者工作时间，但其平均日工作时间和平均周工作时间仍与法定标准工作时间基本相同的一种工时形式。

对于因工作性质或生产特点的限制，实行不定时工作制或综合计算工时制等其他工作和休息办法的职工，企业应根据国家有关规定，在保障职工身体健康并充分听取职工意见的基础上，采取集中工作、集中休息、轮休调休、弹性工作时间等适当的工作和休息方式，确保职工的休息、休假权利和生产、工作任务的完成。

法定假日，是指由国家法律统一规定的用以开展纪念、庆祝活动的休息时间，包括元旦、春节、清明节、劳动节、端午节、中秋节、国庆节等。带薪年休假是指职工工作满一定年限，每年可享有的保留工作岗位、带薪连续休息的时间。国家机关、团体、企业、事业单位、民办非企业单位、有雇工的个体工商户等单位的职工连续工作 1 年以上的，享受带薪年休假。职工在年休假期间享受与正常工作期间相同的工资收入。职工累计工作已满 1 年不满 10 年的，年休假 5 天；已满 10 年不满 20 年的，年休假 10 天；已满 20 年的，年休假 15 天。国家法定休假日、休息日不计入年休假的假期。年休假在 1 个年度内可以集中安排，也可以分段安排，一般不跨年度安排。当职工有下列情形之一时，不享受当年的年休假：职工依法享受寒暑假，其休假天数多于年休假天数的；职工请事假 20 天以上且单位按照规定不扣工资的；累计工作满 1 年不满 10 年的职工，请病假累计 2 个月以上的；累计工作满 10 年不满 20 年的职工，请病假累计 3 个月以上的；累计工作满 20 年以上的职工，请病假累计 4 个月以上的。

（6）劳动报酬。劳动报酬是指用人单位根据劳动者劳动的数量和质量，以货币形式支付给劳动者的工资。根据国家有关规定，工资应当以法定货币支付，不得以实物及有价证券替代货币支付。工资必须在用人单位与劳动者约定时间支付，如遇节假日或休息日，则应提前在最近的工作日支付。工资至少每月支付一次，实行周、日、小时工资制的可按周、日、小时支付工资。对完成一次性临时劳动或某项具体工作的劳动者，用人单位应按有关协议或合同规定在其完成劳动任务后即支付工资。

用人单位在劳动者完成劳动定额或规定的工作任务后，根据实际需要安排劳动者在法定标准工作时间以外工作的，应当按照下列标准支付高于劳动者正常工作时间工资的工资报酬：①用人单位依法安排劳动者在日标准工作时间以外延长工作时间的，按照不低于劳动合同规定的劳动者本人小时工资标准的 150% 支付劳动者工资；②用人单位依法安排劳动者在休息日工作，不能安排补休的，按照不低于劳动合同规定的劳动者本人日或小时工资标准的 200% 支付劳动者工资；③用人单位依法安排劳动者在法定休假日工作的，按照不低于劳动合同规定的劳动者本人日或小时工资标准的 300% 支付劳动者工资。

用人单位安排加班不支付加班费的，由劳动行政部门责令限期支付加班费、逾期不支付的，责令用人单位按应付金额 50% 以上 100% 以下的标准向劳动者加付赔偿金。

国家实行最低工资保障制度，以确保公平分配、保障劳动者及其家庭成员的最低生活，保障劳动力市场健康有序地运行。最低工资的具体标准由各省、自治区、直辖市人民政府综合考虑本地区劳动者本人及平均赡养人口的最低生活费用、社会平均工资水平、劳动生产率、就业状况和地区之间经济发展水平的差异等因素规定，报国务院备案。劳动合同履行地与用人单位注册地不一致的，有关劳动者的最低工资标准、劳动保护、劳动条件、职业危害防护和本地区上年度职工月平均工资标准等事项，按照劳动合同履行地的有关规定执行；用人单位注册地的有关标准高于劳动合同履行地的有关标准，且用人单位与劳动者约定按照用人单位注册地的有关规定执行的，从其约定。

因劳动者本人原因给用人单位造成经济损失的，用人单位可按照劳动合同的约定要求其赔偿经济损失。经济损失的赔偿，可从劳动者本人的工资中扣除。但每月扣除的部分不得超过劳动者当月工资的20%。若扣除后的剩余工资部分低于当地月最低工资标准，则按最低工资标准支付。

用人单位低于当地最低工资标准支付劳动者工资的，由劳动行政部门责令限期支付其差额部分；逾期不支付的，责令用人单位按应付金额50%以上100%以下的标准向劳动者加付赔偿金。

（7）社会保险。社会保险包括基本养老保险、基本医疗保险、失业保险、工伤保险、生育保险五项。参加社会保险、缴纳社会保险费是用人单位与劳动者的法定义务，双方都必须履行。

（8）劳动保护、劳动条件和职业危害防护。劳动保护是指用人单位保护劳动者在工作过程中不受伤害的具体措施。劳动条件是指用人单位为劳动者提供正常工作所必需的条件，包括劳动场所和劳动工具。职业危害防护是用人单位对工作过程中可能产生的影响劳动者身体健康的危害的防护措施。劳动保护、劳动条件和职业危害防护，是劳动合同中保护劳动者身体健康和安全的重要条款。

（9）法律、法规规定应当纳入劳动合同的其他事项。用人单位提供的劳动合同文本未载明劳动合同法规定的劳动合同必备条款或者用人单位未将劳动合同文本交付劳动者的，由劳动行政部门责令改正；给劳动者造成损害的，应当承担赔偿责任。

2. 约定条款

约定条款又称协议条款，是指劳动者与用人单位在法定必备条款之外协商约定的其他权利义务条款。约定条款是法定条款的必要补充，用人单位与劳动者可以约定试用期、培训、保守秘密、补充保险和福利待遇等其他事项。

（1）试用期。劳动合同期限3个月以上不满1年的，试用期不得超过1个月；劳动合同期限1年以上不满3年的，试用期不得超过2个月；3年以上固定期限和无固定期限的劳动合同，试用期不得超过6个月。同一用人单位与同一劳动者只能约定一次试用期。以完成一定工作任务为期限的劳动合同或者劳动合同期限不满3个月的，不得约定试用期。试用期包含在劳动合同期限内。劳动合同仅约定试用期的，试用期不成立，该期限为劳动合同期限。劳动者在试用期的工资不得低于本单位相同岗位最低档工资或者劳动合同约定工资的80%，并不得低

于用人单位所在地的最低工资标准。在试用期中，除劳动者有法律规定的情形外，用人单位不得解除劳动合同。用人单位在试用期解除劳动合同的，应当向劳动者说明理由。

（2）培训与服务期。用人单位为劳动者提供专项培训费用，对其进行专业技术培训的，可以与该劳动者订立协议，约定服务期。劳动者违反服务期约定的，应当按照约定向用人单位支付违约金。违约金的数额不得超过用人单位提供的培训费用。用人单位要求劳动者支付的违约金不得超过服务期尚未履行部分所应分摊的培训费用。用人单位与劳动者约定服务期的，不影响按照正常的工资调整机制提高劳动者在服务期期间的劳动报酬。

（3）保密与竞业限制。用人单位与劳动者可以在劳动合同中约定保守用人单位的商业秘密和与知识产权相关的保密事项。对负有保密义务的劳动者，用人单位可以在劳动合同或者保密协议中与劳动者约定竞业限制条款，并约定在解除或者终止劳动合同后，在竞业限制期限内按月给予劳动者经济补偿。劳动者违反竞业限制约定的，应当按照约定向用人单位支付违约金。竞业限制的人员限于用人单位的高级管理人员、高级技术人员和其他负有保密义务的人员。竞业限制的范围、地域、期限由用人单位与劳动者约定，竞业限制的约定不得违反法律、法规的规定。在解除或者终止劳动合同后，上述规定的人员到与本单位生产或者经营同类产品、从事同类业务的有竞争关系的其他用人单位，或者自己开业生产或者经营同类产品、从事同类业务的竞业限制期限，不得超过2年。

《劳动合同法》规定，除服务期、保密与竞业限制情形外，用人单位不得与劳动者约定由劳动者承担违约金。

（三）劳动合同的效力

劳动合同由用人单位与劳动者协商一致，并经用人单位与劳动者在劳动合同文本上签字或者盖章生效。双方当事人约定须经鉴证或公证方可生效的劳动合同，其生效时间始于鉴证或公证之日。

劳动合同的无效，是指当事人违反法律、法规订立的不具有法律效力的劳动合同。《劳动合同法》规定，下列劳动合同无效或者部分无效：①以欺诈、胁迫的手段或者乘人之危，使对方在违背真实意思的情况下订立或者变更劳动合同的；②用人单位免除自己的法定责任、排除劳动者权利的；③违反法律、行政法规强制性规定的。

对劳动合同的无效或者部分无效有争议的，由劳动争议仲裁机构或者人民法院确认。无效的劳动合同自始即没有法律效力。劳动合同部分无效，不影响其他部分效力的，其他部分仍然有效。劳动合同被确认无效，劳动者已付出劳动的，用人单位应当向劳动者支付劳动报酬。

第三节　劳动合同履行、变更与解除

一、劳动合同履行

劳动合同的履行，是指劳动合同依法生效后，双方当事人按照劳动合同规定，各自承担合同规定的义务和享受合同规定的权利的法律行为。《劳动合同法》规定：

（1）用人单位应当按照劳动合同约定和国家规定，向劳动者及时足额支付劳动报酬。用人单位拖欠或者未足额支付劳动报酬的，劳动者可以依法向当地人民法院申请支付令，人民法院应当依法发出支付令。

（2）用人单位应当严格执行劳动定额标准，不得强迫或者变相强迫劳动者加班。用人单位安排加班的，应当按照国家有关规定向劳动者支付加班费。

（3）劳动者拒绝用人单位管理人员违章指挥、强令冒险作业的，不视为违反劳动合同。劳动者对危害生命安全和身体健康的劳动条件，有权对用人单位提出批评、检举和控告。

（4）用人单位变更名称、法定代表人、主要负责人或者投资人等事项，不影响劳动合同的履行。

（5）用人单位发生合并或者分立等情况，原劳动合同继续有效，劳动合同由承继其权利和义务的用人单位继续履行。

（6）用人单位应当依法建立和完善劳动规章制度，保障劳动者享有劳动权利、履行劳动义务。用人单位在制定、修改或者决定有关劳动报酬、工作时间、休息休假、劳动安全卫生、保险福利、职工培训、劳动纪律以及劳动定额管理等直接涉及劳动者切身利益的规章制度或者重大事项时，应当经职工代表大会或者全体职工讨论，提出方案和意见，与工会或者职工代表平等协商确定。在规章制度和重大事项决定实施过程中，工会或者职工认为不适当的，有权向用人单位提出，通过协商予以修改完善。用人单位应当将直接涉及劳动者切身利益的规章制度和重大事项决定公示，或者告知劳动者。

二、劳动合同变更

劳动合同的变更是指在劳动合同开始履行但尚未履行完毕之前，因订立劳动合同的主客观条件发生了变化，当事人依照法律规定的条件和程序，对原合同中的某些条款进行修改、补充的法律行为。

用人单位与劳动者协商一致，可以变更劳动合同约定的内容。变更劳动合同，应当采用书面形式，变更后的劳动合同文本由用人单位和劳动者各执一份。

劳动合同的变更是对原合同内容的修改、补充或者废止，而不是签订新的劳动合同。同订立劳动合同一样，变更劳动合同也应当遵循平等自愿、协商一致的原则，不得违反法律、行政法规的规定。未对变更劳动合同达成一致意见的，任何一方都不得擅自变更劳动合同。

三、劳动合同解除

劳动合同的解除，是合同当事人在劳动合同期限届满之前，依双方协议或一方意思表示而提前终止劳动合同关系的法律行为。劳动合同的解除分为：用人单位与劳动者协商解除、劳动者单方解除、用人单位单方解除等。

（一）用人单位与劳动者协商解除

《劳动合同法》规定，用人单位与劳动者协商一致，可以解除劳动合同。按照契约自由原则，劳动合同是当事人双方达成的合意，在用人单位与劳动者协商一致且不违背国家利益和社会公共利益情况下，可以解除劳动合同。

在协商解除劳动合同时须注意以下几点：①签订书面的解除劳动合同协议，以免在劳动合同解除后产生申请仲裁或提起诉讼的法律风险；②在解除劳动合同协议中，须写明劳动合同的解除是经用人单位与劳动者在平等自愿、协商一致的基础上达成的；③劳动合同解除协议中应明确是当事人双方哪一方提出的，提出方不同所产生的法律后果也不同；④用人单位须向劳动者出具解除劳动合同证明。用人单位违反法律规定未向劳动者出具解除或者终止劳动合同的书面证明，由劳动行政部门责令改正；给劳动者造成损害的，应当承担赔偿责任。

（二）劳动者单方解除

1. 即时解除

根据《劳动合同法》相关规定，有下列情况者，劳动者可以立即解除劳动合同，不需事先告知用人单位，还可就用人单位的违约行为和侵权行为请求损害赔偿：①用人单位以暴力、威胁或者限制人身自由等非法手段强迫劳动者劳动的；②用人单位违章指挥、强令冒险作业危及劳动者人身安全的。

2. 预告解除

根据《劳动合同法》相关规定，有下列情况之一者，劳动者可以解除劳动合同：①劳动者提前 30 日以书面形式通知用人单位的；②劳动者在试用期内提前3日通知用人单位的；③用人单位未按照劳动合同约定提供劳动保护或者劳动条件的；④用人单位未及时足额支付劳动报酬的；⑤用人单位未依法为劳动者缴纳社会保险费的；⑥用人单位的规章制度违反法律、法规的规定，损害劳动者权益的；⑦以欺诈、胁迫的手段或者乘人之危，使对方在违背真实意思的情况下订立或者变更劳动合同的；⑧用人单位免除自己的法定责任、排除劳动者权利的；⑨劳动合同违反法律、行政法规强制性规定的；⑩法律、行政法规规定劳动者可以解除劳动合同的其他情形。

（三）用人单位单方解除

1. 过错性解除

劳动者有下列情形之一的，用人单位可以解除劳动合同：①在试用期间被证明不符合录用条件的；②严重违反用人单位的规章制度的；③严重失职，营私舞弊，给用人单位造成重大损害的；④劳动者同时与其他用人单位建立劳动关系，对完成本单位的工作任务造成严重影响，或者经用人单位提出，拒不改正的；⑤以欺诈、胁迫的手段或者乘人之危，使对方在违背真实意思的情况下订立或者变更劳动合同的；⑥被依法追究刑事责任的。

2. 预告解除

有下列情形之一的，用人单位提前30日以书面形式通知劳动者本人或者额外支付劳动者1个月工资后，可以解除劳动合同：①劳动者患病或者非因工负伤，在规定的医疗期满后不能从事原工作，也不能从事由用人单位另行安排的工作的；②劳动者不能胜任工作，经过培训或者调整工作岗位，仍不能胜任工作的；③劳动合同订立时所依据的客观情况发生重大变化，致使劳动合同无法履行，经用人单位与劳动者协商，未能就变更劳动合同内容达成协议的。

3. 经济性裁员

有下列情形之一，需要裁减人员20人以上或者裁减不足20人但占企业职工总数10%以上的，用人单位提前30日向工会或者全体职工说明情况，听取工会或者职工的意见后，裁减人员方案经向劳动行政部门报告，可以裁减人员：①依照企业破产法规定进行重整的；②生产经营发生严重困难的；③企业转产、重大技术革新或者经营方式调整，经变更劳动合同后，仍需裁减人员的；④其他因劳动合同订立时所依据的客观经济情况发生重大变化，致使劳动合同无法履行的。

裁减人员时，应当优先留用下列人员：①与本单位订立较长期限的固定期限劳动合同的；②与本单位订立无固定期限劳动合同的；③家庭无其他就业人员，有需要扶养的老人或者未成年人的。用人单位依照规定裁减人员，在6个月内重新招用人员的，应当通知被裁减的人员，并在同等条件下优先招用被裁减的人员。

4. 用人单位单方解除劳动合同的限制

劳动者有下列情形之一的，用人单位不得依照预告解除、经济裁员的规定解

除劳动合同：①从事接触职业病危害作业的劳动者未进行离岗前职业健康检查，或者疑似职业病病人在诊断或者医学观察期间的；②在本单位患职业病或者因工负伤并被确认丧失或者部分丧失劳动能力的；③患病或者非因工负伤，在规定的医疗期内的；④女职工在孕期、产期、哺乳期的；⑤在本单位连续工作满 15 年，且距法定退休年龄不足 5 年的；⑥法律、行政法规规定的其他情形。

5. 用人单位单方解除劳动合同程序

用人单位单方解除劳动合同，应当事先将理由通知工会。用人单位违反法律、行政法规规定或者劳动合同约定的，工会有权要求用人单位纠正。用人单位应当研究工会的意见，并将处理结果书面通知工会。

四、劳动合同终止

劳动合同终止是指劳动合同订立后，因出现某种法定的事实，导致用人单位与劳动者之间形成的劳动关系自动归于消灭，或导致双方劳动关系的继续履行成为不可能而不得不消灭的情形。劳动合同终止一般不涉及用人单位与劳动者的意思表示，只要法定事实出现，一般情况下，都会导致双方劳动关系的消灭。

（一）劳动合同终止情形

《劳动合同法》规定，有下列情形之一的，劳动合同终止：①劳动合同期满的；②劳动者开始依法享受基本养老保险待遇的；③劳动者死亡，或者被人民法院宣告死亡或者宣告失踪的；④用人单位被依法宣告破产的；⑤用人单位被吊销营业执照、责令关闭、撤销或者用人单位决定提前解散的；⑥法律、行政法规规定的其他情形。

（二）经济补偿金支付

《劳动合同法》中的经济补偿是指按照劳动合同法的规定，在劳动者无过错的情况下，用人单位与劳动者解除或者终止劳动合同时，应给予劳动者的经济上的补助，也称经济补偿金。

1. 用人单位应当向劳动者支付经济补偿的情形

有下列情形之一的，用人单位应向劳动者支付经济补偿金：①由用人单位提出解除劳动合同并与劳动者协商一致而解除劳动合同的；②劳动者符合随时通知解除和不需事先通知即可解除劳动合同规定情形而解除劳动合同的；③用人单位符合提前 30 日以书面形式通知劳动者本人或者额外支付劳动者 1 个月工资后，可以解除劳动合同规定情形而解除劳动合同的；④用人单位符合可裁减人员规定而解除劳动合同的；⑤除用人单位维持或者提高劳动合同约定条件续订劳动合同，劳动者不同意续订的情形外，劳动合同期满终止固定期限劳动合同的；⑥以完成一定工作任务为期限的劳动合同因任务完成而终止的；⑦用人单位被依法宣告破产终止劳动合同的；⑧用人单位被吊销营业执照、责令关闭、撤销或者用人单位决定提前解散终止劳动合同的；⑨法律、行政法规规定的其他情形。

2. 经济补偿金支付标准

经济补偿按劳动者在本单位工作的年限，每满 1 年支付 1 个月工资的标准向劳动者支付。6 个月以上不满 1 年的，按 1 年计算；不满 6 个月的，向劳动者支付半个月工资的经济补偿。劳动者月工资高于用人单位所在直辖市、设区的市级人民政府公布的本地区上年度职工月平均工资 3 倍的，向其支付经济补偿的标准按职工月平均工资 3 倍的数额支付，向其支付经济补偿的年限最高不超过 12 年。月工资是指劳动者在劳动合同解除或者终止前 12 个月的平均工资。

3. 劳动合同解除法律后果

（1）用人单位违反法律规定解除或者终止劳动合同，劳动者要求继续履行劳动合同的，用人单位应当继续履行；劳动者不要求继续履行劳动合同或者劳动合同已经不能继续履行的，用人单位应当依法支付赔偿金。

（2）解除或者终止劳动合同，用人单位未依照《劳动合同法》的规定向劳动者支付经济补偿的，由劳动行政部门责令限期支付经济补偿；逾期不支付的，责令用人单位按应付金额 50%以上 100%以下的标准向劳动者加付赔偿金。

（3）国家采取措施，建立健全劳动者社会保险关系跨地区转移接续制度。用人单位应当在解除或者终止劳动合同时出具解除或者终止劳动合同的证明，并在 15 日内为劳动者办理档案和社会保险关系转移手续。劳动者应当按照双方约定，办理工作交接。用人单位依照《劳动合同法》有关规定应当向劳动者支付经济补偿的，在办结工作交接时支付。

（4）用人单位对已经解除或者终止的劳动合同的文本，至少保存 2 年备查。

第四节　劳动合同特别规定

一、集体合同

集体合同是工会代表企业职工一方与企业签订的以劳动报酬、工作时间、休息休假、劳动安全卫生、保险福利等为主要内容的书面协议。尚未建立工会的用人单位，可以由上级工会指导劳动者推举的代表与用人单位订立集体合同。

企业职工一方与用人单位通过平等协商，可以就劳动报酬、工作时间、休息休假、劳动安全卫生、保险福利等事项订立集体合同。集体合同草案应当提交职工代表大会或者全体职工讨论通过。

集体合同由工会代表企业职工一方与用人单位订立；尚未建立工会的用人单位，由上级工会指导劳动者推举的代表与用人单位订立。企业职工一方与用人单位可以订立劳动安全卫生、女职工权益保护、工资调整机制等专项集体合同。在县级以下区域内，建筑业、采矿业、餐饮服务业等行业可以由工会与企业方面代表订立行业性集体合同，或者订立区域性集体合同。

集体合同订立后，应当报送劳动行政部门；劳动行政部门自收到集体合同文本之日起15日内未提出异议的，集体合同即行生效。依法订立的集体合同对用人单位和劳动者具有约束力。行业性、区域性集体合同对当地本行业、本区域的用人单位和劳动者具有约束力。

集体合同中劳动报酬和劳动条件等标准不得低于当地人民政府规定的最低标准；用人单位与劳动者订立的劳动合同中劳动报酬和劳动条件等标准不得低于集体合同规定的标准。

用人单位违反集体合同，侵犯职工劳动权益的，工会可以依法要求用人单位承担责任；因履行集体合同发生争议，经协商解决不成的，工会可以依法申请仲裁、提起诉讼。

二、劳务派遣

（一）劳务派遣的概念与特征

劳务派遣，是指劳务派遣单位与实际用人单位签订派遣协议，将与劳务派遣单位订立劳动合同关系的劳动者派往实际用人单位，受派遣劳动者在实际用人单位的管理和指挥下提供劳务，劳务派遣单位从实际用人单位获取派遣费并向派遣劳动者支付劳动报酬的一种特殊劳动关系。在劳务派遣劳动用工关系中，劳动者与实际用人单位之间不具有劳动关系，而是与劳务派遣单位形成劳动关系，再由该派遣单位将劳动者派到实际用人单位劳动。劳动者与劳务派遣单位签订劳动合同，劳务派遣单位与实际用人单位签订派遣协议。

劳务派遣的特征：①劳动派遣最显著的特征是劳动力雇用和使用相分离，劳动派遣单位雇用劳动者，与劳动者签订劳动合同，成为劳动关系的一方当事人。实际用工单位依据与劳务派遣单位签订劳务派遣合同使用劳动力，在劳动者为实际用工单位给付劳务期间，用工单位将劳动者的工资和各种保险费用交给劳务派遣单位，由劳务派遣单位支付给与其签订劳动合同的劳动者。实际用工单位与劳动者间并无劳动关系。②劳务派遣法律关系要比劳动合同法律关系复杂，劳动合同是两方当事人之间的关系，而劳务派遣则为三方当事人的劳动关系，解决劳务派遣的争议则更为复杂。

（二）劳务派遣单位及其对劳动者的义务

1. 劳务派遣单位基本规定

（1）劳务派遣单位经营劳务派遣业务条件。劳务派遣单位是《劳动合同法》所称的用人单位，应当履行用人单位对劳动者的义务。劳务派遣单位经营劳务派遣业务，应当具备下列条件：①注册资本不得少于人民币 200 万元；②有与开展业务相适应的固定的经营场所和设施；③有符合法律、行政法规规定的劳务派遣管理制度；④法律、行政法规规定的其他条件。经营劳务派遣业务，应当向劳动行政部门依法申请行政许可；经许可的，依法办理相应的公司登记。未经许可，任何单位和个人不得经营劳务派遣业务。

（2）劳务派遣单位与被派遣劳动者订立的劳动合同。劳动合同除应当载明劳动合同必备的条款外，还应当载明被派遣劳动者的用工单位以及派遣期限、工作岗位等情况。

（3）劳务派遣单位派遣劳动者应当与实际用工单位订立劳务派遣协议。劳务派遣协议应当约定派遣岗位和人员数量、派遣期限、劳动报酬和社会保险费的数额与支付方式以及违反协议的责任。

2. 劳务派遣单位对劳动者的义务

（1）劳务派遣单位应当与被派遣劳动者订立 2 年以上的固定期限劳动合同，按月支付劳动报酬；被派遣劳动者在无工作期间，劳务派遣单位应当按照所在地人民政府规定的最低工资标准，向其按月支付报酬。

（2）劳务派遣单位应当将劳务派遣协议的内容告知被派遣劳动者。劳务派遣单位不得克扣用工单位按照劳务派遣协议支付给被派遣劳动者的劳动报酬。

（3）劳务派遣单位和用工单位不得向被派遣劳动者收取费用。

（4）劳务派遣单位跨地区派遣劳动者的，被派遣劳动者享有的劳动报酬和劳动条件，按照用工单位所在地的标准执行。

（三）用工单位劳务派遣用工的基本要求与义务

1. 用工单位劳务派遣用工的基本要求

（1）用工岗位。劳务派遣用工是劳动合同用工补充形式，只能在临时性、辅助性或者替代性的工作岗位上实施。临时性工作岗位是指存续时间不超过 6 个月的岗位；辅助性工作岗位是指为主营业务岗位提供服务的非主营业务岗位；替代性工作岗位是指用工单位的劳动者因脱产学习、休假等原因无法工作的一定期间内，可以由其他劳动者替代工作的岗位。

（2）用工单位应与劳务派遣单位签订劳务派遣协议。用工单位不得向被派遣劳动者收取费用。用工单位不得设立劳务派遣单位向本单位或者所属单位派遣劳动者，不得将被派遣劳动者再派遣到其他用人单位。

（3）用工单位应当根据工作岗位的实际需要与劳务派遣单位确定派遣期限，不得将连续用工期限分割订立数个短期劳务派遣协议。

（4）用工单位应当严格控制劳务派遣用工数量，不得超过其用工总量的一定比例，具体比例由国务院劳动行政部门规定。

（5）被派遣劳动者有法律规定情形的，用工单位可以将劳动者退回劳务派遣单位，劳务派遣单位依照法律规定，可以与劳动者解除劳动合同。

2. 用工单位对劳动者的义务

用工单位应当履行下列义务：①执行国家劳动标准，提供相应的劳动条件和劳动保护；②告知被派遣劳动者的工作要求和劳动报酬；③支付加班费、绩效奖金，提供与工作岗位相关的福利待遇；④对在岗被派遣劳动者进行工作岗位所必需的培训；⑤连续用工的，实行正常的工资调整机制。

（四）被派遣劳动者的权利

《劳动合同法》赋予劳务派遣者以下权利：①被派遣劳动者有参加和组织工会的权利。被派遣劳动者有权在劳务派遣单位或者用工单位依法参加或者组织工会，维护自身的合法权益。②被派遣劳动者有解除劳动合同的权利。被派遣劳动者可以依照《劳动合同法》与用人单位协商一致解除劳动合同，在用人单位有违法、违约情形时，被派遣劳动者有权与劳务派遣单位单方解除劳动合同。③被派遣劳动者享有与用工单位的劳动者同工同酬的权利。被派遣劳动者的劳动报酬和劳动条件，按照用工单位所在地的标准用工单位无同类岗位劳动者的，参照用工单位所在地相同或者相近岗位劳动者的劳动报酬确定。

三、非全日制用工

非全日制用工是指以小时计酬为主，劳动者在同一用人单位一般平均每日工作时间不超过 4 小时，每周工作时间累计不超过 24 小时的用工形式。非全日制用工双方当事人可以订立口头协议。从事非全日制用工的劳动者可以与一个或者一个以上用人单位订立劳动合同；但是，后订立的劳动合同不得影响先订立的劳动合同的履行。非全日制用工双方当事人不得约定试用期。非全日制用工双方当事人任何一方都可以随时通知对方终止用工。终止用工，用人单位不向劳动者支付经济补偿。非全日制用工小时计酬标准不得低于用人单位所在地人民政府规定的最低小时工资标准。非全日制用工劳动报酬结算支付周期最长不得超过 15 日。

第五节 劳动争议解决

一、劳动争议处理原则

劳动争议，是指劳动法律关系双方当事人在执行劳动法律、法规或者履行劳动合同过程中，就劳动权利和劳动义务关系所产生的争议。处理劳动争议应遵循以下基本准则：

（一）合法公正原则

处理劳动争议，必须在查清事实的基础上依法协商，按照法律规定的程序和权利义务要求解决劳动争议。劳动争议双方当事人无论社会地位强弱、劳动关系是否存在隶属性，在适用法律上一律平等，不得因适用法律的不平等出现不公正的处理结果。

（二）着重调解原则

处理劳动争议应当重视调解方式，实行着重调解原则必须遵守当事人自愿，不得对争议案件强行调解，也不得采取强迫等其他方式进行调解。必须坚持合法公正调节原则，使当事人在法律许可的范围内达成和解协议。

（三）及时处理原则

劳动争议发生后，当事人应当及时协商或及时申请调解和仲裁，劳动争议处理机构受理案件后，应当在法定期限内尽快处理完毕，对处理结果当事人不履行协议或决定的，要及时采取申请强制执行等措施，以保证争议案件顺利处理和处理结果的最终落实。

二、劳动争议处理机构

（一）劳动争议调解委员会

劳动争议调解委员会，是用人单位根据法律规定在本单位内部设立的处理劳动争议的群众性组织。劳动争议调解委员会由职工代表、用人单位代表和工会代表组成，劳动争议调解委员会主任由工会代表担任。未成立工会组织的用人单位，劳动争议调解委员会的设立及其组成由职工代表与用人单位代表协商确定。劳动争议发生后，当事人可以向劳动争议调解委员会申请调解，也可以不经调解而直接申请仲裁。

（二）劳动争议仲裁委员会

劳动争议仲裁委员会，是国家授权、依法独立处理劳动争议案件的专门仲裁机构。劳动争议仲裁委员会由劳动行政部门代表、工会代表、企业方面代表组成，劳动争议仲裁委员会主任由劳动行政部门代表担任。劳动争议仲裁委员由专职和兼职两部分构成。专职仲裁员由仲裁委员会从劳动行政主管部门专门从事劳动争议处理工作的人员中聘任，兼职仲裁员由仲裁委员会从劳动主管部门或其他行政部门的人员、工会工作者、专家、学者和律师中聘任。专职和兼职仲裁员在执行仲裁事务时享有同等权利。

（三）人民法院

人民法院对劳动争议案件依法享有审判权。凡不服劳动争议仲裁机关对劳动争议裁决的双方当事人，自收到裁决书之日起 15 日内，可以向人民法院起诉。劳动争议案件由用人单位所在地或者劳动合同履行地的基层人民法院管辖。劳动合同履行地不明确的，由用人单位所在地的基层人民法院管辖。人民法院对劳动争议案件的审理是劳动争议处理的最终程序。

三、劳动争议处理的方式和程序

（一）劳动争议处理的方式

根据法律规定，用人单位与劳动者发生劳动争议，当事人可以依法申请调解、仲裁、提起诉讼，也可以协商解决。调解原则适用于仲裁和诉讼程序。

1. 协商

劳动争议发生后，当事人可以协商解决。协商不成或不愿意协商的，可以申请调解或提起劳动仲裁。协商并非解决劳动争议的必经程序，经协商达成的和解协议，不具有必须履行的法律效力。

2. 调解

当事人不愿意协商或协商不成时，可以向本单位调解委员会申请调解。经调解达成协议的，双方当事人应当自觉履行。调解也并非解决劳动争议的必经程序。

3. 仲裁

协商或调解不成的，可以向劳动争议仲裁委员会申请仲裁。当事人也可以直接向劳动争议仲裁委员会申请仲裁。提出仲裁请求的一方应当自劳动争议发生之日起 60 日内向劳动争议仲裁委员会提出书面申请。对仲裁裁决无异议的，当事人必须履行。仲裁是处理劳动争议的必经程序。

4. 诉讼

劳动争议当事人对仲裁裁决不服的，可以自收到仲裁裁决书之日起 15 日内向人民法院提起诉讼。一方当事人在法定期限内不起诉也不履行仲裁裁决的，另一方当事人可以申请人民法院执行。劳动争议解决实行先裁后审不裁不审的原则，未经仲裁的劳动争议案件，当事人不得向人民法院起诉。

（二）劳动争议处理程序

劳动争议处理程序，是指法律规定的处理劳动争议的步骤和规则。劳动争议发生后，当事人可以向本单位劳动争议调解委员会申请调解；调解不成，当事人一方要求仲裁的，可以向劳动争议仲裁委员会申请仲裁。当事人一方也可以直接向劳动争议仲裁委员会申请仲裁。对仲裁裁决不服的，可以向人民法院提起诉讼。由此可见，调解、仲裁和诉讼是三个处理劳动争议的法定程序。

1. 协商程序

劳动合同双方当事人在发生劳动争议后，应就争议事项进行协商解决，但协商不是双方当事人处理劳动争议的必经程序。当事人可以自愿协商，不愿协商或者协商不成的，应向本企业劳动争议调解委员会申请调解。

2. 调解程序

这里的调解是企业劳动争议调解委员会对劳动争议进行的调解，而非劳动争议仲裁或诉讼程序上的调解。当事人在协商不成或不愿协商时，可以申请本企业劳动争议调解委员会调解也可以不申请；调解不成的，可向劳动争议仲裁委员会申请仲裁。当事人也可不经过调解程序而直接向劳动争议仲裁委员会申请仲裁。调解达成协议后当事人反悔的，仍可向仲裁委员会申请仲裁。

3. 仲裁程序

仲裁是处理劳动争议最重要的、法定的必经程序。仲裁程序介于调解与法院判决之间，具有法院审判的权威性和法律效力的强制性。不经过仲裁的劳动争议，当事人不能直接向人民法院提起诉讼。劳动争议当事人只有在仲裁委员会裁决后，对裁决不服时才能向人民法院起诉，否则法院不予受理。

4. 诉讼程序

依照《劳动法》《民事诉讼法》及有关法规规定，劳动争议当事人对仲裁裁决不服的，可以向人民法院提起劳动争议诉讼。人民法院审理劳动争议案件适用于民事诉讼程序，我国劳动争议的处理实行的是“一裁二审制”。即劳动争议当事人向人民法院起诉后，对第一审判决不服的，可以在法定期间内向上一级人民法院提起上诉。二审判决为终审判决，当事人对第二审人民法院审理作出的判决不能再上诉，即劳动争议处理程序至此终结。

复习与思考

1. 劳动合同订立原则

2. 劳动合同必备条款
3. 试用期与服务期规定
4. 无效劳动合同类别
5. 用人单位单方解除劳动合同情形及限制
6. 劳动者预告解除情形
7. 经济性裁员的条件与程序
8. 劳务派遣单位经营派遣业务条件
9. 劳务派遣单位对劳动者的义务
10. 用工单位对劳动者的义务
11. 劳动争议解决的方式与程序

问题与案例

金某某通过应聘方式进入某广告公司（某实业公司的子公司）工作，职务为总经理，任职起始时间为 2020 年 3 月，双方未签订劳动合同。2020 年 3 月 5 日，金某某领到工资 1000 元，4 月、5 月、6 月三个月金某某的月工资为 2000 元，7 月 5 日，金某某领到工资 3000 元。期间，某广告公司还向金某某发放过加班奖金 9000 元。7 月 6 日，某广告公司内部发生打架事件，7 月 9 日，某广告公司董事长宣布免去金某某的总经理职务，公司停业整顿。对此，某广告公司以有关的董事会会议记录作为证据，但该会议记录上没有董事的签名。7 月 30 日，某实业公司书面通知金某某，告知因某广告公司目前内部整顿，故决定原有试用期人员暂不留用，待整顿结束后重新考虑是否录用。金某某遂停止到公司上班，并于 2020 年 8 月 22 日向区劳动争议仲裁委员会申请仲裁，请求裁令某广告公司支付其创业期间的加班工资 5000 元、其为公司创利 70 万元的 30%的分成 21 万元，以及因辞退而应给付的三个月的工资计 9000 元（每月 3000 元）。

根据上述情况回答问题：

（1）此案是否属于劳动争议？劳动仲裁委员会能否受理此案？

（2）金某某与某广告公司未签订书面的劳动合同，其劳动关系是否受法律保护？其理由是什么？

（3）金某某作为某广告公司的总经理，某广告公司与其解除劳动合同与一般职员是否相同？

研究与探索

（1）范某某 1997 年毕业于北京大学历史系，在都江堰的一所民办学校任语文教师。因为他在博客中披露自己在汶川大地震时最先跑出教室而成为当时的热点人物，人称“范跑跑”或“先跑老师”。为此，范某某所在的学校对其发出解聘的正式书面通知。请问学校是否能就范某某在其博客上的言辞而解聘范某某?

（2）阐述劳动合同订立中的法律风险及应对策略。

第十四章 环境保护法

本章目标

学习过本章之后，你应能够：

1. 定义环境与环境问题
2. 领悟环境保护法的基本原则
3. 描述环境管理基本制度
4. 了解环境保护监督管理机制
5. 明晰环境保护法律责任

第一节 环境保护法概述

一、环境与环境问题

（一）环境

环境是围绕某个中心事物的外部空间、条件和状况。中心事物不同，其外部空间及条件、状况就不同，环境就有差异。人类环境是指围绕着人群的空间，以及其中可以直接、间接影响人类生存和发展的各种天然的和经过人工改造过的自然因素的总体。《中华人民共和国环境保护法》把环境定义为：影响人类生存和发展的各种天然的和经过人工改造的自然因素的总体，包括大气、水、海洋、土地、矿藏、森林、草原、湿地、野生生物、自然遗迹、人文遗迹、自然保护区、风景名胜区、城市和乡村等。

（二）环境问题

环境问题指由于自然原因或人为原因使环境条件发生不利于人类的变化，以致影响人类的生产和生活的现象。自然原因引起的环境问题叫原生环境问题，或第一环境问题；人为原因引起的环境问题叫次生环境问题，或第二环境问题。环境法主要研究的是第二环境问题。

第二环境问题又可以分为两类：环境破坏和环境污染。环境破坏是指由于不合理开发利用资源或进行大型工程建设，使自然环境和资源遭到破坏，引起一系列环境问题，如水土流失、土壤沙化、盐碱化、资源枯竭、气候变异、生态平衡等。环境破坏造成的后果往往需要很长时间才能恢复，有的甚至不可逆转。环境污染主要是工农业生产和城市生活把大量污染物排入环境，使环境质量下降，以致危害人体，影响工农业生产。环境破坏和环境密切联系，二者具有复合效应。环境破坏可以降低环境的自净能力，如森林减少会加重大气污染，而环境污染又会降低生物生产量，加剧环境破坏。

当今世界五大问题，人口、资源、能源、粮食和环境，广义上都属于环境问题。自 20 世纪 70 年代末以来，现代环境问题引起的全球性的环境危机中，较为严重的问题包括酸雨、臭氧层破坏、温室效应、突发性环境污染事故和大规模的生态破坏等。

二、环境保护法

（一）环境保护法的概念与特点

环境保护法是指调整因保护和利用自然资源，防治污染和其他公害而产生的社会关系的法律规范的总称。为了保护和改善环境，防治污染和其他公害，保障公众健康，推进生态文明建设，促进经济社会可持续发展，1989 年 12 月 26 日，第七届全国人民代表大会常务委员会第十一次会议通过并颁布了《中华人民共和国环境保护法》(以下简称《环境保护法》)，是中国环境保护的基本法。2014 年 4 月 24 日，第十二届全国人民代表大会常务委员会第八次会议修订了《环境保护法》，修订后的《环境保护法》适用于中华人民共和国领域和中华人民共和国管辖的其他海域，于 2015 年 1 月 1 日起在全国施行。

环境保护法具有以下特点：①综合性。环境保护法保护的对象广泛，包括自然环境要素、人为环境要素和整个地球的生物圈；法律关系主体不仅包括一般法律主体的公民、社会经济组织，也包括国家乃至全人类，甚至包括尚未出生的后代人；运用的手段采取直接“命令—控制”式、市场调节式、行政指导式等多元机制相结合的方式。这就决定环境保护法所采取的法律措施的综合性。环境问题不仅可以适用诸如宪法、行政法、刑法等公法予以解决，也可以适用民法等私法予以解决，甚至还可以适用国际法予以解决。②技术性。环境保护法因其协调

人与人、人与自然的关系，需要结合环境科学技术，通过一系列技术规范、环境标准、操作规程等形式体现生态科学规律的要求。环境保护法的立法中经常大量直接对技术名词和术语赋予法律定义，并将环境技术规范作为环境法律法规的附件，使其具有法律效力。③社会性。环境保护法的社会性表现在于它是人与自然矛盾冲突加剧的产物。环境保护法所关注和规范的是社会公共利益和保障基本人权，它反映了全体社会成员的共同愿望和要求，代表人类的共同利益，侧重于社会领域的法律调整。同时，环境作为全人类的共同生存条件，并不能为某个人或某国所私有或独占，它必须符合整个社会和整个人类的利益，是以社会利益、人类利益为本位的法。

（二）环境保护法基本原则

保护环境是国家的基本国策。国家采取有利于节约和循环利用资源、保护和改善环境、促进人与自然和谐的经济、技术政策和措施，使经济社会发展与环境保护相协调。环境保护坚持保护优先、预防为主、综合治理、公众参与、损害担责的原则。

1. 协调发展

协调发展原则，是指环境保护与经济建设和社会发展统筹规划、同步实施、协调发展，实现经济效益、社会效益和环境效益的统一。《环境保护法》规定，国家制定的环境保护规划必须纳入国民经济和社会发展计划，国家采取有利于环境保护的经济、技术政策和措施，使环境保护工作同经济建设和社会发展相协调。这项原则的核心是正确理解和处理环境保护与经济发展之间的关系。

为保证协调原则的贯彻实施，在宏观调控上必须把环境保护纳入经济和社会发展计划，制定与国民经济总体规划相协调和衔接的全面反映环境保护的目的、任务和措施的环境保护规划，在微观管理上将环境保护纳入有关部门的经济管理与企业管理中。

2. 预防为主

预防原则是“保护优先、预防为主、综合治理原则”的简称，指采取各种预防措施，对环境问题防患于未然；对已产生的污染积极进行治理；在治理环境问题时，要正确处理防与治、单项治理与区域治理的关系，综合运用各种防治手段治理污染、保护和改善环境。

实行预防原则，主要是由环境问题本身的特点决定的。环境遭受污染、破坏后，要恢复到原来的状态往往需要花费高昂代价，需要很长时间，有些环境状况甚至是无法逆转的；环境污染和破坏的后果有影响范围大、潜伏期长的特点；经济活动中产生的许多环境问题可以采取预防措施得到解决或得到控制。西方工业国家大多走过了一条先污染后治理的道路，付出了高昂的代价。中国以此为前车之鉴，将预防原则确立为《环境保护法》的一项基本原则，具有重要意义。

贯彻预防原则的具体要求是建立以预防为主的环境保护责任制度，对工业和农业、城市和乡村、生产和生活、经济发展与环境保护各方面的关系作通盘考虑，进行全面规划和合理布局；严格执行环境影响评价制度和“三同时”制度，加强对建设项目的环境管理；积极治理老污染源，实行城市环境综合整治。

3. 公众参与

公众参与原则是明确广大公众参与环境保护管理的权利并保障公众行使这种权利的基本原则。环境质量的好坏，直接关系到每个人的生活质量和追求幸福生活的权利。保持清洁、舒适、优美的环境，既是人们的愿望，也符合公众的利益。人们享有在良好的环境中生活的权利，依法参与环境管理的权利，对污染和破坏环境的行为进行监督的权利，同时也有保护和改善环境的义务。

《环境保护法》规定，一切单位和个人都有保护环境的义务。对保护和改善环境有显著成绩的单位和个人，由人民政府给予奖励，省级以上人民政府环境保护行政主管部门定期发布环境状况公报。这都是公众参与原则的立法体现。

为了贯彻公众参与原则，要加强环境保护宣传教育，提高全民环境意识和法治观念，定期发布环境状况公报，保障公众知情权和发挥公众的监督作用，建立公众参与环境保护的制度，使公众和社会团体通过规范化的程序表达意见，对环境重大决策施加影响。

4. 损害担责

损害担责是确定造成环境污染和环境破坏的危害后果和不利影响的责任归属的基本原则。该原则内容包括：污染者付费、利用者补偿、开发者保护、破坏者恢复，即排污者承担污染环境造成的损失及治理污染的费用，开发利用资源者承担经济补偿的责任，开发利用环境资源者有保护环境资源的义务，造成环境资源破坏的单位和个人负有恢复整治环境资源的责任。

损害担责原则要求落实环境保护目标责任制，地方政府切实对环境质量负责，建立健全单位环境保护责任制和考核制度，严格执行环境影响评价制度和“三同时”制度，运用征收排污费、资源费、资源税和生态环境补偿费等经济杠杆，促使污染者、破坏者积极治理污染和保护生态环境。

（三）《环境保护法》的法律体系

中国环境保护法体系由以下各部分构成：

（1）《中华人民共和国宪法》（以下简称《宪法》）中关于环境保护的规定。《宪法》第二十六条规定：国家保护和改善生活环境和生态环境，防治污染和其他公害。此外，《宪法》的一些其他条款也有关于环境保护的规定，这些规

定是我国环境保护法律、法规的立法依据。

（2）环境保护基本法。2015 年 1 月 1 日实施生效的《环境保护法》是中国的环境保护基本法。

（3）环境保护单行法。中国现行由全国人民代表大会常务委员会审议通过并颁布的环境保护单行法律主要有：《中华人民共和国海洋环境保护法》《中华人民共和国大气污染防治法》《中华人民共和国固体废物污染环境防治法》《中华人民共和国水污染防治法》《中华人民共和国环境噪声污染防治法》《中华人民共和国清洁生产促进法》《中华人民共和国环境影响评价法》等。此外，还有关于放射性污染防治、化学危险物品管理、农药安全使用、电磁辐射环境保护及其他方面的大量的行政法规和规章。这些法律法规共同发挥调节作用。

（4）环境标准。在环境保护法体系中，环境标准是一个不可缺少的组成部分，如《生活饮用水卫生标准》《渔业水质标准》《环境空气质量标准》《污水综合排放标准》等。

（5）其他部门法中关于环境保护的法律规范。中国民法通则、刑法、治安管理处罚法和经济法中有不少关于环境保护的规定，体现了环境保护法综合性的特点，同时也反映了法律生态化的趋势。

（6）中国参加的国际法中的环境保护规范。中国参加并已生效的一般性国际条约中的环境保护规范和专门性国际环境保护条约中的环境保护规范，包括中国参加或缔结的有关环境资源保护的双边、多边协定和国际条约及履行这些协定和条约的国内法律等，也是中国环境保护法体系的主要组成部分。

第二节　环境管理的基本制度

一、环境资源规划制度

环境规划是指为使环境与社会、经济协调发展，国家把“社会—经济—环境”作为一个复合生态系统，依据社会经济规律、生态规律和地学原理，对其发展变化趋势进行研究而对人类自身活动所做的时间和空间的合理安排。在环境保护中，规划有着重要作用，是在环境保护中贯彻预防原则，防止污染从而改变被动治理的根本措施。

《环境保护法》规定，县级以上人民政府应当将环境保护工作纳入国民经济和社会发展规划。国务院环境保护主管部门会同有关部门，根据国民经济和社会发展规划编制国家环境保护规划，报国务院批准并公布实施。县级以上地方人民政府环境保护主管部门会同有关部门，根据国家环境保护规划的要求，编制本行政区域的环境保护规划，报同级人民政府批准并公布实施。环境保护规划的内容应当包括生态保护和污染防治的目标、任务、保障措施等，并与主体功能区规划、土地利用总体规划和城乡规划等相衔接。国务院有关部门和省、自治区、直辖市人民政府组织制定经济、技术政策，应当充分考虑对环境的影响，听取有关方面和专家的意见。

二、环境标准制度

环境标准制度是国家为了保护环境质量、控制污染、按照法定程序制定并实施各种环境技术规范的法律制度。

环境标准分为国家环境标准、地方环境标准和国家环境保护总局标准。国家环境标准包括国家环境质量标准、国家污染物排放标准、国家环境监测标准、国家环境样品标准和国家环境基础标准。地方环境标准包括地方环境质量标准和地方污染物排放标准。需要在全国环境保护工作范围内统一的技术要求而又没有国家环境标准时，应制定国家环境保护总局（现生态环境部）标准，国家环境保护总局标准是环境保护行业标准。

环境质量标准和污染物排放标准是环境标准体系中最重要的两类标准。环境质量标准是环境中所允许含有有害物质或因素的最高限额。环境质量标准是确认环境是否被污染以及排污者是否应承担相应民事责任的根据。污染物排放标准是允许污染源排放污染物或有害环境的能量的最高限额。污染物排放标准是认定排污行为是否合法以及排污者是否应承担相应行政法律责任的根据。

《环境保护法》规定，国务院环境保护主管部门制定国家环境质量标准。省、自治区、直辖市人民政府对国家环境质量标准中未作规定的项目，可以制定地方环境质量标准；对国家环境质量标准中已作规定的项目，可以制定严于国家环境质量标准的地方环境质量标准。地方环境质量标准应当报国务院环境保护主管部门备案。国务院环境保护主管部门根据国家环境质量标准和国家经济、技术条件，制定国家污染物排放标准。省、自治区、直辖市人民政府对国家污染物排放标准中未作规定的项目，可以制定地方污染物排放标准；对国家污染物排放标准中已作规定的项目，可以制定严于国家污染物排放标准的地方污染物排放标准。地方污染物排放标准应当报国务院环境保护主管部门备案。

三、环境监测与报告制度

环境监测是运用化学、物理学、生物学和医学等方法，对环境中污染物的性质、数量、影响范围及其后果等，进行调查和测定的活动。它是环境管理的基础性工作。其主要任务是：对环境中各项要素进行经常性监测，掌握和评价环境质量状况及发展趋势；对各单位排放污染物的情况进行监视性监测；为环境管理工作提供准确、可靠的监测数据和资料。环境监测实行日报、月报、年报和定期编报环境质量报告的制度。省级以上人民政府环境主管部门定期发布环境状况公报。此外，在自然资源和生态保护方面也实行监测制度，如水资源监测、水土保持监测、湿地水禽监测、草原生产、生态监测等。

环境监测在环境治理与保护中起着基础性的作用，为了获得准确、完整、有效的数据，必须完善环境监测工作。环境监测制度作为环境监测工作的指导，其完善与否对环境治理同样关键。《环境保护法》规定，国家建立、健全环境监测制度。国务院环境保护主管部门制定监测规范，会同有关部门组织监测网络，统一规划国家环境质量监测站（点）的设置，建立监测数据共享机制，加强对环境监测的管理。有关行业、专业等各类环境质量监测站（点）的设置应当符合法律法规规定和监测规范的要求。监测机构应当使用符合国家标准的监测设备，遵守监测规范。监测机构及其负责人对监测数据的真实性和准确性负责。省级以上人民政府应当组织有关部门或者委托专业机构，对环境状况进行调查、评价，建立环境资源承载能力监测预警机制。

四、环境影响评价制度

环境影响评价，是指在一定区域内进行开发建设活动，事先对拟建项目可能对周围环境造成的影响进行调查、预测和评定，并提出防治对策和措施，为项目决策提供科学依据。环境影响评价制度是从环境保护的角度决定开发建设活动能否进行和如何进行的具有强制性的法律制度。这是一项为规划和建设提供决策依据，防止产生不良环境影响的预防性制度。

环境影响评价适用于中华人民共和国领域和中华人民共和国管辖的其他海域内对环境有影响的建设项目、流域开发、开发区建设、城市新区建设和旧区改建等区域性开发，编制建设规划时，应当进行环境影响评价。国家对建设项目的环境保护实行分类管理：按对环境的影响程度由大到小，分别编制或填写环境影响报告书、环境影响报告表、环境影响登记表。《环境保护法》规定，编制有关开发利用规划，建设对环境有影响的项目，应当依法进行环境影响评价。未依法进行环境影响评价的开发利用规划，不得组织实施；未依法进行环境影响评价的建设项目，不得开工建设。建设单位未依法提交建设项目环境影响评价文件或者环境影响评价文件未经批准，擅自开工建设的，可以责令恢复原状；对建设项目未依法进行环境影响评价，被责令停止建设拒不执行的，可以行政拘留。

五、环境保护目标责任制度和城市环境综合整治定量考核制度

环境保护目标责任制度是通过签订责任书的形式，具体落实地方各级人民政府和有污染的单位对环境质量负责的行政管理制度。这一制度明确了环境保护的主要责任者和责任范围，理顺了各级政府和各个部门在环境保护方面的关系，从而使改善环境质量的任务能够得到层层落实。城市环境综合整治定量考核制度，是通过定量考核对城市政府在推行城市环境综合整治中的活动予以管理和调整的一项环境监督管理制度。城市环境综合整治定量考核制度以城市政府为考核的对象，按照具体的指标，对城市环境综合整治状况进行考核，以加强城市环境管理，改善环境质量。

《环境保护法》规定，国家实行环境保护目标责任制和考核评价制度。县级以上人民政府应当将环境保护目标完成情况纳入对本级人民政府负有环境保护监督管理职责的部门及其负责人和下级人民政府及其负责人的考核内容，作为对其考核评价的重要依据。考核结果应当向社会公开。县级以上人民政府应当每年向本级人民代表大会或者人民代表大会常务委员会报告环境状况和环境保护目标完成情况，对发生的重大环境事件应当及时向本级人民代表大会常务委员会报告，依法接受监督。

六、环境生态红线管控与生态补偿制度

环境生态红线管控是指划定并严守资源消耗上限、环境质量底线、生态保护红线，强化资源环境生态红线指标约束，将各类经济社会活动限定在红线管控范围以内。生态红线管控是统筹考虑资源禀赋、环境容量、生态状况等基本国情，根据中国发展的阶段性特征及全面建成小康社会目标的需要，通过合理设置红线管控指标，构建红线管控体系，保障国家能源资源和生态环境安全，倒逼发展质量和效益提升，最终实现人与自然和谐发展。《环境保护法》规定，国家在重点生态功能区、生态环境敏感区和脆弱区等区域划定生态保护红线，实行严格保

护。各级人民政府对具有代表性的各种类型的自然生态系统区域，珍稀、濒危的野生动植物自然分布区域，重要的水源涵养区域，具有重大科学文化价值的地质构造、著名溶洞和化石分布区、冰川、火山、温泉等自然遗迹，以及人文遗迹、古树名木，应当采取措施予以保护，严禁破坏。开发利用自然资源，应当合理开发，保护生物多样性，保障生态安全，依法制定有关生态保护和恢复治理方案并予以实施。引进外来物种以及研究、开发和利用生物技术，应当采取措施，防止对生物多样性的破坏。

生态补偿机制是以保护生态环境、促进人与自然和谐为目的，根据生态系统服务价值、生态保护成本、发展机会成本，综合运用行政和市场手段，调整生态环境保护和建设相关各方之间利益关系的环境经济政策。主要针对区域性生态保护和环境污染防治领域，按照“谁开发、谁保护，谁破坏、谁恢复，谁受益、谁补偿，谁污染、谁付费”的原则建立生态补偿机制。《环境保护法》规定，国家建立、健全生态保护补偿制度。国家加大对生态保护地区的财政转移支付力度。有关地方人民政府应当落实生态保护补偿资金，确保其用于生态保护补偿。国家指导受益地区和生态保护地区人民政府通过协商或者按照市场规则进行生态保护补偿。国家加强对大气、水、土壤等的保护，建立和完善相应的调查、监测、评估和修复制度。

七、防污染设施“三同时”制度

“三同时”制度是指建设项目需要配置的环境保护设施必须与主体工程同时设计、同时施工、同时投产使用的环境法律制度。防治污染的设施应当符合经批准的环境影响评价文件的要求，不得擅自拆除或者闲置。在中华人民共和国领域和中华人民共和国管辖的其他海域对环境有影响的建设项目需要配置环境保护设施的，必须适用“三同时”制度。凡是通过环境影响评价确认可以开发建设的项目，建设时必须按照“三同时”规定，把环境保护措施落到实处，防止建设项目建成投产使用后产生新的环境问题，在项目建设过程中也要防止环境污染和生态破坏。建设项目的设计、施工、竣工验收等主要环节落实环境保护措施，关键是保证环境保护的投资、设备、材料等与主体工程同时安排，使环境保护要求在基本建设程序的各个阶段得到落实。“三同时”制度分别明确了建设单位、主管部门和环境保护部门的职责，有利于具体管理和监督执法。负责审批环境影响评价的部门应当对防治污染的设施进行检查，不符合要求的，不能发放排污许可证，不能投入生产。

八、重点污染物排放总量控制与区域限批制度

总量控制制度是指国家环境管理机关依据所勘定的区域环境容量，决定区域中的污染物质排放总量，根据排放总量削减计划，向区域内的企业个别分配各自的污染物排放总量额度的一项法律制度。总量控制的对象是重点污染控制的地区和流域，包括酸雨控制区和二氧化硫控制区；淮河、海河、辽河流域；太湖、滇池、巢湖流域等。

区域限批是指对未完成国家确定的环境质量目标的地区，省级以上人民政府环境保护主管部门应当暂停审批其新增重点污染物排放总量的建设项目环境影响评价文件。这对地方政府推动经济转型和结构调整促进作用比较明显。

《环境保护法》明确规定，国家实行重点污染物排放总量控制制度。重点污染物排放总量控制指标由国务院下达，省、自治区、直辖市人民政府分解落实。企业事业单位在执行国家和地方污染物排放标准的同时，应当遵守分解落实到本单位的重点污染物排放总量控制指标。对超过国家重点污染物排放总量控制指标或者未完成国家确定的环境质量目标的地区，省级以上人民政府环境保护主管部门应当暂停审批其新增重点污染物排放总量的建设项目环境影响评价文件。

九、排污申报登记与排污许可制度

排污申报登记与排污许可制度是指从事有害或可能有害环境的活动之前，必须向有关管理机关提出申请，经审查批准，发放许可证，方可按许可证的规定进行该活动的一整套法律制度措施。《环境保护法》规定，国家依照法律规定实行排污许可管理制度。实行排污许可管理的企业事业单位和其他生产经营者应当按照排污许可证的要求排放污染物；未取得排污许可证的，不得排放污染物。排污单位向环境保护主管部门如实申报排放污染物的种类、数量、浓度、排放的方式和排放去向。各地区确定本地区污染物排放总量控制指标和分配污染物总量削减指标。对不超过排污总量控制指标的排污单位，颁发《排放许可证》。许可证发放以后，发证单位必须对持证单位进行严格的监督管理，使持证单位按许可证的要求排放污染物。未取得排污许可证排放污染物，被责令停止排污，拒不执行的，除依照有关法律法规规定予以处罚外，还给予行政拘留。排放污染物的企业事业单位和其他生产经营者，应当按照国家有关规定缴纳排污费。排污费应当全部专项用于环境污染防治，任何单位和个人不得截留、挤占或者挪作他用。依照法律规定征收环境保护税的，不再征收排污费。同时，国家对严重污染环境的工

艺、设备和产品实行淘汰制度。任何单位和个人不得生产、销售或者转移、使用严重污染环境的工艺、设备和产品。禁止引进不符合中国环境保护规定的技术、设备、材料和产品。

十、限期治理制度

限期治理制度，是指对污染严重的污染源，由法定国家机关依法限定在一定期限内治理并完成治理任务，达到治理目标的一整套法律制度措施。限期治理的对象包括两大类：严重污染环境的污染源；位于需要特别保护的区域内的超标准排污的污染源，需要特别保护的区域指风景名胜区、自然保护区和其他需要特别保护的区域。地方各级人民政府应当根据环境保护目标和治理任务，采取有效措施，改善环境质量。未达到国家环境质量标准的重点区域、流域的有关地方人民政府，应当制定限期达标规划，并采取措施按期达标。

限期治理由县级以上地方人民政府环境保护行政主管部门提出意见，报同级人民政府批准。中央或者省、自治区、直辖市人民政府管辖的企业事业单位的限期治理，由省、自治区、直辖市人民政府决定；市、县或市、县以下人民政府管辖的企业事业单位的限期治理，由市、县人民政府决定。造成环境噪声污染的小型企业事业，单位的限期治理，可以由县级以上人民政府在国务院规定的权限内授权其环境保护行政主管部门决定。对经限期治理逾期未完成治理任务的企业事业单位，除加收超标准排污费外，可以处以罚款，或者责令停业、关闭。

十一、环境信息公开制度

环境信息公开，是指依据和尊重公众知情权，政府和企业以及其他社会行为主体向公众通报和公开各自的环境行为以利于公众参与和监督。因此环境信息公开制度既要公开环境质量信息，又要公开政府和企业的环境行为，为公众了解和监督环保工作提供必要条件，这对于加强政府、企业、公众的沟通和协商，形成政府、企业和公众的良性互动关系有重要的促进作用，有利于社会各方共同参与环境保护。

《环境保护法》规定，公民、法人和其他组织依法享有获取环境信息、参与和监督环境保护的权利。各级人民政府环境保护主管部门和其他负有环境保护监督管理职责的部门，应当依法公开环境信息、完善公众参与程序，为公民、法人和其他组织参与和监督环境保护提供便利。

国务院环境保护主管部门统一发布国家环境质量、重点污染源监测信息及其他重大环境信息。省级以上人民政府环境保护主管部门定期发布环境状况公报。县级以上人民政府环境保护主管部门和其他负有环境保护监督管理职责的部门，应当依法公开环境质量、环境监测、突发环境事件以及环境行政许可、行政处罚、排污费的征收和使用情况等信息。县级以上地方人民政府环境保护主管部门和其他负有环境保护监督管理职责的部门，应当将企业事业单位和其他生产经营者的环境违法信息记入社会诚信档案，及时向社会公布违法者名单。

对依法应当编制环境影响报告书的建设项目，建设单位应当在编制时向可能受影响的公众说明情况，充分征求意见。负责审批建设项目环境影响评价文件的部门在收到建设项目环境影响报告书后，除涉及国家秘密和商业秘密的事项外，应当全文公开；发现建设项目未充分征求公众意见的，应当责成建设单位征求公众意见。

十二、环境公益诉讼制度

环境公益诉讼是指由于行政机关或其他公共权力机构、公司、企业或其他组织及个人的违法行为或不作为，使环境公共利益遭受侵害或有侵害的可能时，法律允许任何公民、社会团体、国家机关为维护环境公共利益而向国家司法机关提起诉讼的制度，它是公众环境权益受到侵害的法律救济途径之一。《环境保护法》赋予公众环境权，即公民、法人和其他组织依法享有获取环境信息、参与和监督环境保护的权利。公民、法人和其他组织发现任何单位和个人有污染环境和破坏生态行为的，有权向环境保护主管部门或者其他负有环境保护监督管理职责的部门举报。公民、法人和其他组织发现地方各级人民政府、县级以上人民政府环境保护主管部门和其他负有环境保护监督管理职责的部门不依法履行职责的，有权向其上级机关或者监察机关举报。接受举报的机关应当对举报人的相关信息予以保密，保护举报人的合法权益。

环境权是公众的一项基本人权，是人们利益和需要的自发反映。它作为基本人权已为《人权宣言》所确立，作为私权，它应该是可诉的和可强制执行的权利。要实现其可诉性与可强制执行性，就要建立环境公益诉讼制度与之相适应，使公民的环境权能通过诉讼的方式，更好的请求审判权的支持而实现。进而实现社会正义与公平，保护国家和社会公共利益。《环境保护法》规定，对污染环境、破坏生态，损害社会公共利益的行为，符合下列条件的社会组织可以向人民法院提起诉讼：依法在设区的市级以上人民政府民政部门登记；专门从事环境保护公益活动连续五年以上且无违法记录。社会组织向人民法院提起诉讼，人民法院应当依法受理。提起诉讼的社会组织不得通过诉讼牟取经济利益。

第三节　环境保护机构的监督管理

一、政府环境管理责任

《环境保护法》将保护环境确定为国家的基本国策，明确要推进生态文明促进经济社会可持续发展，要坚持新型工业化、信息化、城镇化、农业现代化同步发展。地方人民政府是《环境保护法》的责任主体，对行政区域内的环境质量负责。《环境保护法》规定目标责任制和考核评估制度，将环境保护目标作为政绩考核的重要指标，加大其在考核指标体系中的权重。此外，各级政府承担以下责任：

1. 改善环境质量

地方各级人民政府应当根据环境保护目标和治理任务，采取有效措施，改善环境质量。未达到国家环境质量标准的重点区域、流域的有关地方人民政府，应当制定限期达标规划，并采取措施按期达标。

2. 加大财政投入与政策支持

各级人民政府应当加大保护和改善环境、防治污染和其他公害的财政投入力度，提高财政资金的使用效益。

国家采取财政、税收、价格、政府采购等方面的政策和措施，鼓励和支持环境保护技术装备、资源综合利用和环境服务等环境保护产业的发展。企业事业单位和其他生产经营者，在污染物排放符合法定要求的基础上，进一步减少污染物排放的，人民政府应当依法采取财政、税收、价格、政府采购等方面的政策和措施予以鼓励和支持。企业事业单位和其他生产经营者，为改善环境，依照有关规定转产、搬迁、关闭的，人民政府应当予以支持。

3. 加强环境保护宣传和普及工作

各级人民政府应当加强环境保护宣传和普及工作，鼓励基层群众性自治组织、社会组织、环境保护志愿者开展环境保护法律法规和环境保护知识的宣传，营造保护环境的良好风气。教育行政部门、学校应当将环境保护知识纳入学校教育内容，培养学生的环境保护意识。新闻媒体应当开展环境保护法律法规和环境保护知识的宣传，对环境违法行为进行舆论监督。

4. 对生活废弃物进行分类处置

地方各级人民政府应当采取措施，组织对生活废弃物的分类处置、回收利用。

5. 推广清洁能源的生产和使用

国家支持环境保护科学技术研究、开发和应用，鼓励环境保护产业发展，促进环境保护信息化建设，提高环境保护科学技术水平。国家促进清洁生产和资源循环利用。国务院有关部门和地方各级人民政府应当采取措施推广清洁能源的生产和使用。

6. 做好突发环境事件的应急准备

各级人民政府及其有关部门和企业事业单位，应当依照《中华人民共和国突发事件应对法》的规定，做好突发环境事件的风险控制、应急准备、应急处置和事后恢复等工作。县级以上人民政府应当建立环境污染公共监测预警机制，组织制定预警方案；环境受到污染，可能影响公众健康和环境安全时，依法及时公布预警信息，启动应急措施。对于以细颗粒物为代表的大气污染、以重金属污染为代表的土壤污染、以地下水污染为代表水体污染，政府要建立环境污染公共监测预警机制，环境受到污染时要及时向社会公布。

7. 统筹城乡污染设施建设

各级人民政府应当加强对农业环境的保护，促进农业环境保护新技术的使用，加强对农业污染源的监测预警，统筹有关部门采取措施，防治土壤污染和土地沙化、盐渍化、贫瘠化、石漠化、地面沉降以及防治植被破坏、水土流失、水体富营养化、水源枯竭、种源灭绝等生态失调现象，推广植物病虫害的综合防治。县级、乡级人民政府应当提高农村环境保护公共服务水平，推动农村环境综合整治。城乡建设应当结合当地自然环境的特点，保护植被、水域和自然景观，加强城市园林、绿地和风景名胜区的建设与管理。

各级人民政府应当统筹城乡建设污水处理设施及配套管网，固体废物的收集、运输和处理等环境卫生设施，危险废物集中处置设施、场所以及其他环境保护公共设施，并保障其正常运行。

国务院和沿海地方各级人民政府应当加强对海洋环境的保护。向海洋排放污染物、倾倒废弃物，进行海岸工程和海洋工程建设，应当符合法律法规规定和有关标准，防止和减少对海洋环境的污染损害。

8. 接受同级人大及其常委会的监督

县级以上人民政府应当每年向本级人民代表大会或者人民代表大会常务委员会报告环境状况和环境保护目标完成情况，对发生的重大环境事件应当及时向本级人民代表大会常务委员会提出报告，依法接受监督。

二、环境保护主管部门监督管理责任

《环境保护法》规定，国务院环境保护主管部门，对全国环境保护工作实施

统一监督管理；县级以上地方人民政府环境保护主管部门，对本行政区域环境保护工作实施统一监督管理。县级以上人民政府有关部门和军队环境保护部门，依照有关法律的规定对资源保护和污染防治等环境保护工作实施监督管理。此外，县级以上人民政府环境保护主管部门及其委托的环境监察机构和其他负有环境保护监督管理职责的部门，有权对排放污染物的企业事业单位和其他生产经营者进行现场检查。环境保护部门的具体职责有：

（1）国务院环境保护主管部门会同有关部门，根据国民经济和社会发展规划编制国家环境保护规划，报国务院批准并公布实施。国务院环境保护主管部门制定环境质量标准和污染物排放标准；国务院环境保护主管部门制定监测规范，会同有关部门组织监测网络，统一规划国家环境质量监测站的设置；国务院环境保护主管部门统一发布国家环境质量、重点污染源监测信息及其他重大环境信息。

（2）县级以上地方人民政府环境保护主管部门会同有关部门，根据国家环境保护规划的要求，编制本行政区域的环境保护规划，报同级人民政府批准并公布实施；对排放污染物的企业事业单位和其他生产经营者进行现场检查，可以查封、扣押造成污染物排放的设施、设备；依法公开环境信息、完善公众参与程序，为公民、法人和其他组织参与和监督环境保护提供便利；对违法排放的企业事业单位和其他生产经营者实施行政处罚。

三、企事业单位以及其他生产经营者的环境管理责任

企业事业单位和其他生产经营者是环境主要的污染者，是《环境保护法》重点规范的对象。企业事业单位和其他生产经营者应当防止、减少环境污染和生态破坏，对所造成的损害依法承担责任。此外，企业事业单位和其他生产经营者应当承担以下具体责任：

（1）实施清洁生产。企业应当优先使用清洁能源，采用资源利用率高、污染物排放量少的工艺、设备以及废弃物综合利用技术和污染物无害化处理技术，减少污染物的产生。

（2）减少环境污染和危害。排放污染物的企业事业单位和其他生产经营者，应当采取措施，防治在生产建设或者其他活动中产生的废气、废水、废渣、医疗废物、粉尘、恶臭气体、放射性物质以及噪声、振动、光辐射、电磁辐射等对环境的污染和危害。

（3）按照排污标准和总量排放。企事业单位及其他生产经营者按照污染物排放标准和重点污染物排放总量控制指标排放。实行排污许可管理的企业事业单位和其他生产经营者应当按照排污许可证的要求排放污染物。

（4）安装使用监测设备。重点排污单位应当按照国家有关规定和监测规范安装使用监测设备，保证监测设备正常运行，保存原始监测记录。

（5）缴纳排污费。企业事业单位和其他生产经营者，应当按照国家有关规定缴纳排污费。

（6）制定突发环境事件应急预案。企业事业单位应当按照国家有关规定制定突发环境事件应急预案，报环境保护主管部门和有关部门备案。在发生或者可能发生突发环境事件时，企业事业单位应当立即采取措施处理，及时通报可能受到危害的单位和居民，并向环境保护主管部门和有关部门报告。

（7）公布排污信息。重点排污单位应当如实向社会公开其主要污染物的名称、排放方式、排放浓度和总量、超标排放情况，以及防治污染设施的建设和运行情况，接受社会监督。

（8）建立环境保护责任制度。排放污染物的企业事业单位，应当建立环境保护责任制度，明确单位负责人和相关人员的责任。

四、公民的环境管理责任

保护环境，人人有责，每个公民都有保护环境的义务。《环境保护法》对公民的环境管理责任作了以下规定：

（1）公民应当低碳生活。增强环境保护意识，采用低碳、节俭的生活方式，自觉履行环境保护义务。

（2）公民应当绿色消费。国家鼓励和引导公民、法人和其他组织使用有利于保护环境的产品和再生产品，减少废弃物的产生。

（3）公民应当减少日常生活对环境的影响。公民应当遵守环境保护法律法规，配合实施环境保护措施，按照规定对生活废弃物进行分类放置，减少日常生活对环境造成的损害。

第四节　环境保护法律责任

一、环境行政责任

环境行政责任，是指违反了《环境保护法》，实施破坏或者污染环境的单位或者个人所应承担的行政方面的法律责任。环境行政责任的主体可以是行政相对人，也可以是环境行政主体。

环境保护法主要规定了环境行政相对人的环境行政责任。

1. 环境行政处罚

《环境保护法》规定了警告，罚款，责令停止生产或者使用，责令重新安装使用，责令停业、关闭五种环境行政处罚的形式。《环境保护法》对环境违法行为及相应的环境行政处罚措施作出了以下规定：

（1）企业事业单位和其他生产经营者违法排放污染物，受到罚款处罚，被责令改正，拒不改正的，依法作出处罚决定的行政机关可以自责令改正之日的次日起，按照原处罚数额按日连续处罚。罚款处罚，依照有关法律法规按照防治污染设施的运行成本、违法行为造成的直接损失或者违法所得等因素确定的规定执行。

（2）企业事业单位和其他生产经营者超过污染物排放标准或者超过重点污染物排放总量控制指标排放污染物的，县级以上人民政府环境保护主管部门可以责令其采取限制生产、停产整治等措施；情节严重的，报经有批准权的人民政府批准，责令停业、关闭。

（3）建设单位未依法提交建设项目环境影响评价文件或者环境影响评价文件未经批准，擅自开工建设的，由负有环境保护监督管理职责的部门责令停止建设，处以罚款，并可以责令恢复原状。

（4）重点排污单位不公开或者不如实公开环境信息的，由县级以上地方人民政府环境保护主管部门责令公开，处以罚款，并予以公告。

（5）环境影响评价机构、环境监测机构以及从事环境监测设备和防治污染设施维护、运营的机构，在有关环境服务活动中弄虚作假，对造成的环境污染和生态破坏负有责任的，除依照有关法律法规规定予以处罚外，还应当与造成环境污染和生态破坏的其他责任者承担连带责任。

2. 环境行政处分

执法人员违反《环境保护法》规定，有下列行为之一的，对直接负责的主管人员和其他直接责任人员给予记过、记大过或者降级处分；造成严重后果的，给予撤职或者开除处分，其主要负责人应当引咎辞职：

（1）企业事业单位和其他生产经营者有下列行为之一，尚不构成犯罪的，除依照有关法律法规规定予以处罚外，由县级以上人民政府环境保护主管部门或者其他有关部门将案件移送公安机关，对其直接负责的主管人员和其他直接责任人员，处 10 日以上 15 日以下拘留；情节较轻的，处 5 日以上 10 日以下拘留：建设项目未依法进行环境影响评价，被责令停止建设，拒不执行的；违反法律规定，未取得排污许可证排放污染物，被责令停止排污，拒不执行的；通过暗管、渗井、渗坑、灌注或者篡改、伪造监测数据，或者不正常运行防治污染设施等逃避监管的方式违法排放污染物的；生产、使用国家明令禁止生产、使用的农药，被责令改正，拒不改正的。

（2）上级人民政府及其环境保护主管部门应当加强对下级人民政府及其有关部门环境保护工作的监督。发现有关工作人员有违法行为，依法应当给予处分的，应当向其任免机关或者监察机关提出处分建议。

（3）地方各级人民政府、县级以上人民政府环境保护主管部门和其他负有环境保护监督管理职责的部门有下列行为之一的，对直接负责的主管人员和其他直接责任人员给予记过、记大过或者降级处分；造成严重后果的，给予撤职或者开除处分，其主要负责人应当引咎辞职：不符合行政许可条件准予行政许可的；对环境违法行为进行包庇的；依法应当作出责令停业、关闭的决定而未作出的；对超标排放污染物、采用逃避监管的方式排放污染物、造成环境事故以及不落实生态保护措施造成生态破坏等行为，发现或者接到举报未及时查处的；违反《环境保护法》规定，查封、扣押企业事业单位和其他生产经营者的设施、设备的；篡改、伪造或者指使篡改、伪造监测数据的；应当依法公开环境信息而未公开的；将征收的排污费截留、挤占或者挪作他用的；法律法规规定的其他违法行为。

二、环境民事责任

环境民事责任，是指单位或者个人因污染危害环境而侵害了公共财产或者他人的人身、财产所应承担的民事方面的责任。

（1）环境民事责任的构成要件与免责事由。环境民事责任的构成要件包括：实施了致害行为发生了损害结果；致害行为与损害结果之间具有因果关系。

（2）环境民事责任的形式。因污染环境和破坏生态造成损害的，应当依照《中华人民共和国侵权责任法》① 的有关规定承担侵权责任。在环境服务活动中，环境影响评价与检测机构、环境监测设备与防治污染设施运营维护机构弄虚作假，直接导致环境污染与生态破坏后果的，除依照有关法律法规规定予以处罚外，还应当与造成环境污染和生态破坏的其他责任者承担连带责任。提起环境损害赔偿诉讼的时效期间为三年，从当事人知道或者应当知道其受到损害时起计算。

三、环境刑事责任

环境刑事责任是指行为人故意或过失实施了严重危害环境的行为，并造成了

① 2020 年 5 月 28 日，第十三届全国人民代表大会第三次会议通过了《中华人民共和国民法典》，自 2021 年 1 月 1 日起施行。《中华人民共和国侵权责任法》同时废止。

人身伤亡或公私财产的严重损失，已经构成犯罪要承担刑事制裁的法律责任。环境刑事责任的形式同一般的刑事责任的形式没有区别，主要分为主刑和附加刑。主刑的种类包括：管制、拘役、有期徒刑、无期徒刑、死刑。附加刑的种类包括：罚金、剥夺政治权利、没收财产。附加刑可以独立适用。

复习与思考

1. 环境保护法基本原则
2. 环境保护管理基本制度
3. 公民环境权利与义务
4. 政府环境保护管理职责
5. 环境保护法律责任

研究与探索

2020 年颁行的《中华人民共和国民法典》就资源污染恶化带来的环境保护和生态维护的时代问题作出了回应：将“绿色原则”价值理念、绿色发展理念贯彻到具体的物权编、合同编、侵权编中，其中有 18 条法律条文直接对生态环境作出规定，通过将“绿色”原则和“绿色”义务紧密结合，构筑起“绿色”条款体系。请结合《中华人民共和国环境保护法》阐述企业“绿色义务”的内容？碳排放权交易制度对企业实现绿色义务有哪些影响？

参考文献

[1] 阿瑟·格蒂斯，朱迪丝·格蒂斯，杰尔姆·D. 费尔曼. 地理学与生活［M］. 黄润华，韩慕康，孙颖，译. 北京：世界图书出版公司，2013.

[2] 财政部会计资格评价中心. 经济法［M］. 北京：经济科学出版社，2017.

[3] 蔡曙涛. 企业的非市场环境与非市场战略——企业组织竞争的视角［M］. 北京：北京大学出版社，2013.

[4] 陈解. 企业与法律环境［M］. 北京：清华大学出版社，2004.

[5] 丹纳. 艺术哲学［M］. 合肥：安徽文艺出版社，1991.

[6] 高勇强. 政治企业家的制度创新模式——对浙江吉利、中国电信与海南凯立的案例研究［J］. 公共管理学报，2007（1）.

[7] 贵立义. 企业法律环境［M］. 大连：东北财经大学出版社，2004.

[8] 国家统一法律职业资格考试辅导用书编辑委员会，刘凯湘. 商法［M］. 北京：法律出版社，2023.

[9] 国家统一法律职业资格考试辅导用书编辑委员会，王利明. 民法［M］. 北京：法律出版社，2023.

[10] 黄修启. 合同自由原则及限制研究［D］. 南昌：江西财经大学，2012.

[11] 李树忠. 平等权保护论［D］. 北京：中国政法大学，2006.

[12] 连静. 论公平竞争权［D］. 重庆：西南政法大学，2015.

[13] 刘星. 西窗法雨［M］. 北京：法律出版社，2013.

[14] 罗纳德·A. 安德森，伊凡·福克斯，戴维·P. 通布伊，等. 商法与法律环境［M］. 韩健，等译. 北京：机械工业出版社，2003.

[15] 斯蒂芬·P. 罗宾斯，戴维·A. 德森佐，玛丽·库尔特. 管理学：原理与实践［M］. 毛蕴诗，主译. 北京：机械工业出版社，2015.

[16] 唐勇. 跨国公司行为的政治维度［M］. 上海：立信会计出版

社，1999.

［17］王海洲．合法性的争夺：政治记忆的多重刻写［M］．南京：江苏人民出版社，2008.

［18］王学先，周英男，乌玉峰．企业法律环境［M］．北京：清华大学出版社，2011.

［19］中国注册会计师协会．经济法［M］．北京：中国财政经济出版社，2022.

后　记

《企业法律环境（第二版）》适用于国内高校经济类本科生及工商管理硕士学员群体。本书采用国内最新的法律、法规，既注重基本法律原理，又融入了对当今社会的热点问题讨论，希冀学习者能够从法律与管理的不同视角展开探索，培养擅管理、懂规则的复合型人才。全书由郈红艳、张婧共同完成。张婧撰写第三、五、六、七、八章，约17万字；其余各章由郈红艳撰写，并最后定稿。

本书再版得到了辽宁大学商学院的鼎力支持，辽宁大学商学院张广宁副院长、韩亮亮副院长，创新创业学院王季副院长，商学院李雪欣教授、武巍教授也给予笔者真诚的鼓励和热忱的帮助，在此笔者表示由衷的感谢！本书所列参考文献主要为第一章所用，其余各章主要参考全国人民代表大会网站（中国人大网）、国家法律法规数据库公示的最新法律、法规。本书笔者向所涉及的参考文献的作者致敬，感谢他们对笔者思想的启迪！本书出版同样得到经济管理出版社的支持，在此一并致谢！

郈红艳

2024 年 7 月 18 日